148.-

1/98,-

Herausgegeben von
Ingeborg Flagge

mit Beiträgen von
Ingeborg Flagge
Manfred Sack
Wolfgang Pehnt

schürmann   entwürfe und bauten

ARBEITEN   1956 BIS 1997

margot schürmann

joachim schürmann

für gabriele • ursula • peter • felix

INHALT

Krypta St. Gereon in Köln, Instandsetzung		9
Klemenskirche in Köln, Instandsetzung		10 - 11
Haus Schürmann in Köln		12 - 23
Haus Gold in Köln, Umbau Haus Lackner		24 - 25
Christ König in Wuppertal		26 - 27
St. Pius in Köln-Flittard		28 - 31
St. Stephan in Köln		32 - 33
Haus von Rautenstrauch/Eggert in Köln		34 - 35
Kardinal-Frings Gymnasium in Bonn-Beuel		36 - 39
Studentenwohnungen in Köln-Efferen		40
Einführung in die Gebäudekunde, TH Darmstadt	JS	41 - 47
Haus Werner Schürmann bei Dublin		48 - 51
St. Pius in Neuss		52 - 53
Kloster St. Sebastian in Neuss		54 - 57
Haus Klöcker in Köln		58 - 59
Ausbildungsstätte für das Auswärtige Amt in Bonn		60
Rathaus in Amsterdam		61
Haus an der Rosenhöhe in Darmstadt		62 - 69
Wohnhäuser in Meckenheim		70 - 71
Pfarrzentrum St. Josef in Oer-Erkenschwick		72 - 75
Regierungspräsidium in Köln		76
Wallraf-Richartz-Museum in Köln		77
Haus Sieben in Köln		78 - 79
Martinsviertel in Köln		80 - 91
Begegnungszentrum an Groß St. Martin in Köln		92 - 95
Lintgasse 9, Martinsviertel in Köln		96 - 101
Über die Einfachheit	Ingeborg Flagge	102 - 105
Groß St Martin in Köln		106 - 125
Die neue Unterkirche in Groß St. Martin		126 - 133
Abschied von Josef Hackenbruch	JS	134 - 135
Deutsche Bibliothek in Frankfurt		136 - 137
Bürgerhaus und Kirchplatz in Wiedenbrück		138 - 143
Tessenowmedaille, Rede in der Universität Hannover	JS	144 - 145
Rathaus in Bad Honnef		146 - 151
Rathauserweiterung am Kornmarkt in Heidelberg		152 - 153
Hauptpostamt in Köln		154 - 163
Deutscher Architekturpreis 1991, Rede auf der Wartburg	JS	156 - 158
Sparkasse in Lüdenscheid		164 - 171
Schlüsselübergabe, Anmerkungen zur Bürohausplanung	JS	166 - 167
Neubauten für den Deutschen Bundestag in Bonn		172 - 201
Kindertagesstätte in Bonn		190 - 191
Die Republik läßt bauen (ein Bericht aus Bonn)	JS	194 - 196

Schürmann, Architekten	Manfred Sack	202-213
Bahnhofsplatz in Salzburg		214-225
Wohnung Steingasse in Salzburg		226-229
Erweiterung der Hessischen Landesbibliothek in Fulda		230-233
Gemäldegalerie in Berlin		234-237
Galerie am Kleinen Schloßplatz in Stuttgart		238-241
Der Friedensplatz in Bonn		242-245
Modelle ...	JS	246-247
Deutscher Pavillon Expo '92 in Sevilla		248-251
Neues Bauen in alten Städten: Bamberg – Lübeck – Regensburg		
Lübeck		252-255
Kaiserbad Aachen am Dom		256-257
MediaPark Köln, Victoriahaus		258-261
Domshof in Bremen		262-265
Erweiterung Focke Museum in Bremen		266-267
Oberes Tor in Bietigheim-Bissingen		268-269
Postplatz in Dresden		270-275
Hofhäuser am Wall in Dresden		276-277
Wilsdruffer Tor in Dresden		278-281
Engelbert-Kämpfer Gymnasium in Lemgo		282-287
Gebirgsjägerplatz in Salzburg		288-291
Wohnbebauung in Neuss-Allerheiligen		292-295
Akademie der Künste am Pariser Platz in Berlin		296-301
Rathaus Gürzenich – 3 Wettbewerbe und nur Verlierer	Ulrich Böttger	302-303
Workshop Wallraf-Richartz-Museum in Köln		304-305
Wallraf-Richartz-Museum in Köln		306-309
Schöpfer aus dem Nichts? (der Architekt und sein Bauherr)		
Vortrag an der Universität Braunschweig	JS	310-311
Lokalbahnstation in Salzburg		312-317
Personalwohnungen für das Robert Bosch Krankenhaus in Stuttgart		318-325
Rautenstrauch-Joest-Museum in Köln		326-329
„Oldenburger Stern" in Oldenburg		330-333
Erweiterung der Gartenstadt in Dresden-Hellerau		334-339
Pfarrzentrum und Kirche St. Theodor in Köln-Vingst		340-341
Kolumba in Köln		342-345
Nachwort, auch als künftiges Vorwort zu lesen	JS	346
On Schürmann		
aus „Contemporary Architects" Third Edition	Wolfgang Pehnt	348
Werkverzeichnis		349-364
Mitarbeiter		366-367
Fachingenieure, Gartengestaltung, Künstler, Modellbauer, Fotografen		368-369
Impressum		370

Die Krypta unter dem langgestreckten Chor für den Stiftsklerus östlich des Dekagons wird 1068 von Erzbischof Anno geweiht, in staufischer Zeit nach Osten erweitert.

KRYPTA ST. GEREON IN KÖLN
INSTANDSETZUNG   1956

Bauherr: Robert Grosche
Pfarrgemeinde St. Gereon

11

Bildhauer Werner Schürmann

KLEMENSKIRCHE IN KÖLN
INSTANDSETZUNG 1956 – 1960

Die Klemenskirche am Rheinufer in Köln-Mülheim ist eine Nebenkirche der Pfarrkirche Liebfrauen. Die Baugeschichte der „Kapelle" läßt sich bis zu einer einschiffigen Kirche im 11. Jahrhundert zurückverfolgen. Im Dreißigjährigen Krieg wird sie großzügig erweitert, später oft durch Blitzschlag, Hochwasser und Eisgang zerstört, dann 1944 Opfer des Bombenkrieges.
Sie ist Ausgangs- und Endpunkt der „Mülheimer Gottestracht", des kirchlichen und städtischen Ereignisses der Rheinfahrt, am Fronleichnamsfest (seit 1575).

Bauherr: Pfarrgemeinde Liebfrauen

HAUS SCHÜRMANN IN KÖLN 1957

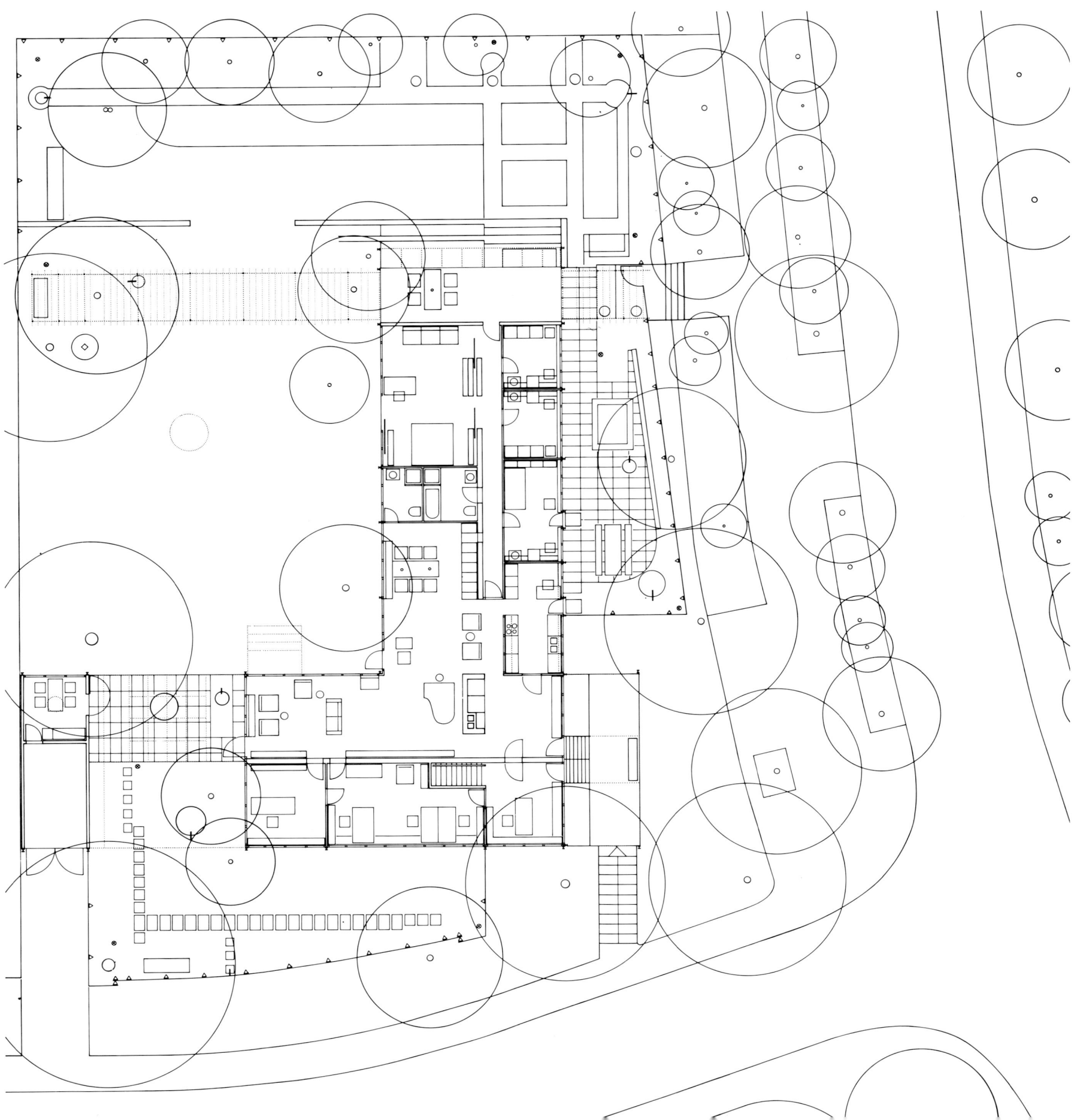

13

Seit vier Jahrzehnten dient das Haus dem wechselnden Bedarf einer großen Familie, in den ersten zwölf Jahren auch dem wachsenden Büro.
Haus und Garten haben sich inzwischen gegenseitig vereinnahmt. Das Leben mit dem Garten hat seine Bewohner beeinflußt, sich künftig nicht nur um Hochbauten, sondern auch um Gärten, Straßen und Plätze zu kümmern.

Bildhauer Werner Schürmann

19

21

Bewässerung															Sonnenschutz

Gartenhaus

23

HAUS GOLD IN KÖLN 1958
UMBAU HAUS LACKNER 1993

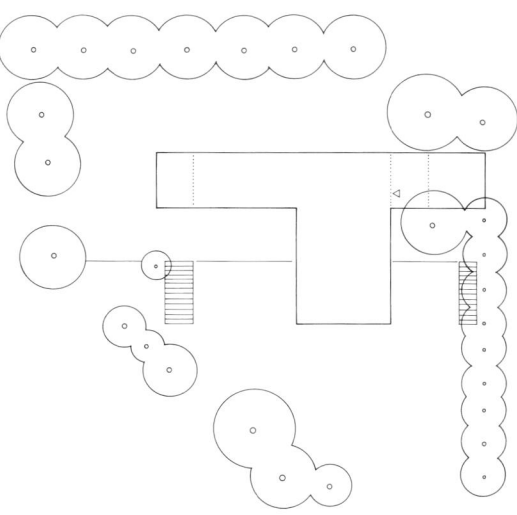

25

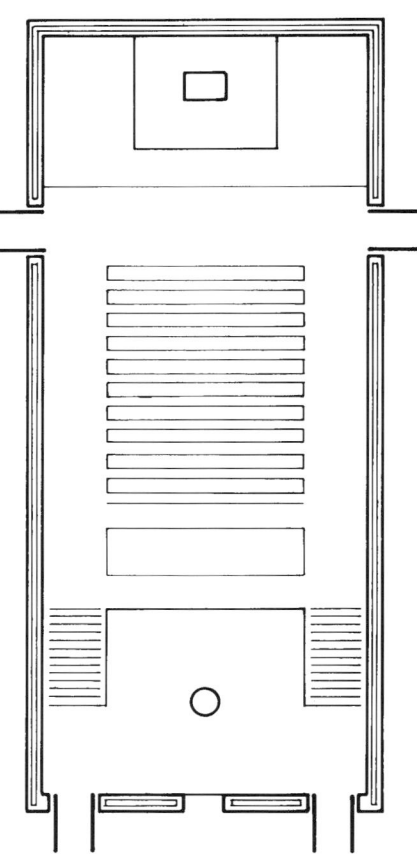

CHRIST KÖNIG
IN WUPPERTAL 1960

Bauherr:
Pfarrgemeinde
Christ König

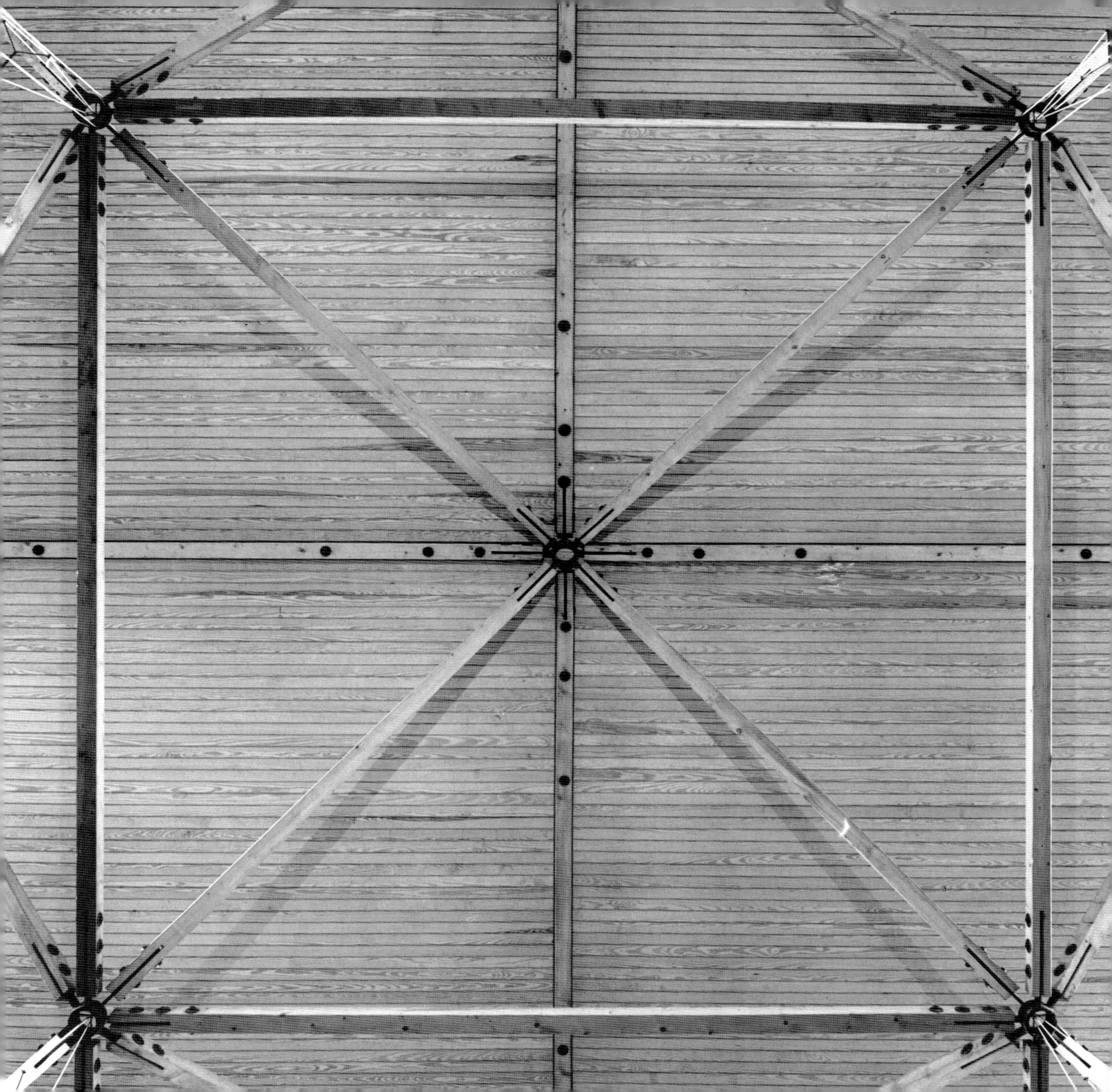

ST. PIUS IN KÖLN-FLITTARD
WETTBEWERB   1958

Bauherr: Pfarrgemeinde St. Pius

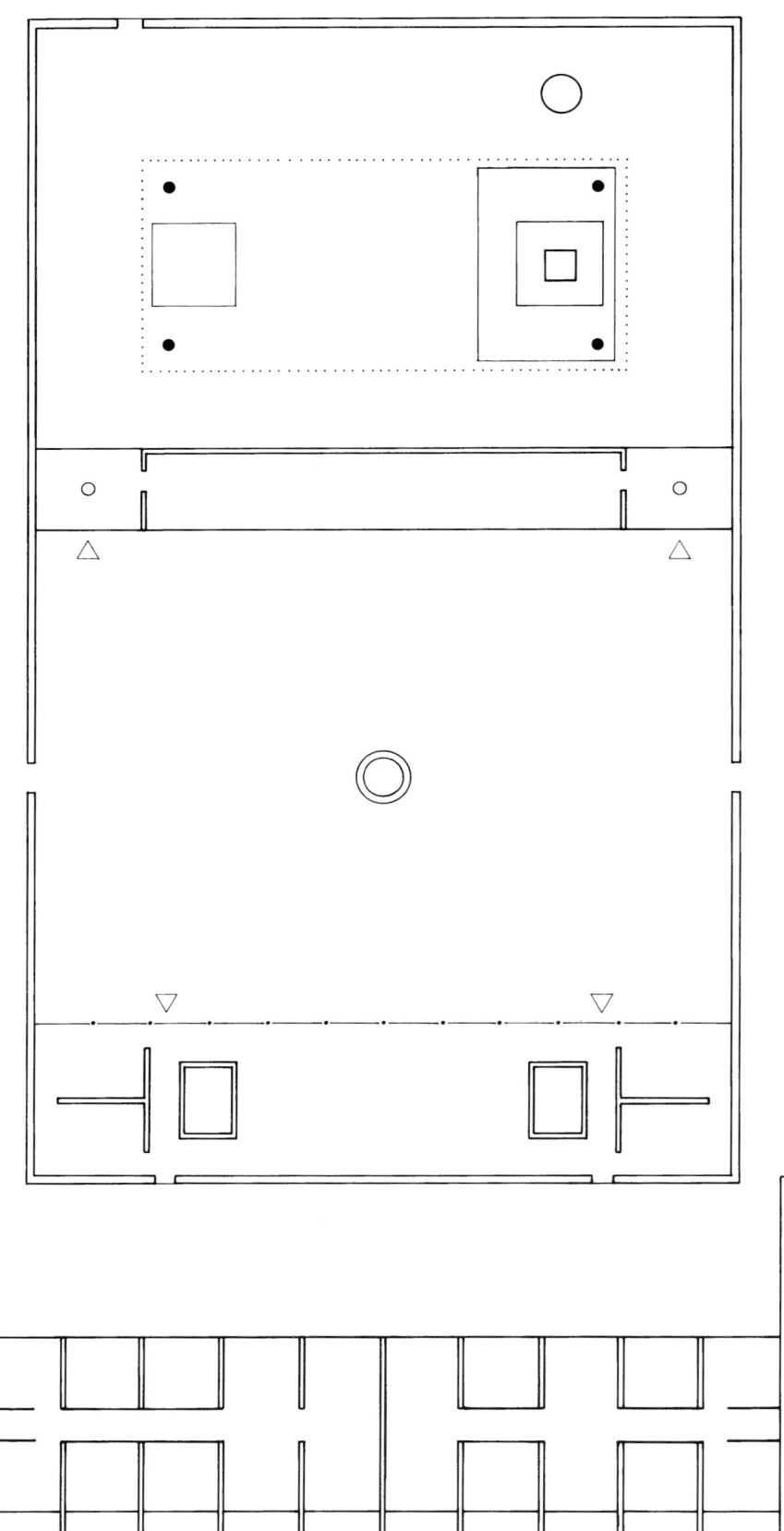

Turmbekrönung, Werner Schürmann
Türsturz, Rudolph Peer

Kruzifixus und Leuchter,
Bildhauer   Werner Schürmann
Maler   Michael Graves

Tabernakel,
Hildegard Domizlaff

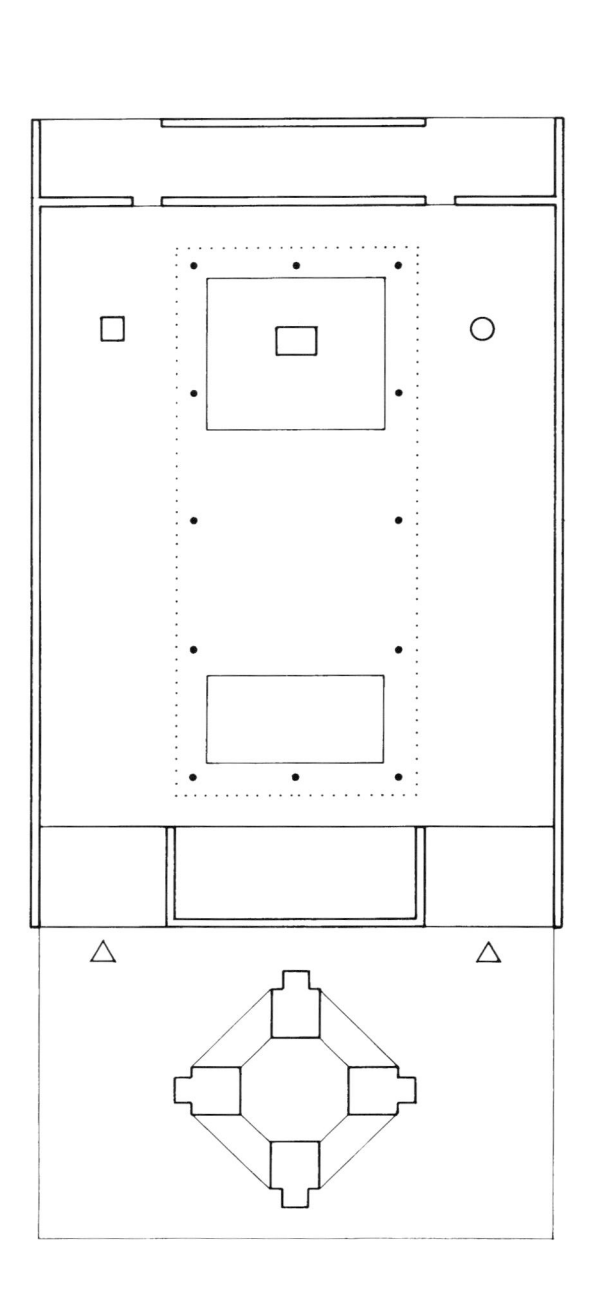

33

Turmschaft der im Krieg zerstörten Kirche als freistehender Campanile.

ST. STEPHAN IN KÖLN
WETTBEWERB   1958

Bauherr: Pfarrgemeinde St. Stephan

34

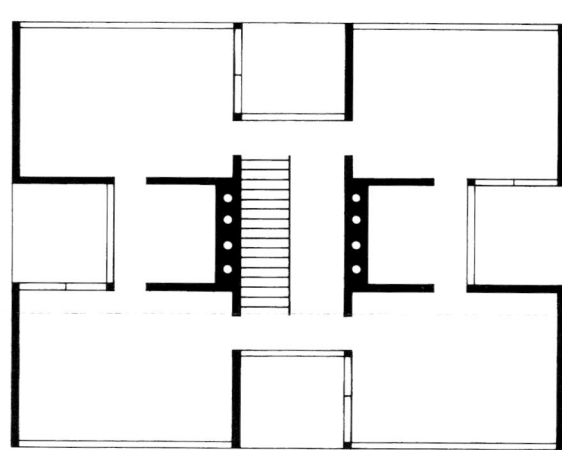

Um zwei betonierte Installationskerne gruppieren sich im Obergeschoß des zweigeschossigen Holzhauses vier Zimmer an offenen Innenhöfen, die nach außen durch Glaslamellen zu schließen sind. Pfosten und Balken sind aus Lärchenholz, die Giebelfelder verschiefert.

HAUS VON RAUTENSTRAUCH
EGGERT IN KÖLN   1959

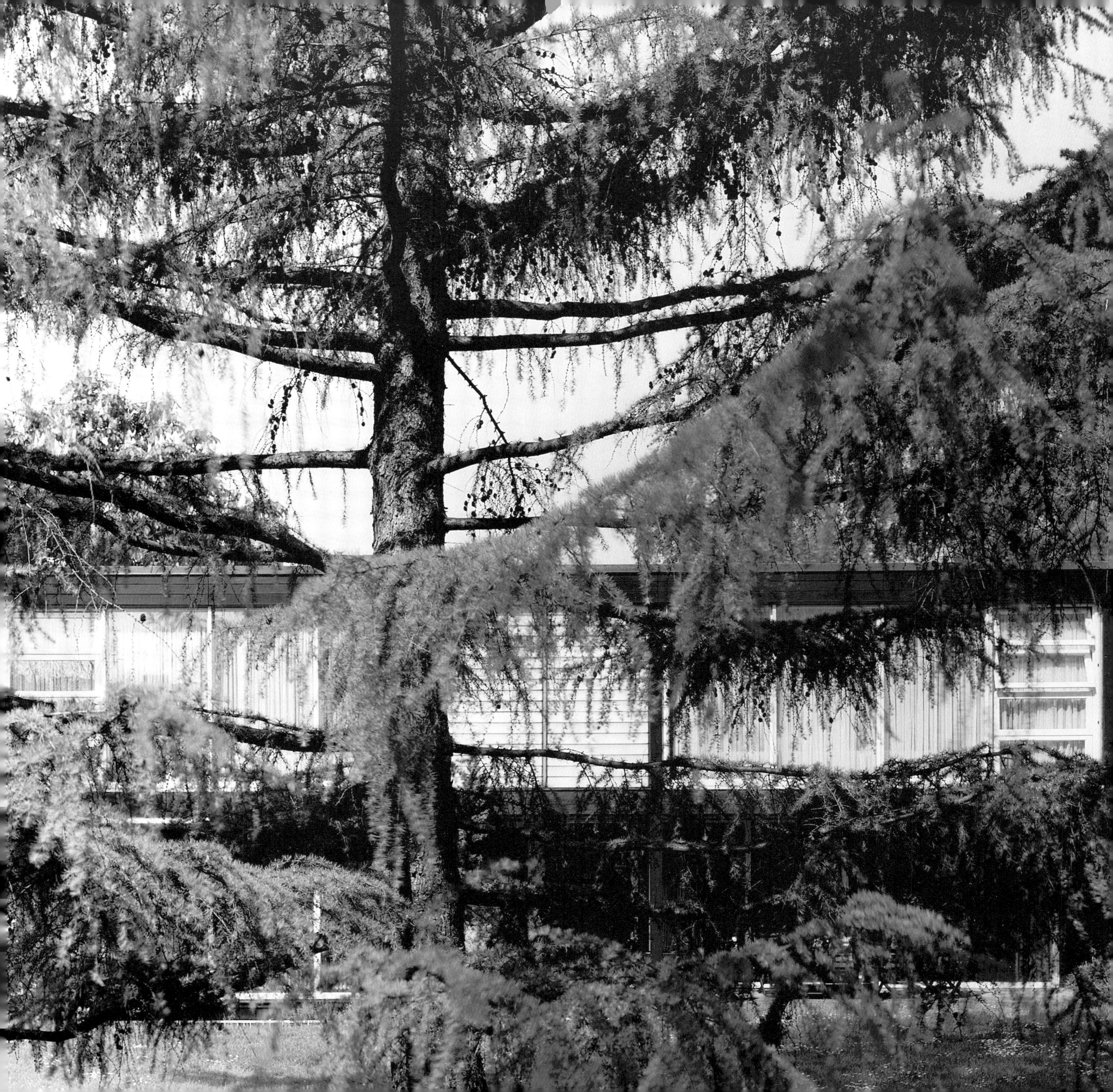

36

KARDINAL-FRINGS-GYMNASIUM
IN BONN   WETTBEWERB 1961

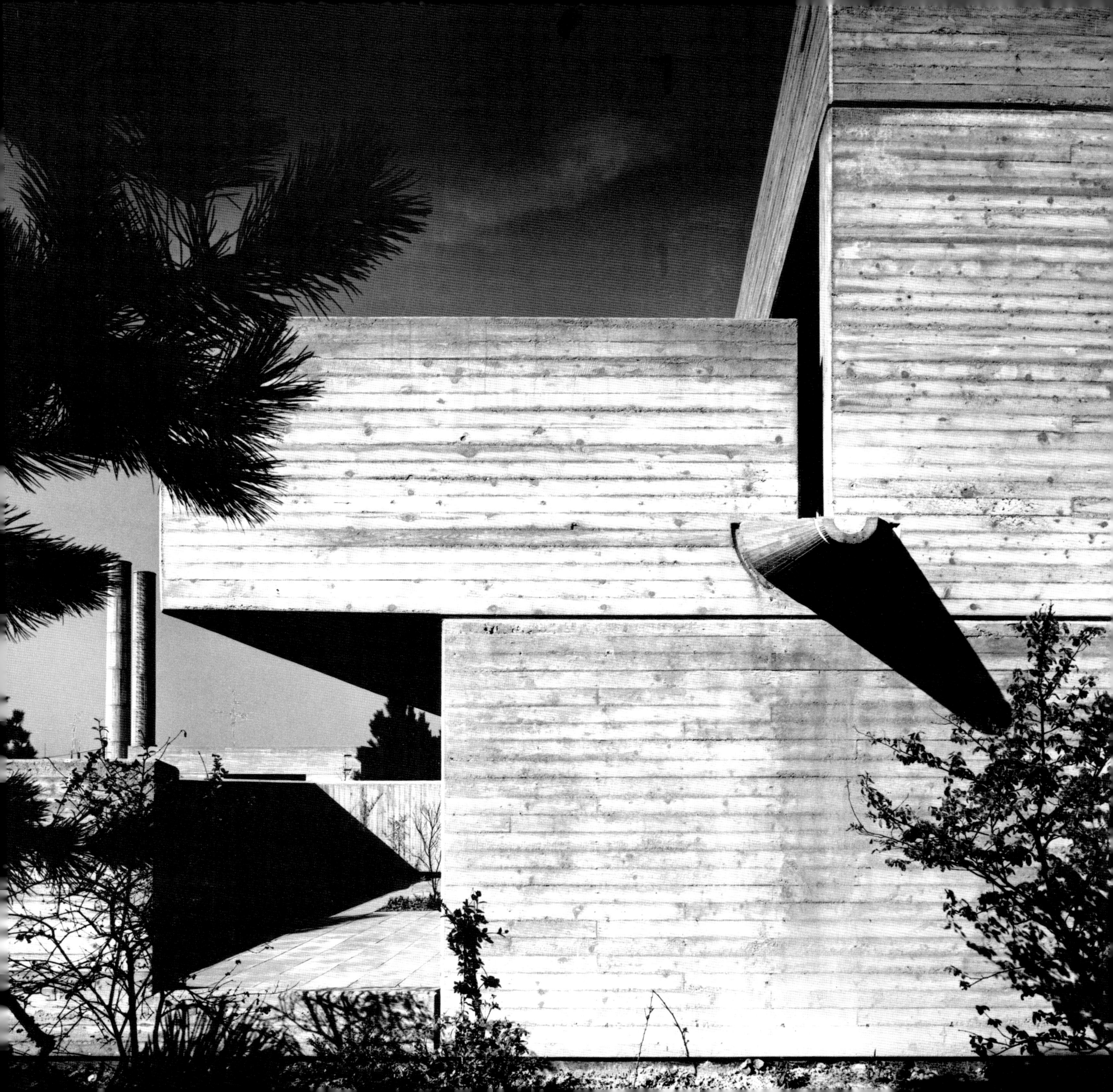

Die flache Terrassierung des Geländes zum Rhein wird durch die Staffelung der Baukörper unterstrichen. Die Funktionen sind in sechs Bereiche gegliedert: Trakt 1 (Unterstufe), Trakt 2 (Mittelstufe), Trakt 3 (Oberstufe), musisches Zentrum, Sportanlagen, Lehrerhäuser. Deren Terrassen entsprechen der Forderung nach enger Beziehung zwischen Schule und Wohnhäusern und dem Wunsch nach Abschirmung gegen Einsicht und Lärm.

Anstelle langweiliger Pausenhöfe gibt es gegliederte Außenräume, gestaffelt in der Höhe, Wind und Regen ausgesetzt oder überdeckt, mit Sicht zur Landschaft. Wichtig ist die vielgestaltige Wechselbeziehung zwischen Häusern und Außenanlagen. Alles ist so gruppiert, daß eine außerschulische Nutzung sinnvoll organisiert werden kann.

Merkmale der Gestaltung sind einfache Baumaterialien: Sichtbeton, Naturholz, Naturstein, die eine Atmosphäre für die Schüler schaffen, die frei ist von kleinlichen Details und von künstlicher Wohnintimität. Das Gelände ist für jedermann frei zugänglich.

Bauherr: Erzbistum Köln

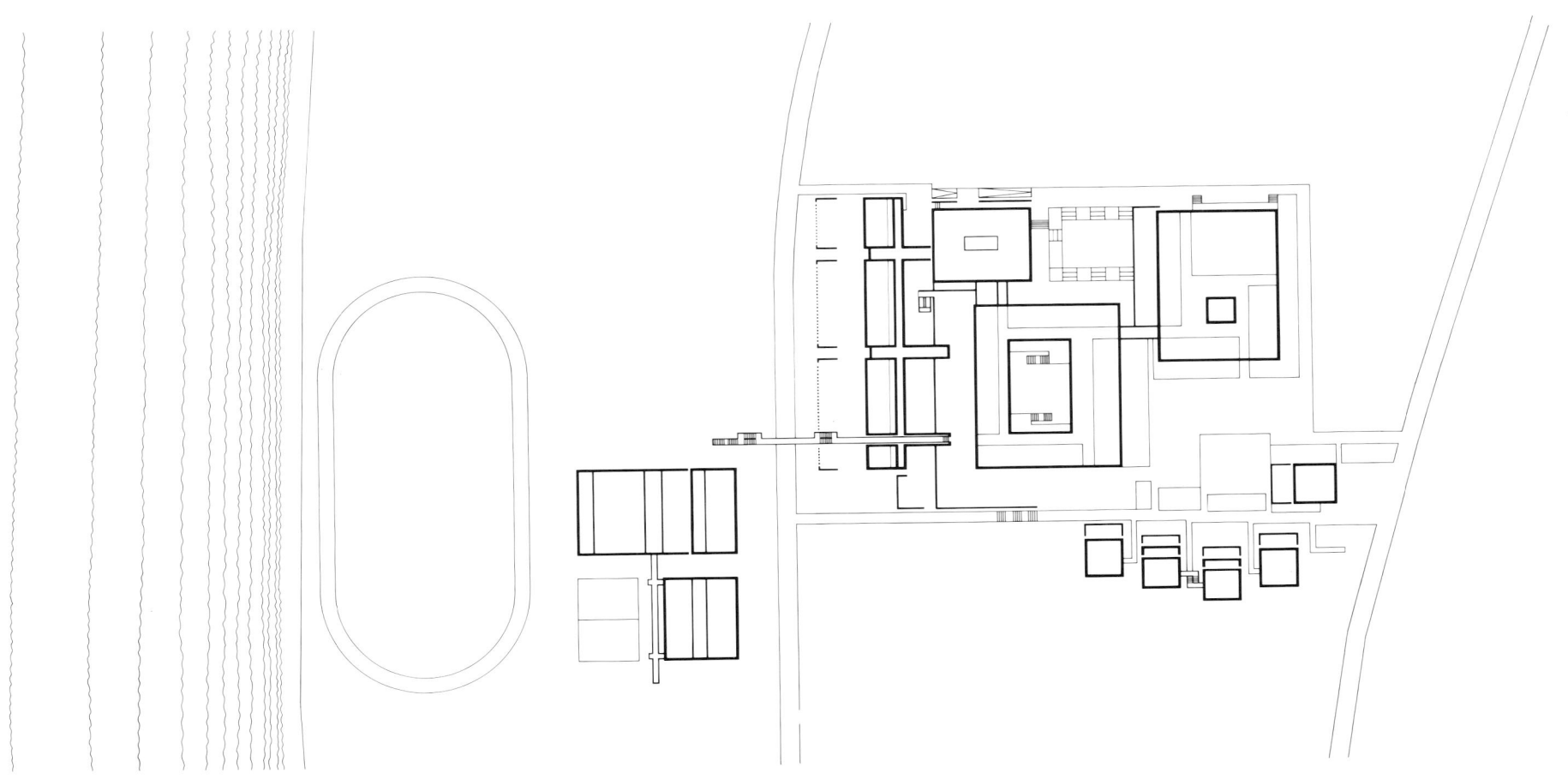

STUDENTENHEIME IN KÖLN-EFFEREN 1966

Mauern aus Ziegelstein. Aluminium-glidewindows. Kapelle in Sichtbeton. Ende der 80er Jahre wurden die Häuser in vielen Details ohne Mitwirkung der Architekten verändert.

Bauherr: Studentenwerk der Universität zu Köln

41 EINFÜHRUNG IN DIE GEBÄUDEKUNDE TECHNISCHE HOCHSCHULE DARMSTADT 1966

Sie wissen, was Caesars Baumeister Vitruv für unseren Beruf schon vor 2000 Jahren in „De architectura" vorausssetzt? „Der Architekt muß des Zeichenstifts kundig, in der Geometrie ausgebildet und im schriftlichen Ausdruck gewandt sein, mancherlei geschichtliche Ereignisse kennen, fleißig Philosophen gehört haben, etwas von Musik verstehen, nicht unbewandert in der Heilkunde sein, juristische Entscheidungen kennen, Kenntnisse in der Sternkunde und vom gesetzmäßigen Ablauf der Himmelserscheinungen besitzen."

Inzwischen kommen noch dazu: Soziologie und Ökologie, Psychologie, Logik, Biologie, Kybernetik, Geologie, Pädagogik, Politik – und die Kunst der überzeugenden Rede.

Das ist ein Überfall – er soll Sie beunruhigen, Unruhe ist wichtig – unsere Arbeit braucht sie.

Die Wechselfälle praktischer Arbeit zwingen bisweilen zum Nachdenken. Das ‚Denken – über' ist aber in einem so der Intuition verhafteten Beruf leider nicht sehr verbreitet – ‚Denken – über' ist eine Sache, Bauen eine ganz andere. Dabei erfahren wir laufend, daß das erste Voraussetzung für das zweite sein müßte. Deshalb wollen wir Nachdenklichkeit in der Gebäudekunde zusammen probieren.

In der Bedrängnis, wie ich bei dem Mangel an didaktischer Erfahrung nun diesen Teil meiner neuen Verpflichtung bewältigen könnte, erhielt ich – unerwartet – Schützenhilfe aus einem Theaterzettel.

Dort las ich, was Heinrich von Kleist an Rühle von Lilienstern „über die allmähliche Verfertigung der Gedanken beim Reden" schreibt – aktuell für mich, weil noch kein verfertigtes Manuskript auf seine Vorlesung wartet. Kleist schreibt: „Wenn Du etwas wissen willst und es durch Meditation nicht finden kannst, so rate ich Dir, mein lieber sinnreicher Freund, mit dem nächsten Bekannten, der Dir aufstößt, darüber zu sprechen …

Ich sehe Dich zwar große Augen machen und mir antworten, man habe Dir in früheren Jahren den Rat gegeben, von nichts zu sprechen als nur von Dingen, die Du bereits verstehst. Damals aber sprachst Du wahrscheinlich mit dem Vorwitz, andere – ich will, daß Du aus der verständigen Absicht sprächest, Dich zu belehren – und so können, für verschiedene Fälle verschieden, beide Klugheitsregeln vielleicht nebeneinander bestehen …

Weil ich doch irgendeine dunkle Vorstellung habe, die mit dem, was ich suche, von Fern her in einiger Verbindung steht, so prägt, wenn ich nur dreist damit den Anfang mache, das Gemüt, während die Rede fortschreitet in der Notwendigkeit, dem Anfang nun auch ein Ende zu finden, jene verworrene Vorstellung zur völligen Deutlichkeit aus – dergestalt, daß die Erkenntnis zu meinem Erstaunen mit der Periode fertig ist. Das macht dreist genug, den Anfang auf gutes Glück hin zu setzen."

So angespornt – und beruhigt – scheue ich mich schon weniger, eben im Vertrauen auf das gute Ende, ab und zu logische Sorgfalt gering zu achten und es mit der Kausalität nicht zu genau zu nehmen, wenn es nur gelingt, Ihnen möglichst oft, möglichst unmittelbar die Unruhe zu injizieren, die hilft, unsere Selbstgefälligkeit abzustreifen.

Was ich sagen werde, ist kein Programm, kein Credo, es ist eine allmähliche Verfertigung von Gedanken. Ich will versuchen, immer das gerade Erreichte, scheinbar Klare, wieder in Frage zu stellen, wie Kinder, die beim Spielen den Kopf zwischen die Beine stecken, um die vertraute Umgebung einmal aus anderer Perspektive zu sehen. Das schärft den Sinn für die Vielfalt der Erscheinungen und für den Wert der überkommenen sogenannten Bildungsgüter.

Bildungsgüter – die merkantile Ausdrucksweise verrät schon, daß hier etwas faul ist. Bildungsgüter, man denkt an Eingemachtes im Regal, bei Bedarf zu konsumieren. Als ob Bildung nicht viel mehr mit Kreativität zu tun hätte, also eher ein Zustand dauernder Spannung wäre.

Sie lernen einen Beruf, der alles andere als privat ist, Sie lernen einen politisch wirksamen Beruf, der gründlich das Leben beeinflußt.

Meine Ausflüge zur Soziologie werden immer dilettantisch sein. Dilettare kommt von liebhaben, sich vergnügen. Sie sollen stimuliert werden, selbst die Probleme zu sehen. Womit wir uns beschäftigen wollen, sind Entwicklungen, nicht Zustände.

Würden wir uns zum besseren, schärferen, umfassenden Sehen der Optik bedienen, dann wäre das richtige Medium eigentlich der Film; weil den zu machen wieder eine Kunst für sich ist, begnüge ich mich mit einigen Momentaufnahmen, die, wenn die Intervalle nicht allzugroß sind, bei einiger Phantasie doch so etwas wie einen Film, also die Vorstellung einer Bewegung, einer Entwicklung vermitteln. Manche Aufnahme wird nicht scharf genug sein, vielleicht auch verwackelt. Da wir aber Bewegung, Entwicklung, darstellen wollen, stört das nicht.

Die ersten Einstellungen der Optik gelten dem Menschen in seiner Gesellschaft. Da wir ein vorgefaßtes Menschenbild vor Augen haben, gelingt es uns schwer, das derzeitige Bild zu fixieren. Die Optik zeigt Masse – das ist etwas, worüber sich unsere Schulweisheit wenig einfallen läßt.

Erst bei genauem Hinsehen erkennen wir Einzelmenschen in verzweifelter Anstrengung, nicht den Gesetzen jener scheinbar einzigen Alternative zu erliegen, entweder als Individuum unterzugehen, Partikel der Masse zu werden, oder aber sie beherrschen zu müssen, im modernen Kampf ums Dasein, der heute weniger ums tägliche Brot geführt wird als um Freiheit und Würde. Die gewohnten, geschmähten, gehaßten, wieder und wieder zertrümmerten und ebenso oft wieder geflickten Pflanzgerüste des alten ordo der hierarchischen, ständischen oder patriarchalischen, jedenfalls vertikalen Ordnung sind abgebrochen, das Abräumen der Reste erleben wir gerade. Aber wie sich jetzt ordnen? Wirklich nur in der Alternative: aufgehen, verschwinden in der Masse, „dem entscheidenden Faktor des Geschehens" (Jaspers), oder die Masse beherrschen?

Wir ‚demokratisches Spalierobst' haben keine Pflanzgerüste mehr. Wenn wir zusammen leben wollen, brauchen wir aber Ordnung. Das wird ein horizontal gegliedertes System sein müssen, mit mehr Substanz und Wahrhaftigkeit als das, was wir heute unsere demokratische Gesellschaftsordnung nennen.

Jedenfalls brauchen wir Mut zu neuer Einstellung aus eigener Empfindung, damit überhaupt neue, eigenständige und lebensfähige Lösungen entstehen. Dabei müssen wir lernen, mit verschiedenen Meinungen zu leben.

Wir sehen also Masse – noch keine homogene, sondern eine von vielen Ansätzen zur Kristallisation dieser horizontalen und hoffentlich besseren Ordnung bewegte. Unsere Einwirkung auf diesen Prozeß versuche ich in den Vorlesungen sichtbar zu machen.

Wie ist es um die Verbindung dieser Kristallisationspunkte bestellt, um das, was wir Kommunikation nennen? Die Optik zeigt: schlecht; obwohl wir fast die Perfektion der Nachrichtenübermittlung erleben, kommt kein Austausch von Gedanken zustande, bestenfalls ein einseitiges Registrieren von Informationen.

Wir leben zwar im Zeitalter des Gespräches, aber hören Sie diesen Gesprächen kritisch zu; es sind routiniert und raffiniert arrangierte Deklamationen längst verfertigter Gedanken. Haben Sie schon einmal erlebt, daß in solchen Schaugesprächen irgendeiner der Partner überzeugt wird, seine Meinung während des Gespräches ändert? Was doch ein natürliches Ergebnis von Gesprächen sein könnte?

Auch das aus dem vertikalen ordo geerbte Leistungsprinzip hilft nach Kräften, Fähigkeiten für das Zusammenleben schon im Keim zu verbiegen: schon in der Schule wird mit dem antiquierten Notensystem dem Unterbewußtsein beigebracht, daß alles darauf ankommt, den anderen auszuknocken, Konkurrenten aus dem Feld zu schlagen, Karriere zu machen, durch Rekordleistungen aus der Masse herauszuragen. Das ist keine gute Vorschule für Bürger dieser komplizierten, sich neu bildenden Gesellschaft.

Wir haben uns im Wohlfahrtsstaat zu schnell daran gewöhnt, sozial synonym zu setzen für ‚Nehmen, Belohnung, Geltung'. Die Perspektive stimmt nicht. Wir müssen, wenn wir eine neue Ordnung bauen wollen, für sozial synonym setzen: Geben, Opfer, Rücksicht, ... und so altmodische Sachen wie Nächstenliebe, statt abzuwarten, wer es profitlicher versteht, der alten Ordnung noch das letzte Mark aus den Knochen zu saugen. Wir müssen lernen, in der Gruppe miteinander zu leben und füreinander zu arbeiten.

Wie kann man das anfangen? Konkret durch neues Wertschätzen in der Erziehung. In Wertschätzung liegt die Aufforderung zu Einsatz und Opfer. Daß wir, was diesen Einsatz betrifft, mittlerweile zu den unterentwickelten Völkern gehören, wird im Verlauf des Kollegs festgestellt werden. Es ist nicht allein die lasche Regierung, der untaugliche Staat, der nicht erkennt, was seinen Bürgern nützt. Es ist Zeit zu begreifen, daß in einer Demokratie auch das Staatsvolk, auch der Bürger nichts taugt, wenn der Staat versagt.

Wir sind in unserer sozialen Entwicklung zurückgeblieben. Wir sind zu schnell gewachsen. Zu schnell hat sich unsere Umwelt verändert, zurückgeblieben ist die Gesellschaft.

Ich will als neue Momenteinstellung des Objektives unser schiefes Verhältnis zur Technik fixieren. Das fängt in der Schule an – oder besser, nicht an. Technik hat in den Lehrplänen kaum einen Platz. Das ist unheimlich, wenn wir daran festhalten, daß letzten Endes Aufgabe der Schule ist, Menschen an das Leben oder die Gesellschaft abzuliefern, um einen Ausdruck von Schleiermacher zu gebrauchen, die sich in ihrer Umwelt auskennen, damit sie sich in ihr behaupten und in ihr fruchtbar wirken können. Dabei ist offensichtlich, daß Technik auch das Instrument sein könnte, das uns vom Ballast der Vielwisserei und dem damit verbundenen Auswendiglernen befreien könnte. Der Erziehungswissenschaftler Picht sagt: „Was funktionalisiert werden kann, gehört nicht zur Bildung. Nachdem es die Elektronengehirne einmal gibt, ist es sinnlos, das menschliche Gehirn zu dressieren, daß es leistet, was Elektronengehirne besser leisten. Wir müssen lernen, mit Elektronengehirnen umzugehen. Ich behaupte mit Zuversicht, daß das Denken, das mit Elektronengehirnen umgehen kann, eine formale Struktur hat, die es verbietet, es selbst wiederum auf Elektronengehirne zu übertragen. Dies wäre dann so etwas wie ein transfunktionales Denken; das Erlernen eines solchen Denkens wäre die große Aufgabe einer neuen Epoche menschlicher Bildung." (Georg Picht, „Verantwortung des Geistes", 1956).

Bei Mitscherlich können Sie nachlesen, wie fehlender Gemeinsinn, mit Rücksichtslosigkeit verwechselte Freiheit, fehlende Forschung und Planung, unbewältigte Technik, unsere Umwelt ständig weiter zerstören.

Architekten sind daran mehr, als wir wahrhaben wollen, beteiligt. Mit dieser Einsicht ist klar, wie und wo Regeneration ansetzen kann: tief und gründlich, also an der Wurzel.

Jeder, der überlegt, wie eine Wurzelkur wirksam sein könnte, kommt dazu, sich mit der Bildungssituation zu befassen, sich Gedanken zu machen, wie Erziehung sein muß, die zu so etwas wie neuer Bildung führt.

Damit zur nächsten Einstellung der Optik: Über Bildung sprechen ist heikel. Hier scheiden sich die Geister; zunächst die, die sie angeblich besitzen, von denen, die sie nicht haben. Daß es Aufgabe der Gesellschaft ist, zu bewirken, daß auch letztere von ihr ergriffen werden, ist ein klares Ziel. Daß sie von ihr, von der Bildung, ergriffen werden, in Besitz genommen werden, ist etwas anderes als zu sagen, sie sollten Bildung besitzen.

Bildung besteht nicht in einem Hort gestapelter sogenannter Kulturgüter, nicht in einem möglichst umfangreichen Paket unvergänglicher Werte unserer Kultur, nicht in eifersüchtig gegen Unbefugte verteidigten ‚Speichern' enzyklopädischen Vielwissens. Das alles kann man „erwerben, um es zu besitzen".

Die Bildung, die uns selbst ergreifen kann, ist etwas anderes. Sie ist Wirklichkeit, Wirklichkeit des Geistes, Wirklichkeit der Verantwortung. Sie wird geprägt von gesellschaftlicher Wirklichkeit und prägt selbst gesellschaftliche Wirklichkeit, ökonomische Wirklichkeit, politische Wirklichkeit.

Bildung ist Wissen und Haltung. Ich meine, daß noch eine dritte Eigenschaft dazugehört: Können!

Rücken wir – kritischer – dem, was heute allgemein Bildung genannt wird, mit dem Maßstab der Pichtschen These zu Leibe, daß Bildung zusammenfällt mit der geistigen Verantwortung des Menschen, so sind Feststellungen, die ich über unser Verhältnis zur Technik gemacht habe, noch bestürzender, wenn wir unser Verhältnis zur Wissenschaft, genauer zur Naturwissenschaft und zu den Sozialwissenschaften bedenken.

Diese Bereiche existieren, wenn überhaupt, nur in Kümmerformen innerhalb der Bildungsabsichten unserer Schulen, die sich noch immer zäh im Kielwasser der septem artes liberales orientieren, so, als wäre Technik noch so eine harmlose Sache wie zu Zeiten der Humanisten. Nachdem sich unsere Verantwortung auch im Bereich der Naturwissenschaft, der Sozialwissenschaft und der Technik zu bewähren hat, ist klar, daß diese Disziplinen Bestandteil des Fundamentes unserer Bildung werden müssen. Aber ist diese Naturwissenschaft als Wissenschaft denn in der Lage, wirklich zur Erkenntnis, zur Orientierung beizutragen? Die Zusammenhänge sind kompliziert: sie ist nicht zu integrieren, ehe sie nicht selbst ihren Zusammenhang mit der Wissenschaft von den Wissenschaften, mit der Philosophie, neu erkennt.

Alle Einzelwissenschaften sind aus sich heraus, ohne diesen Horizont, den erst die Philosophie zu entwerfen im Stande ist, nicht fähig, sich in einen sinnvollen Bezug einzuordnen. Ich weiß nicht, ob wir heute schon eine Philosophie haben, die das kann; aber ich glaube, daß sie allein es ist, die dazu in der Lage sein könnte und uns damit sagt, wie es in Zukunft weitergeht.

Eine weitere Einstellung, um unsere Situation ins Bild zu bekommen: das Verhängnis der Trennung von Wissenschaft und Politik. Es vergeht keine Woche, in der uns das nicht durch Ärgernis spürbar wird.

Was ist trauriger: Intellektuelle ohne Bezug zur politischen Wirklichkeit oder Politiker ohne Erkenntnis, daß sie Geist zu vollziehen haben, daß Verantwortung ohne elementare Beziehung zum Geist unmöglich ist, denn – wiederum Picht – „Geist ohne Verantwortung verrät sich selbst und Verantwortung ohne Geist, verfällt unaufhaltsam den Perversionen blinder politischer Macht. Deshalb ist das Bewußtsein der politischen Verantwortung des Geistes und der geistigen Verantwortung der Politik ein unentbehrliches Fundament der Bildung."

Es ist offenkundig, wie sehr die Informationsmittel, denen die nächste Einstellung gilt, dazu beitragen können, diese Trennung zu vertiefen oder in Annäherung zu wandeln.

Einer bezieht seine Informationen aus der „Frankfurter Allgemeinen", ein anderer aus „Die Welt", der dritte aus „Die Zeit", viele aus 10-Pfennig-„Bild"; aus der „Bauwelt", aus „L'architecture d'aujourd'hui" oder „Architectural Record". Wir sind, mehr als wir meinen, Produkt solcher Informationen. Unser eigenes Dazutun zur Bildung ist geringer, als wir es wahrhaben wollen. Eigenes Dazutun, das wäre ja Beobachtung, Erfahrung an Ort und Stelle, unbeeinflußte Reflexion dieser Erfahrung; aber wir leben überwiegend von Erfahrungen aus dritter Hand.

Fragen Sie sich. Wieviel erfahren Sie selber, wieviel lesen Sie, gemessen an der Flut von Äußerungen, die Sie machen – in Gesprächen, Diskussionen? Wieviel mehr referieren wir nur über von anderen Gelesenes, Gehörtes, Erlebtes? Vielleicht sind diese anderen auch wieder nur Referenten von Lesefrüchten dritter und vierter?

Wir leben im Zeitalter des großen Bla-Bla – des großen Bla-Bla über routiniert gelenkte Informationen und raffiniert verpackte Reproduktionen. Das müssen wir uns klarmachen, einmal, weil die Perfektion der Informationsmittel und ihr Mißbrauch in keiner Bestandsaufnahme unserer Situation fehlen können, aber auch, weil es gut ist, auf der Hut zu sein – dieser Gefahr auch in der eigenen Arbeit zu widerstehen –, gerade weil wir uns mit ihrer Existenz abzufinden haben, ihren Mißbrauch nicht verhindern können. Jaspers sagt: „Nicht nur jeder Informierende, sondern jeder, der sich informieren läßt, ist mitverantwortlich."

Ich kann heute nur andeuten, um Unruhe zu wecken. Jede Gebäudekundevorlesung wird sich im einzelnen nicht nur mit ihrem jeweiligen Gegenstand auseinandersetzen, sondern auch mit seinem Umfeld, auch bewußt machen, warum und wie er entstand, wem und wozu er nützt, wie er sich entwickeln könnte.

In dieser Einführung – als Beispiel – klingt vieles an, was uns bei einem zentralen Thema der Gebäudekunde, den Schulen, konkreter und als erstes beschäftigen wird.

Die bisherigen Einstellungen sollten Bildung in Bezug zur Gesellschaft setzen – die nächste Einstellung soll Bildung als Vorgang erfassen.

Das Wesen des Vorganges wird deutlich im Ziel, auf das er gerichtet ist: nennen wir es creatio, zu unterscheiden von cultura. Die Unterscheidung ist nötig, weil cultura (lateinisch Ackerbau) für viele synonym ist für traditio. Cultura bezeichnet, etwa, die Pflege des immer Wiederkehrenden, Bestehenden, unverändert Vorgegebenen, Wandel innerhalb des Bestehenden. Creatio dagegen meint den dynamischen Prozeß ständiger Wandlung durch Veränderung.

Der letzte Werkbundtag in Hannover befaßte sich mit Problemen des Erziehens. Das etwa war die Grundstimmung: die Erziehung und damit der Erzieher muß wissenschaftlicher werden, muß politischer werden, muß schöpferischer werden als bisher. Warum bemühen wir uns so ängstlich, die Technik nicht in die Schule hineinzulassen? Warum sind wir so blind, nicht auch Technik in der Nähe der Kunst zu sehen, obwohl wir doch wissen sollten, daß die Technik die schöpferische Verwandlung der Naturkräfte durch den Menschen ist? Technik und Kunst, beides klassische Übungs- und Betätigungsfelder der schöpferischen Kraft, haben keinen oder nur kümmerlichen Raum in unseren Schulen, besonders in den höheren Schulen, die sich uns oft eher als Verhinderungsanstalten für Kreativität darbieten.

Der homo ludens ist in unseren Schulen ein ungern gesehener Gast und damit das ganze spielerische Element, das wissen will, wie alles wird, wie alles ist, wie es auch ganz anders sein könnte, das von sich aus ganz unlustig ist, sich nur mit Ablagerungen von Ideologien, so Hartmut von Hentig, abzugeben, wie sie noch immer unsere Lehrpläne anfüllen, mit Anschauungen also, die man nicht mehr selbstkritisch reflektieren kann, die immer wieder konzipiert werden, ohne die wachsende Dynamik gesellschaftlicher Entwicklung zu berücksichtigen.

Klar, daß der homo ludens auch Zeit braucht. Also müssen wir Zeit für ihn schaffen. Das wird nicht gehen, ohne das ganze bisherige Schulsystem in Frage zu stellen.

Fragen, die uns bei unserem ersten Thema Schulbau beschäftigen werden, sind auch: Warum vergißt die Schule, daß es in Zukunft, mehr als früher, im Leben der Heranzubildenden darauf ankommen wird, improvisieren zu können? Warum sind unsere Schulen so antiindustriell eingestellt, damit notgedrungen oft antigesellschaftlich? Warum erkennen so wenige, daß es mit dem aristokratischen Prinzip zweckfreier Bildung nicht mehr getan ist? Warum vernachlässigen oder mißbrauchen wir die Kunsterziehung in unseren Schulen? Oft wird sie als Instrument gegen Rationalität und Funktionalität mißdeutet, oft dient sie geradezu als Alibi für Mangel an Kreativität. Man hält sich seinen Kreativen im Kunsterzieher. Die Kunst könnte uns zeigen, daß es für die Erziehung mehr an den Kunstwirkungen als an den Kunstwerken liegt. Warum richten wir uns so wenig nach der Erkenntnis, daß Ordnung herzustellen und zu erfinden mindestens so nützlich ist, wie eine gegebene Ordnung einzuhalten? Wir richten uns nach den Tugenden einer stabilen Welt, also nach Ordnung, Wiederholung, Übung, Gedächtnis, die in einer instabilen Welt, in der wir jetzt leben, nichts von ihrer Bedeutung eingebüßt haben, allein aber nicht ausreichen; denn in dieser instabilen Welt wird auch Improvisation, Kooperation zur Tugend, immer wieder neue Beobachtung und Auswahl, ständige Reflexion.

Das alles sind Erfahrungen, die wir im Umgang mit Kunst machen, in der Auseinandersetzung mit den Kunstwirkungen. Nicht am Rande also, sondern im Zentrum des Lehrplans muß der Kunstunterricht stehen.

Warum, können wir weiter fragen, wird statt des starren Prinzips der optimalen Einzelleistung nicht mehr die Erfahrung genutzt, daß alles leichter, nachhaltiger und für die Gesellschaft förderlicher erfahren wird in Kooperation?

Warum haben wir solche Scheu, uns zur Wissensspeicherung auch der Technik zu bedienen, um uns vom Wissensballast zu befreien, um wieder Kopf und Hände frei zu bekommen, zum Training der kognitiven und auch der schöpferischen Begabung? Gerade dann, wenn wir – wie das Kaninchen vor der Schlange – in Schreck verharren werden, daß wir – zu Automaten und Robotern Degenerierte – von unserem hybriden, verketzten, der Kontrolle entglittenen eigenen Geschöpf, der Technik, überwältigt werden könnten, wird uns – hoffe ich – in Kybernetik und Computern das Werkzeug entstehen, dieses Geschöpf auch zu steuern, zu integrieren.

So ausgerüstet verliert auch unser scheinbares Kollektivschicksal seine Depression, die es auf alle ausübt, die noch nicht stumpfsinnig sind: nämlich möglichst enge partielle Bildung als allein erreichbaren Zwischenzustand anzustreben zwischen der universalen Bildung – die niemand mehr erreicht – und vollkommener Unbildung (im Sinne von Unverbildung, wie Stefan Hirtzel diesen paradiesischen Zustand nennt). Wir können aufhören, uns gegenseitig als Halb- oder Viertelgebildete zu beschimpfen; der Maßstab stimmt nicht mehr. Das andere nämlich, von „dem uns vermutlich noch Begriff und Namen fehlen", könnte zeigen, daß die seither sich im Bildungshochmut Wärmenden bestenfalls noch zu den Halb- oder Viertelgebildeten zählen.

Sie haben alle vom Bildungsnotstand gehört. Diese schockierende Einsicht, dem Schock vergleichbar, den Amerika hatte, als der Sputnik zu kreisen begann, gibt Hoffnung, daß die Auseinandersetzung zwischen der überkommenen und der künftigen Bildungsauffassung immer heftiger brennt.

Damit Sie sich unser Zusammenwirken vorstellen können, einige Stichworte zu meinem Verständnis unseres Berufes:

Zunächst sind das Worte. Arbeiten, die ich in den Vorlesungen zeige, werden sie unterstützen. Sie werden mich da und dort auch Lügen strafen, denn was in Stahl und Stein steht – und fotografierbar ist, belegt immer eine frühere Phase aus der allmählichen Verfertigung der Gedanken.

Architekten neigen dazu, ihrer Umwelt mit großen Ansprüchen zu begegnen. Das ist nicht gut.

Da sind Einschränkungen und Begrenzungen aufzuzeigen, die bescheidener machen, zunächst: Der Architekt ist kein Schöpfer, der Welten aus dem Nichts erbaut. Auftrag, Wirkung und Verantwortung sind unmittelbar auf die Gesellschaft, in der wir leben, bezogen und zielen auf die Gesellschaft von morgen.

Architektur ist nicht primär ein Feld für subjektive Expressionen. Sie hat umso höheren Rang, sagt Adorno, je inniger sie die Extreme Form, Konstruktion und Funktion durcheinander vermittelt.

Dann eine nur scheinbare Einschränkung: Halten wir uns nicht für Künstler, jedenfalls nicht für das, was die Allgemeinheit heute unter Künstlern in unserer arbeitsteiligen Welt versteht, ‚Spezialisten für Phantasieangelegenheiten'. Ich bin sicher, daß wir überflüssig werden, wenn wir nicht schnell begreifen, daß unser Tun erheblich komplexer ist.

Ich halte nichts von Originalität um jeden Preis. Es ist besser, einfach gute Dinge zu machen, nützliche und manchmal auch schöne, schön nicht nur als Zustand, auch als Wirkung.

Es ist gut, wieder zu lernen, die einfachen Zusammenhänge zu erkennen und ernstzunehmen, wie die Tatsache, daß auch 1966 Lasten das Bestreben haben, sich senkrecht nach unten fortzusetzen; daß die dritte Dimension sich nicht ergibt, indem ich zweidimensionale Ebenen addiere; daß architektonische Räume nicht zwangsläufig entstehen, wenn ich Kuben zusammenwürfele; daß ein Programm nicht funktioniert, wenn ich seine geforderten Nutzflächen in Kubikmeter verwandele und wie ein Bildhauer mich zweckfreiem Spiel damit hingebe; daß Analyse zwar nötig ist und immer komplizierter wird, unser Rohstoff immer kleinteilig zerhackter, daß Synthese aber mehr sein muß als dieses Zerhackte – wie es kommt – wieder zusammenzukleben, auf einen Haufen zu schütten oder in Tüten zu packen.

Dem Aufwand an komplizierter Analyse, mit masochistischer Wollust betrieben, entspricht ein ziemlich klägliches Ergebnis an komplexer Synthese. Manchmal ist es gut, daran zu erinnern, daß auch zwei mal zwei vier ist, gerade wenn alle Welt sich bemüht zu beweisen, daß zwei mal zwei vielmehr Wurzel aus sechsunddreißig weniger vier mal zwei ist. Wir müssen ganz hellsichtig jeder Scharlatanerie gegenüber werden, damit wir uns ungeschützt der Anziehung echter Qualität aussetzen können, die das Originelle nur im Guten anerkennt. Wie drittrangig wird dann die Unterscheidung zwischen rechtem, schiefem oder gar keinem Winkel, den ganzen theoretischen Klassifizierungen.

Die Wertschätzung von Arbeiten aus anderer Mentalität ist ein dunkler Punkt im Charakterbild des Architekten. Ich glaube, von Goethe stammt die Erkenntnis, daß wir nur soweit zu achten seien, wie wir zu schätzen wissen.

Ich bin erschrocken über das Maß an Intoleranz, Besserwisserei, oberflächlichem Stilfanatismus, das ich in den letzten Wochen in manchen Gesprächen mit Studenten und jungen Kollegen erfuhr.

Bleiben Sie mißtrauisch gegenüber den Trendsettern, die, häufiger als gut ist, ihr Outfit austauschen werden. Es lohnt nicht, sich als Trendscout zu profilieren. Prüfen Sie die saloppe, kaltschnäuzige Beredsamkeit. Gedanken sind schnell, Zungen noch schneller, unsere Bauten aber stehen sehr lange.

Ich habe das Komplexe der Architektur betont. Da gerade von Bescheidung die Rede ist, will ich es anders beschreiben: Architektur ist keine Wissenschaft – in ihren Voraussetzungen jedoch informiert und intendiert durch sie, also abhängig von ihr. Architektur ist keine reine Kunst, in ihrer Vollendung jedoch da, wo sie sich über die Strukturen und das Zweckhafte hinaus zur Form entfaltet, in jenem Bereich also, wo, wie Theodor Heuß es ausdrückte: „das irrationale, schöpferisch Unmittelbare sich sinnvoll vor der Aufgabe zu disziplinieren weiß", da kann sie zur Kunst werden.

Architektur als zweckfreies Experimentierfeld gibt es nicht, weil sie wie keine andere schöpferische Hervorbringung des Menschen eben unmittelbar auf diesen selbst bezogen ist. Hier liegt das Erregende dieses Berufes, auch das Strapaziöse, auch seine Begrenzung und Bescheidung.

Architektur ist keine Technik. Sie kann sich ihrer nur als Instrumentarium bedienen. Perfektion und Artistik in der Beherrschung dieses Instrumentariums können allenfalls Mittel zum Zweck sein. Soll Architektur entstehen, menschenwürdige Umwelt, können wir mit der Technik nicht alles machen, was wir eigentlich mit ihr machen könnten. Ziel bleibt der Mensch, mit seiner ganzen liebenswürdigen Unvollkommenheit.

Auf der einen Seite stehen also utopische Strukturen technischer Perfektion, in der utopischen Sehnsucht, uns Zelte zu bauen, weil wir im Grunde unseres Wesens Nomaden bleiben, auf der anderen die ehernen oder betongegossenen Monumente geballter Gegenwart, aus ganz persönlichem Formwillen oder ganz persönlichem Ehrgeiz, Inkrustierung der Gegenwart und damit Vergewaltigung der Zukunft.

In der Mitte: Gestalt und Wandel, Gestalt aus Vernunft und Logik und dem Traum in die Zukunft. Raum als Lebensraum ist mehr als nur Raum, in dem man auch leben kann.

Ich meine, uns ist ein großer Auftrag durch diese Gegenwart gegeben, deren Umwandlungen nicht tief genug zu erkennen sind (ich glaube, beim letzten Darmstädter Gespräch wurde gesagt, diese Umwandlung sei nur vergleichbar jener Zeit, in der sich die Menschen anschickten, das Jägerdasein mit dem seßhafter Bauern zu vertauschen).

Was ist dieser Auftrag? Wir müssen einem Prozeß nie dagewesener gesellschaftlicher Umwandlung, mit seiner Mobilität und seinem Disponiertsein, Räume und Umwelt bereitstellen, indem wir uns um Gestalt und Konstruktionen bemühen, die Flexibilität, Variabilität und Adaption von Funktion und Raum an die wirklichen sozialen Bedürfnisse nicht nur erlauben, sondern herausfordern. Ich habe kein Rezept für diese Struktur. Daß sie irgendwie anders aussieht als das meiste, was wir bisher machen, das weiß ich – auch daß es notwendig ist, daran zu arbeiten.

Zum Schluß ein flüchtiger Gedanke, mir selbst nicht klarer, als ich ihn vortragen kann.

Das Motto fand ich in einem Aufsatz von Hirtzel. Er zitiert dort den „Magus im Norden", Johann Georg Hamann: „Alles, was der Mensch zu leisten unternimmt, es werde nun durch Tat oder Wort oder sonst hervorgebracht, muß aus sämtlichen vereinigten Kräften entspringen. Alles Vereinzelte ist verwerflich!" Dazu erklärt Goethe: „Eine herrliche Maxime! Aber schwer zu befolgen."

Das ist umfassend gemeint, umfassend auch auf unsere Entwurfsarbeit bezogen, weil es gilt, die Fähigkeit zur Analyse und zur Aufstellung des Programms wie zur Synthese zu lernen, um die beiden Grundlagen zu nennen, die unsere besondere Kreativität voraussetzt, damit sie zu jener Intuition führt, die nach Lucius Burckhardt „das einzige Mittel ist, mit welchem man Gleichungen lösen kann, die mehr Unbekannte als Aussagen haben. Das Mittel der Intuition ist die Reduktion des Problems auf das Wesentliche." Darum geht es mir in der Gebäudekunde und im Entwerfen: das Wesentliche zu erkennen, es in gebaute Funktion zu verwandeln, ihm typische Gestalt zu geben, nicht willkürliche.

Burckhardt erklärt: „Was den Architekten so auszeichnet, etwa gegenüber dem Wissenschaftler, ist sein Umgang mit Entscheidungen. Nicht sein Wissen imponiert, sondern seine kreative Fähigkeit, aus ungeordneten, teilweise widersprüchlich vorgelegten Angaben und Bedürfnissen einen Schluß zu ziehen, Entscheidungen zu fällen und die gefundene Lösung in eine reale Gestalt überzuführen. [...] In einer Atmosphäre allgemeiner Verantwortungsschwäche und fehlender Entschlußkraft bildet der Architekt die bewunderte Ausnahme."

Von Intuition und Kreativität wird immer zu sprechen sein, aber auch von profundem Wissen, vor allem Wissen um die Zusammenhänge, die Kenntnis der Quellen, aus denen Sie im Bedarfsfall Ihr Fachwissen auffüllen können, und von Übung, dauernder Übung im Einsatz dieses Wissens. Zu allem gehört Zeit, viel Zeit. Wir müssen an den richtigen Stellen Zeit verlieren können, um sie an entscheidender Stelle zu gewinnen.

Ich bin zuversichtlich für unsere Arbeit, obwohl ich mir keine Illusionen mache. Ganz allgemein ist es um das Schöpferische schlecht bestellt, und die Tendenz steht auf Verschlechterung. Ihre Arbeit – meine Arbeit – kann das nur wenig verändern. Aber auf dieses Wenig eines jeden Kristalles kommt es an, um den Massenausverkauf, den Verschleiß an Kultur aufzuhalten – das Vakuum, das der Ausverkauf hinterläßt, aufzufüllen.

Wir müssen uns klar sein, daß diese Arbeit absolut nichts Spektakuläres hat: Die Anstrengung aller Kräfte und die geistige Disziplin, die sie erfordert, kann sich nicht auf hohem Roß allseits applaudieren lassen. Sie ist in aller Regel ein stilles nüchternes Geschäft; sie verlangt viel Geduld, das Bohren dicker Bretter und

auch Liebe zum Schwarzbrot.   J.S.

St. Josef in Vogelsmühle

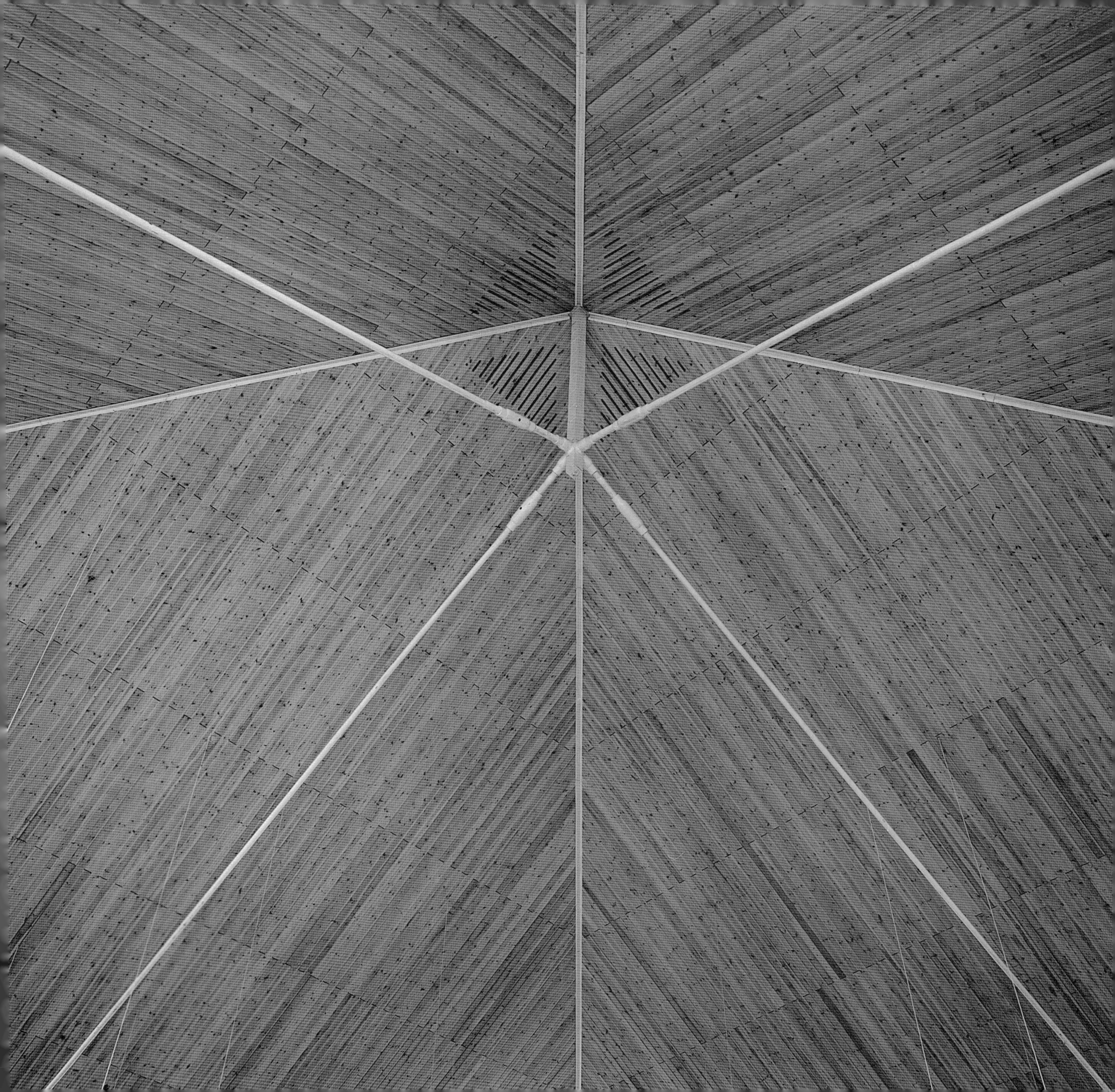

HAUS WERNER SCHÜRMANN BEI DUBLIN   1964

Das Haus liegt im Süden von Dublin, an den zur Stadt und zum Meer abfallenden Hängen der Wicklow-Berge. Wegen Wind und Wetter und der einsamen Lage kehrt sich das Haus zum Wohnen und Arbeiten nach innen.

Die Zimmer der Eltern, beide Bildhauer, und der vier Söhne liegen an einem quadratischen Hof. Alle Räume sind dorthin geöffnet, ausgenommen die an der Nordseite des Quadrums. Der Hof, ein Peristyl um ein Impluvium, ist von runden Holzstützen umstellt, die hölzerne Traufpfetten der Pultdächer tragen.

Dem inneren Quadrat entspricht der äußere Kubus aus braunroten Ziegeln, in den wenige Öffnungen geschnitten sind, die da und dort Ausblick in die Landschaft gestatten.

Alles war so zu richten, daß der Bauherr die meisten Gewerke mit zwei Gehilfen selbst bewerkstelligen kann – aus Material, das ‚am Weg liegt', Ziegel von einem Abriß, Holzsäulen aus alten Telefonmasten, Basisrundsteine von verschwundenen Heustadeln.

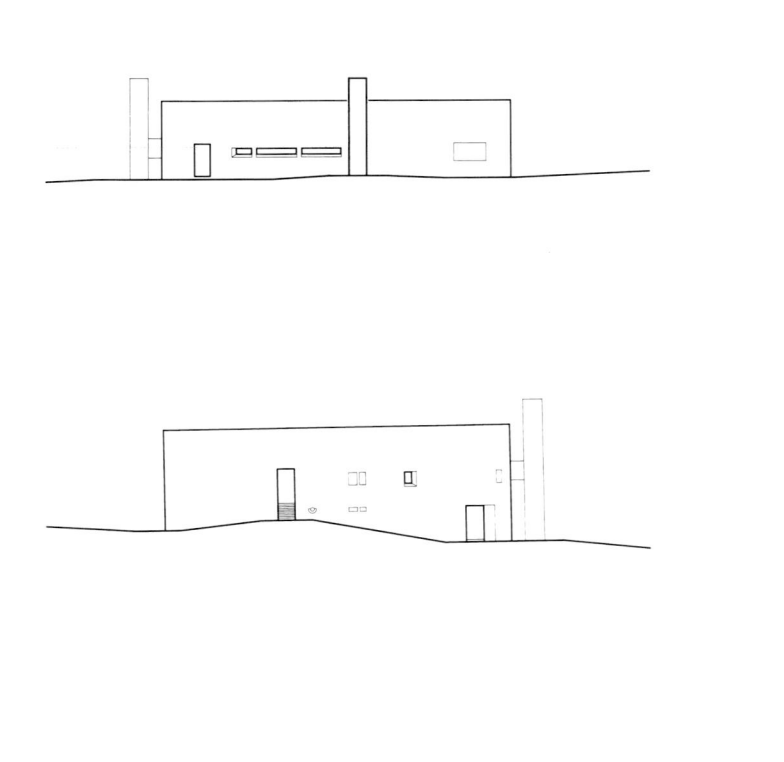

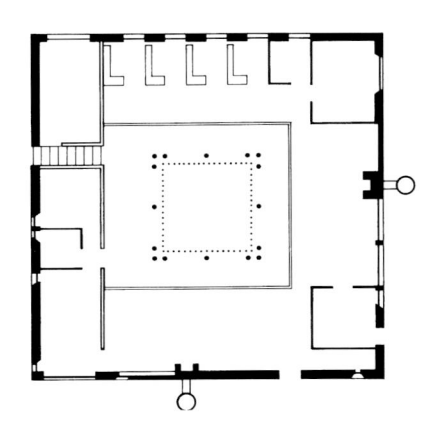

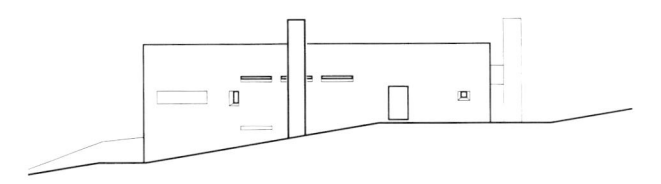

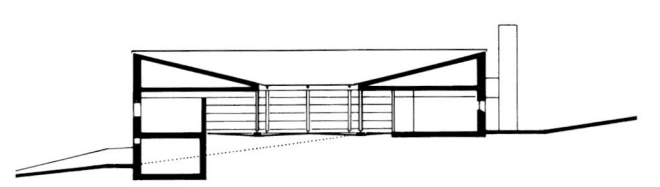

49

50

51

ST. PIUS IN NEUSS WETTBEWERB 1961

52

Geschwungene, nach oben mit unterschiedlich steiler Dossierung zulaufende Sichtbetonwände spannen aus Stahlseilen ein hyperbolisches Paraboloid.

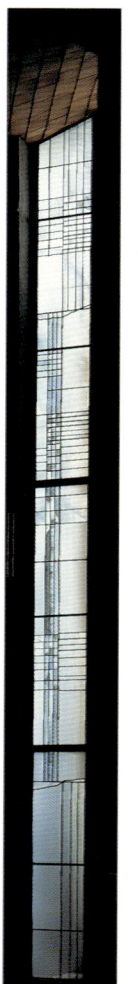

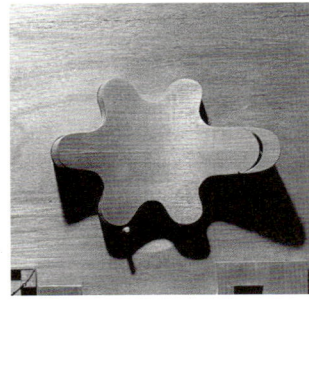

Fenster,
Hubert Spierling

Bauherr:
Pfarrgemeinde Heilige Drei Könige

53

KLOSTER ST. SEBASTIAN IN NEUSS   1964

55

56

57

Bauherr: Pfarrgemeinde Heilige Drei Könige

58

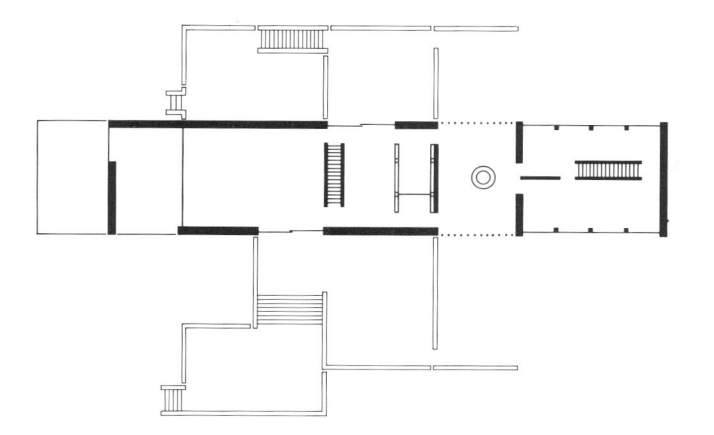

59 HAUS KLÖCKER IN KÖLN 1966

AUSBILDUNGSSTÄTTE FÜR DAS AUSWÄRTIGE AMT IN BONN WETTBEWERB 1967 60

Die Einrichtung ist kein herkömmlicher Schultyp, eher eine Lebensstätte auf Zeit, in der angehende Diplomaten, über die Unterrichtung hinaus, im Zusammenleben die Praxis des beruflichen Alltags erfahren, den sie später im Ausland, auf sich gestellt, bewältigen müssen.

Der Entwurf entwickelt einen eigenen Typ als Campus über einer Zone vielfältiger Möglichkeiten zur Unterrichtung und Übung.

Das Wesen der Schule und der Charakter der Umgebung schließen vordergründiges Repräsentieren aus.

Die zweigeschossige Bebauung wird sich mit ihrem Stahlfachwerk zwischen hochstämmigen Kiefern zurückhaltend darstellen.

Erreicht wird eine enge Kommunikation zwischen den Bereichen Wohnen – Unterricht – Geselligkeit, klare Übersicht und Rücksicht auf die Privatsphäre. Große Flexibilität in der Nutzung bestimmt die Struktur. Das Zimmersystem erlaubt unterschiedliche Belegung der Kurse nach Unterrichtsgruppen, Variabilität durch Reduzierung der tragenden Bauteile auf ein weiträumiges System von Stützen unter dem räumlichen Tragwerk. Kurze Wege zwischen Wohn- und Gemeinschaftsbereich: alles wohnt auf einer Ebene. Jeder kann über eine Treppe die Gemeinschaftsräume erreichen, ohne das Haus verlassen zu müssen. Die privaten Aufenthaltsräume für kleinere Gruppen sind an einer parzellierten Wohnstraße dem Wohngeschoß zugeordnet. Jeder Bewohner wohnt im Kontakt mit seinem Nachbarn, aber durch variierbare, sinnvolle Abteilung der einfachen Dachgärten so, daß gegenseitige Belästigungen vermieden werden.

RATHAUS IN AMSTERDAM — WETTBEWERB 1967

Das Rathaus dient – auch – der Berührung zwischen der Bürgerschaft und ihren gewählten Vertretern, der Legislative und den Organen der Exekutive. Es soll ein Haus sein, in dem vor den Augen der Bürger über ihr Wohl beraten wird, wo sie informiert werden über alles, was in der Stadt geschieht, wo sie sich Rat holen können. Ebenen verschiedener Kommunikation sind übereinander geschichtet, so, daß jeweils einer öffentlichen Ebene ein in sich geschlossener interner Arbeitsbereich folgt. Die Zone für den stärksten Publikumsverkehr liegt zu ebener Erde, sie nimmt auch Trauzimmer und Räume für festliche Veranstaltungen auf. Darüber folgt ein Bürogeschoß. Im Luftgeschoß dann, das – wie eine zweite Platzebene – der Bevölkerung gehört, liegt der Bereich des Rates so, daß auch bei flüchtigem Besuch die Bürger Einblick nehmen in die Zone der Ratssäle, des Bürgermeisters, der Presseräume – sie haben leichten Zutritt während der öffentlichen Sitzungen über Emporen und Galerien. Den Reiz zum Teilnehmen am öffentlichen Geschehen unterstützt das auf gleicher Ebene liegende Restaurant, dort, wo Amstel und Swanenborgwall zusammenfließen. Darüber liegen die Verwaltungen, die geringen Publikumsverkehr haben. Es folgt ein weiteres Luftgeschoß, das nur den Sozialeinrichtungen für die Beamten und Angestellten vorbehalten ist: der Kantine, den Ruheräumen.

Den Abschluß bildet das oberste, geschlossene Geschoß, das selten von Publikum aufgesucht wird: die interne Verwaltung. Die meisten der Pilzstützen stehen im Wasser, so daß Boote unter dem Rathaus hindurchfahren können.

HAUS AN DER ROSENHÖHE IN DARMSTADT   1967

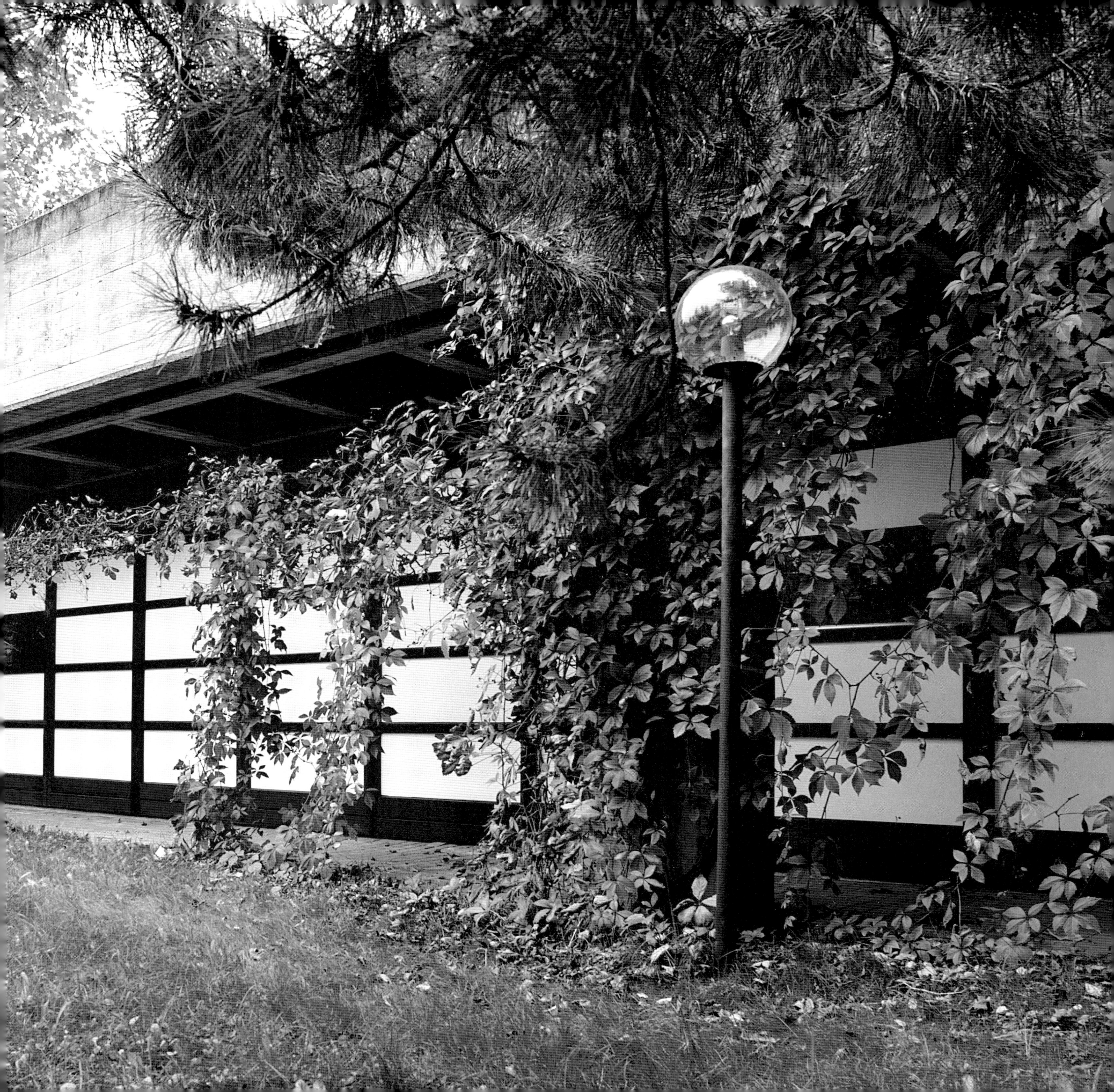

64

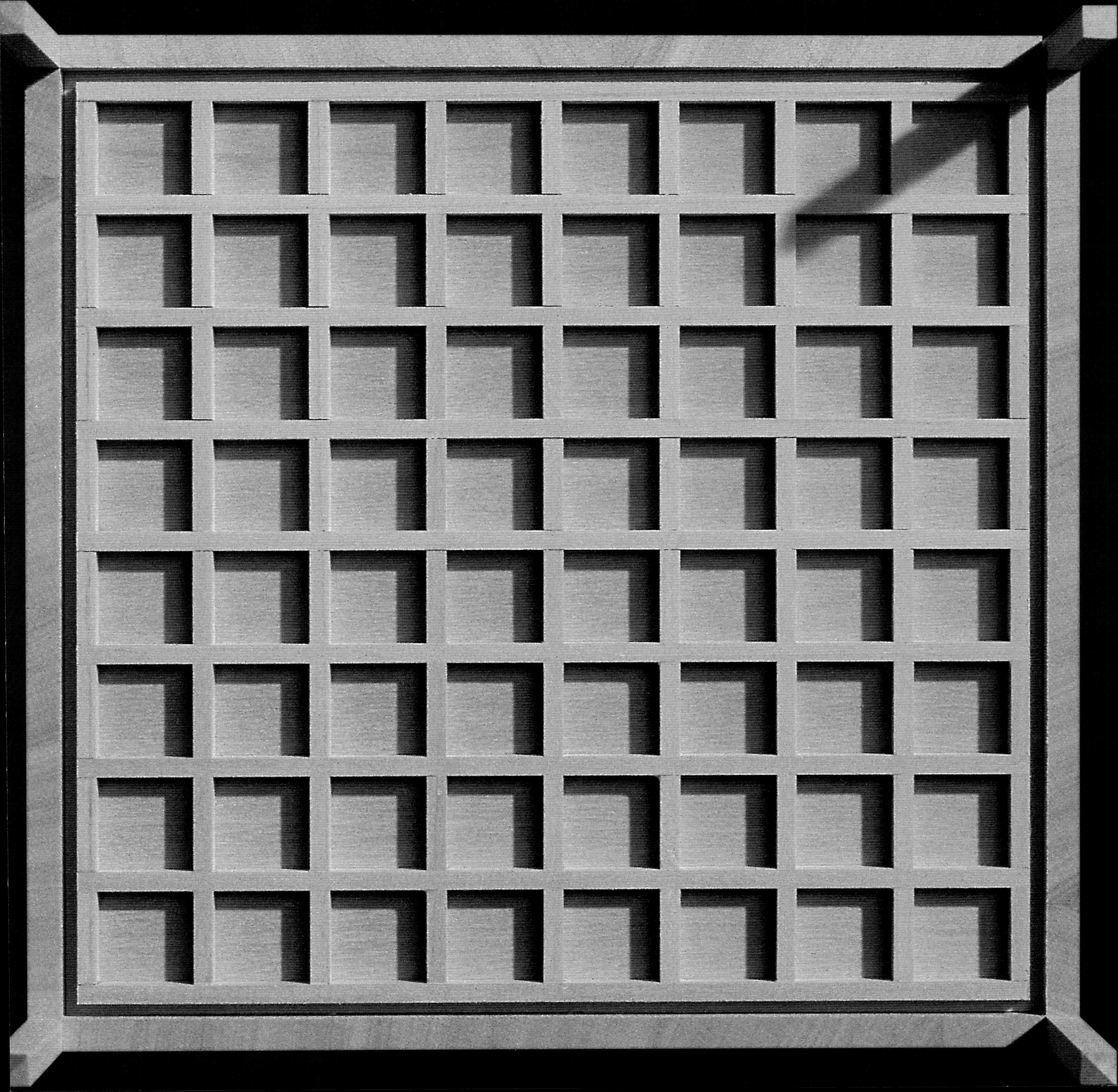

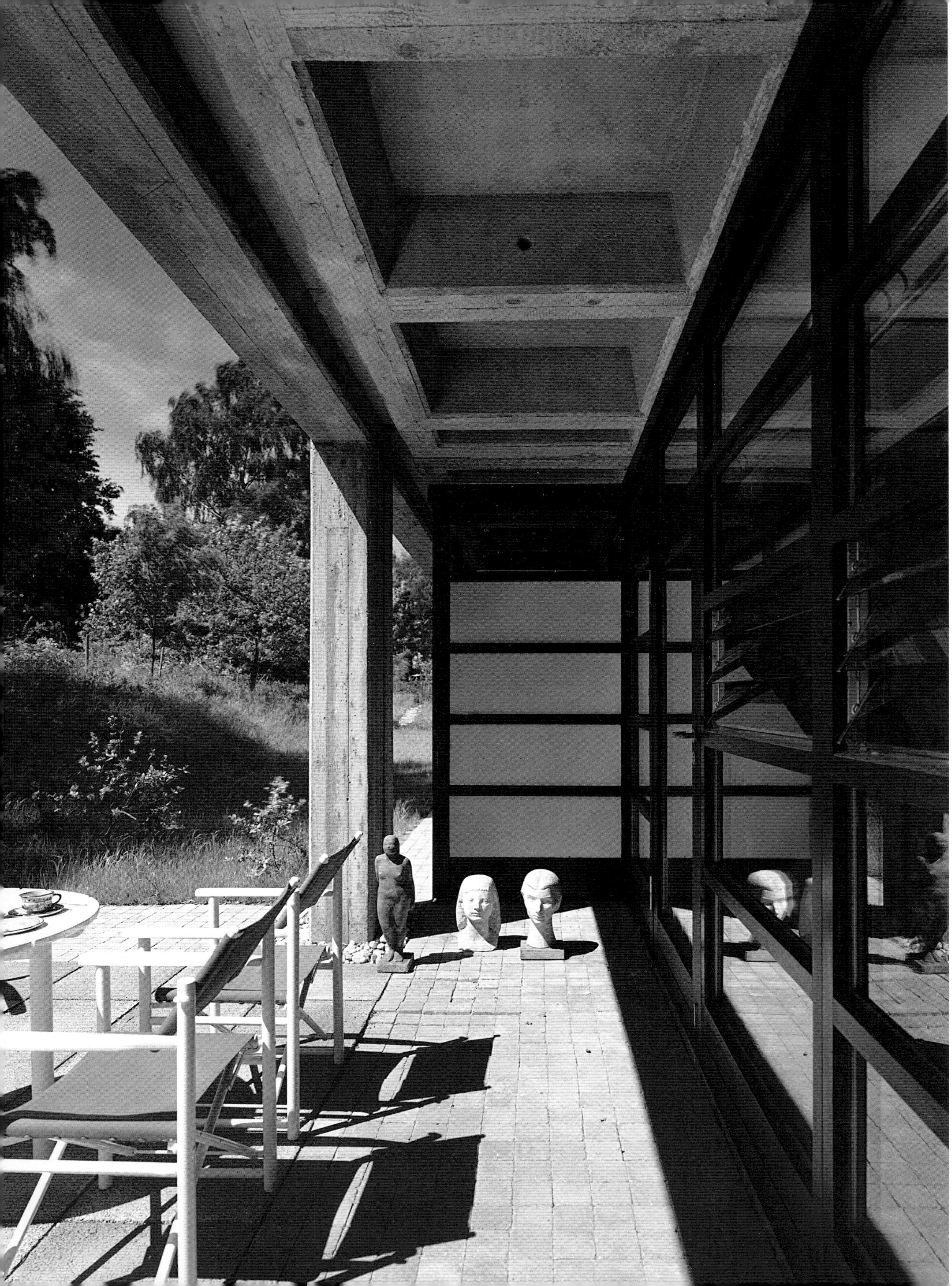

Die Vermutung, daß Architekten für die Bewohner Zwang aufbauen, sich den Häusern zuliebe auch selbst zu stilisieren, macht nachdenklich, ob die Freiheit zum Wohnen nicht doch etwas anderes sein muß, mehr sein muß als bloß der Lust des Architekten, unverrückbare Grenzen zu ziehen, nachwohnen zu müssen.

Das Haus in Darmstadt sucht eine Antwort. Es bietet Kombinationen von Hauselementen, von ‚Tischen‘, die frei verfügbar sind, im Grundriß und in den Fassaden.

Auf ‚Notenlinien‘ kann der Bewohner sich Grundriß und Fassade selber bestimmen. Nur Installationskerne sind Festpunkte. Das Ändern der Elektroinstallation erfolgt in den Kassetten des Daches, die mit wenigen Handgriffen aufgemacht werden können.

Dem Ausbauraster von 1,20 Meter × 1,20 Meter folgt die Sichtbeton-Kassettenkonstruktion der ‚Tische‘ und die Struktur des Steinbodens über der Fußbodenheizung. Zwischen beiden Rastern können de- und remontierbare Trennwände gesetzt, die Fassaden ganz oder teilweise geöffnet oder geschlossen werden mit Einzelfeldern im Hartholzraster der Fassadenstruktur von festverglasten Scheiben, Glaslamellen oder weißbeschichteten Isoliertafeln.

Beharren oder Verändern, Ordnung oder Flexibilität, Einfügen in vorgefundene Räume oder das Adaptieren der Räume an eigene Bedürfnisse, der Wunsch nach Abgeschlossenheit oder nach Ausblick und Offenheit sind leicht zu erfüllen.

Es zeigt sich bald, daß künftige Bewohner mit dieser Freiheit zuerst wenig anfangen können, daß der horror vacui die Phantasie lähmt. Erst eine vorgebaute Musterwohnung weckt durch Widerspruch die Lust am eigenen Erfinden.

68

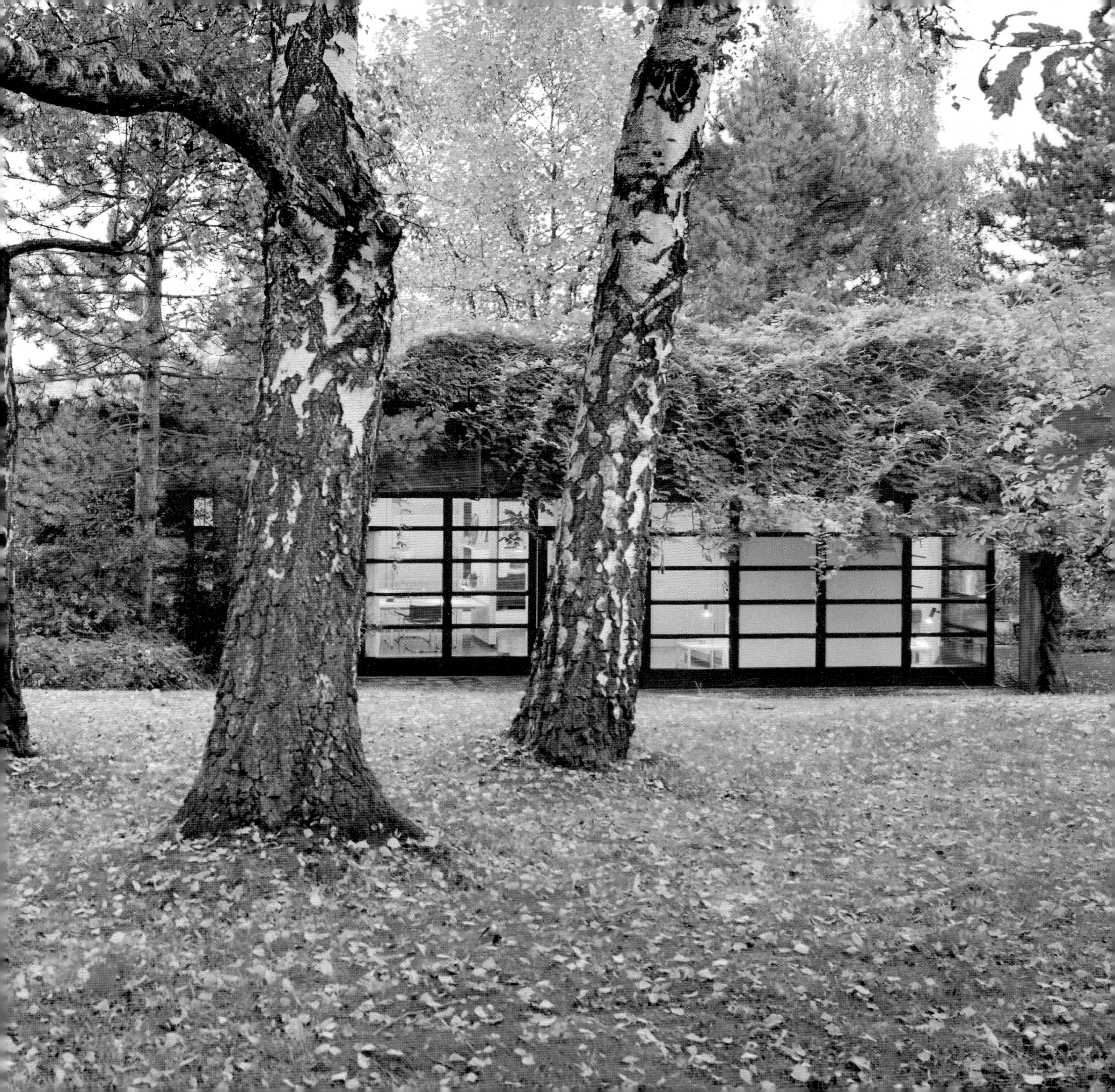

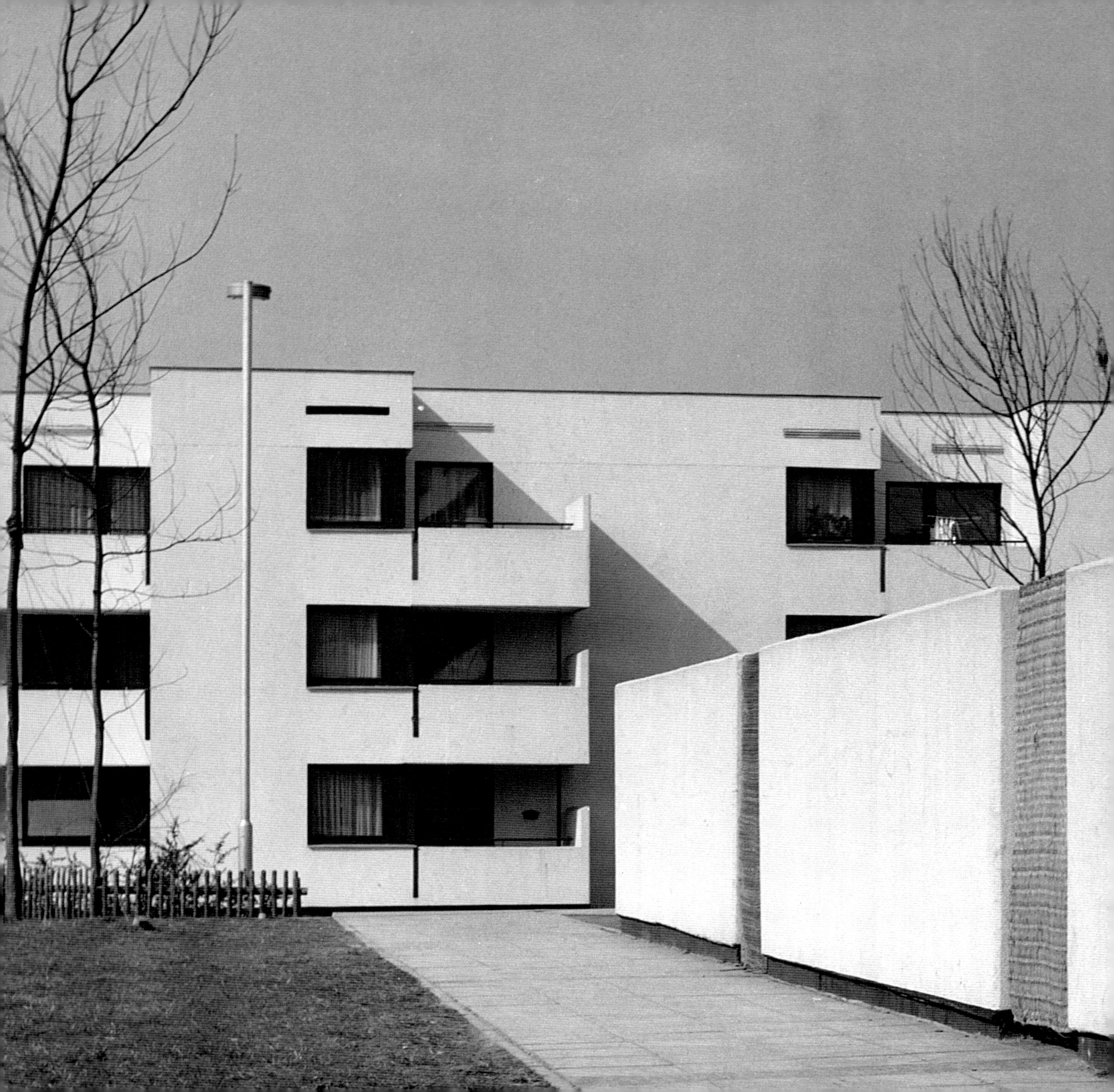

71

WOHNHÄUSER
IN MECKENHEIM 1967

Bauherr:
Entwicklungsgesellschaft
Meckenheim-Merl

PFARRZENTRUM ST. JOSEF IN OER-ERKENSCHWICK
WETTBEWERB 1967

Ursprünglich besteht die Absicht, wegen des Bergsenkungsgebietes die Tragkonstruktion auf einem Fundament mit einem Pylon zu bewältigen, der ein abgespanntes Zeltdach aus verleimten Holzlamellen trägt. Später wird diese Forderung – auch aus Kostengründen – nicht aufrechterhalten.

Zur Ausführung gelangt ein räumliches Tragwerk auf vier Stützen, die unter dem Boden mit zugbewehrten Zerrbalken verbunden sind.

Am Tragwerk hängen die Sprossen der gläsernen Wände. Altarwand und Deckenbereich sind mit Fichtenholz verschalt.

Bildhauer Werner Schürmann

Bauherr: Pfarrgemeinde St. Josef

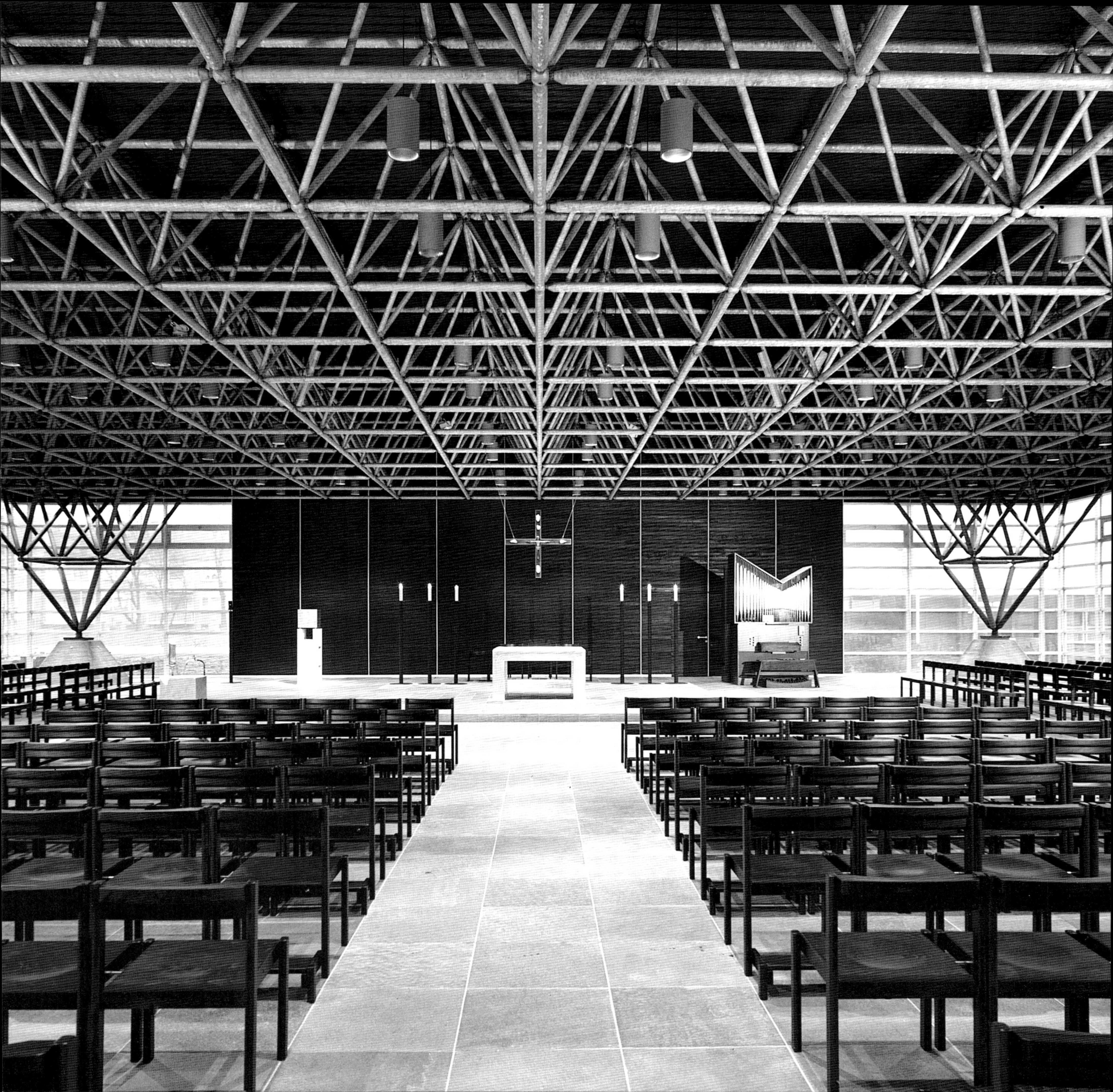

74

Erweiterung Sakristei 1992

Modell der ursprünglichen Konstruktion

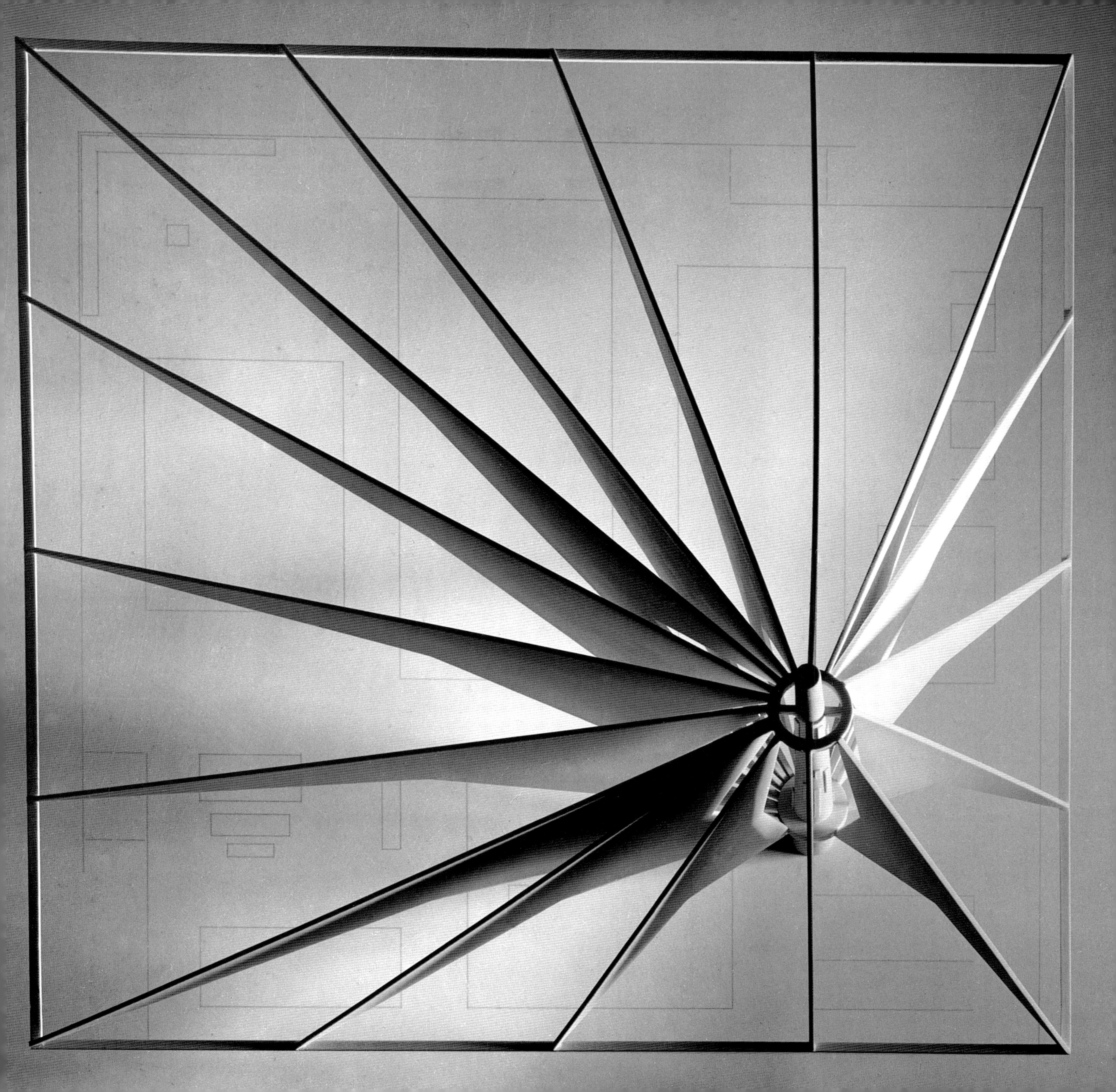

REGIERUNGSPRÄSIDIUM IN KÖLN 1976

Fassade inzwischen ohne Mitwirkung des Architekten verändert

Bauherr: Regierungspräsident Köln

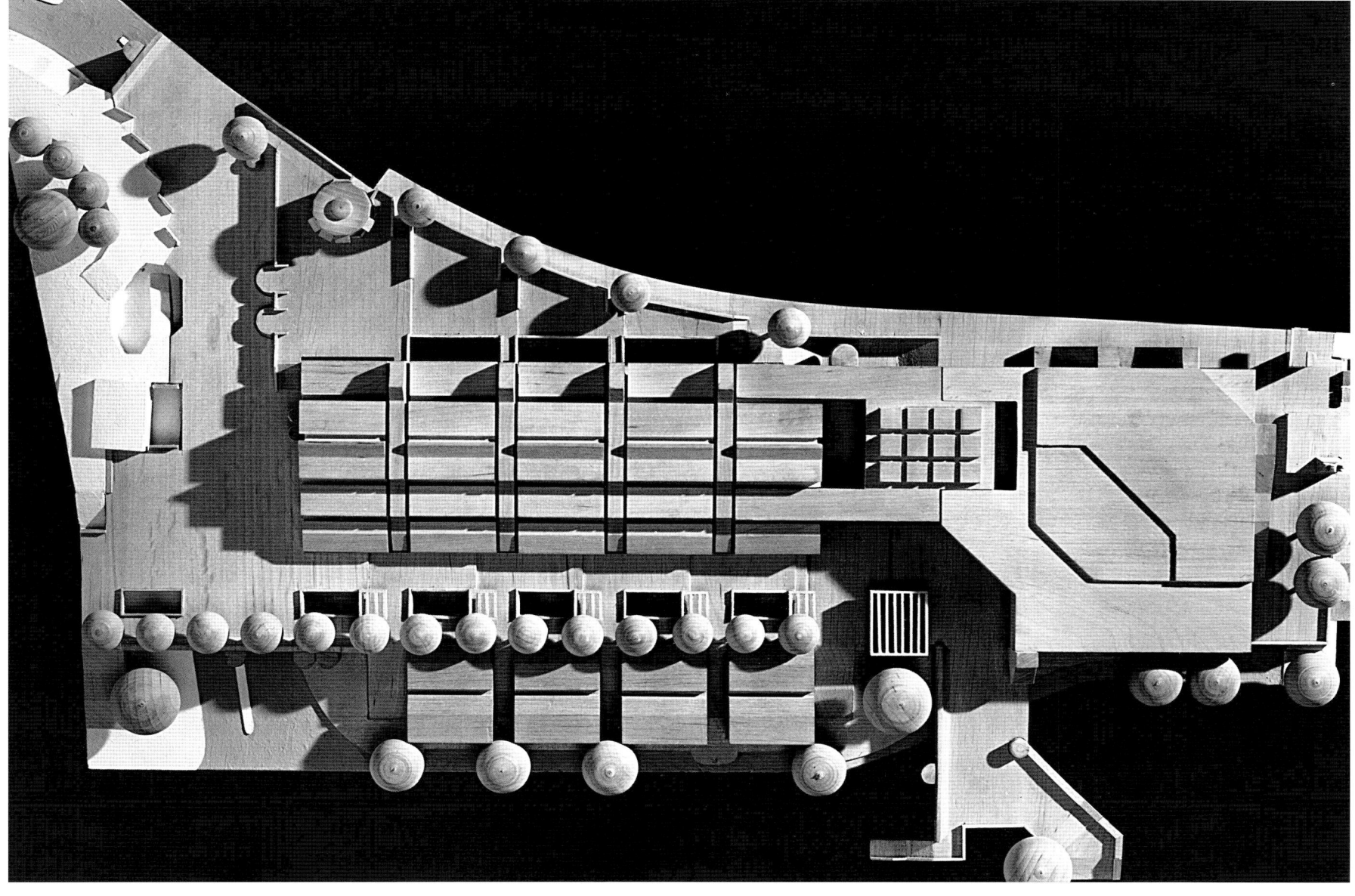

WALLRAF-RICHARTZ MUSEUM IN KÖLN   WETTBEWERB 1975

HAUS SIEBEN IN KÖLN   1977

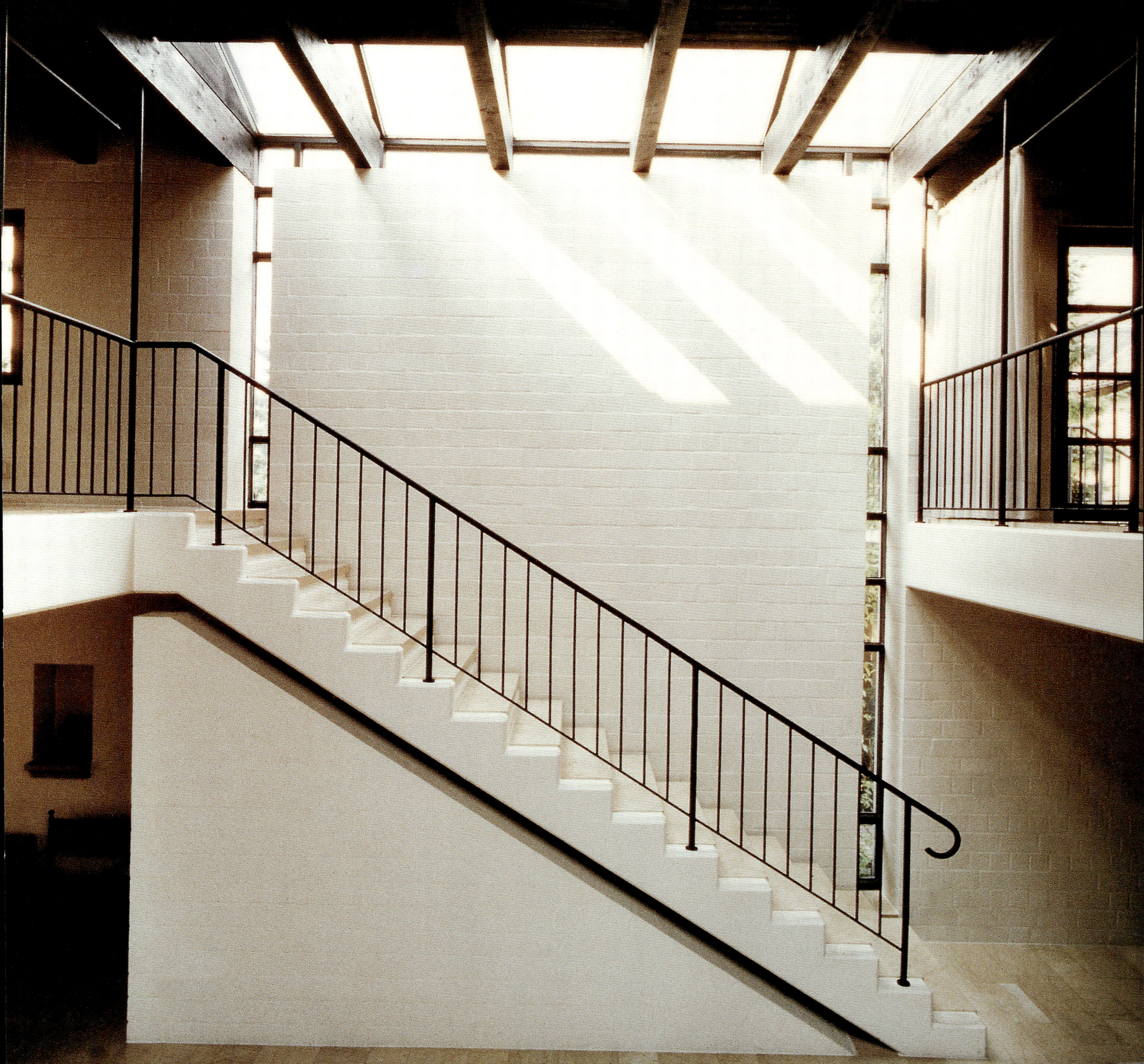

MARTINSVIERTEL IN KÖLN   WETTBEWERB 1969

Seit 1968 arbeitet Köln an der Wiederbelebung der Altstadt ...

Ziel ist mehr Wohnen, mehr Einzelhandel. 1969 folgt ein bundesoffener Architektenwettbewerb, die Stadt stellt Grundstücke zur Verfügung.

Danach geschieht jahrelang nichts, bis erste Bauherren sich finden: für die Kirche die Gemeinde Groß St. Martin, für die „Casa" die Caritas, für 120 Einzelbauherren die Gesellschaft „Modernes Köln", für Straßen und Plätze die Stadt.

Das Projekt liegt in der geographischen und historischen Mitte von Köln, es ist eine Operation am offenen Herzen, das viele Kammern und Zonen hat: den Strom, das Ufer, den Rheingarten, ein Band halböffentlicher Wohnhöfe, ein Band öffentlicher Plätze für Ereignisse der Bürger, das „Forum" mit öffentlichen und kulturellen Gebäuden zwischen Maria im Capitol und Dom, mit Gürzenich, Wallraf-Richartz-Museum, Spanischem Bau, Museum Judaicum über dem Judenbad und – als kommerzielle Magistrale – die Hohe Straße, den cardo maximus der römischen Stadt.

In das Band der halböffentlichen Wohnhöfe ist das Projekt mit verkehrsberuhigten Straßen und Plätzen einzubinden.

Die Voraussetzung, daß der Anschluß des Quartiers an den Rhein auch verkehrstechnisch funktioniert, ist die Untertunnelung des Ufers für den Nord-Süd-Verkehr. Als zweite Maßnahme folgt die Umwandlung des Altermarkts von einem unübersichtlichen Verkehrsplatz in einen vielfältig zu nutzenden Stadtplatz. Der Verkehr wird herausgenommen. Zwischen der Hauptfußgängerstraße, der Hohe Straße und dem Rhein entsteht eine Zone, die zuerst dem Fußgänger gehört und dem, was er gerne tut: einkaufen und flanieren.

Merkmale der Planung sind: das Einbinden in die Stadtstruktur durch Stadträume und Plätze; Durchlässigkeit; Konzentrieren auf Blickpunkte; Bewahren der Stadtsilhouette mit dem Spannungsbogen zwischen dem Dom und dem Turm von St. Martin; Fassung der Kirche durch Einhalten des Höhenmaßstabes der Häuser, wie er sich in erhaltenen Altstadthäusern noch zeigt (Haus St. Peter); die Richtung der Dächer, deren Firste in den Koordinaten des Kirchendaches verlaufen; Anlehnen an gewachsene Parzellenbreiten.

Inzwischen ist das Quartier ein wichtiges Element für die Wiederbelebung der Altstadt. Art und Maß der Nutzung spiegeln die für eine Stadtzelle wichtige Mischung der Funktionen: Wohnungen in unterschiedlicher Größe; Läden; kleine Büros; Werkstätten; ein Kindergarten; Ausstellung kirchlicher Kunst und Konzerte; Unterkirche mit Lapidarium; Pfarrzentrum; Zentrum für spanische, portugiesische, koreanische und indische Gastarbeiter; Galerien und Altentreff. Es gibt keine ‚Kinderspielreservate', weil Kinderspiel überall möglich und deshalb erlaubt ist. Kinder sind hier willkommen.

Die Hauselemente spiegeln keine ideelle oder materielle, zeitliche oder handwerkliche Unterscheidung vor, sie sind ein Gefüge aus der Addition funktionell einander ähnlicher Elemente um einen Wohnplatz, dem Wohnen und der Öffentlichkeit gleichermaßen gewidmet, ohne Verkehrslärm, windgeschützt mit schattenspendenden Bäumen.

Gewerbliche Nutzung bestimmt die unteren Geschosse, Wohnen die oberen, auch die Dachlandschaft mit Blick auf Kirche, Ratsturm, Rheinufer und Dom.

Die Materialfarben der Kirche – Tuffstein – Trachyt – Basalt – Schiefer – leiten die Farben im Quartier: die Häuser sind mit Mineralfarbe gestrichen – in Tönen von weiß bis gelb, die Fensterelemente weiß und schwarzgrün.

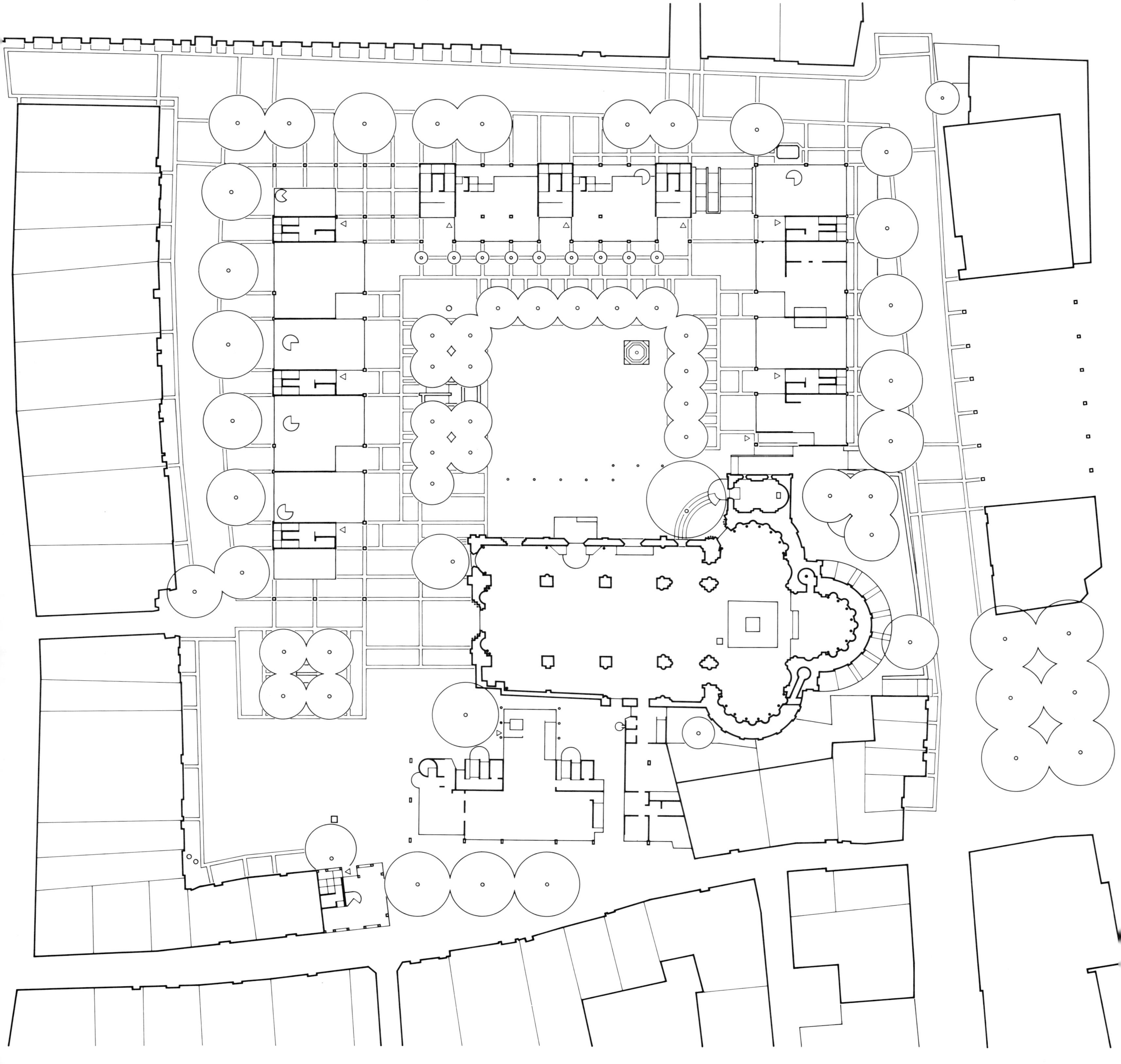

83

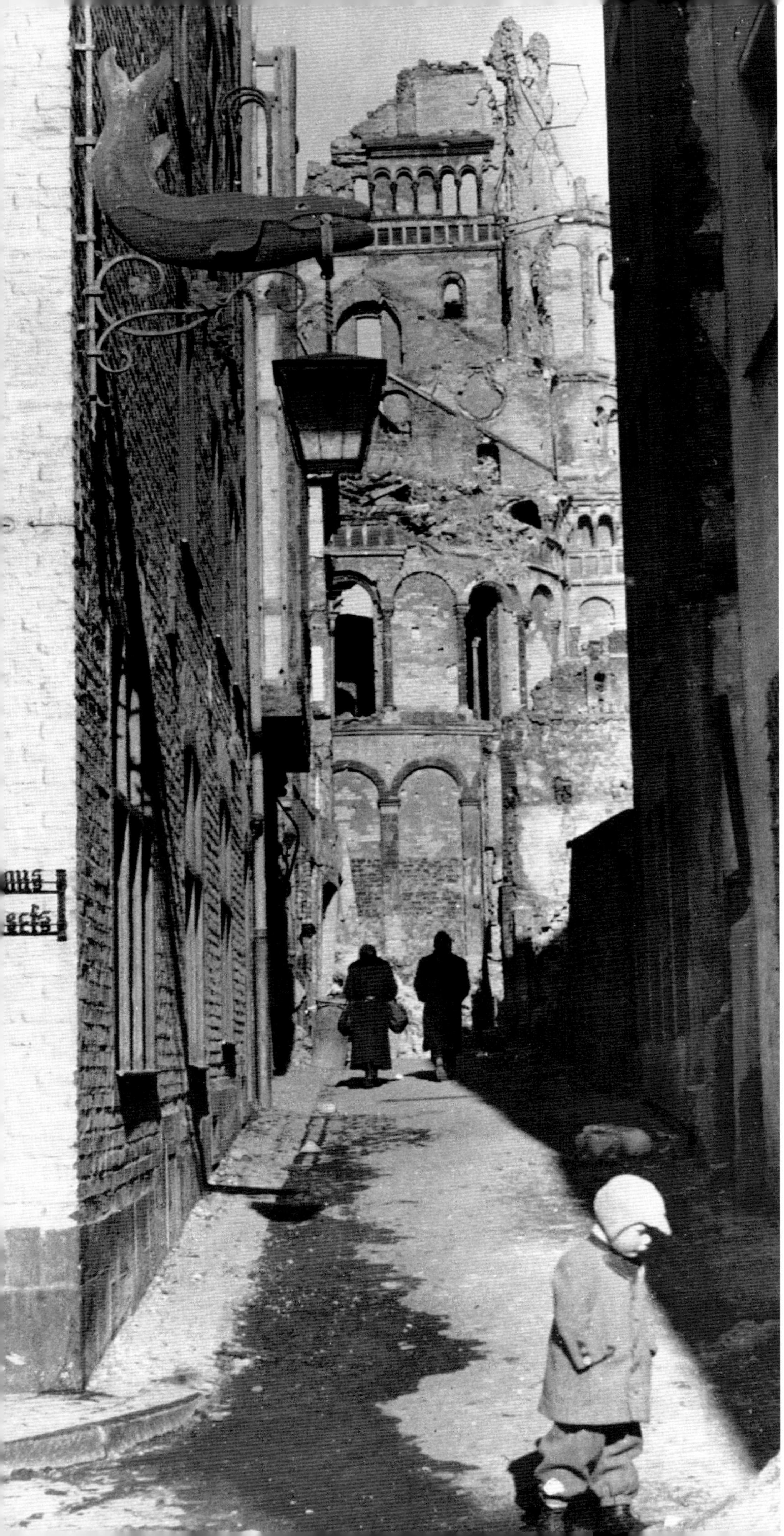

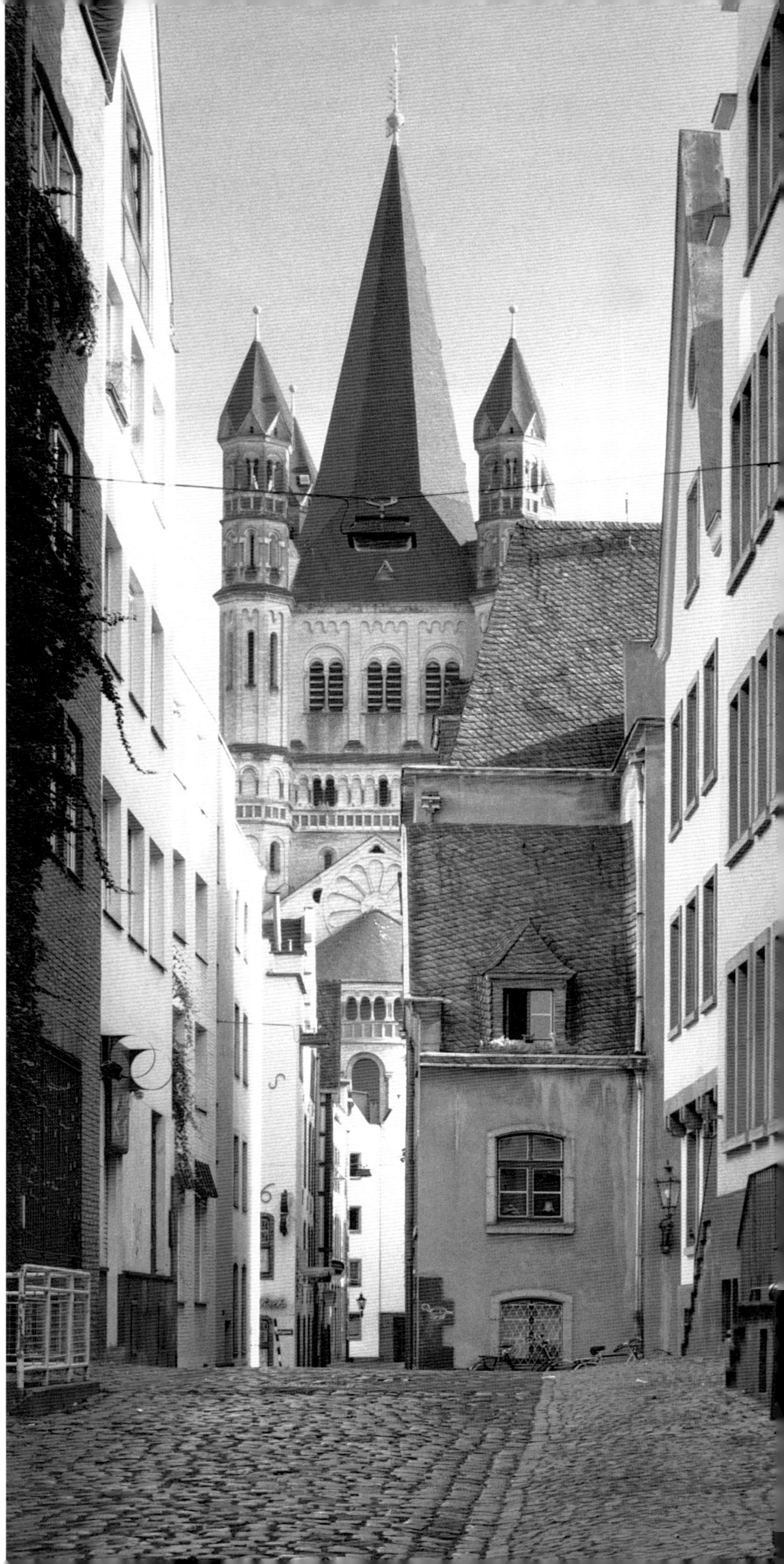

Lintgasse

An Groß St. Martin

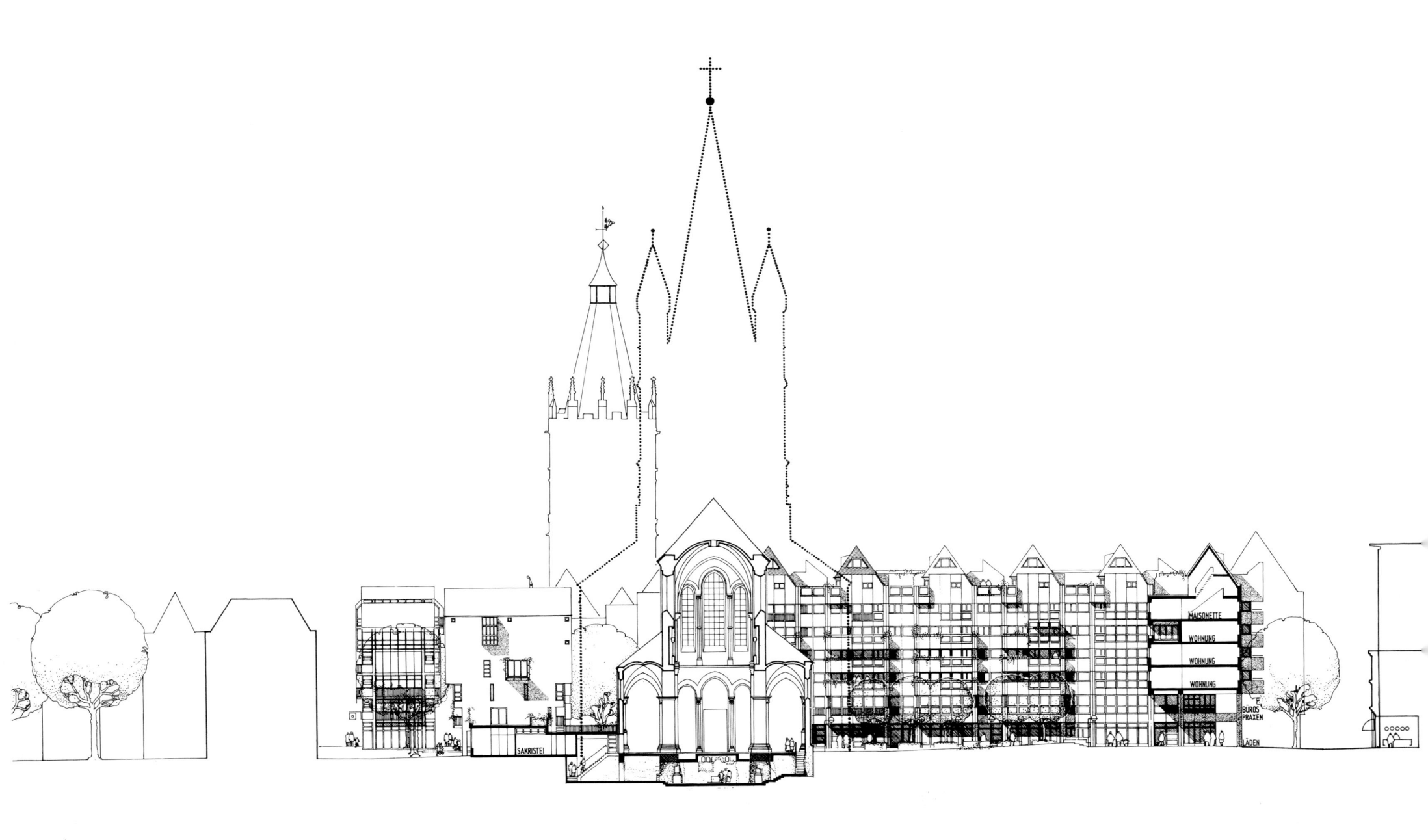

87

Bauherr: „Moderne Stadt"

88

Bauherr: Stadt Köln

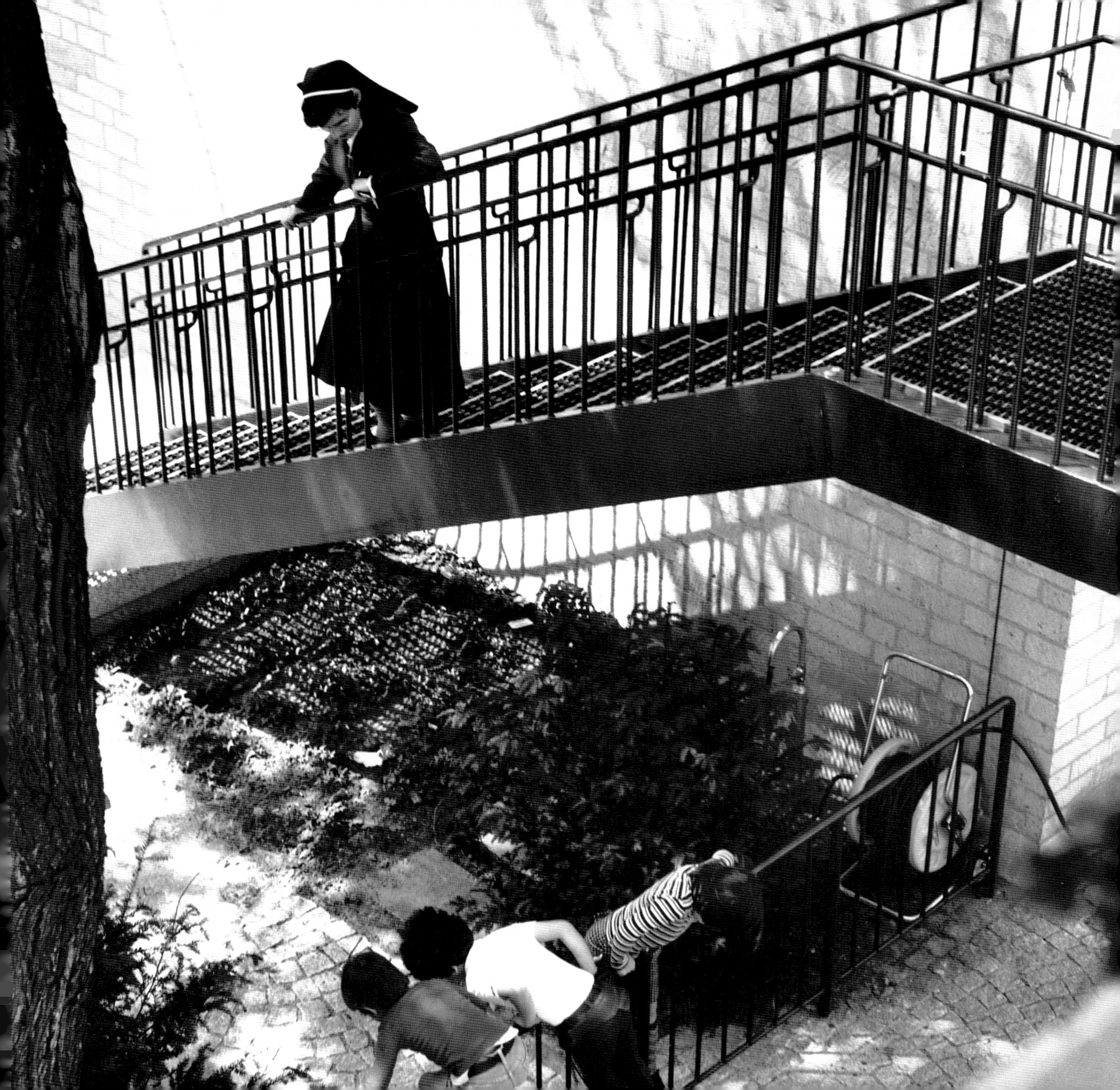

Säule, Theodor Heiermann
Brunnen, Theodor Heiermann und Elmar Hillebrand

91

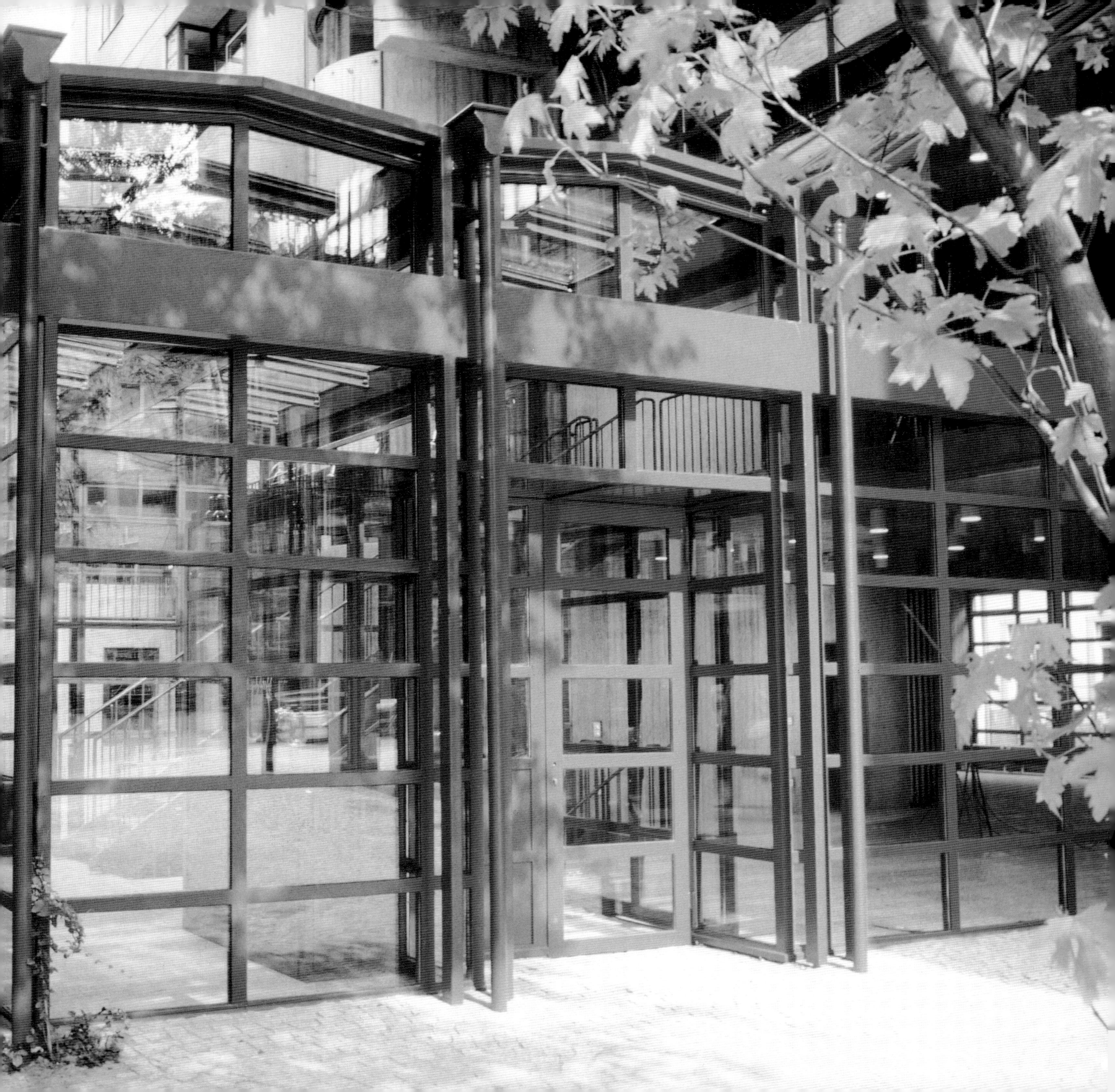

BEGEGNUNGSZENTRUM AN GROSS ST. MARTIN IN KÖLN 1974

Ganz verschiedene Funktionen waren zusammenzufügen, um – ohne Nachhilfe – einen Ort intensiver Begegnung für unterschiedliche Personen entstehen zu lassen – nach Alter, Interessen, sozialer Herkunft und Nationalität (Spanier, Portugiesen, Inder, Koreaner und Deutsche).

Komponenten der Kommunikation sind:

Geselligkeit, gemeinsames Kochen, gemeinsame Mahlzeiten,

Heimstatt für – noch – nicht in die städtische Gesellschaft Einbezogene,

Pflege der nationalen Kultur und der des Gastlandes,

Beratung bei der Schulwahl der Kinder, bei der Eingliederung in den Arbeitsprozeß,

Unterhaltung von der Bibliothek bis zur Diskothek,

Wohnen in unterschiedlichen Einheiten.

Unterstützt wird diese Kommunikation durch die Mitwirkung von Kirchenraum, Straße und Platz.

Die Einrichtung hat in Köln starke Wurzeln. Aus der Vergangenheit als römische Kolonie spannt sich ein Bogen bis in die Gegenwart. Jetzt wohnen 130.000 ausländische Mitbürger aus mittelmeerischen und überseeischen Ländern in dieser Stadt. Daß das Begegnungszentrum über römischen Mauern steht, ist durch das aus dem Haus zugängige Lapidarium unmittelbar zu erfahren.

Alles trägt dazu bei, das Verständnis für die eigene Nationalität bei den Nachbarn zu wecken und die Eigenart anderer Nationalitäten kennen und achten zu lernen. Der Standort ist gut, weil er – mehr als die üblichen Stadtrandlagen – auf den Kern der Stadt ausstrahlen kann.

Bauherr: Caritas Verband Köln

94

DG.

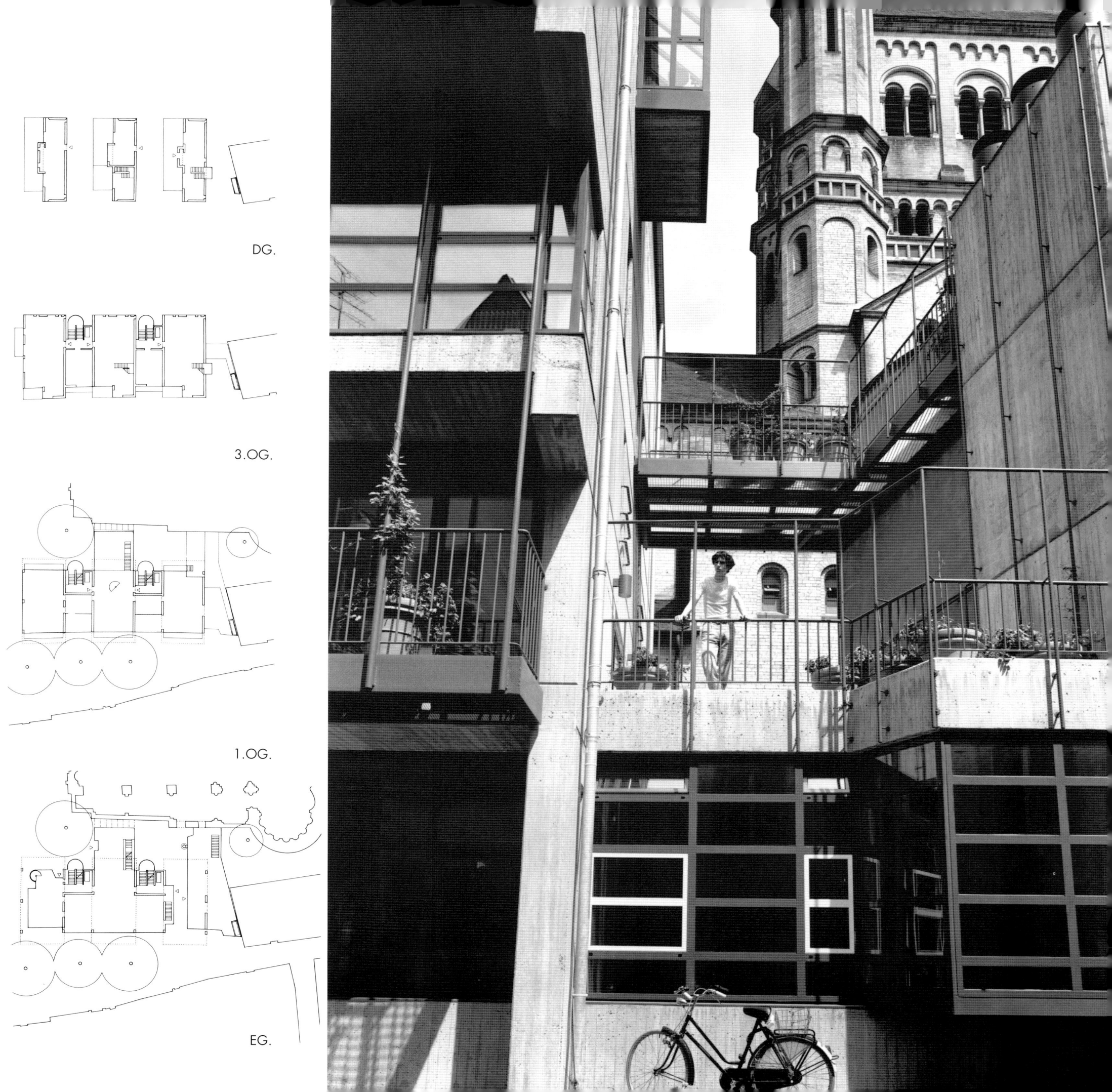

3.OG.

1.OG.

EG.

96

LINTGASSE 9
MARTINSVIERTEL IN KÖLN   1977

Das Haus ist Kern des Architektenbüros, für 16 Mitarbeiter geplant. Es ist so entworfen und installiert, daß Etage für Etage auch für Wohnungen zu nutzen sind, als Beispiel, daß nicht nur Wohnraum zu Büroraum umfunktioniert werden kann, sondern daß es genau so gut umgekehrt geht.

97

Büchergalerie — Maisonette Spielen

Zeichengalerie — Maisonette Wohnen

Zeichenbüro — Maisonette Schlafen

Zeichenbüro Besprechungen — Wohnung

Sekretariat — Wohnung

Tee & Weinhandlung

98

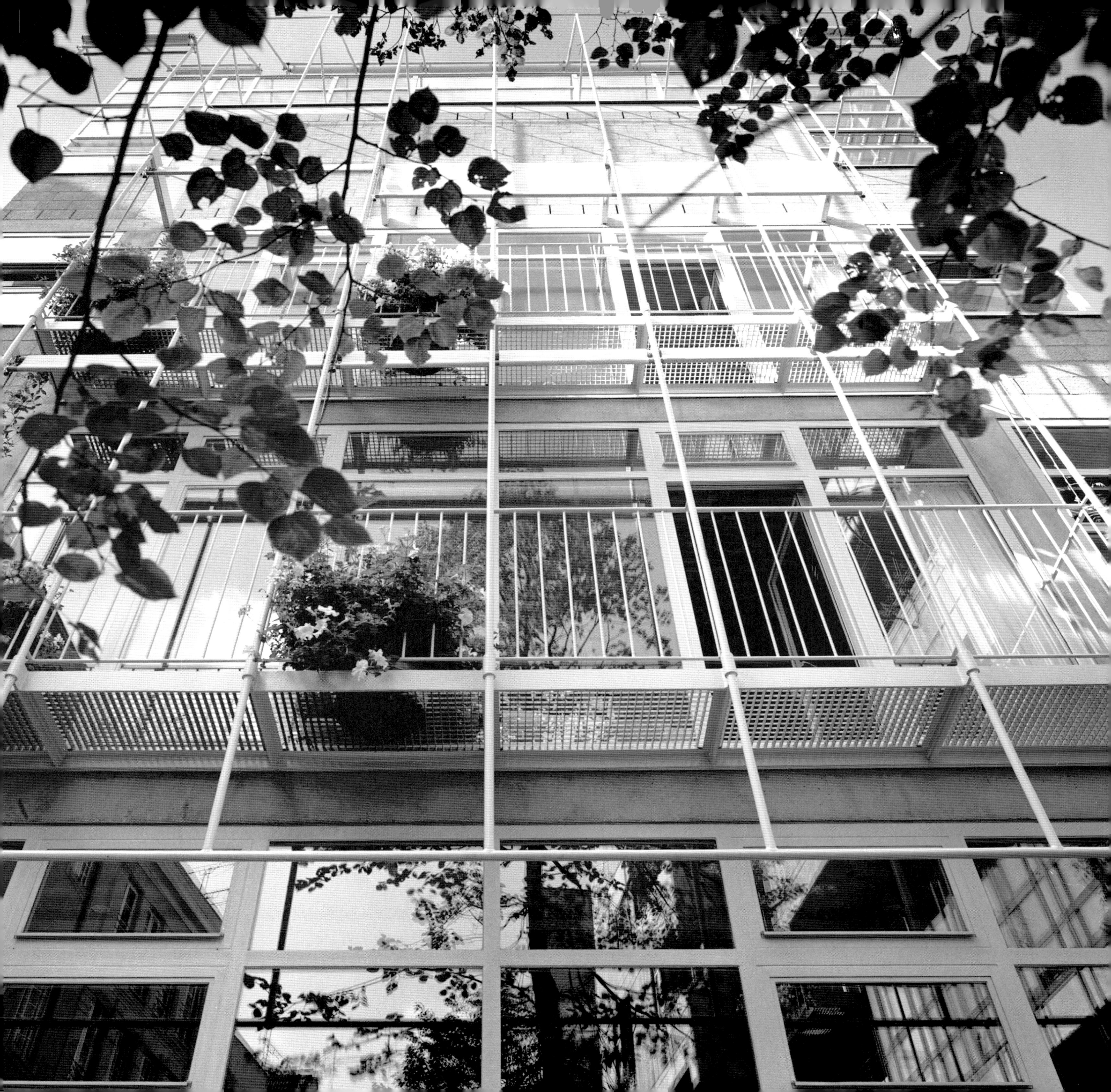

100

101

ÜBER DIE EINFACHHEIT

INGEBORG FLAGGE

I. Eine Einfachheit der Architektur kennzeichnet schon die frühen Bauten Joachim und Margot Schürmanns. Der spröde Schrein z. B. der Kirche Christ König in Wuppertal macht deutlich, worum es schon in der unmittelbaren Zeit des Wiederaufbaus ging: das Aufwendige, das Beeindruckende wurde als unangemessen angesehen. Die Prinzipien, denen die Architektur folgte, waren Kargheit, Schlichtheit, Reduziertheit. Die Architektur sollte der geistigen und materiellen Not der Zeit entsprechend asketisch sein, zunächst fast improvisierend in der Wahl und in der Verwendung einfachster Materialien, bescheiden im formalen inneren und stadträumlichen Anspruch, gleichwohl von hoher handwerklicher, vor allem aber ästhetischer Qualität. Es war die Zeit, die aus der materiellen Not eine Tugend für die Architektur zu machen verstand. Und obwohl Anfang der 60er Jahre von dieser Haltung kaum noch etwas übrig war, lebte sie in den Bauten einiger Architekten fort. Die Kirchen St. Pius in Köln-Flittard und St. Stephan in Köln-Lindenthal sind aus diesem Geiste äußerster Zurückhaltung und Sparsamkeit der Mittel.

Dem Prinzip der Baukunst mit einfachen Mitteln sind Joachim und Margot Schürmann bis heute treu geblieben. Der überwältigende Innenraum von Groß St. Martin ist dafür der beste Beweis. Die lichte, fast schwebende Atmosphäre dieses Raumes ist von einer Poesie franziskanischer Einfachheit und Strenge.

Groß St. Martin ist diejenige Baukunst, die Romano Guardini 1948 in seinem Aufsatz „Vom Wesen des Kunstwerkes" meinte: „[...] ein geformter, von Sinngehalten erfüllter Raum, in den man schauend, hörend, sich bewegend eintreten kann. Dieser Raum ist anders gebaut als jener der unmittelbaren Wirklichkeit. Er ist nicht nur richtiger, schöner, tiefer, lebendiger als jener des täglichen Daseins, sondern hat eine eigene Qualität: Ding und Mensch in ihm sind offen."

Wer diesen schönen Raum in seiner milden und zarten Helligkeit betritt, den manche Kritiker als „funktionsfähigen Rohbau" abtun, der versteht, warum er „gegen die zunehmende Neigung zum Bunten, Schmückenden und Historisierenden" (Wolfgang Pehnt) verteidigt werden muß. Der bis in das letzte Detail seiner Einrichtung durchdachte, intensiv einfache und gelassene Raum gehört zu den großen Architekturschöpfungen Deutschlands.

Sein Erscheinungsbild aus Material, Struktur und Technik erschöpft sich nicht im bloßen Sichtbaren, sondern es macht sichtbar, und zwar im Sinne Hans Busso von Busses: „Schönheit vermag unsere Sinne und Empfindungen in ein Wahrnehmen und Erkennen zu erheben. Diese Schönheit läßt uns mehr wahrnehmen, als wir sehen. In welcher der Künste die Schönheit uns auch erfaßt, ob in Dichtung oder Musik, ob in den bildenden Künsten oder in der Architektur, ob sie erhebt, erhellt oder einfordert: die Schönheit vermag Einsicht, vermag das Staunen und die Ergriffenheit zu wecken; sie vermag Ahnungen davon in uns freizusetzen, was wahr, was gültig, was von Dauer sein kann in diesem Dasein."

II. Das japanische Haiku ist minimalistisches Gedicht und vermutlich die knappste Form der Poesie, die es gibt. Seine drei Zeilen zu je fünf, sieben und wieder fünf Silben bilden das streng vorgegebene Gerüst, dessen wenige Worte aber Bilder von großer Eindringlichkeit beschwören. Der fast lakonische Reiz des Haikus, sein knapper Zauber, liegt in der Konzentration auf das Wesentliche eines Gedankens. Alles, was die Essenz einer Vorstellung stört, wird weggelassen. Die Wahrheit eines Bildes ist sparsamer als in den kargen Worten des Haikus kaum auszudrücken; und doch gelingen Verse von ebenso zarter Eindringlichkeit wie eleganter Anmut und kraftvoller Schönheit.

Wie der Haiku, so lebte auch die traditionelle japanische Architektur von der ästhetischen Idee des Verzichts auf jedes schmückende Beiwerk und der Konzeption völliger Konzentration auf das eigentlich Wesentliche. Das auf Verinnerlichung und Vergeistigung gerichtete Stilbewußtsein strebte in seiner Vereinfachung und Vertiefung nach Befreiung von Überflüssigem und damit nach Abstraktion. Das Vollkommene war das nicht mehr zu reduzierende Einfache. Ähnlich dachten und lebten die amerikanischen Shaker. Ihre Kriterien der Beurteilung der Gegenstände des täglichen Lebens waren die gleichen, nach denen sie ihr gläubiges Leben ausrichteten: Reinheit, Einfachheit, Einheit. Jeder Gegenstand mußte so gestaltet sein, daß sein Sinn und Zweck einfach erfüllt war und er sich einfügte in die Ordnung der Einheit der Dinge. Überflüssiges stand im Widerspruch zur Vollkommenheit. Die Konsequenz: die alte Architektur Japans und die Gebrauchsgegenstände der Shaker sind schmucklos in des Wortes wahrer Bedeutung, aber von selbstverständlicher Anmut und ausgewogener Ruhe. Sie verstehen sich aus sich selbst. Ihre Enthaltsamkeit vom Ornament ist das Ergebnis eines ständigen Reduktionsprozesses, an dessen Ende eine fast zeitlose Schönheit steht.

III. Es gibt Wahrheiten, die nicht veralten, und Erkenntnisse, die bei aller dramatischen Relativierung unseres Lebens richtig bleiben. Daß „weniger mehr ist" können wir zwar nicht mehr hören, so abgenutzt sind diese Worte; aber die Idee bleibt dennoch richtig. Wenn also hier dem Einfachen das Wort geredet wird, so geht es nicht darum, als Ausweg aus einer lauten Architektur dem Nutzer einmal wieder vorzuschreiben, daß in der Monotonie ästhetische Qualitäten zu erblicken seien. Es geht auch nicht um Anspruchslosigkeit in der Architektur, sondern um eine bewußt geübte und verinnerlichte Haltung mit hohem Anspruch.

Wilhelm Kücken nannte diese Einstellung einmal die Tugend der Ungezwungenheit, die aus der Unabhängigkeit des Menschen von Beiwerk und Äußerlichkeiten entstehe, die das Leben und die Architektur angeblich verschönern. Je entwickelter und reifer ein Architekt ist, umso freier ist er und macht er sich von den Zu- und Anmutungen von Umwelt und Umständen. Nichts aber scheint schwieriger, als zu dieser selbstverständlichen Einfachheit zu finden, „im vollen Bewußtsein der Komplexität unseres Seins".

Angemessenheit ist vielleicht ein besserer Begriff als Einfachheit für das, was not tut. Die Goethezeit sprach vom Schicklichen. Das ist das Vernünftige, aber auch die Gelassenheit im Wahrnehmen dessen, was ist, und bedeutet das Erkennen des im wirklichen Sinn Notwendigen und der Befreiung von allem Überflüssigen. Einfachheit ist der Weg der Annäherung an das Ziel, zum Wesentlichen vorzustoßen. Auch Selbstverständlichkeit ist in diesem Zusammenhang eine hilfreiche Bezeichnung. Selbstverständlich wäre, wenn es neu ist, was sich von selbst versteht und aus sich heraus erklärt.

IV. Man geht derzeit mit der Vokabel des Einfachen hausieren. Vor dem Hintergrund von Arbeitslosigkeit, Unglaubwürdigkeit der Politik, knappen Ressourcen und anderer Merkmale des Endes unserer Wohlstands- und Überflußgesellschaft bedeutet Einfachheit Zivilisationskritik. In einer zunehmend komplexeren Welt, deren Strukturen nicht mehr nachvollziehbar und damit undurchschaubar geworden sind, soll Einfachheit Durchblick versprechen. Fritjof Capra forderte schon früh „ein neues Ethos der Einfachheit, des menschlichen Masses, der ganzheitlichen Anschauungsweise".

„Schön einfach ist einfach schön", so der Aufkleber eines Stuttgarter Ladens (Arno Lederer). So eingängig der Slogan, so oberflächlich die Formulierung. Hier wird Sprache zur Floskel, und Sinn verkommt zu oberflächlicher Redensart.

Auch in der Architektur hat Einfachheit Hochkonjunktur. Viele Architekten behaupten bzw. wollen glauben machen, sie hätten für sich das calvinistische Ideal neu entdeckt. Nicht selten nennen sie die ausgemergelten Häuser, die dabei herauskommen, rational und ehrlich. „Schön wäre es, wenn die Einfachheit wahr wäre", schreibt Arno Lederer, in den meisten Fällen ist sie es nicht. Denn den Architekten geht es nicht um eine Haltung, die das Ergebnis eines Entwicklungs- und Reifeprozesses ist. Vielmehr geht es ihnen um die glattere, schlichtere Form, nachdem die Vielfältigkeit in der Architektur schwatzhaft geworden ist und nicht mehr ankommt. Hier aber wird Banalität mit Einfachheit verwechselt; hier wird Einfachheit zum Schein.

Das Einfache aber ist stets durchdacht; es ist nicht billig. Und es ist nicht das einfach zu Machende; Einfachheit ist eine Essenz. „Gebt mir einen Backstein und ich werde ihn vergolden", sagte Alvar Aalto einmal. Besser läßt sich Reichtum in der Einfachheit kaum beschreiben.

Die einfache Architektur eines Heinz Bienefeld ist nicht eine der natürlichen, sondern eine der artifiziellen Art. Sie ist gleichzeitig Wert und Programm, ein Programm der Harmonie und Balance, „scharf durchdacht, präzise reduziert, aber eben so, daß das Auge immer auch etwas zu sehen bekommt". (Werner Strodthoff) „Ruhe, Gelassenheit, Heiterkeit und Großzügigkeit sind seit jeher die Eigenschaften eines Hauses", sagt Heinz Bienefeld dazu.

Denn es ist ein Irrtum zu glauben, daß Einfachheit in der Architektur etwas mit Gleichförmigkeit oder rigoroser Nacktheit zu tun habe. Einfachheit im Bauen ist nicht das ärmliche und härene Bußgewand. Es ist vielmehr ein Reichtum an Nuancen, die feine Abstimmung von Schattierungen, die sichere Balance von Raum, Licht und Material. Sie ist von ausgewogener Ruhe, aber nicht langweilig; sie ist von geläuterter Emotion, aber nicht unlebendig. Es haftet ihr nichts Modisches oder Pittoreskes an. Das Laute ist nicht ihre Sache, dafür aber das Unmerkliche, das Zarte, das Sublime. Einfachheit hat viel mit vorsichtigem Ertasten zu tun.

Einfachheit in der Architektur ist sinnlich erlebbar für den, der die vorlaute Ansprache ebenso wenig braucht wie die große formale Geste. Einfachheit hat mit Klarheit zu tun, mit Verzicht auf Vortäuschung und Täuschung. Schon bei August von Platen-Hallermund heißt es in seinen gesammelten Werken aus dem Jahre 1939: „Bunt Aneinandergereihtes ergötzt zwar, doch es ermüdet bald / Einfaches erquickt ewig das Auge des Geistes."

Einfachheit in der Architektur lebt von Zwischentönen, von der vorsichtigen bildhaften Wirkung, vom sanften Übergang der Farben, von der feinen Abstufung der Materialien und Oberflächen.

Einfachheit in der Architektur und Übertriebenheit der Form vertragen sich nicht; eine einfache Architektur wohnt am Rande der Stille.

V. Eine solche Architektur wird nicht selten von Menschen gemacht, die den Weg zwischen Selbstmitleid über den immer schwierigeren Beruf des Architekten und der Selbstbeweihräucherung als Halbgötter des Bauens gewählt haben. Auf sie trifft der Ausspruch Joseph Brodskys zu, den Joachim und

Margot Schürmann nicht umsonst in diesem Buch zitieren: „Es ist eine Tugend sich an seinem Gefühlsleben nicht allzu gütlich zu tun." Denn, so Joachim Schürmann, „Architektur ist in der Regel ein nüchternes Geschäft, das Stille braucht, das geduldige Bohren dicker Bretter, die Liebe zum Schwarzbrot". Diese Liebe kennzeichnet das Büro Schürmann.

Joachim Schürmann selbst bezieht sich in einem Vortrag auf Theodor Adorno und dessen Hinweis, daß Architektur nicht primär das Feld für subjektive Expressionen sei, sondern besetzt sei von der Funktion für das Subjekt, wenn er sagt: „Der Architekt ist kein Schöpfer, der Welten aus dem Nichts erbaut; kein Demiurg, wie Platon den Bildner der Welt aus der Urmaterie nennt. Auftrag, Wirkung und Verantwortung sind unmittelbar auf die Gesellschaft, in der wir leben, bezogen und zielen auf die Gesellschaft von morgen." In dieser Tatsache, daß Architektur nämlich immer mit dem Menschen zu tun hat und auf ihn bezogen ist, sieht er „das Erregende und das Glückhafte unseres Berufes, auch das Strapaziöse, auch seine Begrenzung und Bescheidung".

VI. Einfachheit in der Architektur bedeutet auch Abstraktion, und zwar in dem Sinn, daß alles Zufällige und alles Unwesentliche, das den Kern einer Architektur-Aussage verunklärt, ausgesondert und weggelassen wird. So tritt das Persönliche und das Individuelle zugunsten des Allgemeinen zurück. Damit ist aber keine Aufgabe einer persönlichen Handschrift in der Architektur gemeint, sondern ganz konkret eine Zurückhaltung gegenüber dem, was Italo Calvino die „Endlosigkeit der Formen" nennt.
Im Sinne der Abstraktion bedeutet dies den Verzicht auf formale Abenteuer; es bedeutet die Reduktion von Form, die Vereinfachung von Details, die Meidung des Üppigen zugunsten des Schlichten, des Verspielten zugunsten des Strengen.
Im Detail wird dabei deutlich, was die einfache Architektur organisiert: Präzision, Klarheit, Ordnung. Letztendlich folgt die Abstraktion denselben Gesetzen, denen auch die Intuition in der Architektur gehorcht, die Joachim Schürmann so zitiert: „Wir müssen der Intuition Freiraum schaffen, die das einzige Mittel ist, mit dem man Gleichungen lösen kann, die mehr Unbekannte als Aussagen haben. Das Mittel der Intuition ist die Reduktion des Problems auf das Wesentliche [...]"

VII. Das Einfache ist in Wirklichkeit mühevoll und schwer zu erreichen. Und das eine Einfache läßt sich mit dem anderen Einfachen selten vergleichen. Die Einfachheit eines Mies van der Rohe ist nicht mit der eines Le Corbusier gleichzusetzen. Bei Mies bedeutet sie das Ergebnis gestalterischer Reduktion, bei Le Corbusier strukturelle Abstraktion, nicht das Verwerfen von Fülle wie bei Mies, sondern die Konzentration auf einen Kern. Luis Barragáns mönchisch-strenge Architektur, in denen die Naturmaterialien Himmel, Wasser und Erde die eigentlichen Baumaterialien sind, ist zwar asketisch, aber dennoch dramatisch reich in der Interaktion von Masse, Leere und starken Farben. Wo seine Architektur eine fast surrealistische Komposition voller Stille und nobler Strenge ist, da ist die heutige Schweizer Architektur, die das Einfache geradezu zum Prinzip erhoben hat, unmittelbar einsichtig einfach: die fast anonyme Schlichtheit ihrer Konstruktionen erinnert an Architektur ohne Architekten; die pragmatischen Lösungen scheinen allgemein vertraut, die Materialien bekannt. Die freistehenden Bauten Peter Zumthors sind klare Körper, die gelassene Eleganz ausstrahlen und ein inneres Gleichgewicht.

Die jungen Schweizer Minimalisten studieren die Möglichkeiten des Alltäglichen und banal Verständlichen. Der spröde Puritanismus ihrer Bauten ist von strenger Würde, großer Ruhe und einer kargen Sinnlichkeit – alles kein Gegensatz zu Großzügigkeit und Selbstbewußtsein. Man muß nur zweimal hinschauen, um die Vielfalt in der Einfachheit und die Anmut in der Kargheit zu erkennen.
Die nüchterne und strenge Sparsamkeit des preußischen Klassizismus eines David Gilly läßt sich kaum mit Loos' einfacher Architektur vergleichen. Der eine übt Prachtverzicht in der Architektur als Ergebnis einer politischen Krise; Loos' leere Flächen sind Ausdruck der Verletztheit der Materie. Er verband mit Enthaltsamkeit vom Ornament die Reinigung vom Mißbrauch einer formal überschwenglichen Alltagspraxis.

VIII. Einfachheit in der Architektur und ein disziplinierter Städtebau brauchen Sensibilität und besondere Zurückhaltung. Ein hemmungsloses Feuerwerk architektonischer Ideen und eine ungebremste Vielfalt gestalterischen Reichtums mögen erregend sein, aber sie sind auch strapaziös und im Kontext meist unerträglich.
Die Architektur von Joachim und Margot Schürmann hält besonders dort, wo sie Neues zu Altem fügen, auf gute Nachbarschaft: Sie trumpft nicht auf, sondern ergänzt die gewachsene Umgebung in ihrer Eigenart, indem sie Maßstäbe aufnimmt, Fluchtlinien weiterentwickelt, Gliederungen differenziert fortführt.
Rücksicht und Besonnenheit kennzeichnen das schöne Ensemble im Martinsviertel aus romanischer Kirche und sechsstöckiger Wohnbebauung aus Beton, einem vielgestaltigen Begegnungszentrum für ausländische Gastarbeiter, dem eigenen transparen-

ten Büro- und Ateliergebäude und vielen schmalbrüstigen, in den 50er Jahren auf den alten Parzellen wiedererstandenen ‚kölschen' Häusern; ein wohlproportioniertes innerstädtisches Viertel um den Platz, wo früher der Kreuzgang des Klosters von Groß St. Martin lag; von ruhiger, entspannter Atmosphäre, empfindsam ausbalanciert in seiner Mischung aus Bewohnern und Passanten, Wohnungen und Läden, Büros und Restaurants, Freiraum und Grün. Hier ist ein Stück Stadt als lebendiger neuer Organismus entstanden, kein Denkmal, das nur gepflegt werden muß.

Mit dem Quartier Groß St. Martin ist den Schürmanns eines der interessantesten Viertel Deutschlands gelungen, wo durch Wiederherstellen und Komplementieren des Gegebenen und durch Einfügen des Mangelnden ein Sichtbarmachen des genius loci gelungen ist, wie es innerstädtisch überzeugender und lebendiger kaum vorstellbar ist; ein Platz von weltläufiger Gelassenheit und ruhiger Harmonie.

„Der Mensch kann mit dem Menschen nur durch das gleiche Ideal Verbindung halten", sagte Antoine de Saint-Exupéry. Hier ist es das Interesse am Menschen und seinem Wohlergehen, dem die Architekten Form und Raum gegeben haben.

IX.   Wer die Einfachheit als Architekt ständig im Munde führt, baut selten einfach. Die Architektur von Joachim und Margot Schürmann entspringt keinem Theoriekonzept; sie ergibt sich aus der kritischen Auseinandersetzung mit jedem neuen Ort.

Sie ist gebautes Leben.

GROSS ST. MARTIN IN KÖLN 1961–1985

Turmspitze, Elmar Hillebrand

Aus der Baugeschichte der staufischen Kirche (nach Helmut Fußbroich)

1150 richtet ein Brand, der das Martinsviertel heimsucht, an der Kirche verheerenden Schaden an, eine neue Kirche muß gebaut werden. Ihre Bauzeit zieht sich über ein ganzes Jahrhundert dahin.

Ein erneuter Brand bewirkt 1185 eine Unterbrechung der Bauarbeiten, von denen wieder für die Jahre 1207–1211 berichtet wird.

1378 brennt der Turmhelm nieder. Zwischen 1450 und 1460 wird er durch eine achtseitige Knickpyramide ersetzt. Ihr müssen die Giebel weichen, die jede Turmseite bekrönten.

1527 stürzt das südwestliche Flankierungstürmchen ab, 1789 muß das nordwestliche abgetragen werden. Im Innern kommt es jeweils 1660–1669 und 1789/91 zur Neugestaltung.

Die letzte Ausstattung vor der Aufhebung des Klosters 1803 (Reichsdeputationshauptschluß) folgt in ihren klassizistischen Formen einem Entwurf von Ferdinand Franz Wallraf (1748–1824).

Nachdem die Brigidenpfarre die Abteikirche am 3. Juli 1803 übernommen hat, wird die 1172 erstmals erwähnte Brigidenkirche, die dicht an der Südseite und im Bauverband mit der Martinskirche steht, 1805 abgebrochen.

Der Umriß der alten Pfarrkirche ist an der Südseite von St. Martin im Straßenpflaster kenntlich gemacht. Die 1803 freigewordenen Klostergebäude an der Nordseite der Kirche dienen seit 1808 zunächst dem Militär, 1821 fällt ein Teil der Spitzhacke zum Opfer, 1839 auch der Kreuzgang. Zwei Portale an der Kirchennordseite und die Benediktuskapelle zeugen von den abgetragenen Konventsgebäuden.

Heinrich Nagelschmidt (1822–1898) leitet 1857 die notwendig gewordene Instandsetzung der Kirche ein, die 1864 beginnt und 1875 abgeschlossen ist. Parallel zur Wiederherstellung der Baugestalt entwirft August Essenwein (1831–1892) das Konzept für die Ausmalung und Ausstattung des Kirchenraumes.

1909 machen sich Schäden an der Basis des Turmes unmittelbar über den Gewölben bemerkbar, die bis 1913 unter der Leitung von Dombaumeister Bernhard Hertel (1902–1928) behoben werden.

Der Zweite Weltkrieg läßt von der Kirche den unteren und mittleren Bereich des Trikonchos, einen Großteil des Turmes, die Anfänge der Flankierungstürme, seitliche Teile der Konchengewölbe, vom Langhaus die Wände mit Resten der Gewölbekappen und einen Teil der Westwand stehen, von der Vorhalle nur einen geringen Rest.

Schon 1948 beginnen die ersten notwendigen Wiederaufbau- und Sicherungsarbeiten, geleitet von dem Statiker Wilhelm Schorn und dem Architekten Herbert Molis.

1954 ist die Konchengruppe gesichert und ergänzt.

1961 übernimmt der Architekt Joachim Schürmann den weiteren Wiederaufbau, den Ausbau und die neue Ausstattung der Kirche. Für die Statik ist Otmar Schwab verantwortlich.

Am 13. Januar 1985, 40 Jahre nach dem Ende des Zweiten Weltkrieges, wird die Kirche wieder zugänglich gemacht.

Bei der Altarweihe am 22. Juni 1985 legt Erzbischof Joseph Kardinal Höffner Reliquien der Hll. Engelbert von Köln, Sebastianus und Brigida von Schweden in das Sepulcrum des Hauptaltares.

Die Kirche steht den in Köln lebenden Spaniern und Portugiesen zur Verfügung.

Streitgespräch Universität Köln   1991
Joachim Schürmann zu Groß St. Martin

Ich will der Frage nachgehen, ob ‚radikale Reinigung' oder ‚ausgeräumte Baustelle' zutreffende Metaphern sind für das, was wir in Groß St. Martin gemacht haben.

Als unsere Eltern, unsere Lehrer, sich nach intensiver Debatte zum Wiederaufbau der romanischen Kirchen entschlossen, ahnten sie allenfalls die gewaltige Anstrengung aller Kräfte, die das bedeuten würde.

Das Chaos, das der Krieg hinterließ, ist für die meisten von Ihnen nicht vorstellbar. Wir hatten das als Schüler oder Studenten vor Augen. Sicher war damals auch denen, die sich entscheiden mußten, bewußt, was uns später klar werden sollte: daß ein solches Unternehmen ein Wagnis ist, das Zeit fordert und Konzentration aller Kräfte – und ruhigen Atem. Auch ein so verwundetes Bauwerk ist ein lebender, ausstrahlender Organismus, der sich erneuern will, keine Mumie, die man zu konservieren und hier und da zu ergänzen hätte. Selbst Ergänzungen sind keine sterilen, geistlosen Kopien voller Skrupel und ängstlicher Bedenklichkeit.

Das Programm ist klar: wir wollen ein Gotteshaus instandsetzen, kein Denkmal, keine Touristenattraktion. Wilhelm Schlombs ist als Erzdiözesan-Baumeister und Kollege während unserer 25jährigen Bauzeit Stütze und Stab. Unser konstruktives Gewissen verkörpert zuerst Wilhelm Schorn, später dann, nicht weniger engagiert, Otmar Schwab.

Das Abenteuer liegt in der Vielfalt der Probleme, die so extreme Felder wie Archäologie und Konstruktion umfaßt, neue Unterkirche und neue Umgebung, Hochwasser und Ikonographie, die Entscheidung für eine neue oder ‚neualte' farbliche Fassung der Mauern und Fenster oder aber für klare Dominanz der staunenswerten Architekturelemente, was sorgfältige

Konservierung der Spuren nicht ausschließt. Das Abenteuer liegt auch in der Vielfalt der Meinungen über Probleme bis hin zum Streit über durchzusetzende Methoden.

Sie müssen sich klar machen, daß der Architekt nicht nur einem Bauherrn gegenübersteht, wie das bei Neubauten die Regel ist, sondern einer oft geschlossenen Phalanx der kirchlichen, städtischen und staatlichen Denkmalpfleger. Ein Kollegialorgan also fällt – im Streitfall – Entscheidungen oder sucht Kompromisse. Das heißt, wie bei jedem Kompromiß, Chance und Gefahr; über beides reden wir heute.

Seit 25 Jahren arbeiten wir in dem wachsenden Willen, auch unser eigenes Bewußtsein einzubringen, streitbar, wenn nötig. So, denke ich, haben alle Umbauer und Instandsetzer in der bald 2000jährigen Geschichte an diesem Bauwerk gearbeitet.

Sprechen wir über die Frage von Anstrich oder nicht, Ausmalung oder nicht, Dominanz der Fenster oder Integration, dann sprechen wir auch über das Schicksal der Gliederung der Architekturelemente, die Träger und Rahmen solcher Hinzufügungen sind. Wenn wir darüber sprechen, ist vor Augen zu stellen, daß Groß St. Martin unverwechselbare Merkmale hat: Den gewaltigen Vierungsturm mit seinen Flankierungstürmen, eine erstaunliche Steigerung der vertikalen Dimension gegenüber dem Vorbild Maria im Capitol. Dann die mächtigen sechs Arkaden im Langhaus; die über diesen Arkaden umlaufende Triforiengalerie, die die Zweischaligkeit auch der Umfassungsmauern des Langhauses bewirkt.

Gerade diese nicht genug zu rühmende Zweischaligkeit ist, neben der zentralisierenden Tendenz, das wesentliche Merkmal des sogenannten Kölnischen Systems. Es löst das Mauermassiv von innen durch Nischen, Blenden und flache Galerien auf, während die zwischen diesen Höhlungen in voller Mächtigkeit stehenbleibenden Mauerteile als Widerlager fungieren. So ähnlich beschreibt das Dehio.

In den Vor- und Rücksprüngen dieses Systems, seinen Licht- und Schattenkontrasten, ist ein wirkungsvolles Mittel reich bewegter formaler Gliederung entstanden, das für die Entscheidung über die Behandlung der Wandflächen wesentlich ist.

Aber, da gibt es – auf einmal – erstaunliche Nachrichten oder Gerüchte, daß der Putz auf den Wänden provisorisch sei, er würde nur 10 Jahre halten.

Bauherr: Pfarrgemeinde Groß St. Martin

Oder, es seien Firmenangebote eingeholt worden, um die Essenwein-Kleinertzsche Ausmalung des 19. Jahrhunderts nach den Zeichnungen 1:100 zu kopieren, also neo-neuromanisch wiederholen zu lassen. Mag sein, daß Ursache für diese Verwirrung die herablassende Charakterisierung als ‚funktionsfähiger Rohbau' ist, die wohl Verfechter der Ausmalung aufgebracht haben; nicht mehr als eine ‚ausgeräumte Baustelle' sei diese Kirche.

Für uns ist die Kirche fertig, soweit man das von einem solchen Bau jemals wird sagen können.

Vielleicht wird diese Architektur später einmal von Farbe behutsam gefaßt, nachgezeichnet, aber nicht übermalt, als Malgrund verwendet. Allein die Licht- und Schattenkontraste, die nicht durch flächige, in sich vielleicht noch so überzeugende, solipsistische Farbstrukturen überlagert oder konterkariert werden dürfen, stellen eine flächige Ausmalung infrage.

Müßig ist auch der Einwand, daß es in der Baugeschichte der Kirche Zeiten gab – so im 19. Jahrhundert –, in denen das anders war. Ich erinnere mich, als ich zum ersten Mal, als Junge auf einer Durchreise, in Köln in dieser Kirche stand. Ich erinnere mich an das byzantinische Dämmerlicht zwischen schweren Farben und Dekors, das Angst machte und frieren ließ.

Warum sollte man von den vielen Ausgestaltungen der Kirche gerade diese wieder auferstehen lassen? Es gab auch eine barocke, eine klassizistische Fassung.

Wir wollen weder puristische Steinsichtigkeit, noch wollen wir irgendeine Stilrenaissance, auch keine großflächige, starkfarbige Ausmalung. Wir wollen den Raum als Ereignis, auch als Spiegel seiner langen Geschichte, auch als Denkmal. Wir können uns deshalb nur langsam – und mit Vorsicht vor dem neuerdings wieder so buntschillernden Zeitgeist – der für den Raum angemessenen Lichtstimmung nähern. Eine Denkpause wird für Entscheidungen gut sein, die schnellwechselnde Lehrmeinungen überdauern, gut sein auch für die Glaubwürdigkeit von Bildthemen an den Wänden; die Aufgabe der Belehrung von Analphabeten durch Bilder ist inzwischen obsolet; auch aktuelle Zierbereitschaft allein, besonders hier in Köln, ist noch kein verläßlicher Beweggrund. Was bleibt von Lobpreis und Verherrlichung, wenn sie nicht in die Grundakkorde der Architektur einstimmen können?

Um den Raum nicht zu stören, seine einfache, dabei höchst kunstvolle Aussage nicht zu irritieren, haben wir auf laute dekorative Details ganz verzichtet. Die wichtigsten Elemente sollen präsent sein, nicht bedrängen.

Beispiele dafür sind der Radleuchter: zwölf Lichtpunkte auf einem Edelstahlreif von vier Metern Durchmesser, den Spanndrähte halten, die auf eine stählerne Nabe in der Mitte der Vierung zulaufen; das Material des Bodens: Euville aus Burgund; oder der Ambo: Eschenholz, Leder und Edelstahl; auch der Beichtstuhl aus den gleichen Materialien. Auch das kleine Gerät haben wir wichtig genommen.

Faszinierend sind die Spuren für uns, die alt und neu unterscheiden helfen, die die verschlungene Geschichte des Baues erzählen und, wenn man behutsam verfährt, auch aus unserer Zeit später berichten. Wir haben solche Spuren weder entfernt noch durch Ergänzungen gelöscht, also nicht in ‚Altgier' die Tage der Vorväter widerkäuen wollen, um mit Karl Moor zu sprechen, sondern sie mit Respekt übernommen.

Es ist richtig, daß wichtige Abschnitte in der Geschichte eines Baudenkmals auch zeichenhaft Verdeutlichung durch Architektur erfahren, wie Georg Mörsch sagt.

Solche Zeichen sind die neue Unterkirche und Details wie der Boden. Erhalten blieben, unter wenig anderem, Mosaiktafeln von August von Essenwein, Tafeln zur Bergpredigt, die die acht Seligpreisungen verkünden. Wir haben sie in einen neuen Teppich aus kleinen Natursteinen unterschiedlicher Größe und Farbe gelegt, die – immer neu – die Farbskala der Mosaike und der Architektur variieren, in den burgundischen Steinboden überleiten.

Andere Beispiele für neu geschaffene Zusammenhänge sind der Brigiden-Altar im Turmfragment (einem Rest der früher hier stehenden und Anfang des 19. Jahrhunderts abgebrochenen Pfarrkirche Brigiden); der heiligen Brigida zu Füßen, die heute – makaber zu sagen – die Patronin der armen Leute und des Viehs genannt wird, haben wir die Fragmente der sieben fetten Kühe gelegt, Reste des Essenwein-Mosaiks; die mageren haben den Krieg nicht überstanden.

Ein anderes Beispiel: in einer Mauernische im nördlichen Seitenschiff neben dem Westportal die Kreuzigungsgruppe aus dem Anfang des 19. Jahrhunderts, jetzt umrahmt vom Paradiesbogen, den wir hinter einer Vormauerung fanden, daneben die Grablegung in einer aufgefundenen Nische, der Taufstein aus dem 13. Jahrhundert (auch der wiedergefunden), für den Karl Matthias Winter das zinnerne Becken und den dachförmigen Deckel gemacht hat.

Kreuzigung, Grablegung, Auferstehung – das Thema des Fensters und der Taufe. Für die Taufkapelle sind auch die beiden ersten Fenster von Herrmann Gottfried entstanden: das Auferstehungsfenster und in der Rosette der erste Tag aus der Genesis, beide in kühlem Grisaille und komplementär zu den warmen und hellen Putztönen der Wände, dem Sandton des Bodens, dem Grau-Grün der Gitter, dem Mattsilber des Geräts.

Bis dahin ist die Farbwelt für uns noch in Ordnung. Wir stellen uns kleinteilige, geometrische Bleifassungen vor, einfache Klarglasstrukturen wie in St. Pantaleon im Obergaden und in den Seitenschiffen. Wir wehren uns gegen figürliche, starkfarbige Fenster. Sie hätten besser einstweilen so bleiben sollen, wie wir sie in der ersten Stufe gemacht haben, zu sehen im Obergaden, den Seitenkonchen, in den Rosetten.

Wir fanden keine Gegenliebe in der Kommission, die eine starkfarbige, malerische Verglasung für richtig hielt. Schließlich waren wir kompromißbereit, wenn die Verglasung kleinteilig und überwiegend in Grisaille-Tönen ausgeführt würde. Sie sollte in der Ausführung von Westen langsam nach Osten hin fortschreiten, so daß alle Erfahrungen mit Veränderungen des Lichts dem Trikonchos hätten zu Gute kommen können. Auch das wird anders beschlossen, nachdem Spender und Förderer die Finanzierung aufbringen.

Die Konchen werden vorgezogen. Damit ist eine Reaktion auf die sich ändernde Lichtstimmung nicht mehr gegeben – denn eigentlich sollte sich die Farbstimmung, wie in der Taufkapelle begonnen, fortsetzen, vor allem die Feinteiligkeit, das feinmaschige Netzwerk der Farbflächen – nur leicht und punktuell nach Osten sich intensivieren.

Bei künftigem Nachdenken über die Fenster muß alles getan werden, damit die Richtigkeit des früheren Vorsatzes anhand von Prototypen im Langschiff verifiziert werden kann – damit keine Verwirrung des Raumes entsteht, keine Überladung, wie sie in manchen unserer romanischen Kirchen in Köln mehr und mehr Platz greift.

Was soll geschehen? Wir sollten dem heiligen Geist nicht vorgreifen, uns – oder später andere, wenn die Zeit reif ist, auf den richtigen Weg zu bringen. Dieser Weg wird – hoffe ich – auch weiter große Zurück-

113

Fensterrosette, Herrmann Gottfried

Johannes Kister,
Ausstellungspavillon „Glaube + Raum"

haltung nahelegen, eingedenk der Streitschrift des Bernhard von Clairvaux, geschrieben als dieses Bauwerk entstand: „Es strahlt die Kirche in ihren Mauern, aber in ihren Armen leidet sie Mangel. Ihre Steine kleidet sie in Gold, aber ihre Kinder läßt sie nackt."

Das alles ist nicht nur eine ästhetische, kunstgeschichtliche oder kunsttheoretische Frage. Sie hat für uns auch eine starke soziale Komponente. Um in der Metapher des heiligen Bernhard zu bleiben: der golddurchwirkte Mantel, das farbige Tuch, das manche über die Mauern breiten wollen, um die ärgerliche Nacktheit dieses ‚funktionsfähigen Rohbaues' zu verhüllen, dieses Tuch sollte sich in einer sehr aktuellen christlichen Metamorphose in einen weiten Mantel zur Minderung der wachsenden Not und Armut außerhalb dieses ‚Rohbaus' verwandeln. Ich bin sicher, daß ein derart karger, einfacher, fast zisterziensischer Raum der Meditation über Solidarität angemessener und förderlicher ist als prächtig-prunkvolle Gewandung.

Kommt beides zusammen, der Verzicht aus Solidarität im Sinne des heiligen Martin und der Verzicht zu Gunsten der klaren Sprache des Raumes durch die Logik der Steine, dann sollte es nicht schwerfallen, mit diesem ‚Rohbau' zufrieden zu sein.   J.S.

116

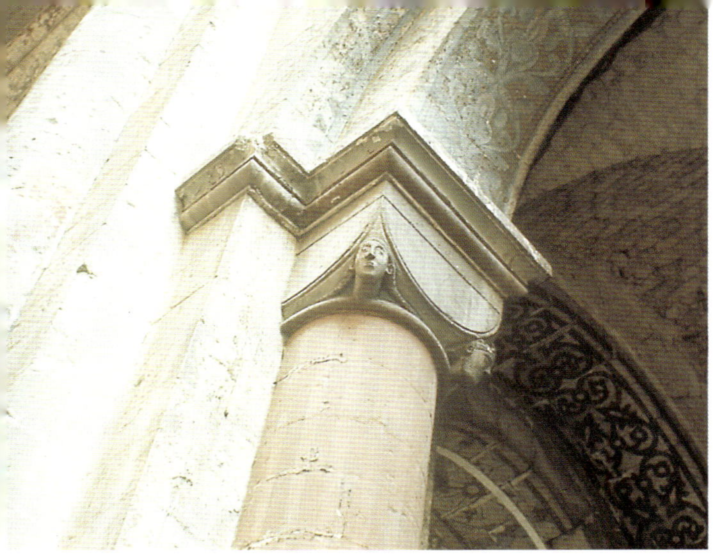

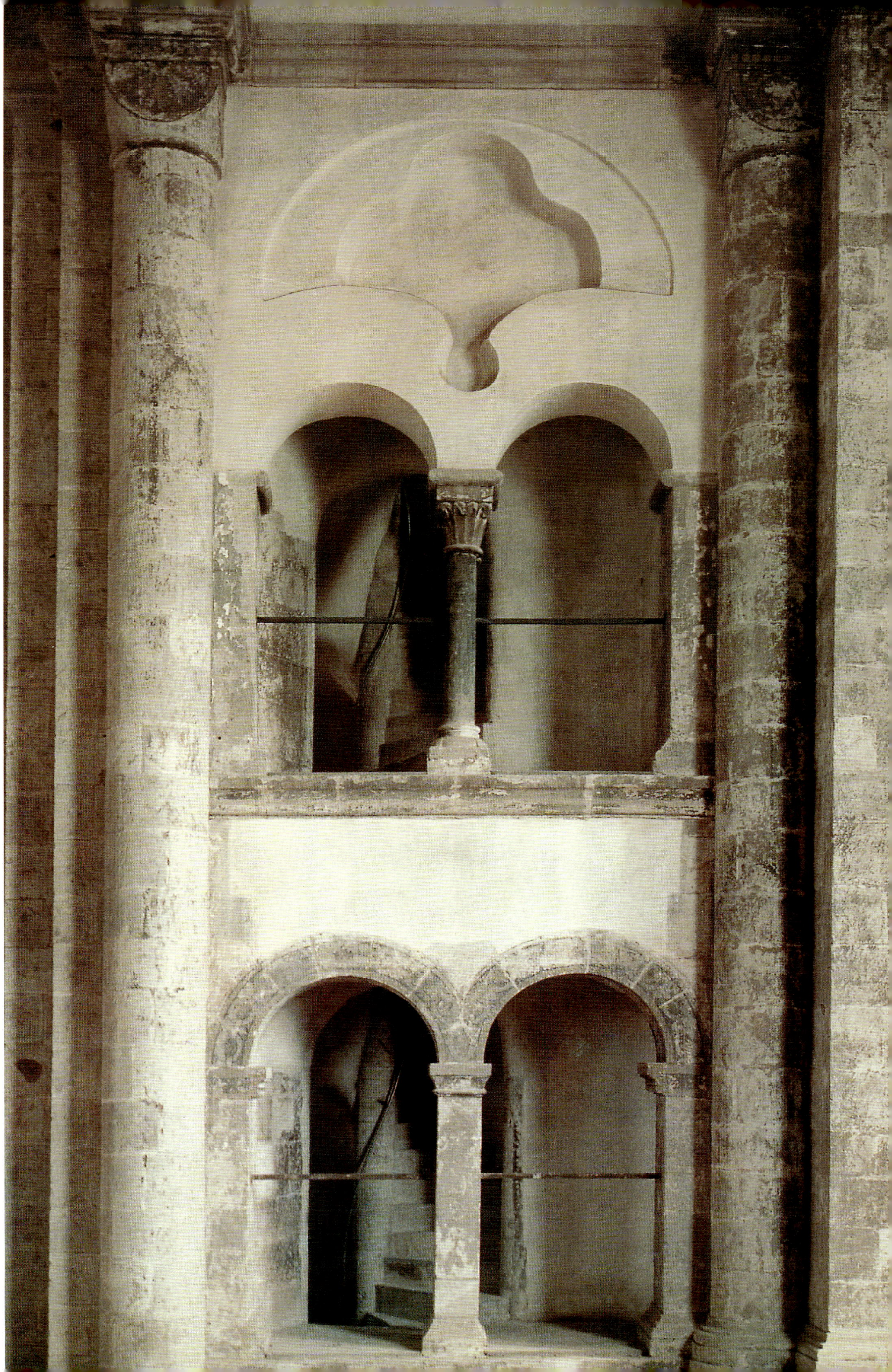

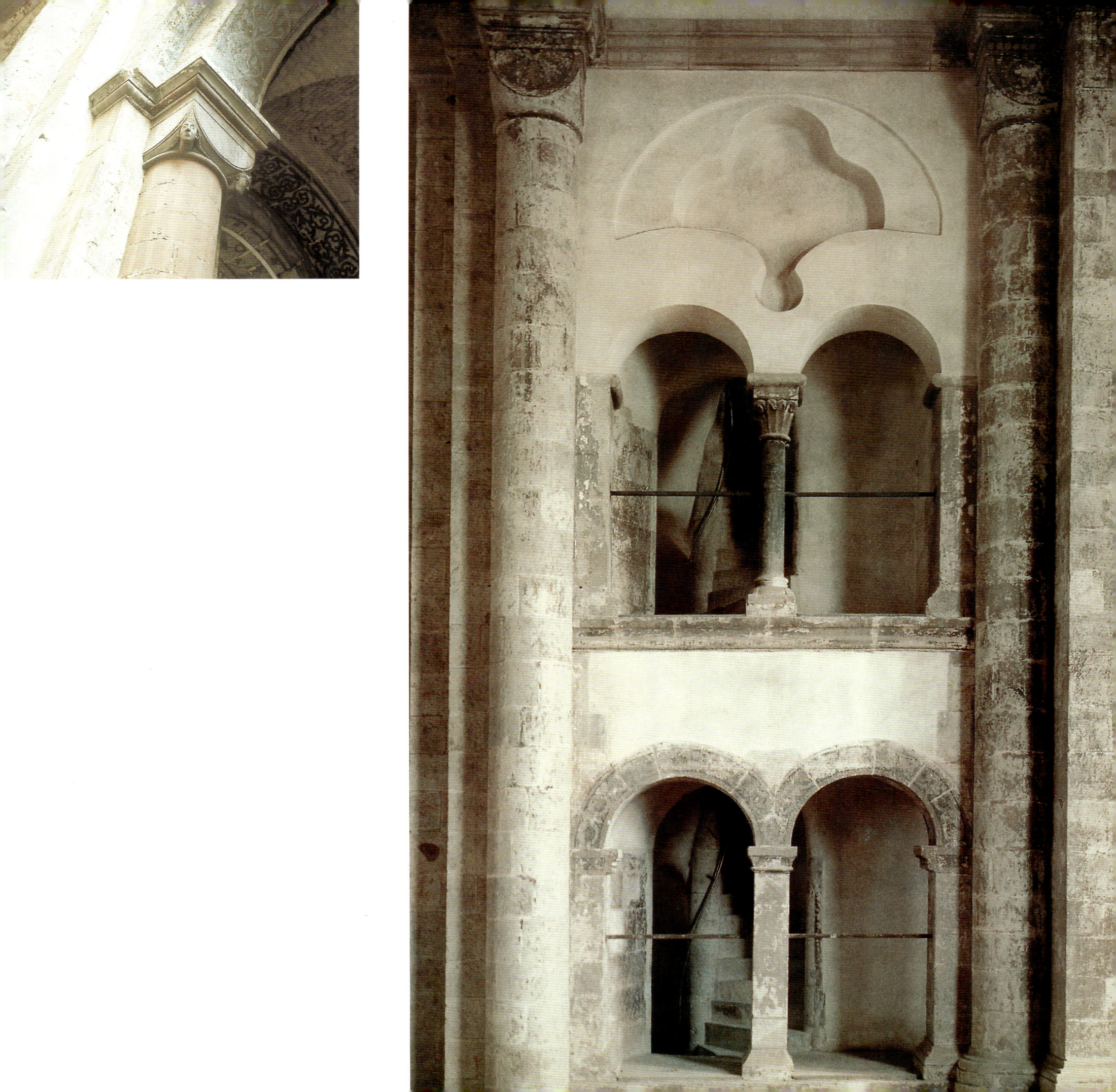

Mosaiken von August Essenwein   2. Hälfte 19. Jahrhundert

Einbindung der Essenweinschen Mosaikfragmente

120

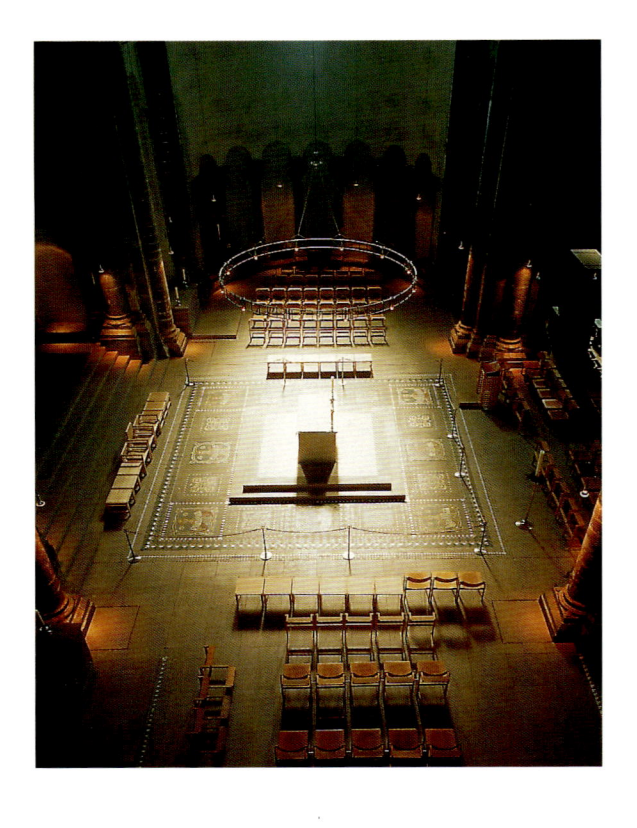

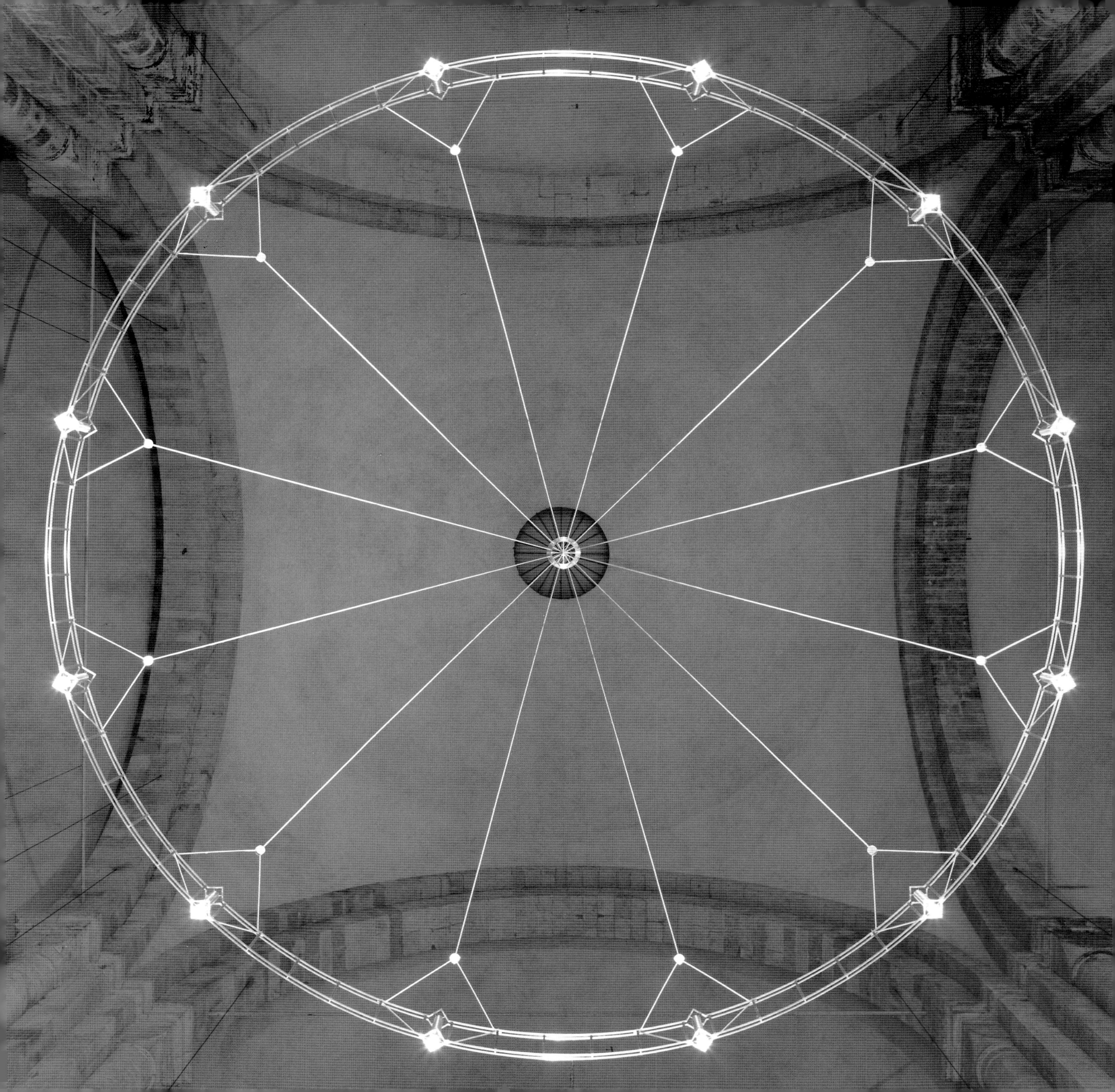

122
Hauptportal

123

Benediktuskapelle

Ambo

125

Beichtstuhl

DIE NEUE UNTERKIRCHE IN GROSS ST. MARTIN

Zugang

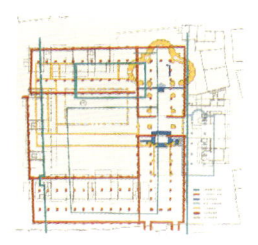

Beim Ausschachten für das Quartier nördlich der Kirche geschieht, was immer geschieht, wenn im römischen Köln ausgeschachtet wird: nach wenigen Spatentiefen ist man in der Vergangenheit dieser Stadt.

Die ersten Funde macht 1973 das Römisch-Germanische Museum, sechs Meter unter der damals riesigen Brache eines Parkplatzes nördlich der Kirche. Die Archäologen entdecken eine offene Platzanlage aus dem 1. Jahrhundert n. Chr., eine palaistra, einen Sportplatz, auf dem wohl römische Soldaten und Invaliden ihre Freizeit verbrachten.

Im ersten Drittel des 2. Jahrhunderts schütten die Römer den Boden mit allerhand ‚Kulturschutt' auf.
In dieser Schicht entdeckt man eine zweite, weit größere Anlage: Spuren zweier großer, dreischiffiger Hallen aus Stein, die im Osten und Westen einen Hof oder Platz begrenzen, gedeutet als Speicher- und Stapelbauten, sogenannte horrea, die zum nahegelegenen Hafen gehören. Die Archäologen kommen zu der Vermutung, daß weitere Hallen den Platz nach Süden abschlossen, und daß in der staufischen Kirche, in dem seit Jahrhunderten unberührten Terrain, unter unserer gerade wieder stabilisierten Kirche, wohl die am besten lesbaren Spuren dieser Hallen zu finden sein müßten, vielleicht noch erhaltene Reste der Pfeiler.

An den mutmaßlichen Stellen wird in die Tiefe gegraben – wir finden genau das, was man sucht: Fundamente von Pfeilern aus dem 2. Jahrhundert, mehr noch, auch den südlichen, überraschend gut erhaltenen Teil einer römischen Beckenanlage aus dem 1. Jahrhundert (aus opus caementitium, aus römischem Beton mit Tuffsteinbekleidung). Es ist das Jahrhundert, in dem Köln fünfzig Jahre nach Christus „Stadt nach römischem Recht" wird.
Die Untersuchung der Pfeilerschäfte bringt noch eine weitere Entdeckung: sie sind – ganz offensichtlich – mit einem feinen Sockelprofil versehen und verputzt.

Auch wird hier der Boden, der ursprünglich mit festem Kalkmörtelestrich belegt ist, von zwei weiteren, ein wenig höher liegenden, auch feineren Estrichen bedeckt. Eine höherwertige Funktion muß die ursprünglich profane Nutzung abgelöst haben. Wir vermuten, daß diese südöstliche dreischiffige Lagerhalle später als Versammlungsraum für eine frühe christliche Gemeinde, vielleicht zur Urkirche des Martinsviertels, umgenutzt wurde.

Eine dritte Überraschung: Man findet heraus, daß die spätere ottonische Kirche unter ihrem Ostteil, anders als der staufische Bau, eine Krypta gehabt haben muß.

Für die Langhauswände des ottonischen Baues werden wieder die nördlichen und südlichen Außenwände der römischen Speicherhalle verwendet. Dieser ‚Vorgängerbau' tradiert damit den Grundriß des römischen Bauwerks genau – der staufische Bau, zweihundert Jahre später, tut wiederum das gleiche, übernimmt aber die Krypta nicht.

Während der Suchgrabungen in einer mehr als sechs Meter tiefen Baugrube mit einem verwirrenden Chaos von Gräben und Fragmenten, von Höhlen und Streben sind die ohnehin durch den Krieg schwer durcheinander gerüttelten, mürben Vierungspfeiler, die alles zu tragen haben: Kuppel, Konchen und Turm, ihres natürlichen Erdwiderlagers beraubt. Dieser wenig beruhigende Zustand und die offensichtliche Bedeutung der Ausgrabung lassen schnell den Entschluß reifen, die Grabungen nicht zu verfüllen, sie lieber zugänglich zu machen. So erhält, mit 800jähriger Verspätung, auch der staufische Bau eine ‚Krypta', ein Beispiel dafür, daß das Ablesbarmachen von Geschichte und liturgische Nutzung sich nicht ausschließen müssen.

Eine aufregende Bauzeit beginnt, bei der auch Hochwasser zu bändigen ist. Die Statik für diese komplexe Maßnahme liegt in der Hand von Otmar Schwab, der auch die Kirche statisch betreut.

Die ‚Krypta' wird mit einer 1,3 Meter mächtigen Stahlbetondecke überspannt, die die Fundamente der Vierungspfeiler unter dem hohen Turm wieder aussteift, denen wir mit der ‚Krypta' einseitig den seit Jahrhunderten gewohnten Erddruck wegnehmen mußten.

Weil wir in die Originalsubstanz aus Säulenbasalt nicht eindringen dürfen, hat diese Decke durch die auch die Heizkanäle geführt sind, eigene Stützen und Fundamente auf dreißig Bohrpfählen. Sie ist zur Stabilisierung gegen die Turmfundamente mit Drucklagern abgestützt, wobei Formänderungen aus Kriechen und Schwinden mit acht justierbaren Pressen auszugleichen sind (die Pressen bleiben als erklärendes Element der Konstruktion sichtbar).

Wir arbeiten in der Überzeugung, daß das Bemühen um ein solches Bauwerk, als gleichwertige Aufgabe neben der authentischen glaubwürdigen Instandsetzung, auch eine Anverwandlung an unsere geänderten Bedürfnisse und Vorstellungen sein muß ... denn ‚authentisch' ist ja nicht nur die Quelle – authentisch ist auch der Strom. J.S.

129

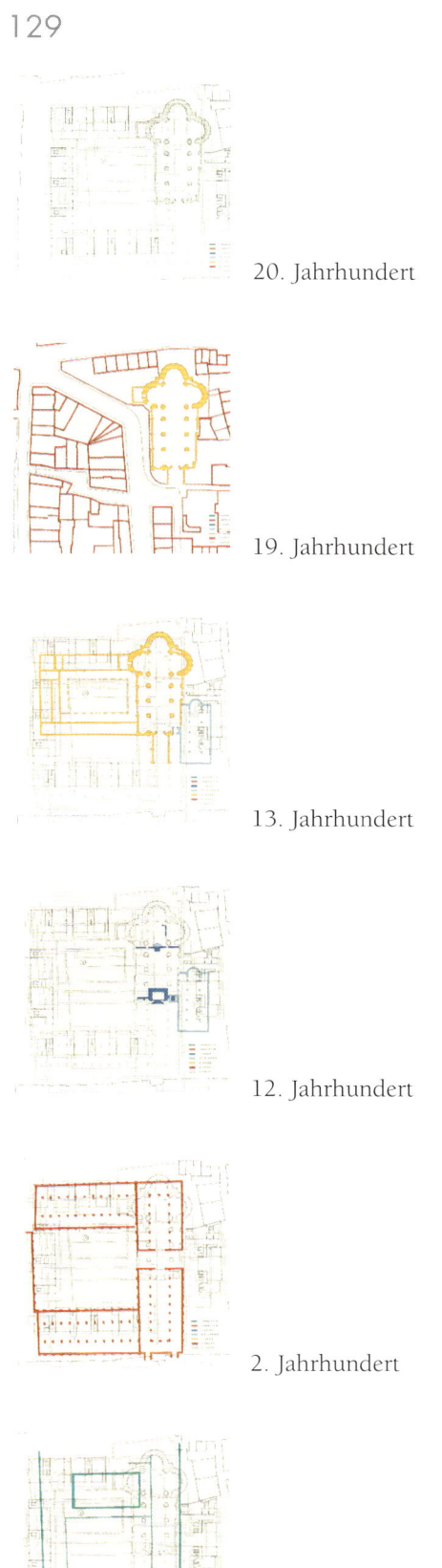

20. Jahrhundert

19. Jahrhundert

13. Jahrhundert

12. Jahrhundert

2. Jahrhundert

1. Jahrhundert

130

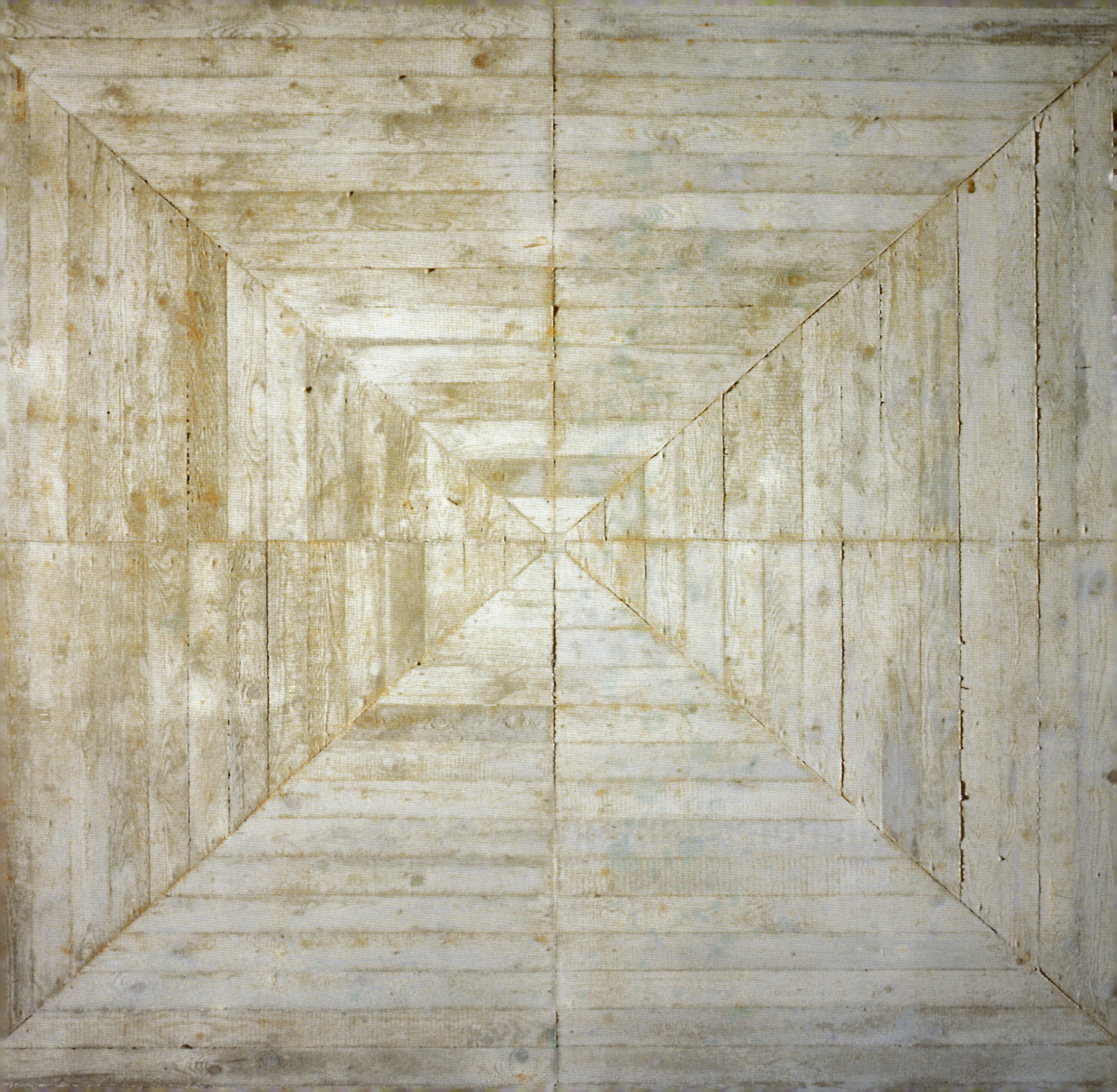

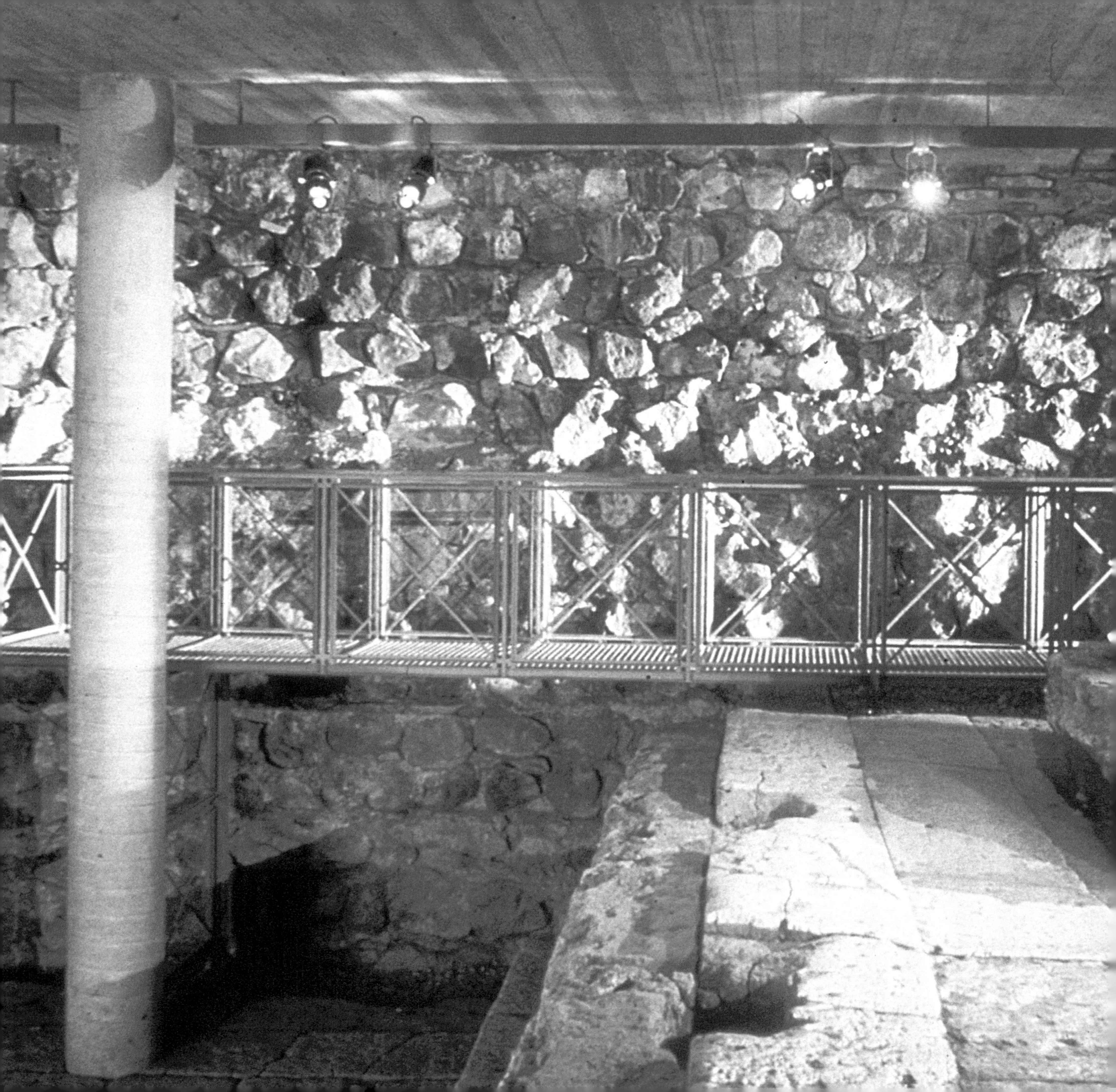

133

ABSCHIED VON JOSEF HACKENBRUCH   1985

(Polier der Bauhütte von Groß St. Martin)

Herr Hackenbruch, jetzt ist der Tag da, an den ich seit 25 Jahren mit Unruhe denke. Sie verlassen uns einfach – unsere gemeinsame Arbeit, in der Sie nicht irgendein Rädchen sind, sondern der Motor für alles. Damit ist ein langes Kapitel für Groß St. Martin zu Ende, und wenn das einmal als Chronik gedruckt werden und eine passende Illustration von Ihrem weiten Arbeitsfeld brauchen sollte, dann kommt nur diese Isometrie hier in Frage. Wir wollen Ihnen das Blatt, vorsorglich, heute schon schenken. Es zeigt alles, das ganze Quartier, in dem – für den Kundigen – auf lange Zeit Ihre Spuren unübersehbar sind.

Da ist – über allem – unser Sankt Martin, der Bau, „der zu den großartigsten Architekturschöpfungen ganz Europas zählt" – wie in diesem Buch von Frau Kier und Herrn Krings, das gerade erschien, festgestellt wird – und das wir Ihnen in die ferne Eifel mitgeben wollen. Da ist auch die Casa zu sehen und dieses Haus hier, und Sie und ich wissen, was Sie von hier aus sonst noch so alles im Blick haben, das Ihnen sein Überleben verdankt.

Da ist das ganze Quartier nördlich der Kirche über dem Ausgrabungsfeld, mit dem alles anfing, historisch – und für uns persönlich gemeint, für die Martinsinsel und für unsere gemeinsame Arbeit.

Da ist auch die Lintgasse 9 dort drüben und die vielen Straßen und Plätze, die Bäume, die Poller. Jede Bank hier im Viertel hat irgendwie, offiziell oder auf verwunschene Weise, mit Ihnen zu tun, dem Polier der Bauhütte von Groß St. Martin.

Wer sollte das sonst, wer könnte das überhaupt leisten, wenn nicht Sie:

den öffentlichen Verkehr aufrecht erhalten, Parksünder verscheuchen, den Fremdenführer spielen, oft auch den Bodyguard, der mich vor wütenden Anrainern schützt, den Koordinator zwischen lauter mehr oder weniger streitbaren Leuten, die hier – drunter und drüber – in drangvoller Enge arbeiten wollen, die Sorge des Gärtners, damit kein Baum um die Kirche verdurstet, Autorität sein in der Bauhütte, in der sich so viele Handwerker häuslich einrichten wollen, nicht nur aus Ihrem eigenen Stall, wie sie auch alle heißen, die Mosaizisten, die Steinmetze, die Strippenzieher, auch mein Sohn Felix, der bei Ihnen gelernt hat, wie es auf so einer Baustelle zugeht, so wie ich vor 25 Jahren meine ersten – noch ziemlich unsicheren – Schritte in diesem Gebirge von Ihnen abgeguckt habe.

In so langer Zeit nur Geduld, kein böses Wort. Ich kenne viele Poliere und Meister, aber diese Erfahrung danke ich Ihnen allein. Vereinsamt werden wir sein, wenn der ‚Mann mit dem Goldhelm' sich endgültig zurückzieht.

Wenn es eine Ehrenbürgerschaft für das Martinsviertel gäbe, Sie wären der Erste, der sie erhielte.

Ehrengast werden Sie immer sein, wenn der Weg Sie nach Köln führt – in der Kirche wie da drüben in unserem Büro.

Glück auf für Sie
und zum hundertsten Mal: danke   J.S.

135

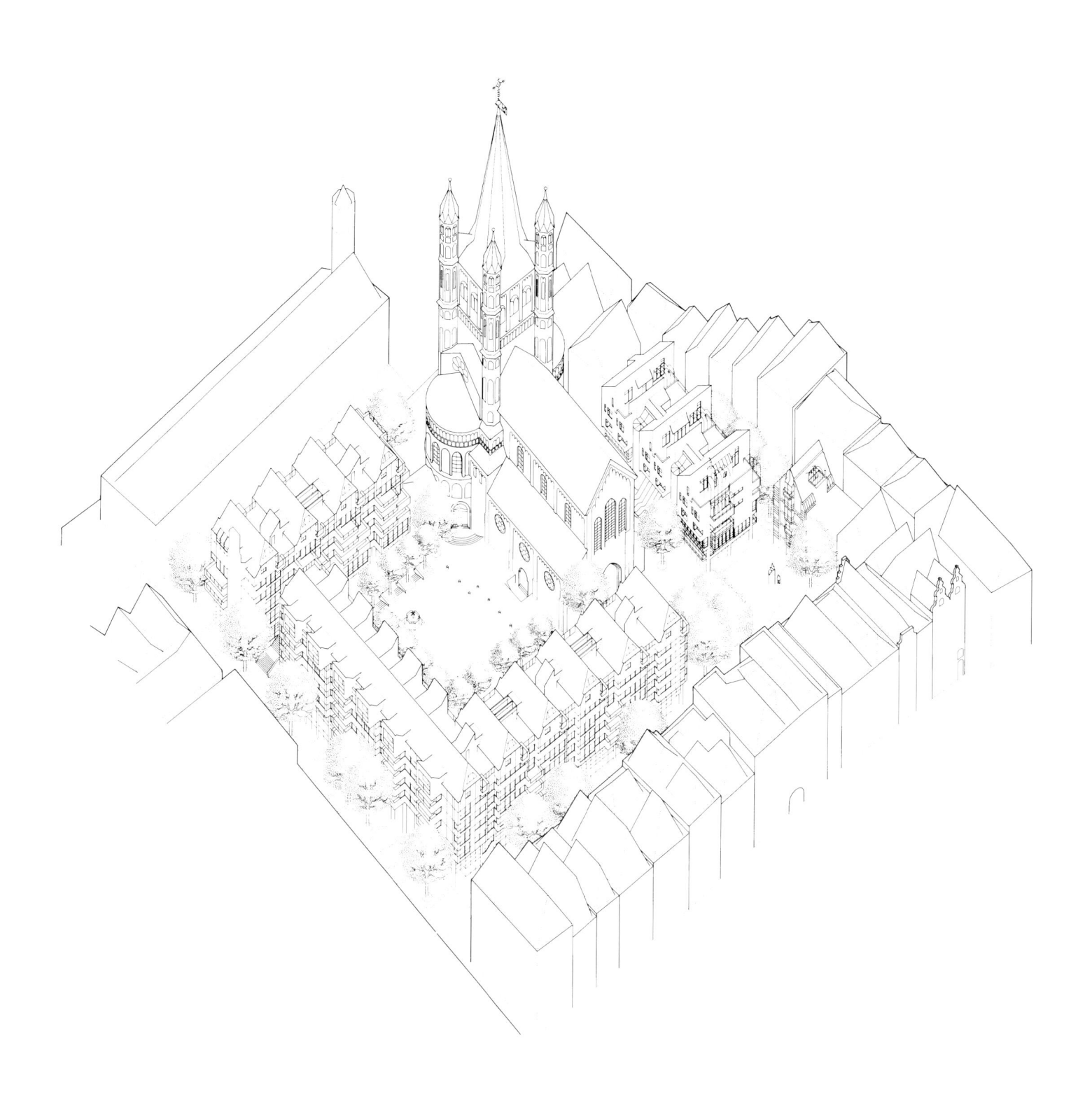

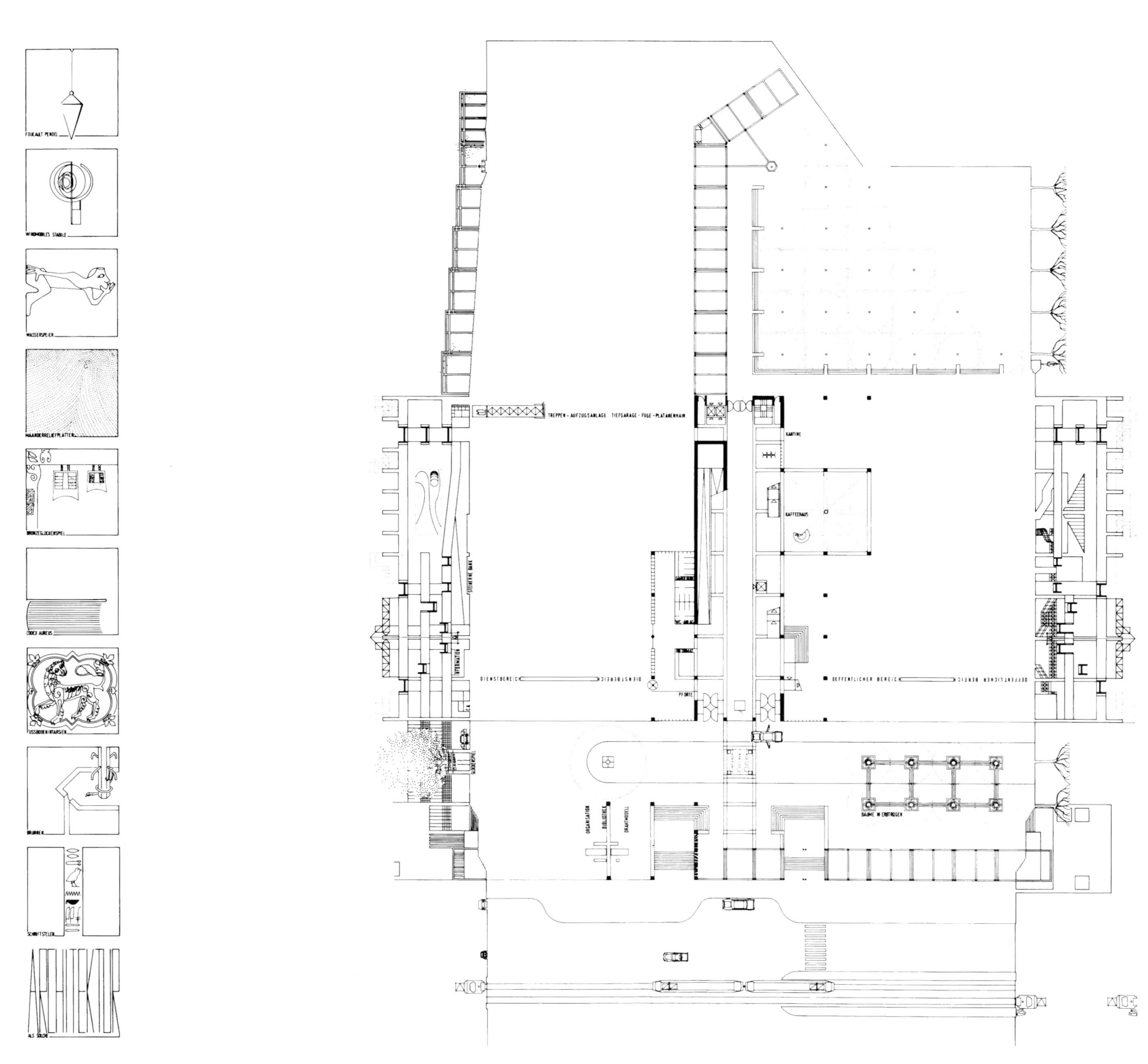

DEUTSCHE BIBLIOTHEK IN FRANKFURT   WETTBEWERB 1982   136

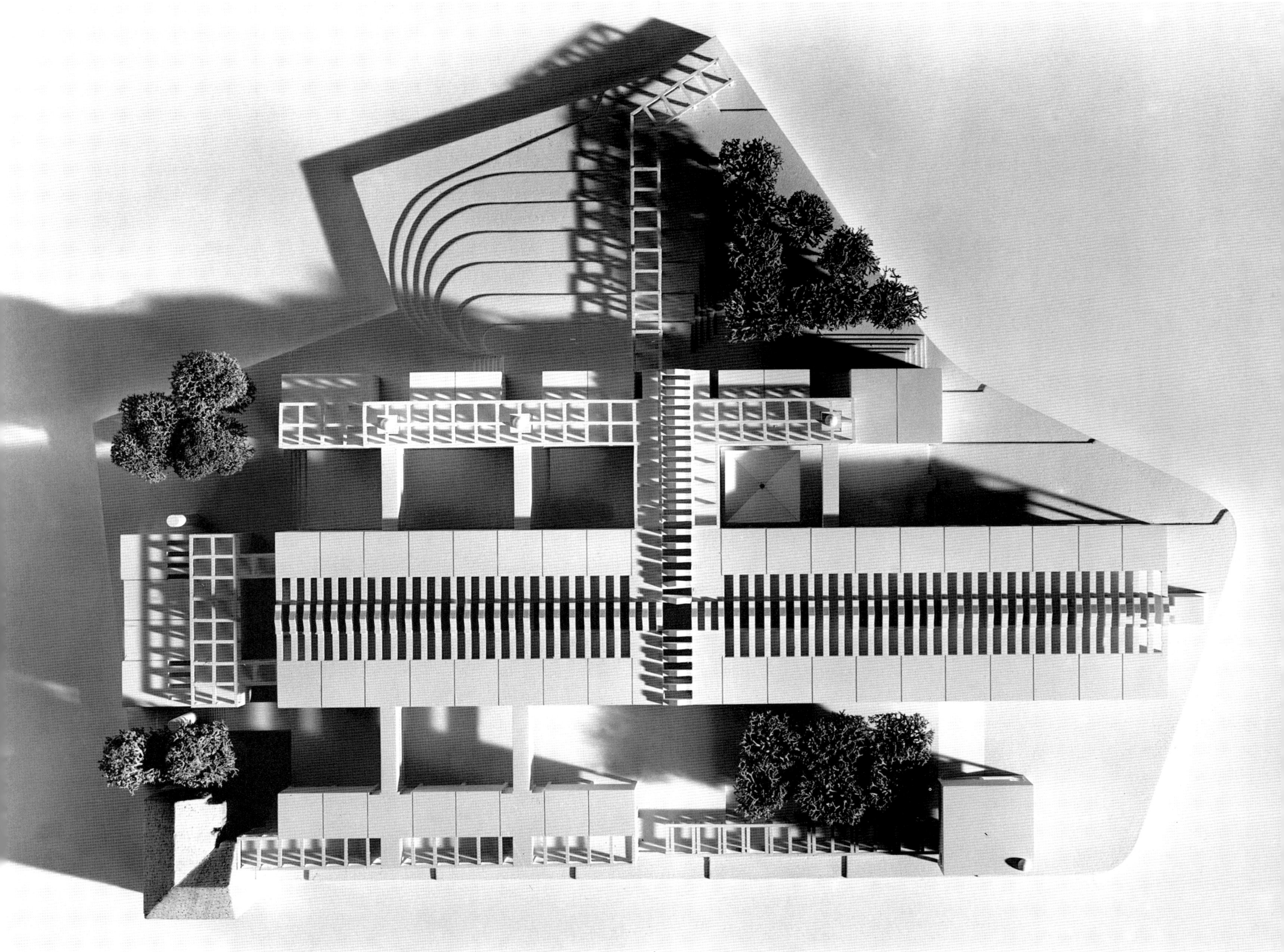

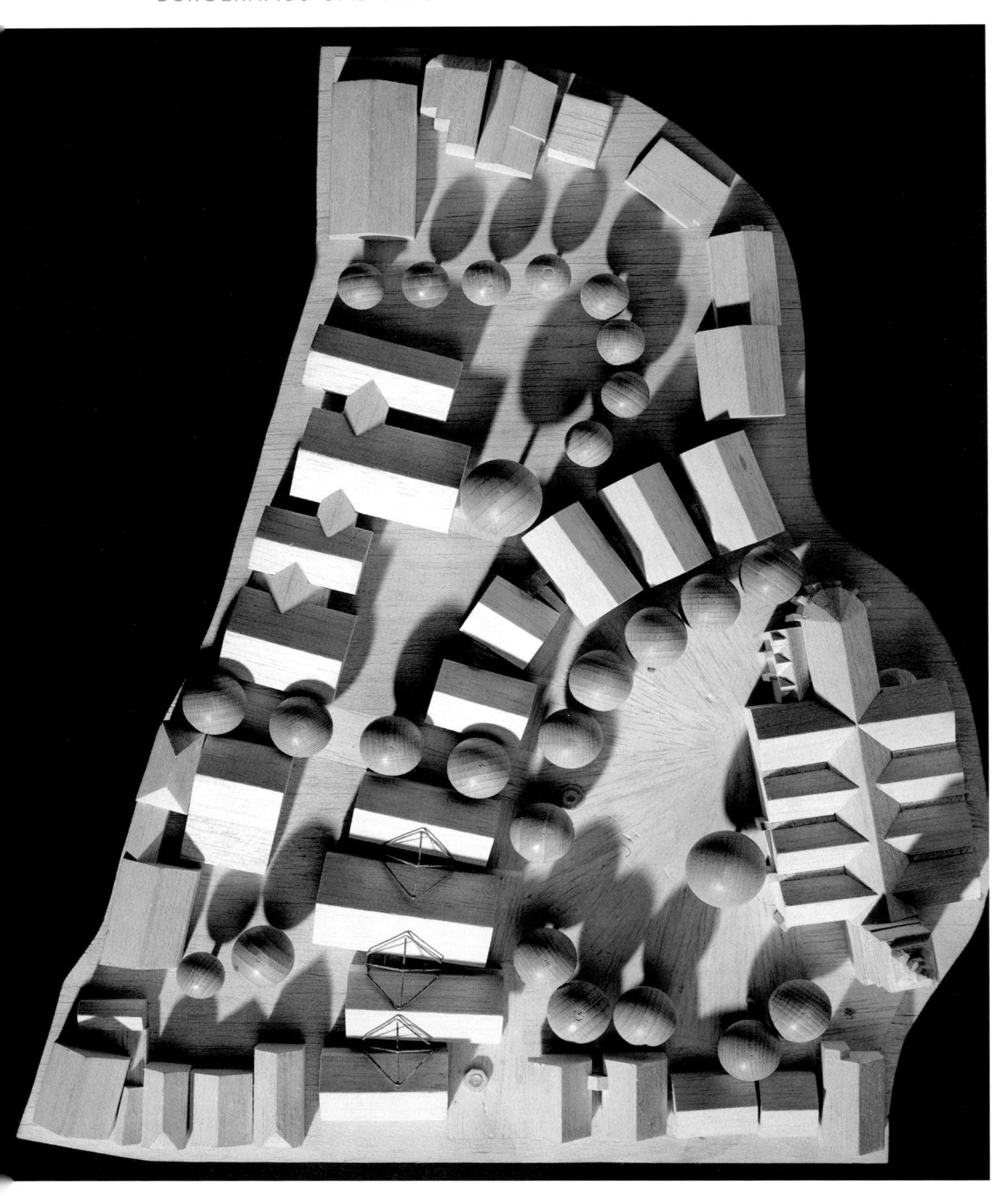

BÜRGERHAUS UND KIRCHPLATZ IN WIEDENBRÜCK   WETTBEWERB 1976

Wiedenbrück wird in seltener Geschlossenheit von Fachwerk geprägt.

Das Volumen des Programms mit Bürgerhaus, Bibliothek, Jugendbücherei und Kindertagesstätte ist so gegliedert und so unter die Dächer gebunden, daß es den Maßstab der Stadt – ihre erhaltene Fachwerkstruktur – nicht sprengt, daß überlieferte Straßen und Plätze erkennbar bleiben, daß die Baugruppe die Chance hat, in das Stadtbild hineinzuwachsen.

Die viertelkreisförmige Nordseite des Platzes kennzeichnet die Situation: Archäologen haben herausgefunden, daß sie einem Spitzgraben folgt, einem Teil der mittelalterlichen Befestigung. Obwohl der Graben selbst seit dem 12. Jahrhundert nicht mehr existiert, hat die von ihm geprägte Struktur ein ganzes Jahrtausend bestanden; diese Spur prägt auch den Entwurf für den neuen Platz und das Bürgerhaus.

Die für das Ortsbild typischen Traufgassen geben die Anregung, auch die neuen Baukörper voneinander zu lösen, durch radiale Verschwenkung den beschriebenen Bogen aufzunehmen, die Beziehung zwischen drinnen und draußen durch eine im ganzen Haus erlebbare Ausrichtung auf den Turm von St. Ägidius herzustellen, zu den Glasquerspangen, die die Häuser tangential miteinander verknüpfen.

Es sind offene Häuser, Häuser, in die man gerne hineingeht, weil keine Schwellenangst aufkommt, weil sie Vertrauen einflößen, Neugier wecken, weil sie ihre Technik nicht verleugnen, sondern in Konstruktion und Material, in Stahl, Glas und Holz zeigen, daß sie in dieser Generation entstanden, daß sie sich ihren Nachbarn eigenständig hinzuzugesellen gewillt sind.

139

Bauherr: Stadt Rheda-Wiedenbrück

140

141

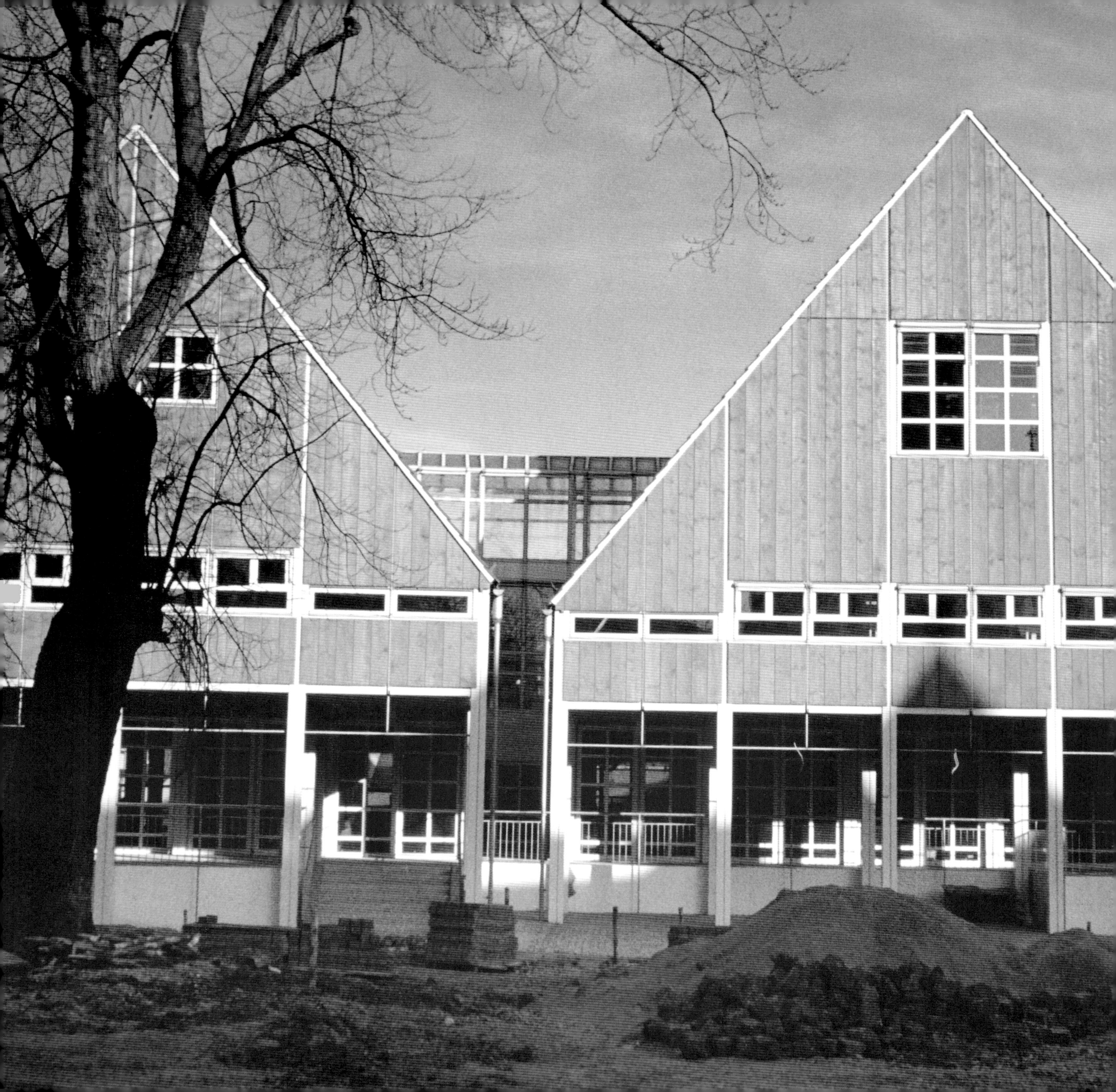

143

Herr Präsident,
hochverehrter Herr Doktor Töpfer,
meine Damen und Herren,
liebe Kollegen,

Ihr Brief vom Juni, lieber Herr Hillebrecht, in dem mir die ehrenvolle Wahl mitgeteilt wird, hat mich in einige Verwirrung versetzt, auch jetzt wieder Ihre freundliche Betrachtung unserer Arbeit, lieber Herr Hofmann, für die ich Ihnen sehr danke.

Unversehens ist unsere Arbeit nun mit Heinrich Tessenow in Verbindung gebracht, eine Markierung gesetzt, unser bisheriges Werk durchzumessen, Perspektiven zu prüfen, und das ist zweisam zu tun, weil es ja nicht um ein Werk geht, es geht auch um das von Margot Schürmann, meiner Frau. Das Werk, dem diese Ehrung gilt, würde nicht existieren ohne sie.

Ich bin Tessenow nie persönlich begegnet. Als er Lehrer in Charlottenburg war, wurde ich geboren. Und als er starb, hatten wir unser Studium in Darmstadt gerade beendet. Aber dort war sein Werk, besonders sein frühes Werk, eindringlich gegenwärtig, mit unseren Lehrern Tiedemann und vor allen Karl Gruber in einem Kräftedreieck stehend für uns.

Tessenows Buch „Hausbau und dergleichen" mit den bewunderten Zeichnungen war unter den drei oder vier Büchern, die wir im ersten Nachkriegssemester besaßen, eine wichtige und kostbare Quelle. Seit diesen Jahren der Prägung ziehen auch seine Gedanken, die Bewunderung seiner baumeisterlichen Handschrift, seiner Sinnesart, wie ein Grundstrom durch unsere Arbeit:

„Der Ausdruck Architektur", sagt Tessenow, „[...] ist möglichst vermieden; wir begreifen mit ihm ein wesentlich Letztes, das uns vorläufig [...] noch erst verhältnismäßig wenig angeht [...]"
und
„Die Architektur ist allem Arbeiten gegenüber durch und durch mütterlich und leidet darum unter nichts so sehr als unter der Uneinigkeit unseres Arbeitens [...]",
und
„Die Architektur kann uns erst reifen, nachdem wir im gesamten Arbeiten stark gebunden sind [...]",
und
„Wir wollen mehr als das Fundament, aber wir wollen das Fundament zuerst."

Meine erste Vorlesung in Darmstadt hatte das Thema „Über die Wechselbeziehung von Funktion, Idee, Material und Gestalt". Etwas vom Wesen der Stoffe in der Gestalt nützlicher Bauten, fühlbar zwischen den Stoffen zu machen, schien mir damals, vor zwei Jahrzehnten, unsere wichtigste Aufgabe zu sein, weil erst aus der Beherrschung des Materials und seiner Handhabung schöpferische Phantasie es fertigbringt, Idee und Funktion auch Gestalt werden zu lassen.

Als Paradigma galt mir damals aber auch die Aussage von Laotse: „[...] Aus Ton macht man Töpfe, aber das Leere in ihnen bewirkt das Wesen der Töpfe, Mauern mit Türen und Fenstern bilden das Haus, aber das Leere zwischen ihnen bewirkt das Wesen des Hauses, – darum das Stoffliche wirkt Nutzbarkeit, das Unstoffliche wirkt Wesenheit."

Ich erwähnte damals Jakob Burckhardts Wort von der künstlerischen Sophrosyne der Griechen, das meint, daß die Griechen menschlich dachten und fühlten, das heißt mit Vernunft und Liebe, Logik und Traum, und daß diese Sophrosyne, die Besonnenheit und Mäßigung, bei Platon eine der vier Kardinaltugenden ist, neben Weisheit, Tapferkeit und Gerechtigkeit, eine Besonnenheit, die sich am besten erweisen und kontrollieren kann in der Arbeit am Material, indem sie mit Phantasie und Logik seine Eigenarten ausschöpft, weder seinen Gesetzen hörig noch sie mißachtend; denn zuvor war bei vielen von uns ein nahezu metaphysisches Unbehagen entstanden, oft zu gewaltsam forciertem Protest verdichtet,
gegen einen allfälligen Funktionsglauben,
gegen einen Terror der Regeln,
gegen den Ausschließlichkeitsanspruch der sogenannten technischen Voraussetzungen.
Wir hatten oft geradezu Sympathie entdeckt
für technische Unzulänglichkeiten,
für geometrische Willkür,
für funktionelle Vieldeutigkeit,
Sympathie für das Unvollkommene – und Sehnsucht nach dem Unbestimmbaren. So war uns der Garten verlockender als das Haus erschienen. Wir hatten wieder erkannt, daß das Funktionieren der Ratio und das Leben der Seele zweierlei sind.

Das wieder zusammenzubringen: Funktionieren der Ratio und Leben der Seele ... Logik und Traum, in Besonnenheit und Maß, das ist ein Ziel, weit genug gesteckt, um für ein ganzes Leben zu reichen ... voller Hoffnung, weil Baumeister uns gezeigt haben, daß man diesem Ziel nahekommen kann, nahe genug, um auch in der härtesten Arbeit glücklich zu sein.

In solcher Verfassung stand für mich – zumal ich, persönlich bedingt, das Lehramt niedergelegt hatte – dem Einzug in den elfenbeinernen Turm nichts mehr im Wege. – Aber dieser Turm hatte Fenster: zunächst unbeteiligt, dann zunehmend betroffen, erfuhren wir, wie die Zeiten sich ändern für unseren Beruf – und wir uns noch schneller in ihnen.

Inzwischen waren auch unsere Töchter und Söhne ausgezogen, um Architekten zu werden, um schon am Beginn ihres Weges fürchten zu lernen, daß dieser Berufsstand sich aufzulösen und eine quantité négligeable zu werden beginnt. Und während auch die Solidarität, die wir gerade noch erfahren durften, sich aufzulösen scheint, beunruhigt uns ein Gemenge an Erscheinungen, das uns – in vermeintlicher Perspektivelosigkeit – leicht dazu verführen kann, nach wechselnden Marken zu segeln.

Da wird weiter fleißig Funktionalismus verramscht, oder narzißtisch l'art pour l'art-Spielen gehuldigt. Da wird Tradition durch Zitatenkolportage diskreditiert, aber dafür haben wir mit der Entwicklung des Bauens, für die Not der Welt, für das einfache Obdach wenig Schöpferisches mehr im Sinn.

Da lassen wir uns zu leicht – in Existenzangst – von Verwertungsgesellschaften domestizieren, da stiften oft falsche Demokraten Verwirrung, die die mühsam errungene Bürgerbeteiligung pervertieren lassen, indem sie sich als opportune Weisungsempfänger und Erfüllungsgehilfen verstehen ... und da nagen – besonders wirkungsvoll – manche Denkmaltümler an unserem Bewußtsein, die in ihrem löblichen Drang zu bewahren eher nach Alter bewerten, aber zu selten Qualität zu unterscheiden vermögen, die uns einreden wollen, es gäbe Hoffnung nach rückwärts.

Und – derweil – wächst, leider, die Zahl der jungen Architekten, die buchstäblich kaum noch bauen können, weil ihnen Debatte über das Handwerk geht, weil ihnen Architektur wichtig ist – aber nicht Bauen, und weil viele schon in den Schulen wehleidig geworden sind.

Aber wen wundert das. Jahrelang haben sich doch, nach weidlicher Ausschlachtung des Funktionalismus – eben diesen anklagend –, zu viele ihrer Lehrer, oft mit dem Willen zur Selbsterkenntnis, oft aber auch in blankem Opportunismus und reichlich penetrant an den Pranger gestellt. Wie sollen dann derart um ihr Selbstbewußtsein Gebrachte in dieser wölfischen Konsumwelt bestehen?

In „Hausbau und dergleichen" gibt Tessenow Rat: „Wir werden uns – mehr als bisher – sagen, daß wir nichts Reifes arbeiten können, oder daß unser Leben und Arbeiten nicht schön sein kann, ohne daß wir handwerklich oder gewerblich stark sind; das haben wir uns auch bisher schon gesagt, aber doch immer nur so zwischendurch und sehr leise; wir sind da immer wieder gleich zurückgeschreckt, sobald wir die eigentlichen Forderungen starken gewerblichen Arbeitens erkannten, sobald wir erkannten, daß da die Ordnung, der einfache Fleiß, einfaches Denken und Leben, einfache Tüchtigkeit und dergleichen ganz unerläßlich sind."

Das klingt einfach und ist schwer zu befolgen.

Aber da gibt es noch die andere Kardinaltugend, die Platon als dritte nennt: die Tapferkeit. Tapferkeit, die von uns verlangt, uns in das Getümmel zu stürzen, die Beschaulichkeit zu verlassen, uns beherzt Gehör zu verschaffen, Aufmerksamkeit nicht für Spektakuläres, sondern für das Selbstverständliche.

Tessenow sagt: „Die besten oder maßgebenden Arbeiten heute werden ganz notwendig etwas ausgesprochen anfängliches haben, und zwar anfängliches im männlichen – nicht im kindlichen Sinn [...]"

Das ist ein Plädoyer für ein neues Selbstbewußtsein – von innen her, nicht für ein eklektisch geborgtes, ... für ein Selbstbewußtsein, das – lange bevor wir wieder von Kunst reden können – aus gemeinsamer Arbeit erwachsen muß, ... aus beständigem, mühseligem Arbeiten in unserem Handwerk.

In solcher Rationalität liegt eine große Chance. Aus solchem Fühlen könnte ein ethischer, sozialer Auftrieb das primum movens unserer Phantasie werden, gesteuert durch die alte Tugend der Sophrosyne, die zur Besonnenheit hilft, Mäßigung lehrt, zur Pflicht zurückbringt und allein in der Lage ist, so unterschiedliche Elemente wie Kraft und Logik, Anmut und Traum zu einem guten Bauwerk zusammenzufügen. Es muß unsere Absicht sein, für diesen Prozeß offen zu bleiben, weil wir uns Resignation nicht leisten können.

Mir ist bewußt, daß ich diese Medaille nicht nur mit großer Freude, sondern auch im Gefühl großer Verpflichtung – und in Unruhe – annehme.   J.S.

RATHAUS IN BAD HONNEF   WETTBEWERB 1976

147

Bauherr: Stadt Bad Honnef

Peter Davey in „Architectural Review" Dezember 1983
Die Deutschen haben immer noch eine echte stadtorientierte Kultur, und der Rathausplatz ist ebenso Bühne für die hohen Feierlichkeiten eines wirklichen Stadtlebens wie Hintergrund für das niedere Treiben des Wochenmarktes und die alltäglichen, eng aneinander sich drängenden Blumenstände. Genau so einen offenen Platz versuchten die Schürmanns für die kleine Stadt Bad Honnef zu schaffen.

Die Architekten, 1976 gewannen sie den Wettbewerb für das Rathaus, haben ihr Bauwerk in mehreren Achsen gebogen, um einen unregelmäßigen gepflasterten Platz, der sanft nach Südwest abfällt, zu umschließen.

Das Baugelände war eine heruntergekommene Ecke der Altstadt. Das Bauwerk erhält seine Grundrißform von der Anlage der umliegenden Straßen. Die Fassadenfelder, zwischen der Konstruktion oder zwischen den Konstruktionselementen, sind in ihrer Weite ein

Echo zum Maß der umliegenden Altstadtgebäude; somit ist die lange Schlange in komfortable Einheiten geteilt. Die Kraft der konstruktiven Ordnung erlaubt es, daß in den einzelnen Fassadenfeldern die verschiedensten Dinge stattfinden, ohne daß der Zusammenhang des Gebäudes gestört wird. Am Südwestende der Schlange gibt es ein gläsernes Café, eine große Treppe zum Ratssaal nimmt die nächsten beiden Felder ein, dann eine Pause; plötzlich die gläserne Röhre, durch welche Braut und Bräutigam feierlich vom Standesamt zum öffentlichen Platz heruntergehen; dann die Eingangshalle, das Bauwerk transparent durchdringend; dann die geschäftige Stadtbibliothek, voll von Plakaten und Bücherregalen. Und schließlich das (für angelsächsische Empfindlichkeiten) furchterregende Einwohnermeldeamt, wo jedermann, der in der Stadt lebt, von Gesetzes wegen seine Anwesenheit registrieren lassen muß.

Die Funktionen des Bauwerks werden gezeigt wie Ereignisse. Das Rathaus erzählt eine Geschichte von sich selbst, einfach und klar, doch mit einer gewissen bescheidenen Dramatik.

Scheinbar ohne Anstrengung lassen die Schürmanns ihren Bau eine Sprache sprechen, die eigentlich jedem Bürger verständlich sein müßte. Wie ungeschickt und tollpatschig und oberflächlich geläufig erscheinen dagegen die Bemühungen der nachmodernen Klassizisten ...

Der Ratssaal ist luftig und hell, wie eine warme, fröhliche Scheune, die auf seltsame Art verfeinert wurde.

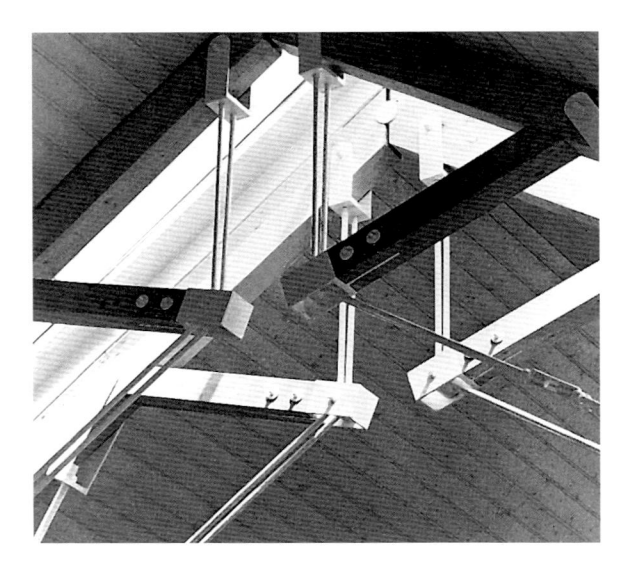

Ratssaal

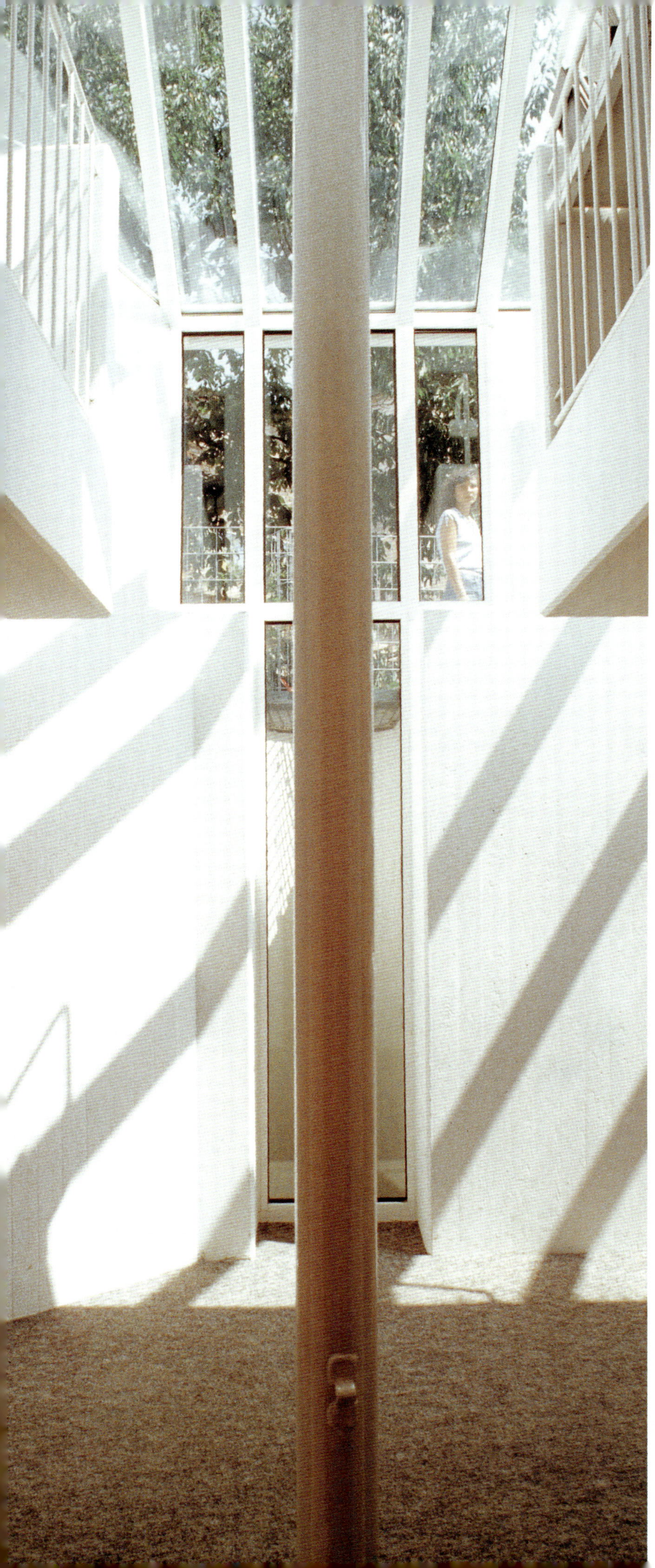
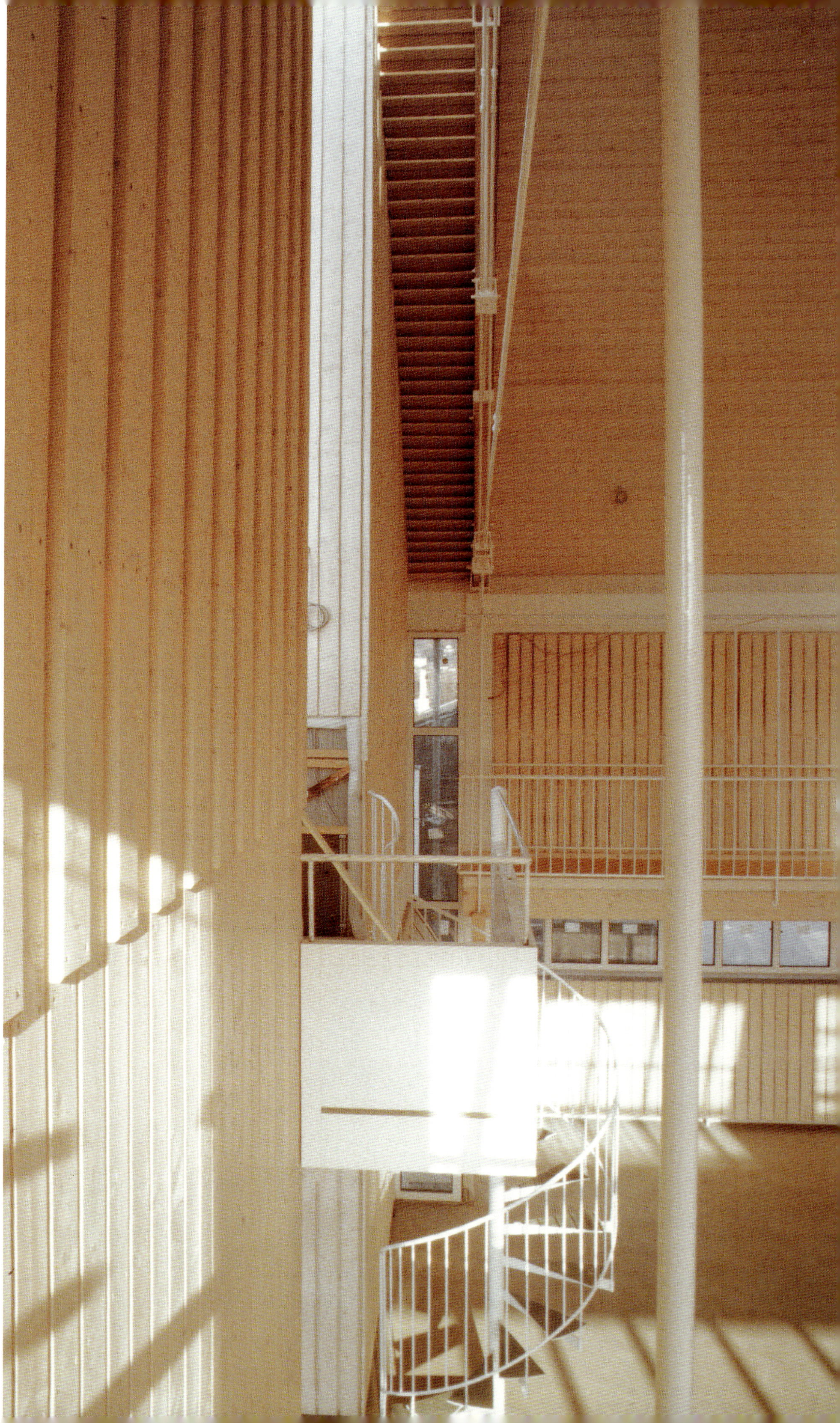

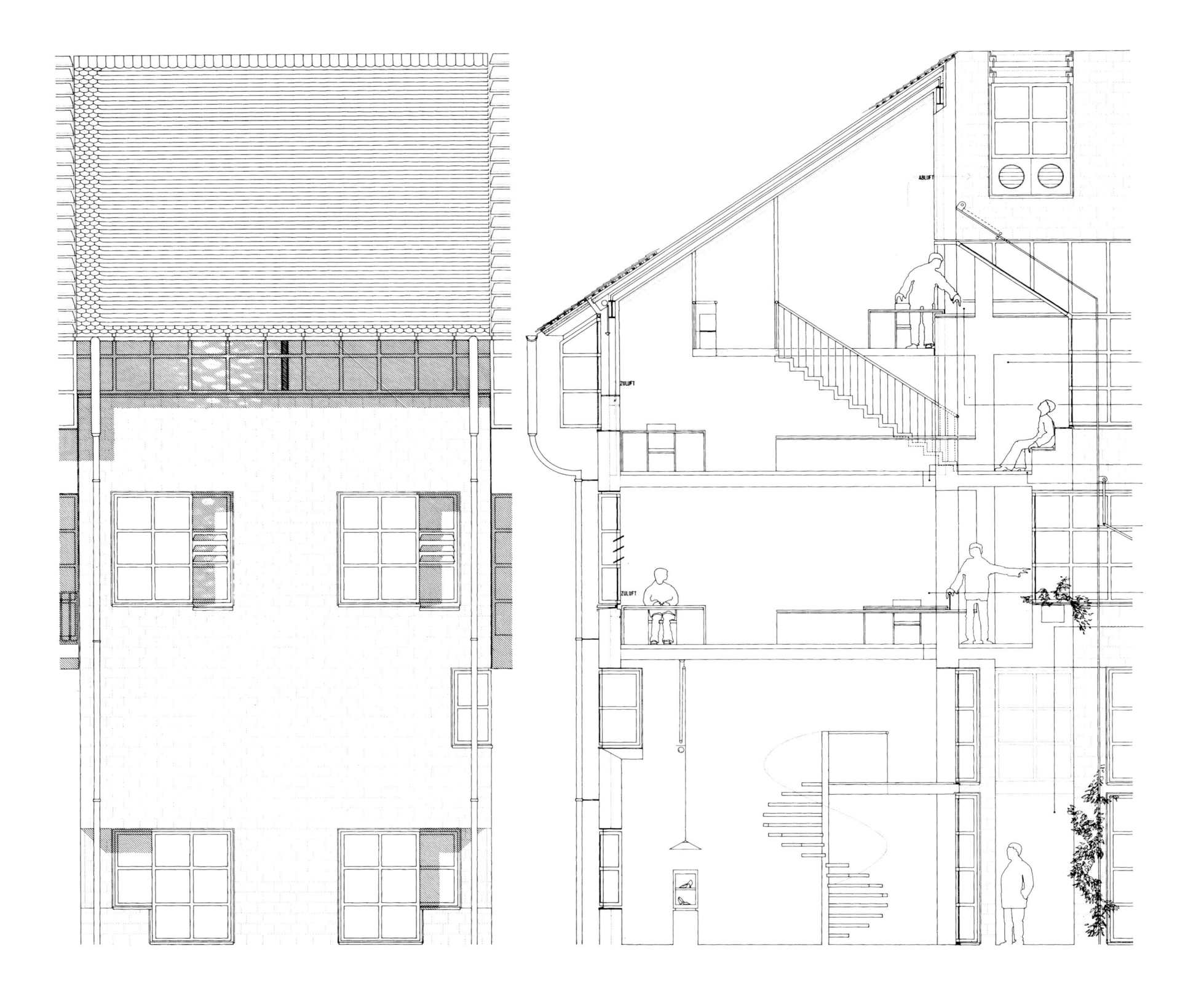

RATHAUSERWEITERUNG AM KORNMARKT IN HEIDELBERG   WETTBEWERB 1980
GEMEINSAM MIT PETER SCHÜRMANN UND JUTTA NEUTARD, ARCHITEKTEN, STUTTGART

153

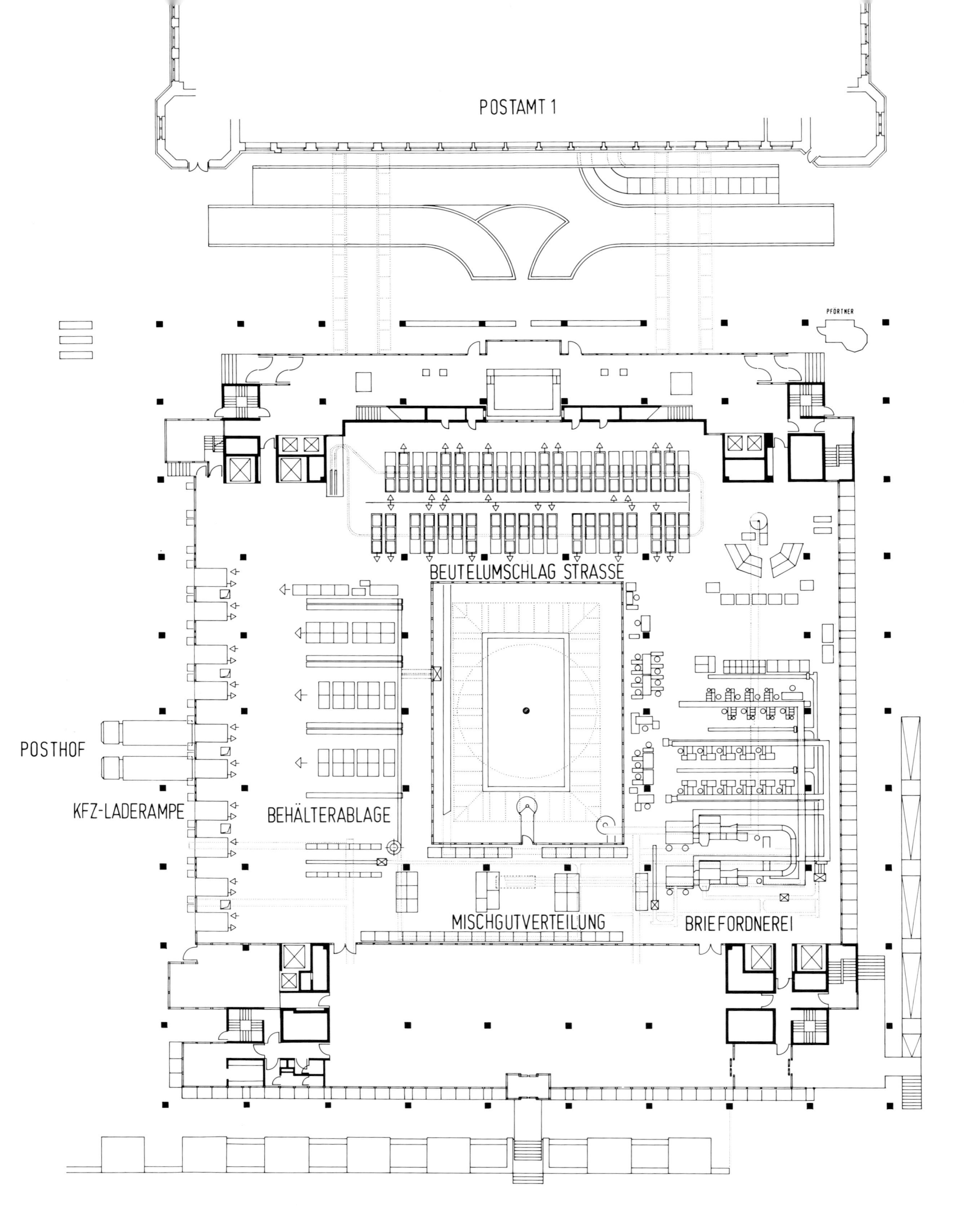

POSTAMT 1

154

PFÖRTNER

BEUTELUMSCHLAG STRASSE

POSTHOF

KFZ-LADERAMPE   BEHÄLTERABLAGE   MISCHGUTVERTEILUNG   BRIEFORDNEREI

155   HAUPTPOSTAMT IN KÖLN   1979

Bauherr: Deutsche Bundespost

Deutscher Architekturpreis
Rede auf der Wartburg   1991

Herr Bundespräsident, meine Damen und Herren, Ihnen allen, die Sie uns heute die Ehre erweisen, danken wir. Wir danken Ihrem Engagement für die Architektur in Deutschland, wir danken für die Stiftung des Preises, für die Mühe der Jury, für die freundliche Laudatio.

Besonders Ihnen, verehrter Herr Bundespräsident, danken wir für die Ehre, die Anerkennung für unsere Arbeit aus Ihrer Hand zu erlangen und für das, was Sie zu uns gesagt haben. Für uns alle war es (auch für das Wachsen der Kontakte zwischen Politik und Architektur) ein wichtiger Augenblick.

Ich kann das sicher auch für die Mitlaureaten sagen, als Sprecher, nicht als – zufälliger – Primus. Ich weiß ja, daß die ‚engere Wahl‘ noch einigermaßen zuverlässig sein kann, der l. Preis aber auch sehr viel dem Glück und dem Zufall verdankt.

Diesem ‚Verdanken‘ will ich Rechnung tragen, indem ich dreist davon ausgehe, daß wir – wie im Märchen – auch noch drei Wünsche freihaben: Wünsche, die jetzt sicher viele bewegen, Wünsche an Architekten und Bauherren, Wünsche an die Riesenaufgaben der nächsten Jahrzehnte – auch solche, die heute schon anklangen, die aber so wichtig sind, daß sie aus der Sicht des Architekten noch einmal wiederholt werden dürfen.

Der erste Wunsch geht an die Kollegen im Osten, aber auch an die aus dem Westen und die aus aller Welt, soweit sie da mitzutun sich beeilen: Lassen Sie sich Zeit – (Zeit auch in Berlin) –, nachdenklich und behutsam den notwendigen Stadtumbau zu betreiben. Ich hoffe, wir werden uns bald die Augen reiben, wie schnell Sie die westlichen Länder, Städte und Dörfer an Qualität überholen, besonders dann, wenn Sie unsere Fehler vermeiden, wenn Sie Ihre vielen Denkmale erhalten, nicht nur die seltenen hoher Kunst ... auch die einfachen, weniger bedeutenden, die unbequemen, auch die ärgerlichen, die schicksalhaften, die den Charakter von Städten ausmachen, die Zeitzeugnisse eben ...

Ausstrahlung, Charme, Charakter kommen ja nicht allein durch Schönheit zustande. Brüche und Narben gehören dazu. Es wäre schon ein Segen zu vermeiden, daß Ihre Städte so herausgeputzt werden, grell, geschminkt und geliftet, wie das im ‚goldenen Westen‘ kaum jemand mehr stört. Dabei ist nur wenig weiter bei unseren Nachbarn in Burgund oder Flandern, in Italien, England und in ganz Skandinavien zu erleben, wie liebenswürdig Städte auch altern können.

Der zweite Wunsch ist der nach umfassender Gesprächsbereitschaft und Offenheit. Wir müssen lernen wollen, hinzuhören und hinzuschauen; uns nicht dem Trend ergeben, nicht immer schon wissen, was wir sehen und hören, sondern mit ‚unbewaffnetem‘ Auge die Welt und ihre Aufgaben – von Mal zu Mal neu – erkunden wollen.

Wir müssen nicht nur kreativ und mutig genug sein, Widerspruch zu erregen, sondern auch kultiviert genug, Widerspruch zu ertragen, und dabei ein klassisches Ideal nicht vergessen: die Klarheit der Ansicht, die Leichtigkeit der Mitteilung und die Heiterkeit der Aufnahme.

Der dritte Wunsch ist ein Plädoyer für den Architektenwettbewerb als der konkretesten und fairsten Form der Auseinandersetzung vor der Aufgabe. Die in den östlichen Ländern sich ausbreitenden „Investoren-Gutachten" sind auf Dauer kein Ersatz dafür oder gar besser oder innovativer, auch wenn sie derzeit als Schwungrad unentbehrlich erscheinen. Wenn sie aber zur Regel würden, dann benachteiligten sie die Kollegen in den östlichen Ländern und ganz entscheidend auch die jungen Architekten in Ost und West. Sie erschwerten so die fruchtbare Auffrischung, die jetzt mehr not tut denn je.

Bitte, stiften Sie, die dazu berufen und in der Lage sind, Preise und machen Sie Wettbewerbe für junge Architekten, die sich mühsam zwischen ihren omnipräsenten, arrivierten Kollegen zurechtfinden müssen, damit Aquisition – (das heißt übersetzt ja auch „Eroberung"!) – nicht auch zum unentbehrlichen Rüstzeug der Architekten gehört.

Sie haben eben, Herr Bundespräsident, zitiert, was – nach Vitruv – die Architekten so alles zu wissen und zu können hätten. Aber bei allem, was der Altmeister im ersten seiner zehn Bücher über die Architektur so aufführt, von der Fertigkeit mit der Feder, über Musik, über Medizin zur Jurisprudenz, den Himmelsablauf – die ratio coeli – nicht zu vergessen, unter all diesen Fertigkeiten ist von der eher fragwürdigen Kunst der Aquisition nicht die Rede. Es sind ja auch – eher selten – die, die von sich reden machen auch die, die am meisten zu sagen haben.

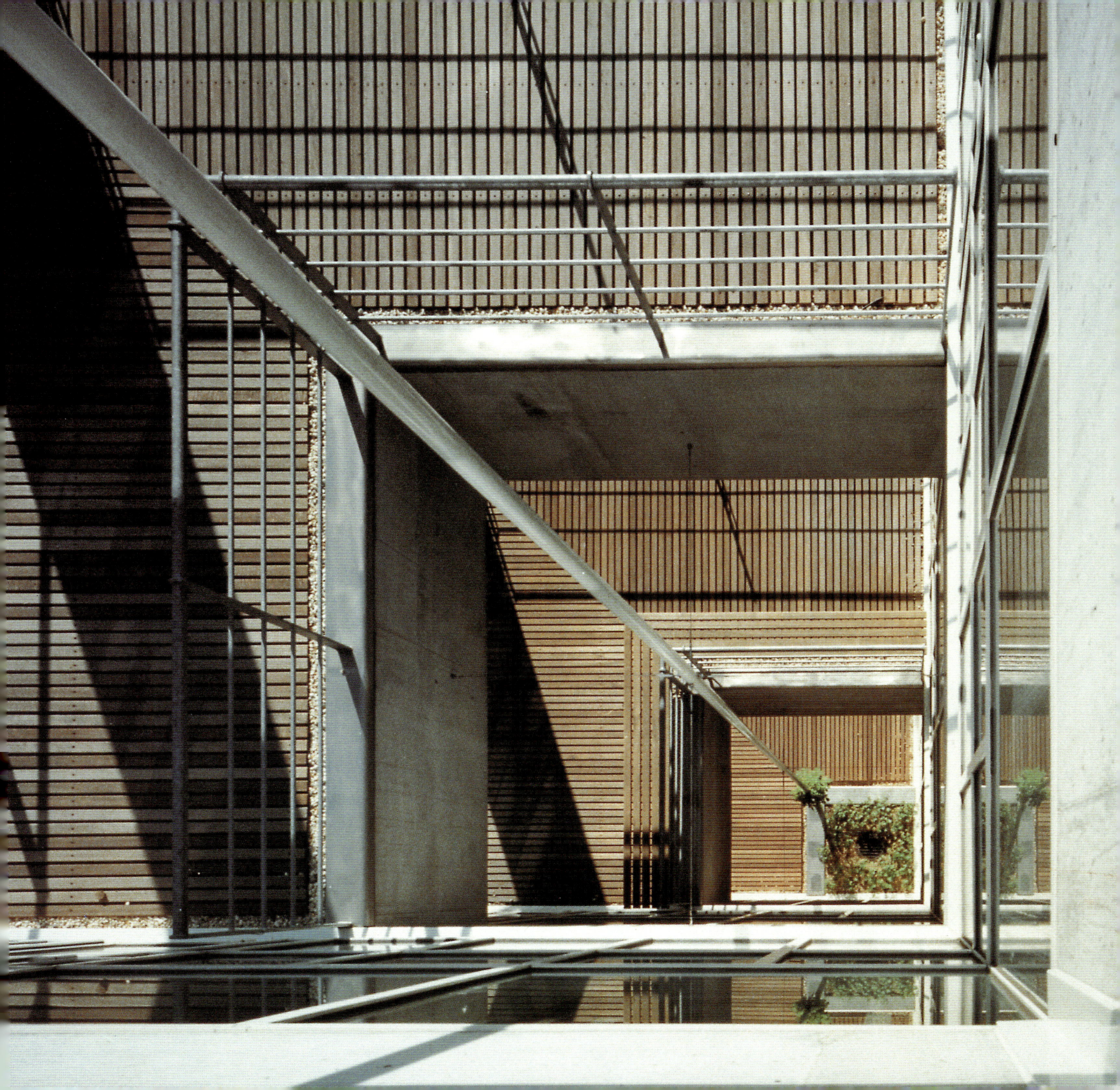

Ein Rat noch, fast eine Bitte an die ganz jungen Kollegen: Sie sollten sich einmischen, auch in Frage stellen, aber Sie sollten nicht über der Debatte das Handwerk vergessen, weil Ihnen vielleicht Architektur (was immer jeder darunter versteht) zwar wichtig ist, aber weniger das Bauen. So dürfen Sie nicht resignieren vor dem ‚Übermut der Ämter', so dürfen Sie nicht den ‚Denkmaltümlern' auf den Leim gehen, die uns einreden wollen, es gäbe Hoffnung nach rückwärts, Sie dürfen über all dem nicht ängstlich und wehleidig werden, Sie müssen den Kampf, wenn er denn sein muß, aufnehmen, nicht nur für eine natürliche, sondern auch für eine kultivierte Umwelt.

Sie müssen – wie Bernard Shaw sagt – wissen, „daß man eine Naturkraft sein kann, statt eines fieberkranken, selbstsüchtigen kleinen Bündels von Schmerzen und Nöten, das jammert, weil sich die Welt nicht der Aufgabe widmet, uns glücklich zu machen".

J.S.

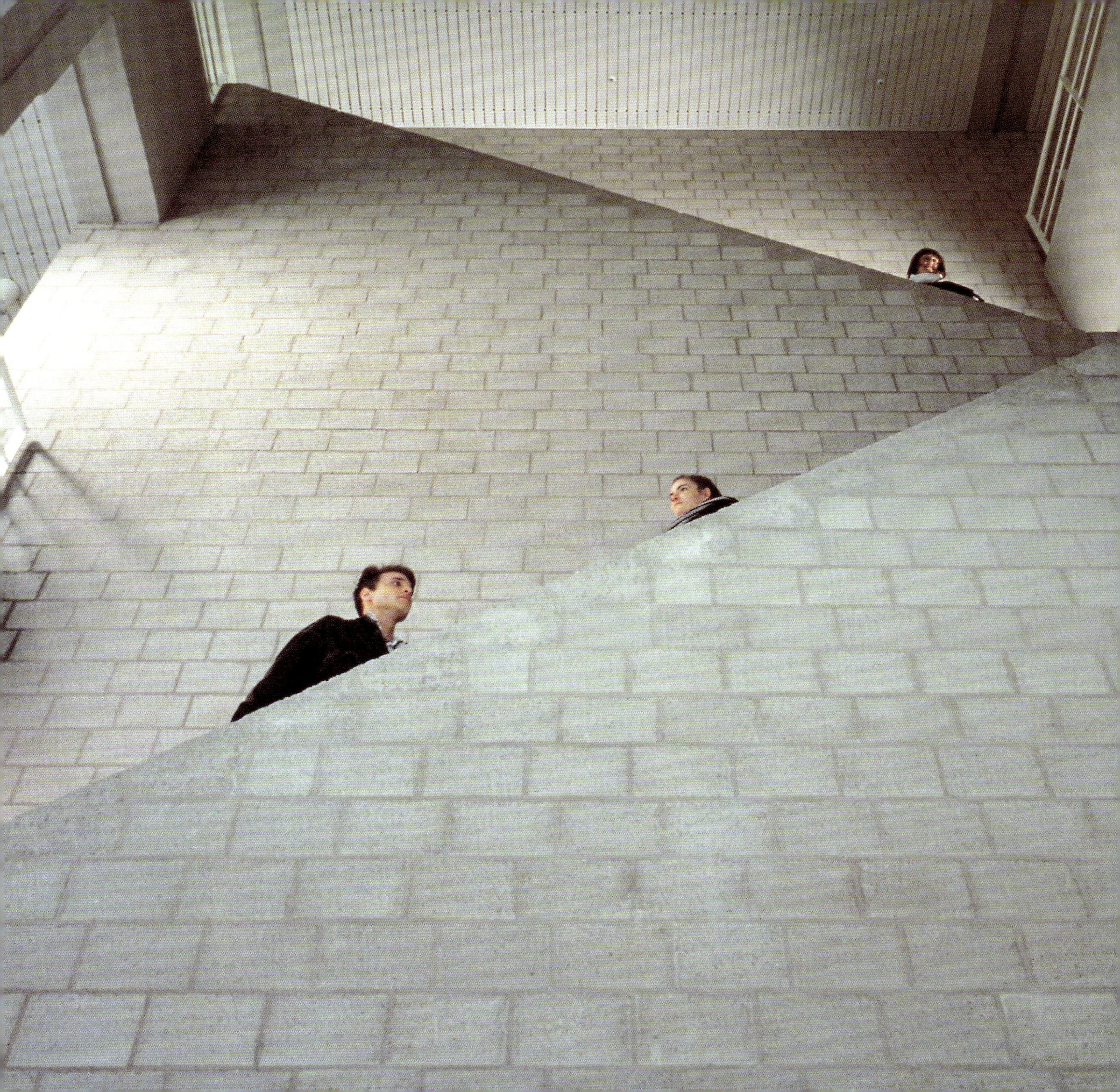

Zum Briefverteilamt in Köln 1987–1990

Häuser für zentrale Einrichtungen der Post stehen in der Stadt günstig in der Nähe des Bahnhofs – funktional günstig –, nicht immer gut für das Stadtbild. Für ein Briefpostamt gilt das besonders, denn ein Großteil des Briefgutes kommt über die Schiene; ein Teil wird – nach Verteilung – wieder über die Schiene geleitet. Bei der gebotenen Geschwindigkeit ist die direkte kreuzungsfreie Anbindung des Systems an die Bahn wichtig.

Wenn aber die Stadt eine dichte Altstadt hat und wenn – wie in Köln – die Eisenbahnbrücke, auf Ukas von Friedrich Wilhelm IV. in der Mitte des vorigen Jahrhunderts, in die Achse des Domes und damit der Hauptbahnhof mitten in die Altstadt plaziert ist, dann wird der Lagevorteil am Bahnhof im dichten Altstadtgefüge zum planerischen Problem. Das hat viele Gründe: das fast immer engbegrenzte Grundstück, der starke mit dem Betrieb verbundene motorisierte Verkehr, die große Baumasse, das Einfügen eines Gebäudetyps, der nicht typisch für den Standort ist. So liegt auch das Gelände in Köln engbegrenzt zwischen dem Postamt 1 „An den Dominikanern" und der Ursulastraße, zwischen Postprivatstraße und Stolkgasse.

Die Post ist ein riesiges Speditionsunternehmen. Das Briefverteilamt, auf engstem Raum konzentriert, wird täglich von 350 LKWs angefahren, die be- und entladen werden, die parken müssen. 120 mal täglich wird der Betrieb von Kastenleerern angefahren, 300 mal von Eilzustellern. Der ruhende Verkehr liegt ausschließlich unter der Erde.

Die Kölner Altstadt mit ihren überwiegend fünfgeschossigen Bauten ist wegen ihrer historischen Bauwerke, besonders der Kirchen, empfindlich gegenüber höheren Bauten. Diese Voraussetzungen führen zur totalen Ausnutzung des Grundstücks. Daraus resultiert die große Gebäudetiefe um einen Innenhof. Es folgt weiter daraus, ein volles Nutzgeschoß als erstes Untergeschoß unter die Erde zu legen, um die Höhe zu mindern.

Aus dieser Einsicht ergibt sich die Blockrandbebauung in Verwandtschaft zum Gebäudetyp des benachbarten Postamtes Köln 1, mit dem es funktional vielfältig verbunden ist, was die vier – jetzt noch fehlenden – verglasten Stahlbrücken bewirken und sichtbar machen werden. Die Verdichtung erlaubt, die Höhe des Postamtes beizubehalten. Insgesamt entsteht so zwischen „An den Dominikanern" und Ursulastraße ein geschlossenes und ruhiges Rechteck.

Der Gebäudetyp

11.000 m² der erzielten Betriebsfläche werden von weiträumiger Sortier-, Verteil- und Beladetechnik, elektronisch gesteuert, in Anspruch genommen. Dem stehen kaum 3.700 m² Bürofläche gegenüber. Die Eigenart des Postdienstes erfordert ihre unmittelbare Nähe und direkte Erschließung über die vier Eckkerne zu den Betriebsflächen. Dieser Nutzung kann kein übliches Bürohaus entsprechen: sie erfordert ein Betriebsgebäude, das über weite Flächen wie ein Industriebau genutzt werden kann, mitten im Häuser- und Straßengefüge der Altstadt. Aber: so wünschenswert die Mischung der Funktionen für eine lebendige Stadt ist, so schwierig ist ihre Einbindung in diese Stadt.

Die Lösung zeigt die Anordnung der Betriebsräume in konzentrischen ‚Kreisen' um den Innenhof, der wie ein Lichttrichter wirkt. So wird innere Erweiterung und Umnutzung ‚durch Verdrängung' je nach Entwicklung möglich, unterstützt durch weitgehende Stützenfreiheit und große Spannweiten. Die Felder zwischen den Fassadenstützen sind ausgemauert in Betonstein, in zurückhaltender Farbigkeit: grau der Stein und weiß der Stahl. Sie haben ruhige Konturen in Grundriß und Aufriß wie bei der alten Post. Die Variationen des Moduls basieren auf 1,36 Meter bzw. auf 0,68 Meter, die den Aufriß bestimmen.

Soweit der Betrieb es zuläßt, wird Glas eingesetzt, um den Passanten Einblick zu geben, um den Bürgern zu zeigen, daß hier für sie gearbeitet wird – Tag und Nacht; besonders in den Arkaden der Stolkgasse wird das erkennbar. Die Bürgernähe wird auch gefördert durch bodennahes Detail, durch Schrägverglasung, durch Rampen, Treppen, Leuchten, Bäume, Lichthäuser. Die Ruhe des Innenhofs steht im Kontrast zum Lärm der Verkehrsschneise im Norden, auch zu den Maschinengeräuschen am Arbeitsplatz. Die Lichtdurchflutung aller Betriebszonen kommt dem Arbeitsklima zugute. Die oberen Terrassen sind mit Rankern und hängenden Stauden bepflanzt. In der Mitte des Hofes wurzelt eine hochstämmige Platane, die mit ihrer Krone den Hof überwölbt.

(Inzwischen hat bundesweit eine überraschende Trendwende stattgefunden: entgegen dem verkehrspolitischen Ziel, den Güterverkehr mehr und mehr von den Straßen auf die Schiene zu bringen, verlagert die Post ihren Versand auf die Straßen, die Betriebsgebäude an die Peripherien, die Bauten in den Innenstädten werden ausgeräumt – und womöglich verkauft, so auch in Köln.)

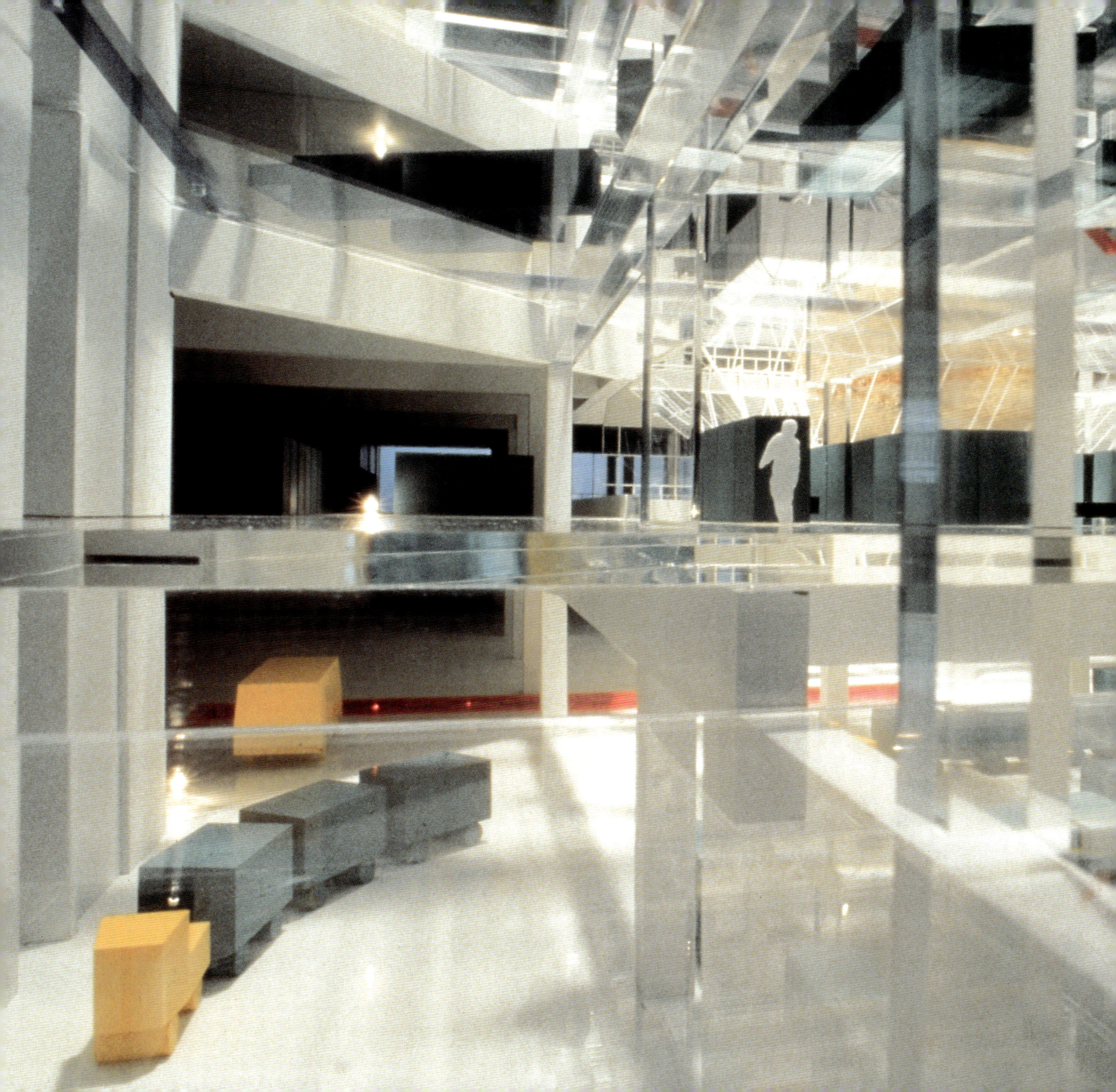

162

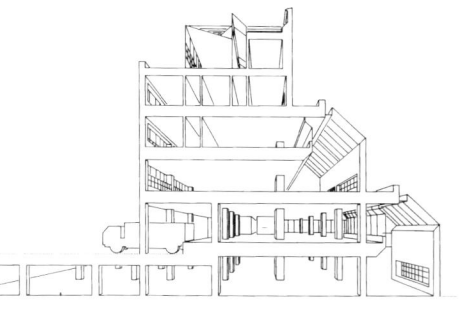

163

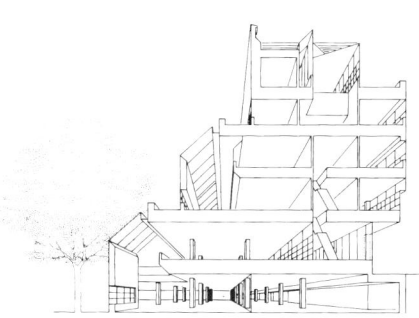

SPARKASSE IN LÜDENSCHEID WETTBEWERB 1985 164
GEMEINSAM MIT URSULA SCHÜRMANN UND MARTIN ZOLL, ARCHITEKTEN, MÜNCHEN

165

Bauherr: Sparkasse Lüdenscheid

Zur Schlüsselübergabe in Lüdenscheid 1991
Anmerkungen zur Bürohausplanung

Liebe Gäste,
die Schlüsselübergabe ist ein eher unwirklicher Akt, rein symbolisch zu verstehen als das Ende von Planungshoheit und Hausrecht. In Wirklichkeit sind wir die Schlüssel lange schon los, merken das auch schmerzlich, weil wir anklopfen müssen, wo wir jahrelang ‚zu Hause' waren.

Über den Prozeß von den ersten Gedanken bis zum fertigen Haus zu berichten, würde lang und für viele nichts Neues mehr sein. Lieber möchte ich über die Koordinaten sprechen, in denen wir uns bei unserer Arbeit bewegen, beim Nachdenken, beim Planen, beim Bauen.

„Wer Kultur sagt, sagt auch Verwaltung, ob er will oder nicht." Diese Feststellung von Adorno beleuchtet etwas grell, aber deutlich ein besonderes Phänomen menschlicher Arbeit, die Büroarbeit. Wir sind leicht bereit, Büroarbeit, etwas geringschätzig, als zweitrangig abzuwerten, meistens ohne eine wirkliche Vorstellung vom Wesen solcher Arbeit zu haben. Klar ist, was von der Planung erwartet wird: Es muß ein möglichst idealer Raum werden für denkende, planende, sich mit Konzentration an informationellen Prozessen beteiligende Menschen. Er muß den sich immer schneller wandelnden Arbeitsbedingungen gerecht werden, damit er nicht schon während der Bauzeit veraltet. Natürlich macht man sich schon eine Weile Gedanken über wirtschaftliche Organisation, über Rationalisierung der Büroarbeit. Zum Zweigespann Bauherr und Architekt kommt oft als dritter der Büroorganisator hinzu, jemand, der sich mit der Optimierung des Ablaufs und des Ineinandergreifens der Funktionen und dem reibungslosen Informationsfluß befaßt. Aber da ist gleich zu warnen und zu relativieren: Organisation, Rationalisierung, Kybernetik, Automation; jede dieser vier ist ein Fetisch oder wird einer, wenn es an kritischer Distanz, an Überblick und Zusammenschau fehlt. Immer mehr Menschen verbringen einen großen Teil ihrer bewußten Zeit in diesen Räumen. Wir haben uns als Architekten darum zu kümmern, daß das, was wir neben solchen abstrakten Ungeheuern wie Automation und Kybernetik beinahe verschämt Seele oder Traum nennen wollen, daß auch das noch Hausrecht findet in unseren Projekten. Wir müssen allen Ideologien mißtrauen, die uns weismachen wollen, man könne Kultur vom materiellen Lebens- oder Arbeitsprozeß trennen, mehr noch, man müsse sie, um beiden wirklich gerecht zu werden, reinlich, hygienisch gegeneinander isolieren.

Da die Menschen gar nicht so perfekt konstruiert sind, wie manche Techniker das gerne sähen, setzen sie einfach durch ihre Menschlichkeit der Perfektionierung heilsame Grenzen.

Um Grenzen zu erkennen, muß man rundum sehen, auch zur Seite, auch nach rückwärts. Wenn wir das tun, sehen wir, daß alle Zeiten ihre bestimmende Gebäudeart hervorgebracht haben, jeweils aus der vorherrschend gestellten Bauaufgabe. Diese Gebäudeart wird durch die Zeit dann zum Typ verdichtet, der wieder andere Aufgaben der gleichen Zeit, die weniger hervorragen, beeinflußt, mitprägt oder sogar überwölbt. Zur Erinnerung: bei den Griechen ist das der Tempel, für die Römer Circus und Thermen, für das Mittelalter die Kathedrale, die Renaissance prägt das Rathaus, den Palazzo, im Barock vorherrschend erkennen wir das Schloß. Mit dem 19. Jahrhundert wird es dann schwieriger.

Aber es gibt auch da einige charakteristische Aufgaben zu nennen: die Fabrikhalle, das Museum, das Kaufhaus, den Bahnhof, das Denkmal. Solche Bauwerke sind immer auch Zeichen.

Der Zusammenhang zwischen Bautypen und der für ihre Zeit jeweils geltenden Weltanschauung ist offensichtlich. Die Tempel stehen für die Welt der Götter, die Kathedralen bezeugen den christlichen ordo des Mittelalters, aber was ist mit uns?

Sehen wir über unsere Städte, dann wissen wir: Was da aus dem Dunst aufragt, belehrt uns mit einem Blick. Es ist das Bürohaus – meist das gigantische Bürohaus, das Hochhaus, zum ersten Mal eine ‚äußere Form' nicht als Hülle von Räumen wie bei den erwähnten Bautypen, sondern als Addition einer Unsumme gleicher, absolut gleicher Zellen. Man kann nicht umhin: Dieses Bild spricht eine beklemmend großartige, deutliche Sprache. Es ist wichtig, sich den ganzen Entwicklungsbogen klarzumachen. Was in diesen Millionen von übereinandergetürmten Arbeitszellen geschieht, beginnt in einer abgeschiedenen Zelle, einer Zelle, in der ein Mönch mühsam und mit Hingabe Buchstaben für Buchstaben malt: gemessen an den Milliarden Buchstaben, die heute von emsigen Fingern geschrieben, getippt, gesetzt werden, ein ganz einsamer Schreiber. Hier ist Raum, Mensch, Information und vor allem das Informationsmedium, die Sprache und das Informationsmittel, die Schrift noch eine sofort überschaubare Einheit. Diese Einheit bleibt, kaum verändert, über Jahrhunderte bestehen. Noch in den Kontoren bis ins 18. Jahrhundert weiß nicht nur der Prinzipal, sondern gewöhnlich auch jeder Schreiber nicht nur, was er tut, sondern auch, warum er es tut und zu welchem Ziel er es tut. Er macht eben keine Handgriffe am ‚Fließband der Information', eher könnten wir ihn mit einem Handwerker vergleichen, der kunstvoll mit Fleiß und Ruhe an seinem Werkstück arbeitet, in seiner Werkstatt, der Schreibstube.

Dann wird, vor acht oder neun Jahrzehnten, plötzlich alles ganz anders. Der Gegensatz ist überwältigend, fast grotesk. Jetzt ist die Einheit aufgebrochen. Eine nicht mehr zu fassende Zahl von Menschen ist mit Informationspartikeln beschäftigt, die irgendwo außerhalb der Kontrolle des Einzelnen aus einer Unzahl von Informationsflüssen aus Schrift, Zeichnung, Tonband, Lochkarte, Chip wieder zusammenfließen. Und diese Verästelung der Arbeitsteilung wird stündlich differenzierter und wiederum selbst von einer ihr übergeordneten Planung dirigiert.

Der unmittelbare Bezug von Geist zu Sprache und Schrift droht in der Fülle der im Büro zu bewältigenden Routinearbeit verloren zu gehen, so wie die unmittelbare Beziehung zwischen dem Tun und den beobachtenden oder die Ergebnisse fixierenden Schreibern. In atemberaubender Geschwindigkeit verwandelt sich das Handwerk zum Steuerungsvorgang, die Handwerksstube, die Schreibstube, wird gesprengt, der Schreiber wird zum ‚Produktionsmittel' zwischen seinen elektronischen Supermaschinen – und die Aufgabe des Architekten scheint es zu sein, die riesige Akkumulation solcher Produktionsmittel noch irgendwie zusammenzuhalten, ihr Überschwappen am Rand zu verhindern, dieser Akkumulation eine möglichst dünne, komplizierte Wetterhaut zu fabrizieren, so dünn und so gedehnt, daß zwar etwas entsteht, das wir ‚Großraumbüro' nennen können, das aber mit Raum, wie wir ihn noch ‚erfahren' können, wenig mehr zu tun hat. Und was im Kleinen gilt, gilt auch im Großen. Was derart zum Aufsprengen des Raumes – wie wir Raum bisher verstanden – führt, führt auch zum Aufsprengen städtischer Ordnung.

Gewiß hat das Chaos der Auseinandersetzung zwischen dem omnipräsenten Bautyp unserer Zeit und dem vergangener Zeiten einen gewissen ästhetischen, intellektuellen Reiz, an dem wir unsere (geschmäcklerische) Freude haben. Aber sicher ist, daß diese Stalagmiten zu wachsen drohen, ohne sich um unsere Freude zu kümmern, so lange, bis sie als Monokultur alle anderen menschlichen Einrichtungen und damit ‚Bautypen' im Herzen unserer Städte überwuchern und veröden: großartig, faszinierend – und unmenschlich.

Ich habe das Bürohaus als Bautyp unserer Zeit dem früherer Epochen gegenübergestellt: Tempel und Kathedrale, Schloß, Kaufhaus, Museum, Bahnhof. Die Gegenüberstellung zeigt unseren Bautyp eher nüchtern, fast öde ... auch die Beziehung zur Welt, wie sie sich darin spiegelt. Früher galt es, gewaltigen, geistigen Räumen ebenso großartige, sinnlich faßbare Räume zu bauen. Jetzt entsteht auf einmal ‚Bauwerk' weniger als Hülle oder als ‚Ausdruck von Räumen', sondern als Organisationsgerüst, als optimales Regal für kleine winzige Arbeitspartikel.

Die ganze Spannweite des Bogens wird klar, wenn Sie am einen Ende den Abakus sehen, die sinnlich faßbare Rechenmaschine, dort am Eingang zum Hof, am anderen Ende aber das Rechenzentrum, hier über mir, das seine Billionen exakter Informationen hinter glattem Blech allzeit bereithält.

Offensichtlich verlangt die Situation zusätzliche Qualitäten vom Architekten (auch von den kooperierenden Ingenieuren wohlgemerkt). Er organisiert nun vor allem. Vom optimalen Geräuschpegel bis zum optimalen Raumklima soll er für Mensch und Maschine technisch so ideale Voraussetzungen schaffen wie möglich; er konzipiert ein gewaltiges Arbeitsmittel, gewissermaßen einen Superschreibtisch, eine Superbüromaschine, so wirtschaftlich wie möglich und so zweckmäßig wie möglich. Er darf sich dabei auch als Designer fühlen (ein möglichst werbewirksames Design wird ja auch bei Radiogeräten, Rasierapparaten für nützlich und umsatzfördernd gehalten), und scheinbar hat der Architekt, wenn die Sache klappen soll, viele der bisher zu seiner Charakteristik gehörenden Qualitäten besser abzulegen: zum Beispiel das Räume konzipieren, eigentlich auch das freie Konstruieren, wie es das Überspannen von großen differenzierten Räumen bedingt; weiter das ‚freie Spiel', mit den verschiedenen Möglichkeiten einer Funktion gerecht zu werden, auch das reizvolle Spiel mit der Vielfalt des Materials. Eigentlich gerade das, gerade die Ingredienzien, aus denen das gemixt wird, was wir gemeinhin unter architektonischer Intuition oder Expression zu verstehen gewöhnt sind, verliert an Gewicht. Demnach wäre Bürobau eine äußerst nüchterne, ziemlich traurige Angelegenheit, was eine Vielzahl gebauter Lösungen, landauf und landab, überzeugend beweist.

Sie kennen alle den tragikomischen Versuch, das so ‚ärgerlich konforme' Zwangsgerüst von außen durch ein irgendwie bedeutsames Zitatengewand wieder aufzuputzen. Und wirklich gibt es kaum etwas Lächerlicheres als sich heroisch gebärdende Bürohäuser.

Besinnen wir uns aber auf andere, nicht weniger wichtige Qualitäten unseres Berufes, dann zeigt sich, was unsere Sache auch ist: zwar hochfunktionalisierte Arbeitszonen zu organisieren (in denen aber den Menschen nicht nur übrig bleibt zu funktionieren wie ein fehlerhafter Computer – in technischen Hüllen, die ihn in seiner physischen Unvollkommenheit durch absolute Perfektion zur Fehlkonstruktion degradieren), vor allem aber Arbeitsbereiche zu schaffen, in denen es ihm erlaubt ist zu leben, zu leben als Person und als soziales Wesen, in denen er sich gerne aufhält, sich wohlfühlt. Es geht also nicht nur um das Stoffliche, es geht ebensosehr um das Unstoffliche, das die Wesenheit bestimmt.   J.S.

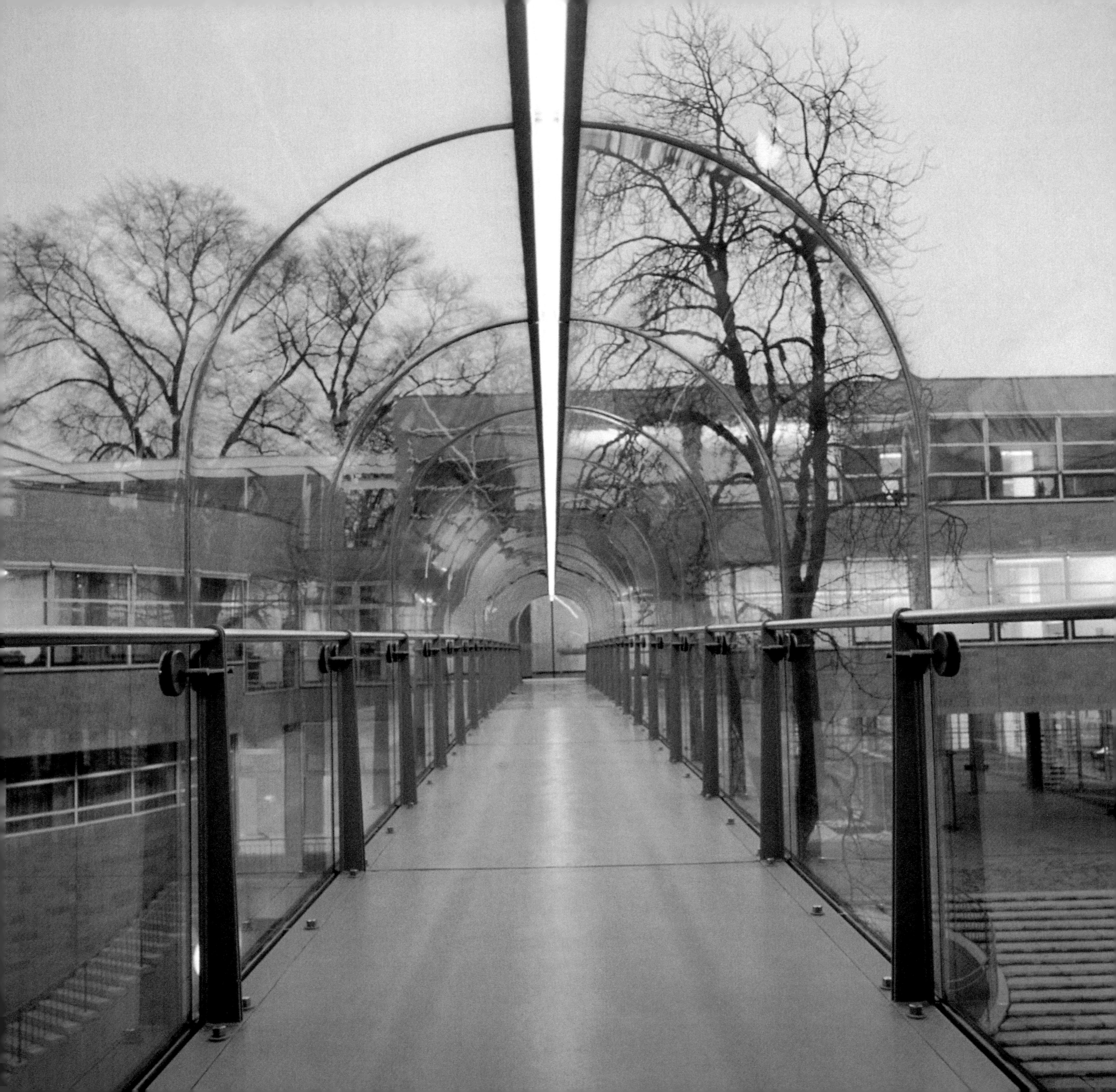

169

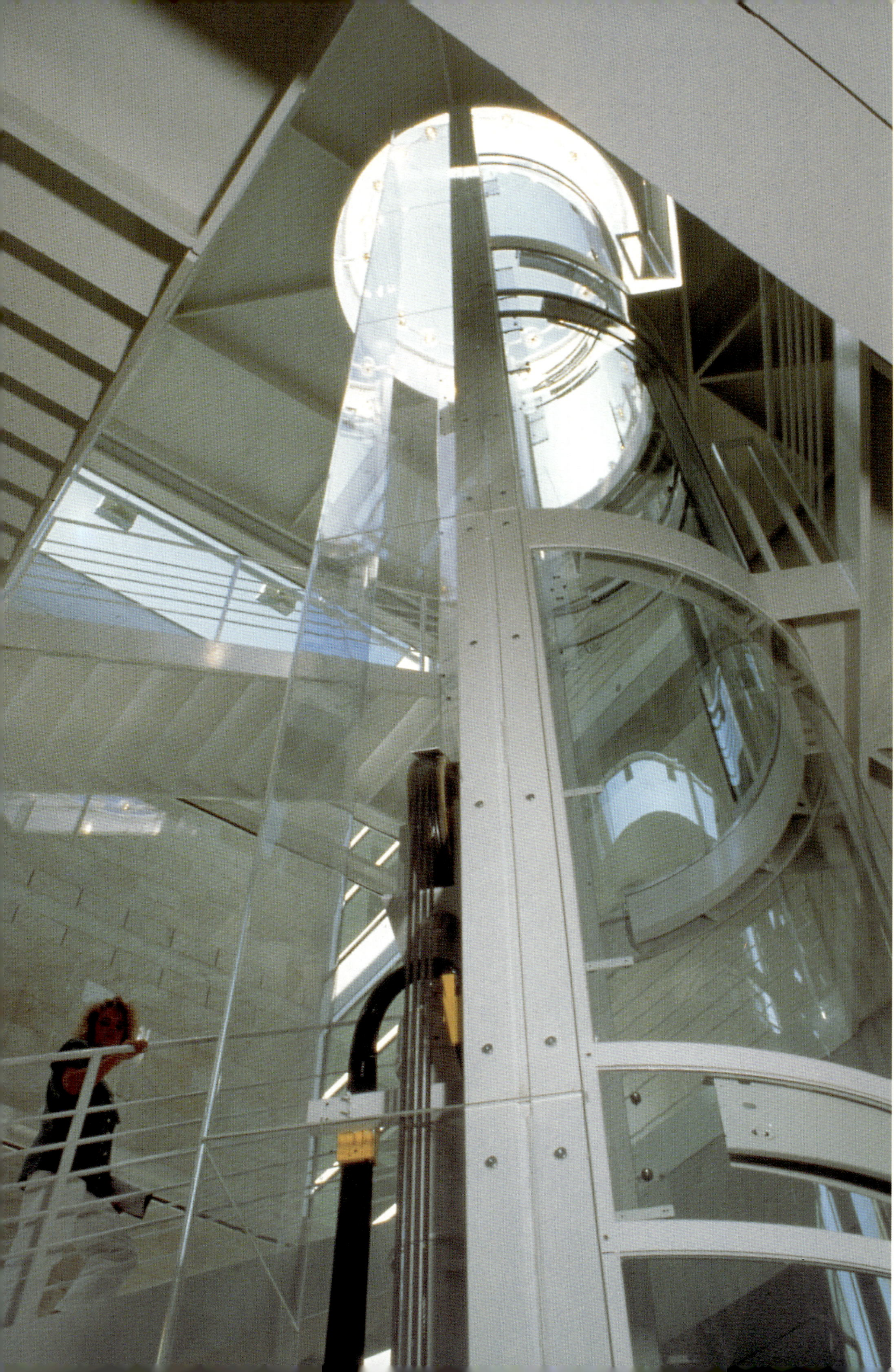

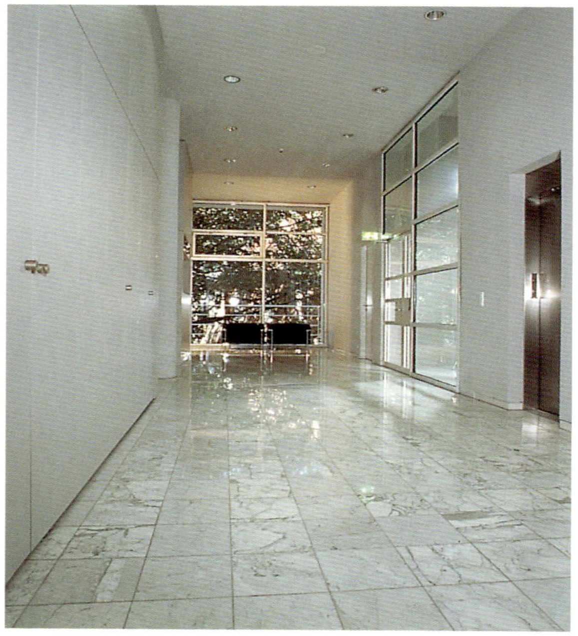

171

NEUBAUTEN FÜR DEN DEUTSCHEN BUNDESTAG AN DER KURT-SCHUMACHER-STRASSE IN BONN   WETTBEWERB 1983

Vor dem Entwurf stand auch die Frage, wie sich Anlage und Architektur von Arbeitsstätten der Organe demokratischer Verfassung angemessen darstellen können – angemessen als Arbeitsstätte des Deutschen Bundestages, angemessen für den besonderen Ort, angemessen der Institution.

Vier Planungsmerkmale sind dafür zu nennen:
der Bezug zum Bürger,
zum Stadtbild,
zur Nachbarschaft
und der Bezug zur Landschaft, zum Garten.

Wenn die Gebäudestruktur etwas über die besondere Aufgabe dieser Häuser aussagen soll, dann schließt das eine Architektur der großen Gebärde aus. Die Nähe der Bauten zum Bürger, zum Souverän Volk, ist eine bessere Grundlage für eine angemessene Darstellung; denn alles, was Distanz schafft, wird zwar Respekt abverlangen, den Bürgern aber kaum das Bewußtsein geben, daß es sich um Arbeitsstätten der von ihnen gewählten Vertreter handelt, wo der Alltag der politischen Arbeit stattfindet. Wenn etwas an Häusern demokratisches Bewußtsein fördern kann, demokratisches Selbstbewußtsein und damit die Bereitschaft zur Identifizierung mit den Bauten der Demokratie, dann ist es auch ihre Durchlässigkeit und Freizügigkeit, die Möglichkeit der Annäherung ohne Schranken und Schwellen. So werden den Bürgern, wenn schon nicht das ganze Tableau, so doch wenigstens ‚Querschnitte' gegeben, wie es dort aussieht, wo nicht, wie in den Fernsehberichten aus dem Plenarsaal, „Konflikt und Kampf" angesagt sind ... (um Rita Süssmuth, die Präsidentin des Bundestags, zu zitieren) ...,

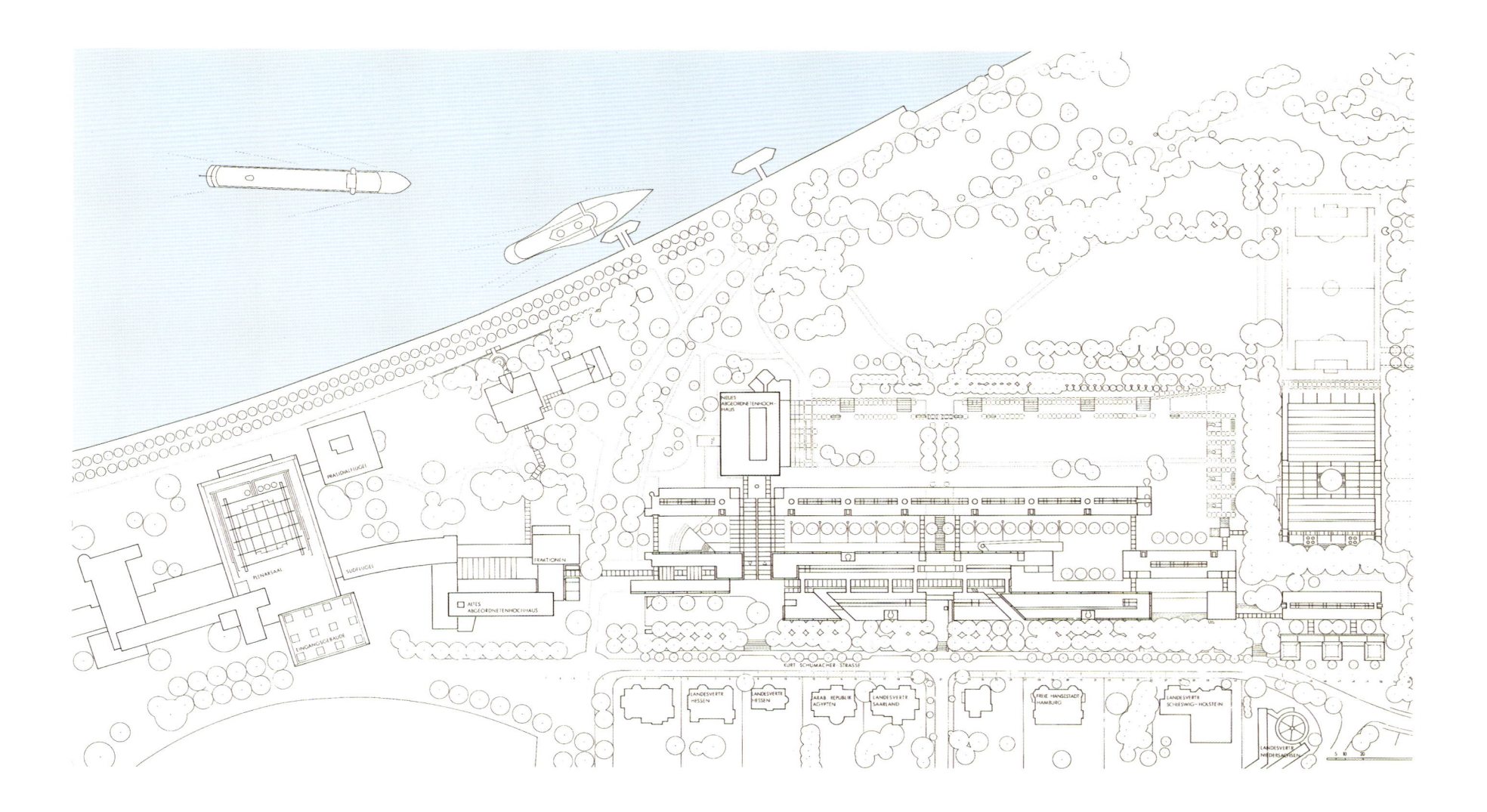

Bauherr: Deutscher Bundestag

sondern Arbeit im Alltag an „Konsens und Kompromiß".

Im Bewußtsein der Fragwürdigkeit demokratischer Repräsentation besteht nicht die Absicht, für literarisch überhöhte Wirklichkeit baulichen Ausdruck zu prägen, sondern lieber den Bedürfnissen der tagesnahen Wirklichkeit Raum zu geben. Wenn diese sich doch zum Ausdruck steigert, dann durch die bauliche Qualität.

Solche, selbstbewußte, Bescheidenheit und Zurückhaltung ist auch dem Stadtbild gegenüber am Platz, das nahelegt, an dieser empfindlichen Nahtstelle zwischen Stadt und Rheinaue ein großes Bauwerk so selbstverständlich wie möglich in seine Umgebung zu binden.

Die Schumacherstraße wird sich in Charakter und Maßstab kaum verändern, weil die doppelreihige Lindenallee bleibt und die neuen Häuser den alten der Landesvertretungen in der Höhe entsprechen. Es wird eine ruhige, rhythmisch gegliederte Straßenfront werden, die sich mit ihren Nachbarn verträgt. Die Koordinaten, die das Abgeordnetenhaus „Langer Eugen" von Egon Eiermann setzt, sind beachtet. Es ist als wesentlicher Akzent eingebunden und nicht durch konkurrierende Baumassen konterkariert.

Wichtig ist auch der Garten. Die Nähe zum Rhein, zu Landschaft und Garten wird nicht zum ‚Abstandherstellen' mißbraucht, sondern als willkommenes Instrument der Verbindung durch vielfältigen Bezug zwischen draußen und drinnen verwendet. Die Baumgruppen und die alten Alleen bleiben unversehrt jedermann zugänglich. Sie werden selbst zu Koordinaten für den Entwurf. Häuser und Gärten

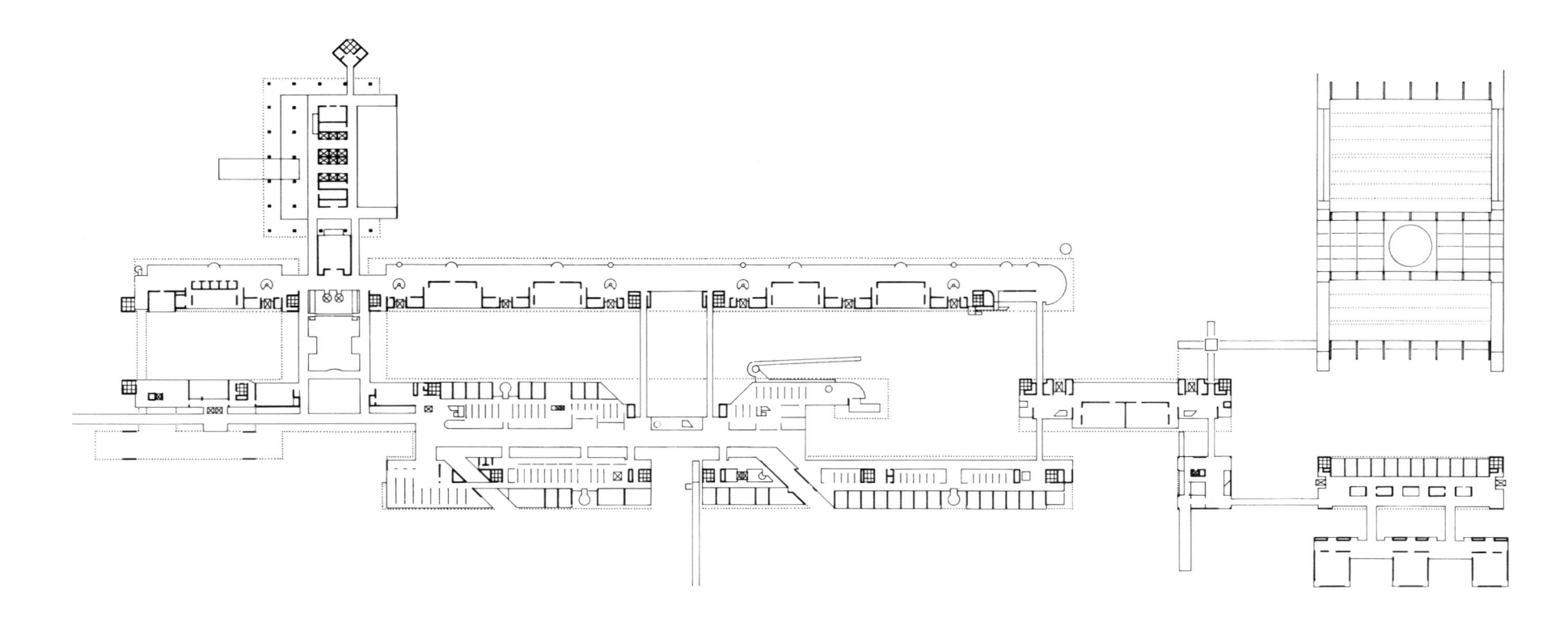

1. Obergeschoss   „Weg zum Parlament"

ermöglichen Räume und Durchblicke, die hier und da über Funktion und Repräsentation fröhlich hinausweisen sollen.

Zur Konzeption
Es gibt im Gelände ein typisches, für diese Flußlandschaft charakteristisches Kennzeichen: eine Geländekante, drei bis fünf Meter hoch, die die Rheinaue westlich begrenzt und eine natürliche ‚Stadtgrenze' bildet, die zugunsten der Unverwechselbarkeit des Ortes durch die Bebauung unterstrichen wird. Auf dieser führt, seit altersher, ein Uferweg entlang, der als Spur beibehalten, durch die Gebäudegruppen hindurchgeführt und zur Ausgangslinie der Querwege zum Fluß gemacht wird. Der schon vorhandene Teil des großen Bogens der Bebauung beginnt, von Norden gesehen, am Kanzlerplatz und hat seinen Scheitelpunkt am „Langen Eugen". Er wird durch die neuen Bauten weiter gespannt, nach Süden bis in die Rheinaue hinein, die sich ihrerseits nach Norden vor die Bundesbauten erweitert, da die neuen Häuser hinter der östlichen Flucht des Hochhauses bleiben.

Vor der Uferlandschaft entsteht so ein Saum, zu dem sich die unterschiedlichen Abschnitte verbinden, ein Saum als ruhige, niedrige, waagerechte Silhouette gegen die starke Vertikale des Abgeordnetenhochhauses. So wird dieser Bogen, die alte Geländekante aufnehmend, obwohl er eindeutig zum Zentrum, zum Parlament, hinführt und darauf bezogen bleibt, die geeignete Struktur, die auch den anderen Schwerpunkten ihren sichtbaren Platz zuweisen kann: den Fraktionen, den Abgeordneten, der Bibliothek und dem Sozialbereich.

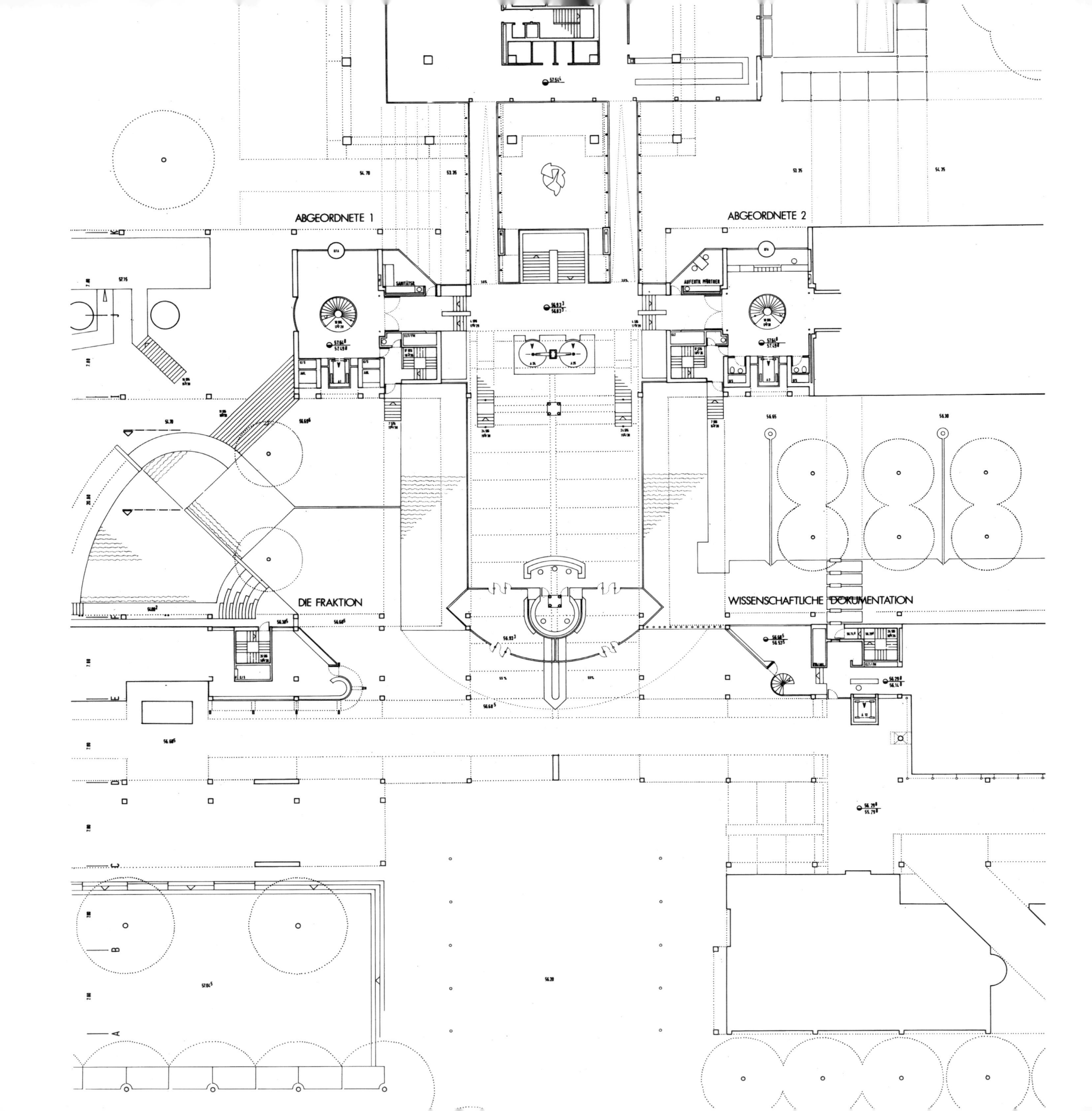

ABGEORDNETE 1   ABGEORDNETE 2

DIE FRAKTION   WISSENSCHAFTLICHE DOKUMENTATION

177

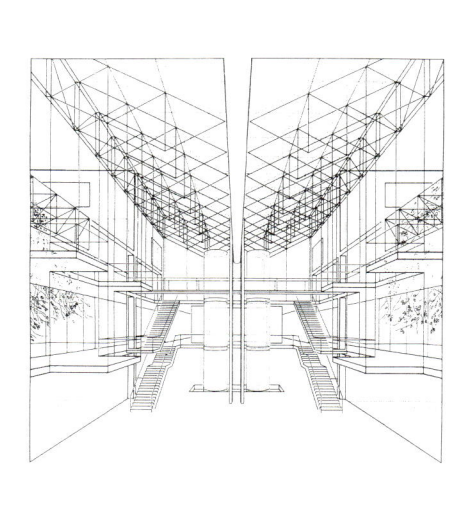

Eingangshalle

Brüningstraße

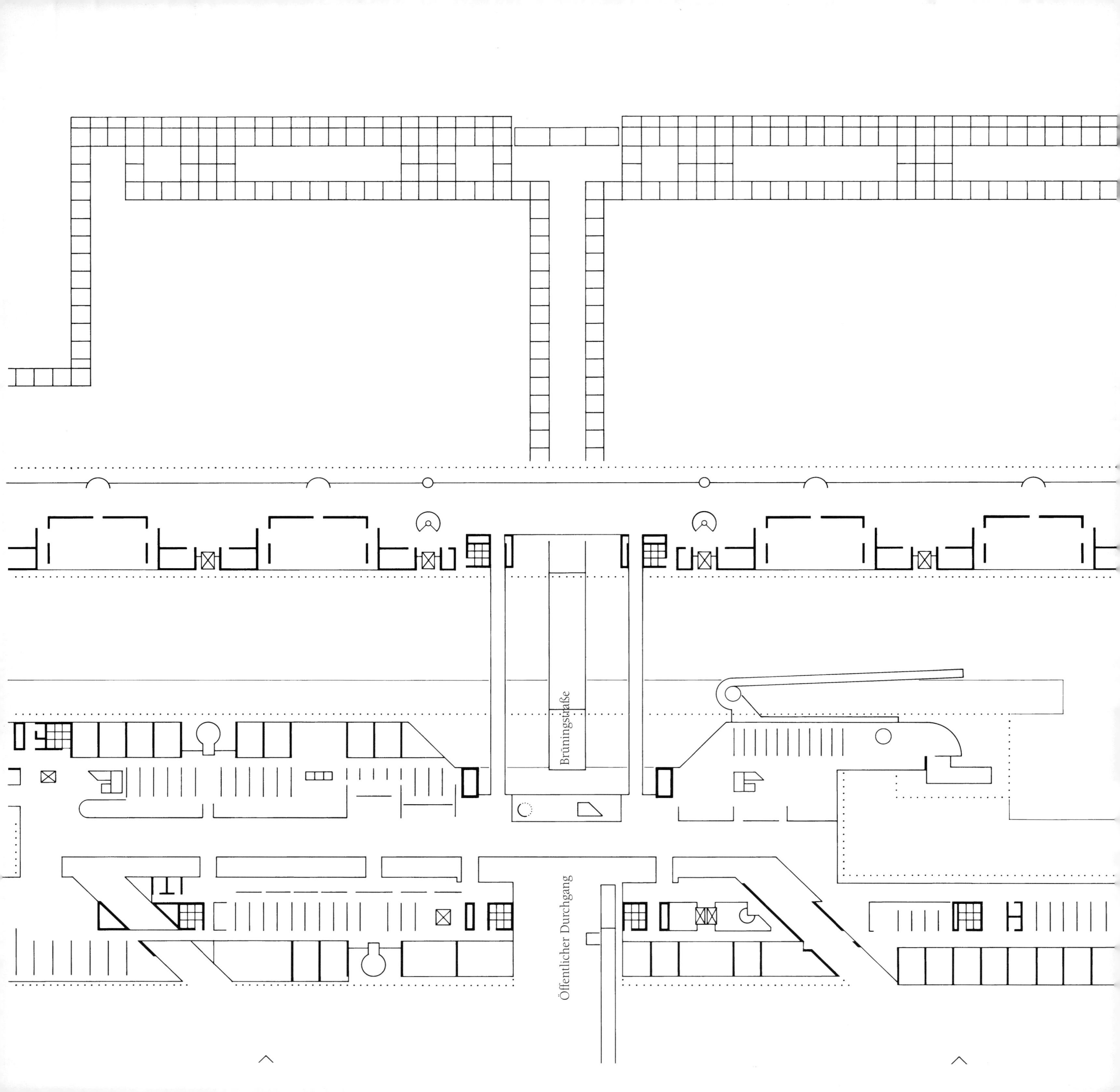

Öffentlicher Durchgang

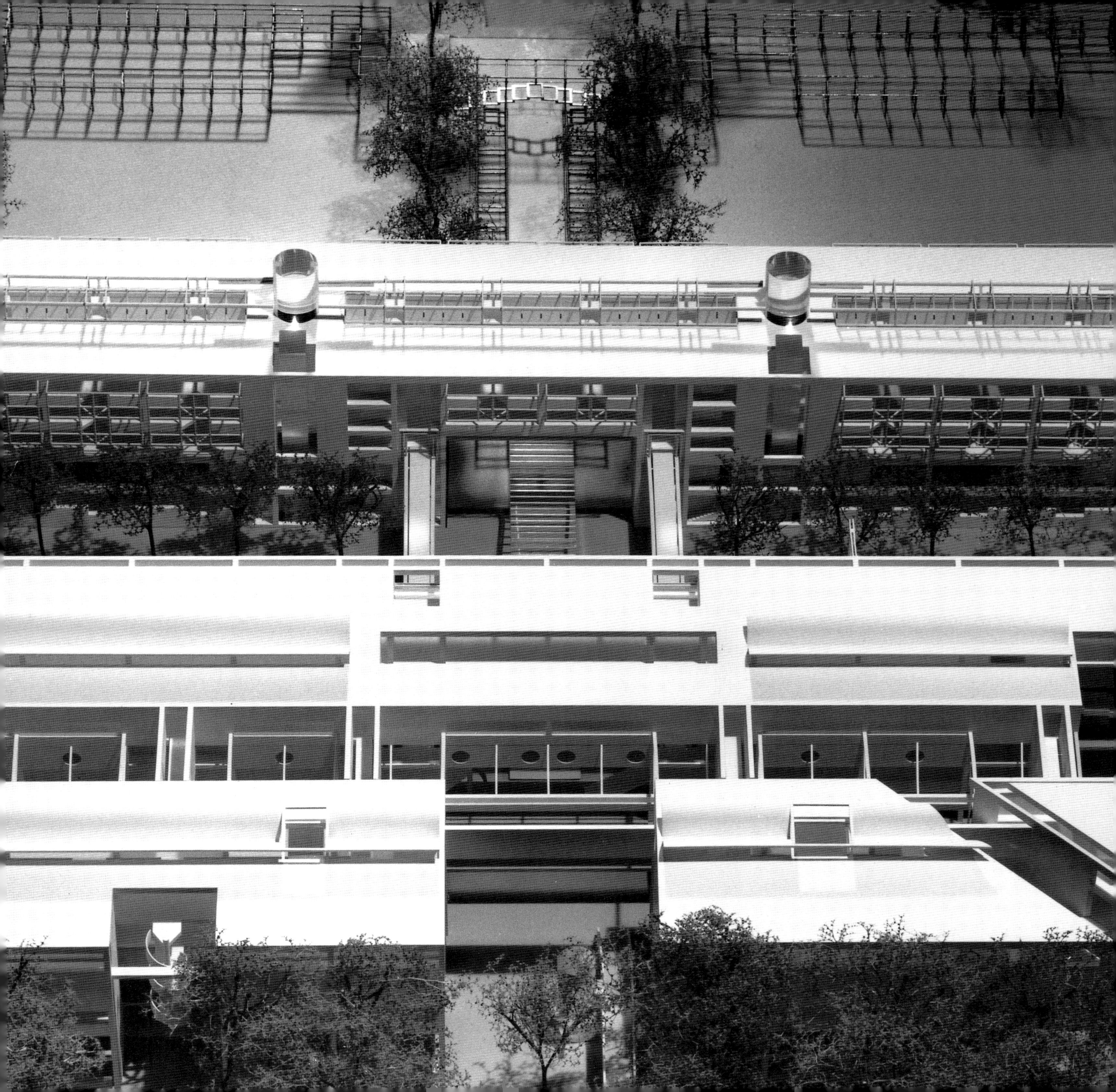

Bibliothekshalle

181

182

183

184

Abgeordnetenhaus

185

186

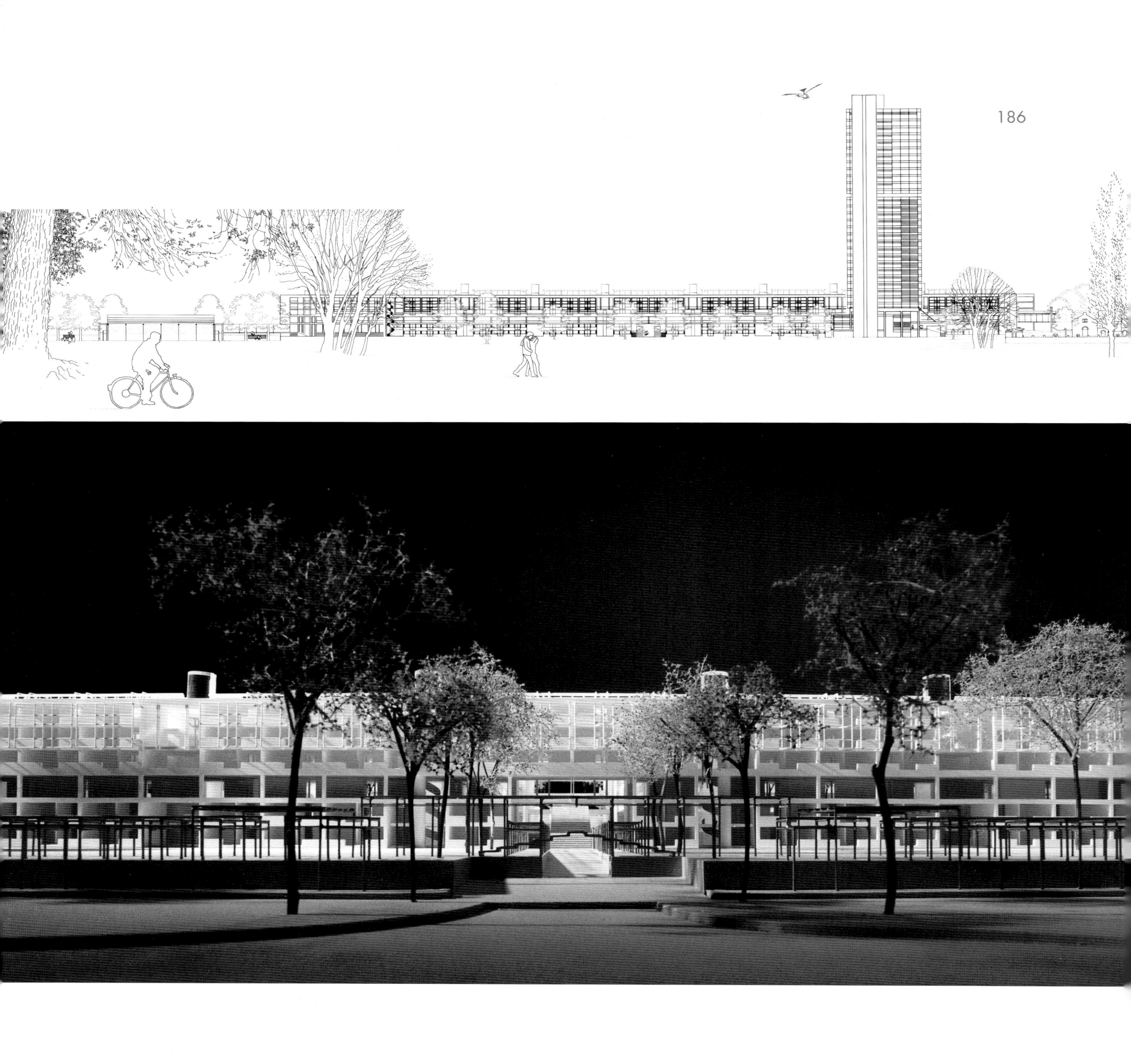

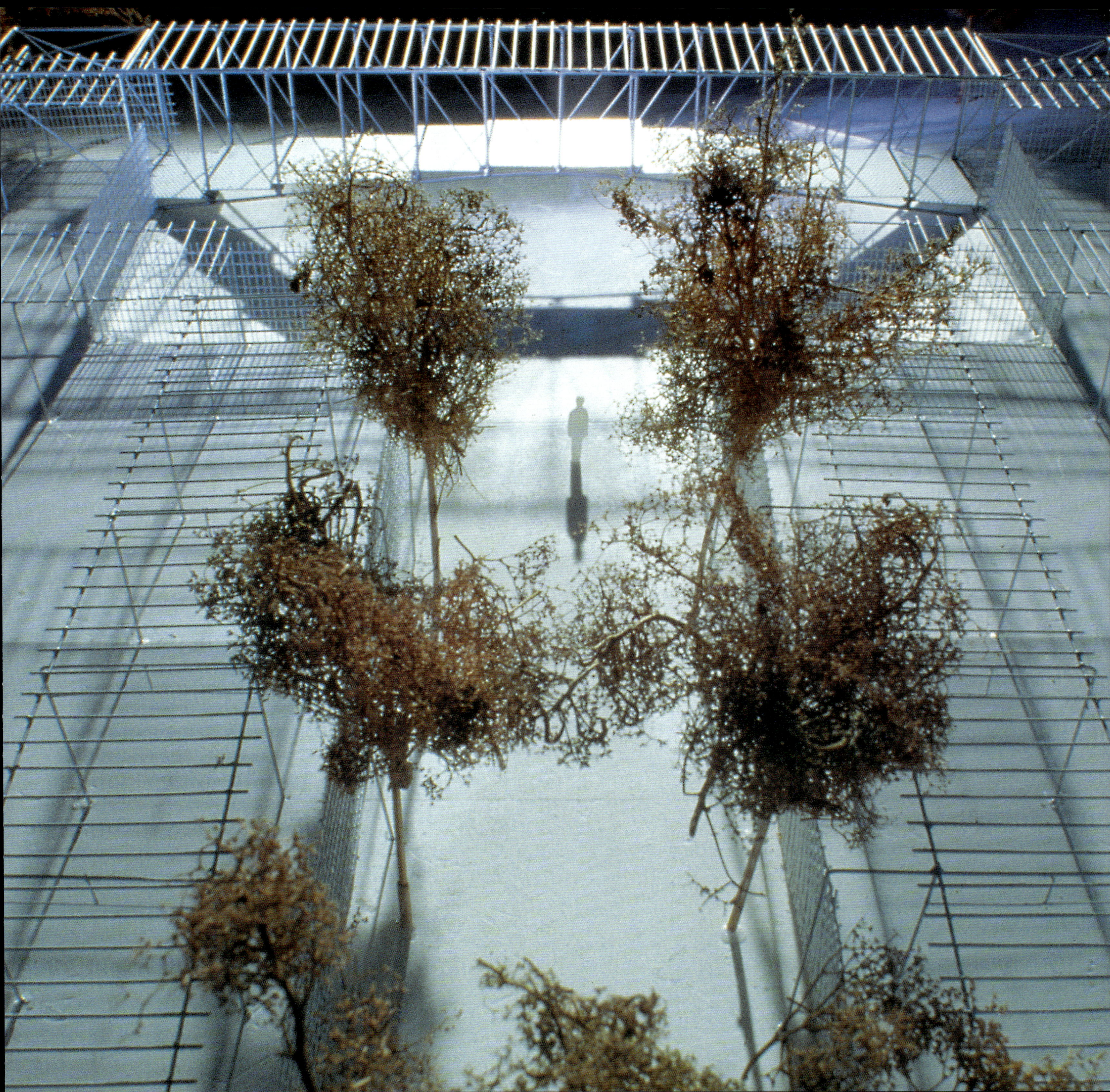

Sport

189

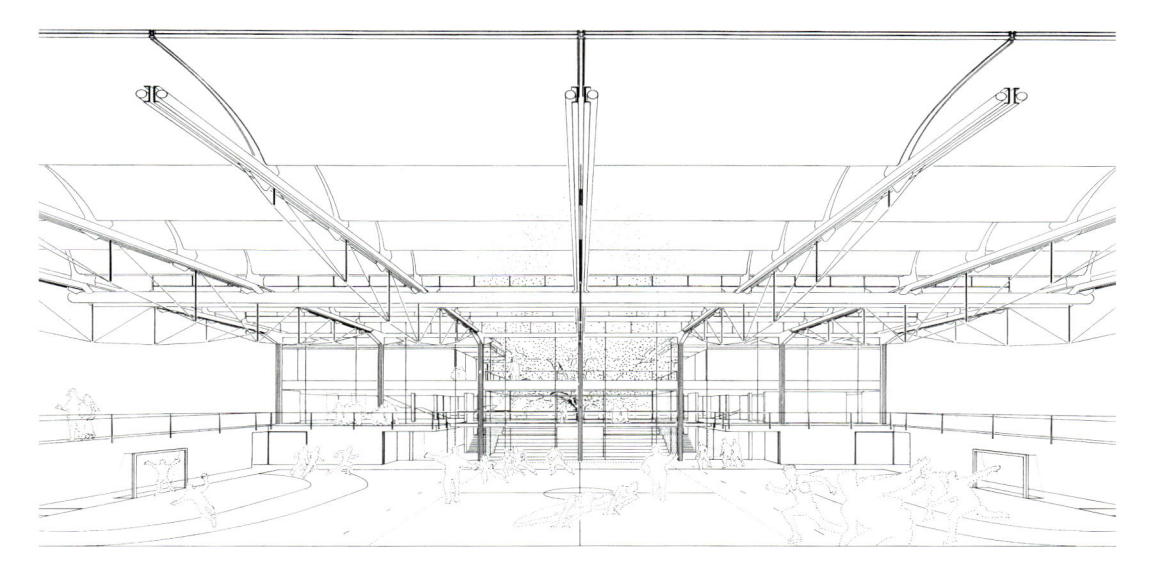

KINDERTAGESSTÄTTE IN BONN   1985

191

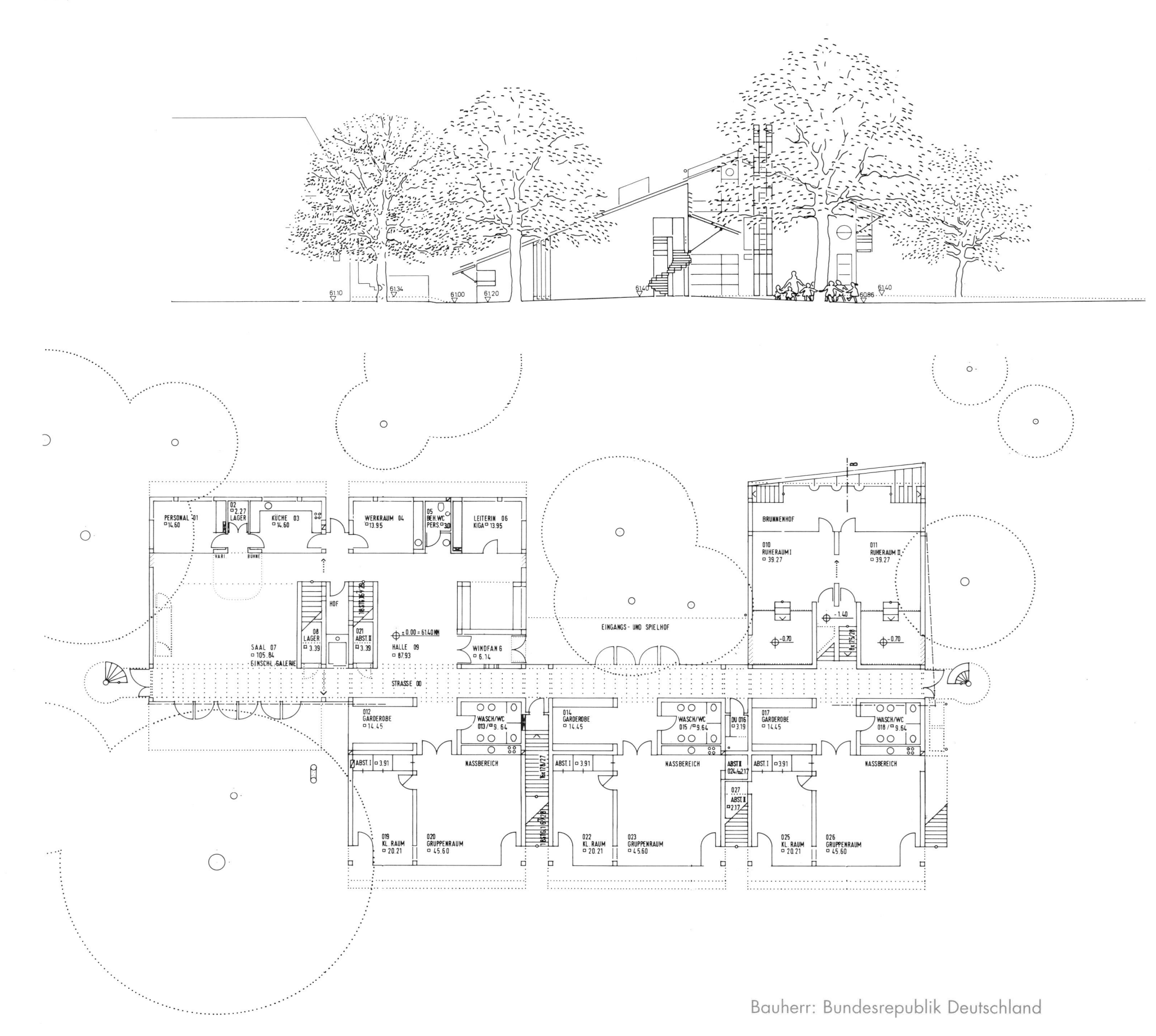

Bauherr: Bundesrepublik Deutschland

Baustelle 1993

Stand der Baustelle 1994.....1995.....1996.....1997....

Die Republik läßt bauen
(ein „Bericht aus Bonn")　　　　　　August 1994

Mit der Vereinigung am 3. Oktober 1990 und dem Beschluß des Bundestages vom 21. Juni 1991, nach Berlin zu ziehen, entsteht für die Bauten an der Kurt-Schumacher-Straße eine neue Situation: Sie werden in die ‚Obhut der Regierung' gegeben. Obwohl noch kein anderer Nutzer feststeht, wird der Entschluß gefaßt, weiterzubauen, im Einklang mit den politischen Grundsatzbeschlüssen, alle Projekte vor dem Umzug fertigzustellen, Bonn keine ‚Ruinen' zu hinterlassen ...

In der Nacht vom 21. auf den 22. Dezember 1993 dringt das Rheinhochwasser in den Rohbau der Untergeschosse und hebt die Tiefgarage an der Südostecke um 70 cm. Das Wasser kann eindringen, weil der Hochwasserschutz über eine Länge von 45 m nicht fertiggestellt ist – ein Mangel, den niemand der Verantwortlichen erkennt.

Der Katastrophe folgen endloses Hin und Her und uferlose Spekulationen. Für den Architekten, dem ausdrücklich weder Bauleitung noch Objektüberwachung übertragen wurden, wird es unausweichlich, öffentlich Stellung zu nehmen. Er tut das durch Vorlage eines Schwarzbuches auf einer Pressekonferenz im August 1994.
Aufnahmen und Zitate aus diesem Schwarzbuch zeigen, wie sich die Situation im Sommer 1994 darstellt, wie irrational Forderungen nach totalem Abriß sind, die die Beschädigung des Bauwerks vorschieben, weil man die Immobilie wirtschaftlicher vermarkten möchte (als ob vor solchem ‚Interesse' Städtebau und Architektur, die Bewahrung der Spuren der ‚Bonner Republik' nachrangig seien ...).

Zitate aus dem Schwarzbuch vom Sommer 1994:
„Es geht um das Schicksal der Neubauten für den Deutschen Bundestag an der Kurt-Schumacher-Straße in Bonn. Ohne Information oder Diskussion droht insgeheim den Bauten der Abriß, wenn es nicht doch noch beherzte Frauen und Männer gibt, bei denen Vernunft, Sinn und Gefühl für Baukultur zusammengehen mit der Zivilcourage, diesem ‚Abgesang' die Stirn zu bieten, einem traurigen Abgesang auf die ‚Demokratie als Bauherr' in Bonn, dreißig Jahre nach der bemerkenswerten Rede von Adolf Arndt und vor der Jahrhundertaufgabe, in Berlin die neue, alte Hauptstadt zu bauen.
Der Abgeordnete Adolf Arndt geißelte in seiner Rede 1960 die Politiker, die ihren „Mangel an Phantasie zu herausragendem Bauen hinter angeblicher Sparsamkeit verstecken, in Wirklichkeit aber weder Interesse noch Mut haben, den verantwortlichen Bauherrn abzugeben [...]". „Eine Demokratie ist nur soviel wert, wie sich ihre Menschen wert sind, daß ihnen ihr öffentliches Bauen wert ist." „Gute Architektur ist nicht teurer als schlechte. Aber sie braucht unendlich mehr Geduld, Beharrlichkeit, Durchsetzungsvermögen, Tatkraft – und muß gegen eine zähe Koalition aus Pfennigfuchsern und Normierern täglich verteidigt werden."
[....]

Architekten können nicht als Ökonomen sprechen, obwohl sie ökonomisch denken müssen. Architekten können nicht als Politiker sprechen, obwohl sie politisch zu denken gewöhnt sind. Wir wollen den Vorgang dennoch auch unter diesen Gesichtspunkten bedenken, damit deutlich wird, daß es nicht um den Abriß einer ‚Ruine' geht, wie man beginnt, der Öffentlichkeit einzureden, sondern um die Vernichtung eines weitgehend intakten Bauwerks und darüber hinaus um sehr viel mehr.
Das wirkliche Problem ist nicht das Hochwasser; es kam manchen nur sehr gelegen. Es geht uns mit diesem Bericht um mehr als nur um das Schicksal der „Schürmann-Bauten", das die Mitglieder des Bundestages und das Kabinett jetzt in Händen halten. Es geht um den Verlust des Bauherrn, des öffentlichen Bauherrn, insbesondere der Demokratie als Bauherr. Privatisierung gilt mehr und mehr als Zauberwort für die Lösung vieler Probleme, weil sie Erleichterung zu verschaffen und die öffentliche Hand von Pflichten und Sorgen zu befreien scheint. In Wirklichkeit werden nur die wirtschaftlichen Aufgaben des Bauherrn weitergegeben. Die Aufgabe gegenüber der Gesellschaft wie Fürsorge, Grenzen setzen, Tore öffnen, Sorge für Qualität, Originalität und Individualität, um Identität zu schaffen, die auch Freude an Schönheit zuläßt, kommt dabei unter die Räder. Der Bund als Bauherr aber hat Vorbildfunktion für die Gesellschaft.

195

Was tut er in Zukunft dafür? In der Ausschreibung zum Neubau für die Deutsche Welle: „Aufforderung zur Aufgabe eines Grunderwerbs- und Mietangebotes (!)" ist kein Wort darüber zu finden.

Wir protestieren
gegen den Umgang mit dem Hochwasserschaden;
gegen die Nichtbeachtung des fachkundigen Wissens der zahlreichen am Bau Beteiligten bei der Behebung des Schadens;
gegen das Verfahren bei der Aufstellung des Berichtes für den Haushaltsausschuß;
gegen die nicht zu vergleichenden Kostenaufstellungen;
gegen die Behauptung, die Architekten hätten eine unwirtschaftliche Planung erstellt, deren Flächenrelationen „extrem ungünstig" seien;
gegen die einseitige Darstellung der Möglichkeiten des weiteren Ablaufs zugunsten des Abrisses;
gegen die Nichtberücksichtigung anderer als finanzieller Gesichtspunkte;
gegen die Umkehrung des Beschlusses zum Weiterbau (9.91);
gegen eine sinnlose Vernichtung von 375 Mio. DM Volksvermögen.

Wir empfehlen
Sanierung und Weiterbau;
die tendentielle, negative Verlautbarung und Berichterstattung einzustellen;
die Zeit- und Geldverschwendung umgehend zu stoppen;
endlich sofort – nach den Regeln – zu lenzen;
schon während des Lenzens an allen geeigneten Stellen weiterzubauen;
die vorhandenen Ressourcen an eingearbeiteten Fachleuten, Ingenieuren und Firmen wieder auszuschöpfen, um planerische Vorleistungen zu aktivieren;

alle Bauteile umgehend wetterfest zu machen durch Fertigstellung der Dächer und Einbau der beauftragten, z. T. schon vorhandenen Fassadenelemente u. a. m.;
nach dem Lenzen sofort nach dem vorliegenden Ingenieurkonzept zu sanieren, das erlaubt, gleichzeitig partiell weiterzubauen;
parallel dazu den Umbau für die Deutsche Welle zu planen;
wieder – wie in den früheren Planungsphasen – kooperative Partner im BM-Bau zu berufen, die das Projekt fördern;
die haushaltsrechtlichen Instrumentarien diesem Sonderfall anzupassen, damit der Termin für die Deutsche Welle zu halten ist.

Ausblick
Es scheint, daß der Bund mit den Spuren seiner Geschichte wenig anfangen kann. Eine Institution, die die Zeugnisse ihrer Anwesenheit in Bonn ‚zur Verwertung' abtritt, wird kaum selbstbewußt genug sein, in Berlin beim Aufbau der Hauptstadt auf Dauer Impulse zu geben.
Bedenklich scheint uns, den Eindruck zu erwecken, daß privatwirtschaftlich das Problem an der Kurt-Schumacher-Straße am besten zu lösen sei – der Bund löst so nicht das Problem, er erklärt nur ein schlechtes Geschäft als Erfolg. Das Geschäft, Architektur zu vernichten, überläßt er dabei dem Investor. Seiner Aufgabe als Bauherr entzieht er sich.

Erfahrung und dieses Beispiel lehren, daß Privatisierung entgegen liberalistischer Behauptung nicht von sich aus Gewähr dafür bietet, Kultur zu erhalten oder zu fördern. Rendite und öffentliches Wohl sind eben nicht leicht zu versöhnen.
Wenn der Begriff „Architekt" heute mit leichter Zunge entlehnt wird, sobald es darum geht, politische Meisterleistung mit einem Wort umfassend zu benennen, z. B. der „Architekt der Ostverträge", der „Architekt der Vereinigung", so ist damit nie nur die fachspezifische Einzelleistung gemeint, sondern Vision und Imagination, der Durchblick zum Ziel, der Einsatz der richtigen Konstruktionen – aber auch Schlauheit und Ausdauer, das Ziel zu erreichen.
Es bleibt unsere Vision, daß das Bewußtsein nicht verlorengeht, daß der Wert etwas anderes ist als der Preis, daß die soziale Aufgabe von Städtebau und Architektur sich nicht nur an der Rendite orientiert, daß nicht der maximale Gewinn den Wert eines Bauwerks bestimmt, sondern sein Beitrag zu einer humanen Umgebung für unser Leben.
Der Mühsal dieser Streitschrift unterziehen wir uns nicht nur, um Schaden zu verhüten, sondern auch aus Sorge um die nächste Generation von Bauherren und Architekten, die es vermutlich bald nicht mehr geben wird, wenn sich nicht die eingangs beschworenen beherzten Frauen und Männer finden, die Zusammenhänge nicht nur durchschauen, sondern auch den Mut haben, vor unserem Souverän die Rolle des Kindes in Andersens Märchen von des Kaisers neuen Kleidern zu übernehmen [...]."   J.S.

Ende der Zitate aus dem Schwarzbuch vom Sommer 1994.

Im Oktober 1994 ist Bundestagswahl. Der neue Bauminister heißt Klaus Töpfer. Er verwirft die Abbruchgedanken. Kabinett und Bundestag beschließen den Weiterbau.
Der neue Nutzer heißt „Deutsche Welle".
Im Juli 1997 wird der Architektenvertrag unterschrieben.

197

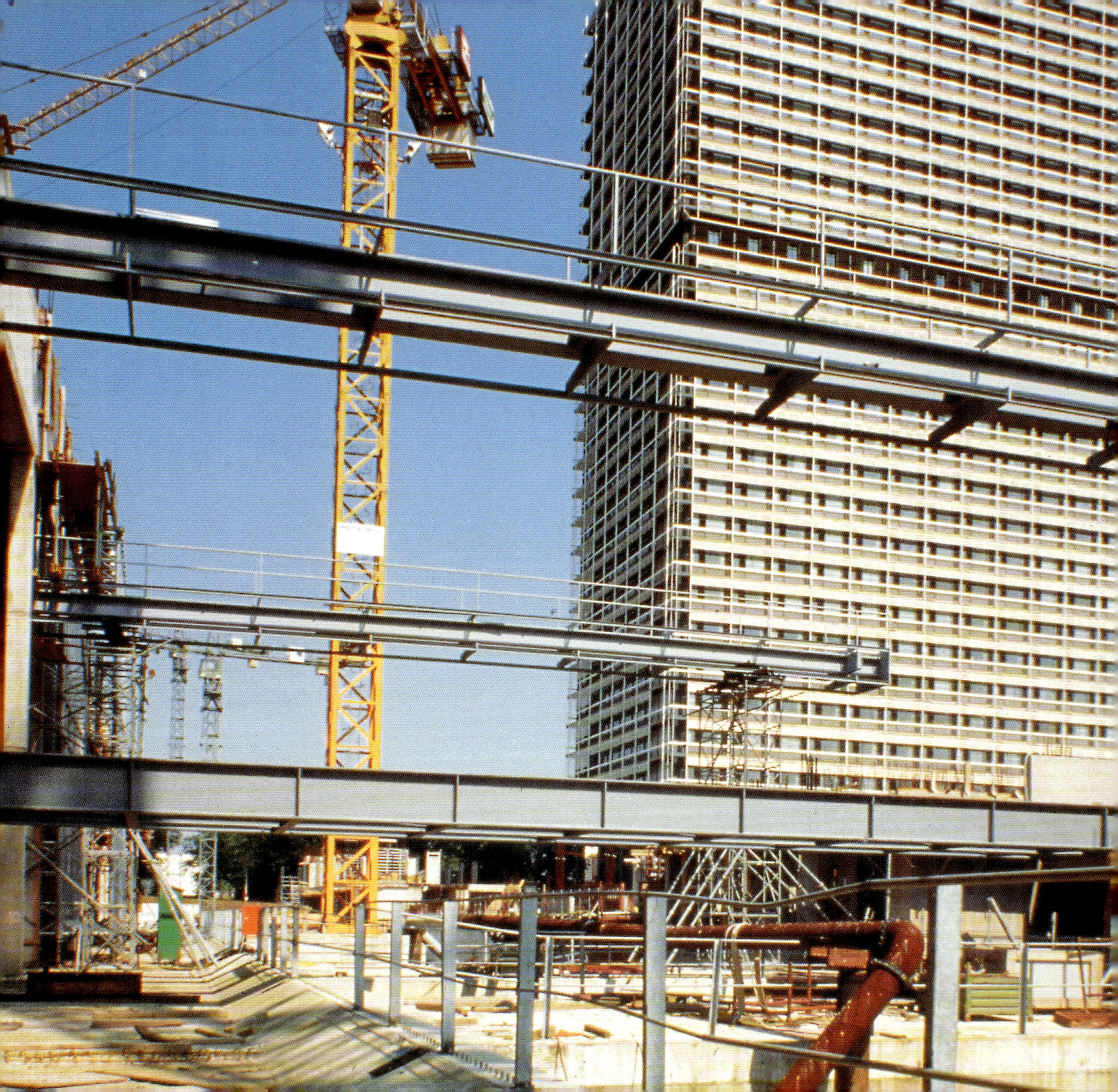

199

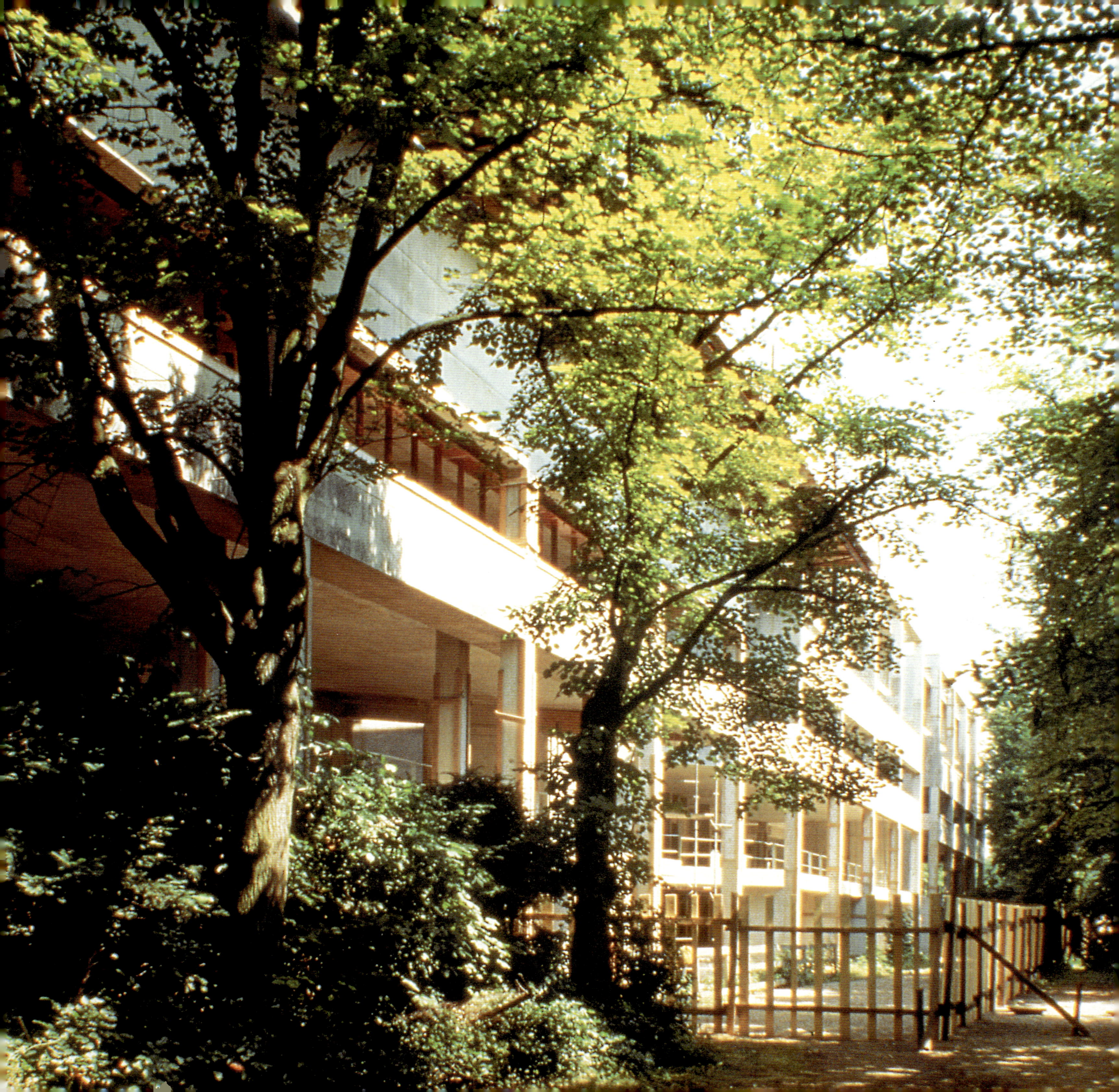

201

SCHÜRMANN, ARCHITEKTEN MANFRED SACK 202

Da eilfertige junge Talente, kaum daß die Baugrube für ihr erstes Werk ausgehoben ist, schon mit Büchern auf sich aufmerksam machen, fällt die Zurückhaltung mancher gestandener Architekten in derlei Angelegenheiten auf – so wie bei Joachim und Margot Schürmann. Und so erscheint das erste Buch über ihr Werk auch erst nach vier Jahrzehnten erfolgreichen Tuns (mit beispielsweise mehr als fünfzig in Wettbewerben erfochtenen ersten Preisen und einigen der erlauchtesten Auszeichnungen, die dem Metier für seine Meister gestiftet sind).

Anders auch als die meisten Architekten ihres Anspruchs haben sie in einer gewissen vornehmen Zurückhaltung die schnelle Publizität in Fachzeitschriften gemieden. Was Wunder also, daß der Name Schürmann zu den unbekanntesten Bekannten ihres Berufes gehört.

Der Schürmannbau
oder
ein Trauerspiel des Bauherrn Demokratie

Das stimmt freilich nicht mehr, seit aus den amtlich sogenannten „Neubauten des Deutschen Bundestages an der Kurt-Schumacher-Straße in Bonn" im allgemeinen Sprachgebrauch der „Schürmannbau" geworden ist.

Nun bekommen ja Gebäude, wie man weiß, des öfteren einen Namen – sei es den Namen des Bauherrn, weil der Brauch es so will, oder den Namen jemandes, der besonders heftig dafür gestritten hat, so wie der Bundestagespräsident Gerstenmaier, dessen Vorname seit 1968 im „Langen Eugen" bewahrt wird; sei es, weil Häuser geliebt werden, sei es, weil sie die Spottlust reizen oder auch Haßgefühle wecken. Nur selten aber flicht man ihren Schöpfern einen Kranz, etwa wie dem Ingenieur Gustave Eiffel für seinen bis heute immer neu bewunderten Turm, oder wie Le Corbusier für seinen Wohnblock in Berlin und wie Joachim Schürmann für das zweite Abgeordneten-Haus am Fuß des „Langen Eugens". Denn „Schürmannbau" war anfangs ein anerkennendes Kürzel für die zungenbrechende offizielle Bezeichnung. Als nach dem Beschluß des Bundestages 1991, die Hauptstadt Berlin zum Regierungssitz des wiedervereinigten Landes zu machen, über seine Veräußerung, über Vollendung oder Abriß – ohne Konsultierung des Architekten – gestritten wurde, avancierte der Name des Gebäudes zum Gefühlsgegenstand. Nachdem obendrein durch Unachtsamkeit derjenigen, denen die Verantwortung für die Ausführung des Bauwerks oblag, das Hochwasser des Rheins an einer nicht geschlossenen Lücke in den Unterbau eindringen und seine Untergeschosse ernstlich beschädigen konnte, war es um das Ansehen des Hauses geschehen. Aus dem Namen des Gebäudes wurde der einer Katastrophe, schließlich der eines Skandals, der nun ausgerechnet den Namensgeber als den ohne jeden Zweifel daran Unschuldigen zu beflecken schien.

Aus dem Ehrentitel, der der Name „Schürmannbau" hätte werden können, war ein Schimpfwort geworden, und besonders Niederträchtige sprachen fortan von der „Schürmann-Ruine".

Es ist ein Jammer. Denn eines Tages, sobald das Gebäude aus dem demütigenden Wust von Verunglimpfungen herausgewachsen sein wird, wird man seine Architektur preisen. Tatsächlich kann der ursprünglich für die Bundestagsabgeordneten entworfene, nun für die Deutsche Welle umzugestaltende Komplex ein Höhepunkt im Schürmannschen Werk werden. Es lassen sich daran die Tugenden seiner Architekten ablesen, ihre Art nachzudenken, zu entwerfen, zu bauen. Es ist ein wichtiger, auch ein sehr temperamentvoller Bau. Bleiben wir also gleich dabei.

Worum es den Architekten hier zu tun gewesen ist, haben sie in einer 1989 von der Bundestagspräsidentin Rita Süßmuth und dem Bundesbauminister Oscar Schneider herausgegebenen Broschüre dargestellt.

Sie waren, wie man dort liest, zunächst einmal darum bemüht, mit ihrem Bauwerk vielerlei Beziehungen herauszufinden und zu bilden, die dem Ort, dem Gebäudekomplex selbst, nicht zuletzt seinen Nutznießern dienlich wären. Es ist mehr als ein Euphemismus, daß ihnen der ‚Bezug zum Bürger' – dem Grundgesetz zufolge immerhin dem Souverän, der seine Vertreter gewählt und hierhin abgeordnet, sie also auch dieses Gebäude hat errichten lassen – fast am wichtigsten war. Deshalb die freundliche Durchlässigkeit der Straßen, Wege, Passagen und Brückenstege, die das Bauwerk durchdringen, das großzügige, lichte, erstaunlich einladende Entrée, deswegen auch die sogenannte Gartenstraße, die, so hofften die Architekten, zwischen den Gebäuden entlang zu spazieren allen Bürgern erlaubt sein sollte. Selbstverständlich war es ihnen um die angemessene Beziehung zum Stadtbild zu tun, um die Plazierung der Gebäude parallel zu derjenigen Geländekante, die die Stadt zur Rheinaue hin begrenzt: beherzt genutzte Topographie.

Dazu gehört auch die Achtung vor der Nachbarschaft der anderen Häuser wie der Landschaft. Das verlangte einerseits, die stattlichen Villen der Landesvertretungen an der Kurt-Schumacher-Straße nicht zu übertrumpfen, ihnen zuliebe eine ‚ruhige, rhythmisch gegliederte Straßenfront' (hinter der erhaltenen doppelreihigen Lindenallee) zu gestalten, das hieß andererseits aber auch, das kontrastierende Beziehungsspiel mit dem Eiermannschen Abgeordneten-Hochhaus zu bestehen. Zu alledem gesellt sich die Korrespondenz zwischen innen und außen; gemeint sind die Blicke, die die Architektur auf sich zieht und die sie in die Landschaft eröffnet. So liegt es nahe, von den drei langgestreckten, leicht gegeneinander versetzten, von Wegen vielfältig und oft originell durchdrungenen Gebäuden als einem Ensemble zu sprechen. Wer will, kann sich auch an musikalische Formen erinnert fühlen, sagen wir eine kontrapunktische Komposition, streng und klangvoll zugleich.

Das, was die Architekten als Verpflichtung zur „hohen Qualität der Gestaltung bis ins Detail" umschreiben, drückt sich in diesem Bauwerk vor allem mit vielen klugen Raumerfindungen aus. Mit Fluren beispielsweise, in die aus gläsernen Pultdächern beiderseits das Licht bis ins Erdgeschoß fällt, mit Brückenstegen, über die man die Zimmer erreicht, mit Hallen und Foyers, die eine eigene Atmosphäre entwickeln und den Blick auf Rhein und Siebengebirge rahmen, mehr: in Szene setzen; mit Wendeltreppen, Rampen, mit Nischen und Auslugen, Durchblicken von vielerlei Art, nicht zu reden von den vielen schönen Einzelheiten, die ja nicht zuletzt ein sinnliches Vergnügen machen – den Händen, den Füßen, den Augen. Lauter menschenfreundliche Einfälle. Über tausend Pläne sind dafür gezeichnet, ‚für jede Schraube'. Wer also begriffe nicht den Zorn und die Enttäuschung, die alle, die ihr Herz an dieses Bauwerk verschenkt hatten, über den verächtlichen Umgang mit der ‚Betonruine' empfinden.

Genau genommen hatte die Geschichte des „Schürmannbaus" in dem Augenblick begonnen, da die Mehrheit eines wohlangesehenen Preisgerichts den Entwurf des Architekten Joachim Schürmann und seiner Mitarbeiter zum besten unter seinen Konkurrenten erklärten; das war 1983. Drei Jahre danach beauftragte der Ältestenrat den Architekten ausdrücklich nicht nur mit der Entwurfs- und Werkplanung, sondern auch mit der Bauleitung, so wie es die Schürmanns schon oft mit Erfolg und Leidenschaft praktiziert haben: Verantwortung vom ersten Strich bis zur Fertigstellung, Qualitätskontrolle bis ins Detail am Bauwerk selber.

Wiederum drei Jahre später jedoch wurde ihnen eben dies verweigert. Die Bundesbaudirektion übertrug die Bauleitung vermeintlich versierteren Architekturfirmen.

All dies zu erwähnen ist wichtig, denn 1995 hätte der so wunderbar komponierte und durchgestaltete Gebäudekomplex vollendet sein sollen. Es wäre auch geglückt, wenn nicht zwei Jahre zuvor der Rhein über die Ufer getreten wäre. Man kennt die Versuchung, ‚dem Schicksal' die Schuld an den Folgen in die Schuhe zu schieben. Schon gut; nur stecken hinter dem Schaden, den Naturgewalten anrichten, meist Menschen, die nicht aufgepaßt haben und sich, viel unangenehmer, später darum drücken, es zuzugeben, und die es zuließen, daß andere verunglimpft werden. Das waren in diesem Fall ausgerechnet die ausschließlich planenden Architekten. In Köln mit der Gewalt des Flusses vertraut und von der Nachricht auf's äußerste beunruhigt, erkundigten sie sich in Bonn, ob alles zum Schutz des Bauwerkes getan sei. Die Antwort war: Alles in Ordnung! Sie war falsch. Das nächtliche Geräusch berstenden Betons werden die Architekten nie mehr vergessen. Nach und nach kam heraus, daß an der südöstlichen Ecke der Tiefgarage vergessen worden war, über viele Meter die Schlitzwandkrone zu schließen.

Um den folgenden Verschleppungs- und Verschleierungsmanövern ein Ende zu machen, wehrten sich die Architekten, schon weil sie mit erstaunlicher Beharrlichkeit ignoriert worden waren, im Sommer 1994 mit einem „Schwarzbuch", in dem sie die Ereignisse so darstellten, wie sie sich zugetragen hatten.

Das war auch notwendig, um auf die Usancen einer Institution hinzuweisen, auf deren produktives Vertrauen Architekten angewiesen sind: auf den Bauherrn; in diesem Fall auf den Bonner Bauherrn „Demokratie", auf seine Verantwortungsunlust, auf die unwürdige Art des Umgangs mit seinen Architekten. Wie interessant, dabei zu erkennen, was dem Gros der Politiker als das höhere zu schützende Gut des Volkes gilt: es ist das monetäre, nicht das kulturelle Gut. Es ist nur das Geld, das durch das Unglück bedroht zu sein schien, nicht das, wofür es angelegt worden ist, und daß doch auch dem Ansehen der Republik hätte dienlich sein sollen, nicht das Werk der Baukunst. Was daraus zu lernen ist? Daß die Architektur nicht zu den Erscheinungen gehört, die Politiker zu begeistern, sie stolz zu machen vermöchten. Wer von ihnen hat je den Vortrag gelesen, den einer der ihren, der weiland sozialdemokratische Abgeordnete Adolf Arndt, 1961 über die „Demokratie als Bauherr" gehalten hat – und der heute so gültig ist wie je? Nun also wird der „Schürmannbau" das Funkhaus der Deutschen Welle. Welch eine glückliche Fügung: ihr Raumbedarf ist mit dem der Abgeordneten nahezu identisch. Und welch ein schönes Haus für Journalisten, zu deren Aufgabe es hier gehört, die Botschaft der Bundesrepublik ins Ausland zu senden. Und so wird sich – hoffentlich – die geschundene Hoffnung der Architekten am Ende erfüllen, daß sich das Bauwerk doch noch als ein Höhepunkt ihres Lebenswerkes erweise, weswegen es notwendig war, seine Geschichte zu rekapitulieren.

Der frische Quell
der alten Moderne

Das, was die Alltagssprache unter Architektur versteht, ist den Schürmanns an diesem Bauwerk so exemplarisch wie nur irgend möglich geraten: funktional einfallsreich und präzise; ausdrücklich durchlässig arrangiert; auf merkwürdig gelassene Weise detailverliebt; der Beton, der die flüchtigen Betrachter des jahrelang verwitternden Rohbaus nur ein wüstes, graues, ‚brutales', die Umgebung scheinbar betrügendes Monstrum hatte befürchten lassen, unendlich fein behandelt; der Komplex im Ganzen wie im Einzelnen sehr spannungsvoll proportioniert; der Rhythmus der Fassaden von temperamentvoller Gelassenheit.

Die Quelle dieser Architektur ist die als klassisch empfundene Moderne der zwanziger und der frühen dreißiger Jahre mitsamt all den Modifizierungen, die ihr nach der gewaltsamen Unterbrechung, die die Nationalsozialisten ihrer Entwicklung in Mitteleuropa zugefügt hatten, vor allem in den beiden Jahrzehnten nach dem Krieg widerfuhren. Der Vorteil der ersten Nachkriegszeit war die Vision einer neuen Ära mit einem erhofften ‚neuen Menschen'; der Nachteil der zweiten war, daß sie keiner Utopie mehr fähig war und nur den Faden aufzunehmen und weiterzuspinnen versuchte. In der Architektur gelang das immerhin besser als im Städtebau jener Jahre, und nach der langgehegten Skepsis ist endlich bemerkt worden, zu welchen Qualitäten die fünfziger und sechziger Jahre die Architekten herausgefordert und damit das eigenartige Verwandschaftsverhältnis zur Moderne bekräftigt haben nach dem Zwischenspiel des Nazireiches.

Beide Nachkriegsjahre waren elende, wenngleich bewegte Aufbruchszeiten. Beide steckten voller Hoffnungen, beide litten und profitierten vom Zwang zu äußerster Sparsamkeit, das heißt zu materieller Einfachheit und einem ihr gemäßen konstruktiven Ausdruck. Diese elementare Klarheit der Formen, diese Leichtigkeit der Tragwerke, der dünnen Dächer, der filigranen Stützen, diese Eleganz des Hageren, aber auch der Liebreiz des Bescheidenen machen einen heute staunen. Beinahe hat es den Anschein, als sei das Verdikt, des damals nur wenigen wirklich bekannten Adolf Loos in Wien beherzigt worden, demzufolge es sich verbiete, Ornamente einfach aufzusetzen, es statt dessen notwendig sei, alles Schmückende im Material zu entdecken, seiner sensiblen Verwendung, und in der architektonischen Form selber darzustellen.

Fragt man Joachim und Margot Schürmann nach Vorbildern, nennen sie Ludwig Mies van der Rohe, auch Le Corbusier – mit Nachdruck aber auch den Finnen Alvar Aalto. Nimmt man alles zusammen, scheinen sie ihm am nächsten zu sein, bis heute: einem mit klarem Kopf verfolgten, aber eben auch mit Phantasie umgesetzten Funktionalismus, dem die platten Entstellungen der siebziger, achtziger Jahre fremd sind. Gemeint ist nicht die böse Spielart, die der Kunsthistoriker Heinrich Klotz einmal treffend als Bauwirtschafts-Funktionalismus demaskiert hat, dem alles Geheimnis, jede Poesie, damit die Menschenfreundlichkeit ausgetrieben worden war und dem dann nicht einmal mehr das Trugbild der Fassade vergönnt war.

Gemeint ist nicht irgendeine Richtung, sondern eine moralisch fundierte, das Soziale auch im Ästhetischen suchende Haltung, die nichts anderes als das im Sinne hat, was man ein wenig pompös eine „Architektur für Menschen" nennen könnte. Anders gesagt: Häuser, die sich schlecht gebrauchen lassen, sind, so schön sie auch anzusehen sind, mißraten. Das Funktionale aber ist nicht Ziel, sondern Voraussetzung einer annehmbaren Hausbaukunst. Es gibt unter den Schürmannschen Entwürfen nicht einen, in dem derlei Überlegungen nicht den Anfang aller anderen gebildet hätten.

Wie hat Otto Wagner das gesagt? „Etwas Unpraktisches kann nicht schön sein." Der Satz steht in seinem hochaktuellen Buch über „Die Baukunst unserer Zeit" von 1895.

Nannten die Architekten nicht auch Le Corbusier? Es war ja nicht zuletzt das Dominikanerkloster La Tourette in Evreux bei Lyon von 1960, das sie als ein Schlüsselerlebnis in Erinnerung behalten und in ihrem großen Bonner Bau, genauer in der landschaftsarchitektonischen Komposition der Außenanlagen, reflektiert haben. Auch die oft zu bemerkende Lust auf Beton geht ja nicht wenig auf ihn zurück. Beweist sie nicht auch den enormen Reichtum an Deutungen, die dem Begriff der Moderne innewohnen? Der erlaubt feingliedrige, transparente Bauten mit scheinbar schwebenden Dächern ebenso wie Gebäude von monumentaler Wucht, die ihren eigentümlichen Reiz ihrer Betonschwere verdanken. Und er läßt zugleich aktuelle Auslegungen zu, wenn Bauaufgabe, Thema und Ort das nahelegen, so wie es beim Schürmannschen Entwurf für den Block 3 im Kölner MediaPark geschehen ist. Der hatte bei der Wettbewerbsjury nicht zuletzt der „Perfektion des Technischen in der Gestaltung" wegen imponiert: an den Außenseiten gestaffelt, insofern eigenwillige Straßen-Räume bildende Konturen; im Inneren Passagen und Lichthof; die Fassade von technisch brillanter Wirkung; nach außen gewendet ein in Gestalt eines flachen Kreissegmentes die Rundung der Straße nachzeichnender Kopfbau.

Doch welchen Bau in diesem reichen Werk man betrachtet: alle zieht es unter das ‚Rubrum' der Moderne, in welcher Abwandlung auch. Der Hamburger Architekt Hadi Teherani, der wie seine Partner Jens Bothe und Kai Richter einige Jahre in dem Kölner Büro gearbeitet hat, sagt, dort habe er „das Handwerk der Moderne gelernt".

Selbstverständlich gibt es im Schürmannschen Œuvre ein paar Bauten, die zwar nicht mißlungen, aber von eher langweiliger Korrektheit sind und sich allzu selbstbewußt gegen die Umgebung behaupten. Doch auch das Gebäude einer Bank am Bahnhof in Köln, das sein Architekt des geschachtelten Dachaufbaus wegen nicht sonderlich liebt, zeigt räumliche Erfindungen, die charakteristisch sind und in vielen interessanteren Entwürfen verwandelt wiederkehren. Da ist zum Beispiel eine Treppe, die von außen ins Gebäude führt und die ihm eine Art von Taillengliederung gibt. Mit solchen Treppen, mit Laubengängen, Galerien, Höfen, kleinen Plätzen, mit gläsernen Zäsuren zwischen den Teilen eines langgestreckten Bauwerks liebt es Joachim Schürmann, Gebäude zu durchdringen, sie zu öffnen, miteinander zu verbinden, das heißt Architektur-Räumen eine Gliederung zu geben. So hielt er es mit dem für Heidelberg projektierten – der Wahl zum 1. Preis zum Trotz verworfenen – Technischen Rathaus, ebenso mit dem Bürgerhaus in Rheda-Wiedenbrück und dem Rathaus in Bad Honnef, nicht zuletzt mit dem Platzgefüge des Kölner Viertels rings um die Kirche Groß St. Martin und dem Dresdner Postplatz, der aus einem Arrangement mehrerer, sehr verschiedener Plätze zusammengefügt ist. Es sind Gliederungsprinzipien, die, wie immer man sie betrachtet, aus der klassischen, nach dem Zweiten Weltkrieg weiter entwickelten Moderne herrühren.

Allen Gebäuden aus dem Büro der Schürmanns haftet etwas an, das man wahrscheinlich am treffendsten mit poetischer Sachlichkeit umschreiben könnte; sie ist niemals kühl; sie zeigt in ihrer Konzeption und der Ausführung große menschliche Anteilnahme; sie ist nicht gefühlsselig, weil zu den Maximen des Gestaltens die Einfachheit, aber auch die Geheimnisse gehören, die darin Unterschlupf finden. Bei all dem ist auch klar, daß alle modischen Strömungen, die die Zeitläufe so hervorzubringen pflegen, hier nicht ernst genommen werden. Nein, keinerlei Camouflage. Immunität gegen derlei Versuchungen erklärt sich, wie auch anderes, aus dem Werdegang der beiden Architekten.

Joachim und Margot Schürmann

Joachim Schürmann ist 1926 in Viersen im Rheinland geboren. Er wuchs in Dresden und Darmstadt auf. Mit 17 mußte er in den Krieg ziehen, hatte danach die verpaßte Reifeprüfung mit einem Vorsemester zu kompensieren, ehe er das Studium der Architektur an der Technischen Hochschule in Darmstadt beginnen durfte. Das, wie er jetzt findet, ein wenig seltsam durchwirkte Studium sei vor allem von vier Lehrern pointiert worden: durch Karl Gruber, dessen großes Thema die mittelalterliche Stadt und ihr räumliches Gefüge war; durch Ernst Neufert, den seine in unendlichen Neuauflagen mit zusammen fast einer Dreiviertel Million Exemplaren verbreitete „Bauentwurfslehre" von 1936 in der Fachwelt berühmt gemacht hatte und der den Studenten „das amerikanische Bauen" nahegebracht habe; durch den unerbittlichen Fassadenästheten Josef Tiedemann und den Kölner Statiker Wilhelm Schorn, der die Studenten die „Statik aus den Bauch" lehrte. Das Bauhaus habe noch keine bewußte Rolle gespielt. Das ist einigermaßen verwunderlich, weil Neufert zu den ersten Bauhausschülern gehört hatte und vor seiner Berufung nach Darmstadt für kurze Zeit der erste Nachkriegsdirektor der Weimarer Architektur-Hochschule (vor Hermann Henselmann) gewesen war. Joachim Schürmann erinnert sich, daß es zu Beginn des Studiums eigentlich nur vier Bücher gegeben habe: Grubers „Gestalt der deutschen Stadt", Tessenows „Hausbau und dergleichen", die „Bauentwurfslehre" von Neufert – und das sehr hilfreiche Buch „Konstruktion und Form im Bauen" von Friedrich Hess aus der Schweiz.

Margot Schürmann, 1924 als Tochter des Architekten Wilhelm Schwilling in Ludwigshafen geboren, hat ihr Studium noch im Krieg in München begonnen, ehe sie es danach in Darmstadt fortsetzen konnte. Und so begegneten sich die beiden Adepten der Architektur, mit einem Faible für die Musik, im Bach-Chor der Technischen Hochschule in Darmstadt. 1949 erwarben sie beide ihr Diplom, im Jahr darauf heirateten sie in Köln, Joachim Schürmann hatte dort seine erste Anstellung bei dem Architekten Wilhelm Wucherpfennig bekommen, einem aus Münster stammenden Detail- und Genauigkeitsfanatiker, von dem ihm der Satz in Erinnerung blieb, daß ein Millimeter aus zehn Teilen bestehe, es infolge dessen untunlich sei, mit dem bei entwerfenden Architekten so beliebten weichen Bleistift 6 B zu zeichnen, statt mit dem harten 2 H.

In derlei anekdotischen Notizen steckt bisweilen mehr als eine Schnurre, und so liegt die Vermutung nicht fern, daß davon etwas hängengeblieben sein könnte, zum Beispiel eine bis in die Figur von Handläufen, die Lineatur von Fugen zu verfolgende Sorgfalt, in der sich die Gewißheit zeigt, daß, was im Großen Charakter haben soll, es auch im Detail zu beweisen habe – zum Nutzen derer, für die es gebaut wird.

Ihr Bestreben, sagt Joachim Schürmann, richte sich auf eine „mathematisch genaue und einfache Architektur mit ablesbaren Grundformen". Ihr Ziel dabei, ergänzt Margot Schürmann, sei eine gewisse Vollkommenheit, die der Selbstverständlichkeit eines Eies nahezukommen versuche, von dem man nichts weglassen, dem man aber auch nichts hinzufügen könne.

Die ins Philosophische gehende Bemerkung in die Praxis des Bauens übersetzt, heißt für die Architekten Schürmann danach aber auch das, was im Widerspruch zur Zeichnung errichtet wurde, ohne Gnade abzureißen und genau so bauen zu lassen, wie es erdacht ist.

Hans-Georg Waechter, ehemals junger Anfänger im Büro, erinnert sich an eine komplizierte, dünne Stahlbetonwand, die nicht exakt betoniert war. War sie falsch entworfen? Nein, nur liederlich gebaut. Sie wurde über ein Wochenende entfernt und so errichtet, wie sie dem Bild des Architekten von einer richtigen Wand entsprach.

Und wenn es unglücklich entworfen war? Im Ratssaal des Rathauses Bad Honnef stießen Dach, letzter Binder und Giebelwand seltsam zusammen, man brachte es irgendwie zueinander und fand damit eine später als besonders gut empfundene Lösung. Es lebe (auch) der Irrtum!

Sofern er, ist umgehend zu ergänzen, die (glückverheißende) Ausnahme bleibt. Im Alltag der Schürmanns wird er gemieden. Darüber können am besten Zeugen Auskunft geben, die einige Jahre in diesem Büro gearbeitet haben und inzwischen zu den angesehenen Architekten im Lande gehören. Für Walter von Lom „war es seine wichtigste Zeit; sie hat mich über alle Maßen geformt". Hadi Teherani, der sagt, er habe dort „das Handwerk der Moderne gelernt", setzt hinzu: „Das sitzt!" Für Hans Georg Waechter ist Joachim Schürmann „der Lehrmeister – und immer noch ein leuchtendes Vorbild", er erinnere sich an eine „unheimlich schöne Zeit". Und Jörg Friedrich preist die Offenheit, die unschätzbare Gabe zuhören zu können und „diesen wunderbaren Teamgeist zu schaffen". Das deutet schon an, daß es dort nicht nur herzlich zugeht, es wird „hart diskutiert". Schürmann wird – mit einem nicht zu überhörenden Leuchten in der Stimme – mal als Baumeister, als Büro-Herr, mal auch als König bezeichnet. Von ihm geht ganz offenbar eine natürliche Autorität aus, die keiner autoritären Gebärden bedarf. Das läßt an Bauhütte denken, an den Gebrauch von Kopf und Hand, an den Wert des Handwerklichen, das mit jedem Strich beginnt und grundsätzlich die Sorgfalt noch für das scheinbar Nebensächlichste verlangt. „Damals", erinnert einer sich, „gab's keinen Feierabend." Ein anderer: „Ich habe nie so gearbeitet wie bei Schürmanns. Bis in die Nacht, er war immer dabei." Dies vor Augen, bekommt nun auch noch eine andere Erfahrung Bedeutung, die in dem Ausruf versammelt ist: „Die unvergleichliche, familiär geprägte Atmosphäre dieses Büros", von der alle, die Angestellten, einst mit erstaunlich sicherem Blick erkannten jungen Begabungen, ebenso wie die Mitglieder der Architektenfamilie Schürmann, sprechen. Die Schürmanns also. Normalerweise verbietet es der Anstand, Namen im Plural zu gebrauchen. Hier indessen ist die Verlockung groß, es dennoch zu tun, nicht nur, weil die Urheberbezeichnung manchmal Joachim mit Margot Schürmann lautet, um den in diesem Fall besonderen Grad der gemeinsamen Arbeit hervorzukehren, sondern weil die beiden Architekten tatsächlich und tagtäglich eine Arbeitsgemeinschaft von ungemein intensiver Art bilden. Dabei ist kein Zweifel, wer der Büroinhaber ist; aber es steht ebenso außer Zweifel, daß Margot Schürmann an so gut wie allen Entwürfen, allen Entscheidungen, wesentlich beteiligt ist. „Die Kombination", sagt Hans-Georg Waechter, „ist einmalig." Walter von Lom spricht von einer „unzertrennlichen Einheit", in der der eine die Qualitäten hat, die dem anderen weniger liegen – und umgekehrt.

Ein Externer wird schwerlich hinter das Geheimnis dieser wunderbaren Zusammenarbeit kommen. Schürmanns selber deuten es eher verhalten. Demzufolge analysiert sie eine Aufgabe, ihr Problem, von Anfang an, während er diese Phase gern überspringt und zunächst auf den Bauplatz, seine Umgebung, den Ort, die Stadt und ihr Gefüge schaut. Er hat die Neigung, lästige Bindungen – auch solche elementarer Art – zu überspielen, wohingegen sie darauf beharrt, daß „das nicht geht". Er hat gern das Große im Auge, sie hinwiederum das Kleine, und den Grundriß vor allem. Wenn er zwei Tage vor der Ablieferung eines Wettbewerbsentwurfes verzweifelt und alles umstoßen will, um es besser zu machen, interveniert sie, es sei wichtiger, eine Sache konsequent zu Ende zu bringen, lieber etwas ‚richtig' falsch zu machen, das dann womöglich als das Richtige erkannt wird. Worauf sie manchmal doch alles geändert haben. Er geht spielerischer ans Werk, neigt auch zu Umwegen; sie sieht die Zeit verrinnen, und die Kosten. „Manchmal", sagt sie, „hat er eine närrische Idee – aber dann ist sie einfach gut." Er preist sie als eine Meisterin des Grundrisses. Sie agiert still, sachte, niemals laut, sehr verbindlich, wenngleich bestimmt; und beide haben eine offenbar glückliche Art, die Kreativität ihrer Mitarbeiter herauszufordern, jedenfalls (Gegen-)Vorschläge immer ernsthaft zu wägen. Wenn sie eine Formvorstellung entwickelt haben, versuchen sie, sie auch zu verwirklichen, was bisweilen bedeutet, den Statiker und die Fachingenieure ‚bis an die Grenze zu treiben', um etwas so dünn, so schlank, so elegant wie möglich zu machen. Das setzt äußerste Genauigkeit voraus, sowohl im Denken als auch im Zeichnen, beim Entwerfen.

Individuelle Häuser für Individuen

Also doch das Ei als Sehnsuchtsgegenstand der Vollkommenheit? Gibt es im Schürmannschen Œuvre so etwas, das dem Ideal nahekommt? Ja, sagen sie, könnte sein: das Haus, das sie für den Bildhauer

Werner Schürmann, den Bruder und Schwager, südlich von Dublin in einer einsamen Gegend der Wicklow-Berge entworfen haben, tatsächlich ein Haus von annähernd perfekter Unvollkommenheit. Sie war Programm; denn es mußte so entworfen sein, daß sein Bauherr es zusammen mit zwei Gehilfen nach und nach selber hatte errichten können. Es besteht aus braunroten Abriß-Backsteinen und aus Holz, ein ganz und gar nach innen gekehrtes, in ein Peristyl sich öffnendes Haus, die wenigen Fenster in den Außenwänden so bemessen, so geschnitten, so plaziert, daß sie die eng gefaßten Ausblicke wie Bilder rahmen. Es fällt nicht schwer, von einer ausgeklügelten Apotheose der Einfachheit zu sprechen, die keiner Steigerung mehr fähig ist: ein Haus wie eine kubische Skulptur. Sie ruft auch Joachim Schürmanns Sympathie für Alvar Aalto in Erinnerung, vor allem für das kompakte Rathaus, das dieser 1952 den Bewohnern der finnischen Insel Säynätsalo im Binnensee Päjänne gebaut hat.

Das Dubliner Haus für die sechsköpfige Familie von Werner Schürmann war so etwas wie das Ausrufungszeichen hinter einer Serie von acht Einfamilienhäusern, die meist in Köln entstanden sind und deren erstes 1957 zur überzeugenden Ouvertüre wurde: das Haus, das sich die Architekten in Köln selbst gebaut haben, ein Paradebeispiel der zweiten Moderne, wie nur die fünfziger Jahre sie so frisch, so rein, von anheimelnder Strenge und Poesie haben hervorbringen können.

Nur ein paar Schritte nebenan konstruierten die Schürmanns 1959 das Haus für Frau von Rautenstrauch als zweistöckigen Holzständerbau. Im Grundriß annähernd ein Quadrat, sind auf allen vier Seiten des Obergeschosses kleine Dachterrassen eingelassen, die den Eckzimmern zugeordnet sind.

Das Haus Gold (1958), das eine ganz eigene Gestalt hat, das aus einem langen Erdgeschoßflügel auf einer leichten Hangkuppe und einem zweistöckigen Mittelteil davor besteht? Die Bauherren, die ursprünglich von einem „Schweizer Haus" geträumt hatten, waren später so mit ihrem Haus verbunden, daß die Treue einen fast gespenstischen Zug annahm: auch nach Jahren schien noch kaum ein Stuhl gerückt worden zu sein.

In diesen Einfamilienhäusern lassen sich gewisse Prinzipien erkennen, die einen Bautyp variieren und dabei vor allem die Schürmannsche Auffassung von Architektur überhaupt kennzeichnen. Beinahe ist es gleich, wo sie aufgeführt wird, in komfortablen Villen oder im Gedränge alter Städte. Jeder Entwurf beginnt mit der Inspizierung des Terrains, des Ortes. Charakter und Beschaffenheit des Bauplatzes und seiner Umgebung werden genau zur Kenntnis genommen, hinderliche oder inspirierende topographische Eigenheiten, die Nachbarschaft. So erklärt sich die L-förmige Anlage des Schürmannschen Hauses, dessen Gartenhof schließlich von Bäumen, Büschen, Pergolen eingefaßt, wenngleich nicht hermetisch geschlossen ist. So war es gewollt: die innige Korrespondenz von innen und außen, die alle Jahre hindurch schließlich diese Einheit einer höchstpersönlichen Welt gebildet hat.

Beim Haus Gold, das inzwischen unter Denkmalschutz steht, hatten dergleichen Überlegungen zu einer anderen Lösung geführt. Und das zweistöckige Haus Sieben im Kölner Stadtteil Weiden wäre vermutlich anders geraten, wenn es des schmalen Grundstücks wegen nicht nur sieben Meter hätte breit werden dürfen. Seine eigenwillige langgestreckte Form und die Gliederung in ein Straßen- und ein Gartenhaus wiederum hätte es kaum erfahren, wenn die Familienverhältnisse es nicht nahegelegt hätten: in zwei Häuser, die durch eine Wohnhalle miteinander verbunden sind. Darin führt die eine Seitentreppe auf die Empore des einen Teiles mit den Schlafräumen, die andere entgegengesetzt auf die gegenüberliegende Empore einer Einliegerwohnung.

Man erkennt immer wieder den Wunsch, Folgen von Räumen zu bilden, die man schließen, aber eben auch öffnen kann: Zusammenhänge. Was Wunder also, daß die Schürmanns sich früh den flexiblen Grundriß zum Thema nahmen, um Variationen, die das Leben in Familien oder anderen sozialen Gemeinschaften zu verlangen liebt, möglich zu machen. Die einfachste Methode besteht in der Lokalisierung der Installationen an einen bestimmten Ort des Hauses und in versetzbaren Wänden. Voraussetzung ist dafür allerdings ein durchgehendes Grundmaß, das sich teilen und vervielfältigen läßt, ein Modul. Im Schürmannschen Haus von 1957 ist es das schmale Maß der japanischen Tatami-Matte mit 90 × 180 cm, was den jungen Architekten damals fasziniert hat (bei ihm mißt es 92 cm).

In dem anderen Haus, das er sich 1968, nach seiner Berufung zum Professor für Gebäudekunde und Entwerfen an die Technische Hochschule in Darmstadt, dort entworfen hat, beträgt das Rastermaß 1,20 Meter. Das Zehnfache davon bildet die Grundfläche eines Hauses, zugleich das einer ganzen Gruppe identischer Häuser und gleich bemessener Gartenhöfe an- und nebeneinander.

Diese Möglichkeit einer platzsparenden Anordnung von Häusern des gleichen Typs steckt zwar schon im ersten L-förmigen Haus. Hier indessen drückt sich die Konzeption obendrein in der originellen Konstruktion des Hauses aus: einem quadratischen, vierbeinigen Stahlbeton-‚Tisch' mit einer kassettierten Decke, unter der dann ein veränderlicher Grundriß zu ermöglichen ist.

Seit der Bedarf an Wohnungen größer ist als ihre Zahl, seit vor allem der Preis von Wohnungen oft nur noch mit öffentlicher Unterstützung bezahlt werden kann, die Wohnungsnot nach den beiden Weltkriegen enorm war, zählt die Flexibilität der eng bemessenen Grundrisse zu den Lieblingsthemen der Architekten.

Möchte man nicht, daß alle so gut wie irgend möglich damit zurechtkommen? Womöglich ein Leben lang mit wechselnden Raumbedürfnissen, in anderen Lebensumständen? Indem man die Immobilie Haus so mobil anlegt, wie es geht? Schon richtig. Nur lohnen es, wie die Erfahrung lehrt, die Bewohner den Architekten selten. Offenbar ist die sprichwörtliche Macht der Gewohnheit immer viel stärker als die Lust zur Veränderung. Man paßt sich seinen vier Wänden eher an, als daß man sich die Mühe macht, sie sich gefügig zu machen, sie zurecht zu rücken. Alle menschenfreundlichen Offerten dieser Art haben die Bewohner bisher meist ausgeschlagen, ob in Mies van der Rohes Mietshaus in der Weißenhof-Siedlung in Stuttgart, ob in den flexiblen Häusern, deren Entwürfe in den achtziger Jahren aus Bundeswettbewerben hervorgingen und tatsächlich gebaut worden sind. Offenbar reicht für das seelische Wohlbefinden die Gewißheit, daß man seine Wohnung verändern könnte, wenn man wollte, ohne es letztlich wirklich zu tun.

Und weiter: In nahezu allen Schürmannschen Häusern bemerkt man einen Hang zu einer sehr milden, hellen Farbigkeit, vor allem zur Grisaille. Und so geht das Streben eher zur Monochromie als zur Buntheit. So findet das starke, leuchtende Rot eines Fensters in der Kirche Groß St. Martin keine Gegenliebe bei den Architekten. Sie schwören statt dessen auf eine Palette fein abgestufter Grautöne. Und wo immer es sich anbietet, bevorzugen sie die Farbe des Materials selber, die des Natursteins, des Ziegels, des Betons, nicht zuletzt des Holzes, sofern es nicht dazu verlockt, es hell zu lasieren oder dunkel zu beizen, zwei Techniken, die immerhin versprechen, die Struktur seines Bildes, die Maserung, zu erhalten. Wände und Decken sind, schon um der Helligkeit willen, meist weiß, Metall in den ihm angemessenen Farben gestrichen.

Mit Materialien und mit Farben lassen sich in Räumen feine visuelle Beziehungen herstellen, lassen sich gleichsam Klänge erzeugen. Freilich hilft den Architekten dabei keine Harmonielehre wie den Komponisten, sondern nichts als ihr eigenes Gefühl. Wie es bei Joachim und Margot Schürmann beschaffen ist, klärt ein Besuch im Kardinal-Frings-Gymnasium in Bonn-Beuel. Zum Beispiel: auf dem Boden anthrazitfarbener Quarzit, verhalten schimmernd; die Decke aus Beton, vom Brettmuster der Verschalung geprägt; die Wände sind teils weiß geputzt, teils seidenglatt und fleckenlos betoniert, teils mit Holz in warmen, dunklen, rötlich schimmernden Tönen verschalt; das ganze Gymnasium ist in allen Gebäuden von einem leuchtend roten Sprossenstreifen durchzogen und gleichsam davon zusammengehalten. Es ist sehr verlockend, von einem Akkord zu sprechen, im Weitergehen sogar von einer Akkordfolge, zumal da nicht nur die Farbtöne, sondern auch die Räume ihre Proportionen wechseln und mit anderen Kombinationen überraschen. Nicht zu reden von den vielen praktischen Einfällen, die die Häuser zieren oder sie bequemer machen, von Lamellenfenstern, von in die Decke integrierten Leuchten, von den erlesenen Beschlägen, den Handläufen, Brüstungen und Geländern, den Glyzinen bis ins Dach hinauf. Und natürlich müßte man die Konstruktion erwähnen und die dekorative Wirkung, die in ihnen steckt.

Kirchen und
Konstruktionen

Denn offensichtlich spielt die Konstruktion beim Entwerfen keine bloß dienende Rolle. Sie kann, so der Architekt sich auf sie versteht, viel mehr. Also geht es darum, welche Architektur er der Konstruktion abzugewinnen vermag. Wo käme das plakativer zum Ausdruck als in den Schürmannschen Kirchenbauwerken. Wie denn auch anders: die funktionalen Ansprüche eines Gotteshauses sind so unkompliziert wie nirgends sonst, die Freiheit neuer Raumfiguren ist groß.

Wer am Anfang der Arbeit Joachim Schürmanns als selbständiger Architekt – 1956, er war 30 Jahre alt – noch vermutet hatte, hier entwickle sich ein Rekonstruktionsfachmann für das im Krieg schrecklich zugerichtete Köln, ging freilich in die Irre. Die gelungene Instandsetzung der Krypta von St. Gereon, ebenso die Instandsetzung und der erneuernde Innenausbau der Klemenskirche in Köln-Mülheim führte am Ende zwar auch mit zu dem Auftrag, die stark zerstörte romanische Kirche Groß St. Martin wieder instandzusetzen, aber erst einmal zu den Entwürfen neuer, zeitgenössischer Sakralbauten. Alle diese, meist aus Wettbewerben hervorgegangenen Bauten sind eigenwillige Verbindungen zwischen Tradition und Gegenwart, weil sie im Kontext entstanden sind, im Kontext mit der Gattungsgeschichte, aber auch mit der Moderne, wie sie damals der – aus Anlaß einer Ausstellung im New Yorker Museum of Modern Art – sogenannte Internationale Stil (oder, ebenso mißverständlich, der Funktionalismus) formuliert hatte.

Konstruktiv hat jede dieser Kirchen ihre Eigenart. Man hat den Eindruck, als hätten dem Architekten diese Bauaufgaben die Gelegenheit gegeben, seine Vorstellungen von Architektur zu erproben: gleiche

Aufgabe, unterschiedliche Lösungen, schon in den romanischen Kirchen und Krypten keine Spur von traditionsbeladener Düsternis, stattdessen eine geradezu herausfordernde, überaus vielfältige, himmeljauchzende Helligkeit, als hätte zur Aufgabe die Durchlüftung des religiösen Geistes gehört.

Zum Beispiel St. Stephan in Köln-Lindenthal, preisgekrönt im ersten Wettbewerb des jungen Büros: der Turm der im Krieg zerstörten neugotischen Kirche, „Finger Gottes" genannt, maßvoll seine Blessuren zeigend, wieder hergerichtet – daneben die dreischiffige Basilika, deren Mittelschiff einen dunkel gerasterten, durchscheinend weißen Quader bildet; die zwölf ungemein schlanken, blattvergoldeten runden Stützen (keine 30 cm stark) tragen den flachen Dachrost, an den die Seitenschiffdächer angehängt sind. Dieser Quader aus Opakglas und Glasfaserspinstscheiben war eine Kühnheit. Nicht zu heiß im Sommer? Schürmanns reisten herzklopfend nach Mailand, maßen in Bruno Mangiarottis Kirche Matris Misericordia in Baranzate die Temperatur, kehrten beruhigt heim und vertrauten mit Recht ihren gemauerten Kühl- und Heizungskanälen im Boden und der Luftzirkulation.

Zum Beispiel die Christkönig-Kirche in Wuppertal: Bruchsteinmauerwerk aus Grauwacke, einem grauen sandsteinartigen Sedimentgestein mit einer sehr lebendigen Struktur; alle 70 cm – oder nach jedem Tagwerk – eine durchgehende Lagerfuge, über der Mauer ein Glasfries, auf dem das Holzdach aussieht, als schwebe es.

Oder St. Pius in Köln-Flittard 1958: vier lange, dünne, sich nach oben verjüngende Säulen, die einen großen Baldachin aus einem räumlichen Stahltragwerk tragen, eine auf's äußerste ausgedünnte Konstruktion, daran die Wände aus Schiefer und Holz angehängt. Ein breites Oberlichtband läßt das Dach schweben. In angemessenem Abstand vor der Kirche steigt aus einem hoch ummauerten Hof ein runder, kräftiger, mit Klanglöchern versehener Glockenturm auf, gekrönt von einem Luren blasenden Engelchor. Die Entasis des Turmes bemerkt man kaum. Alles ist schön, das Maß und die Teilung, die Leichtigkeit, die Atmosphäre, die Stimmung der Räume innen wie außen.

Oder St. Pius in Neuss von 1968, wo die konstruktive Neugier des Architekten eine andere Richtung nahm: scheinbar eine expressionistische Ausschweifung, der Grundriß wie ein sechsfach gebuchtetes Blatt aus der Privatbaumschule des Lieben Gottes, mit Apsis, Westwerk, vier Seitenkapellen. Das Dach bildet ein tief durchhängendes hyperbolisches Paraboloid. Und das Material? Sichtbeton, gespannte Stahlhängeseile, Lärchenholzschindeln, auf dem Boden Ziegel.

Aber woher das auf einmal? Den Urgedanken dazu, sagt Joachim Schürmann, habe er vom Castel del Monte, dem apulischen Jagdschloß Friedrichs II. empfangen, einem nun wahrhaft monumentalen, von acht achteckigen Türmen obendrein beschwerten Oktogon.

In Neuss haben Schürmanns auch ein Kloster gebaut, direkt an die gotische, einigermaßen harmlose Sebastianskirche. Es wurde ein stämmiger, blendend weiß geschlemmter, von den neuen Bewohnerinnen stolz gepflegter Bau, dem man die plötzliche Lust der Architekten am Stahlbeton anmerkt. Sie äußert sich auf die subtilste Weise im Kreuzgang, infolgedessen auch im Hof. Der ist von vier gleichartigen, von verschieden breiten senkrechten Schlitzen und bastionsartig umrahmten kleinen Fenstern in durchbrochenen Wänden umgeben, die ein geheimnisvolles sanftes Licht ins Innere sickern lassen. Jede dieser vier Wände ist eine kraftvolle, ungemein ausdrucksstarke, leuchtende Skulptur.

„Das würde heute keine Firma mehr bauen" – ein Satz, den viele Architekten sagen, die den bequemen Weg meiden. Bei Schürmanns scheint er einen Augenblick lang zu verwundern, weil sie immer wieder Handwerker preisen, mit denen sie Umgang hatten, vor allem diejenigen, die über ihre komplizierten Wünsche erst nörgelten, sie dann aber mit desto größerem Eifer erfüllten. ‚Ihren' Dachdecker haben sie über dreißig Jahre lang konsultiert, und ohne den Polier Josef Hackenbruch, sagen sie, hätten sie die große Martinskirche niemals so herrichten können, wie es über Jahrzehnte geschehen ist. Sie haben ihm ein lobendes Abschiedslied gesungen.

Nun könnte man sich, im Neusser Kloster um sich blickend, wieder bei den Materialien und den Farben aufhalten, bei dem innen und außen weißen Beton, den schwarzen gebeizten Holztüren, dem tiefgrau schimmernden Quarzitboden, den grauen Sichtbetondecken, auch bei dem aus konischen Schächten hereinschießenden Licht in der Kapelle des Klosters und in der Sakristei – wenn nicht gerade hier ein anderes Thema in den Vordergrund drängte, das üblicherweise (und seit über einem Vierteljahrhundert) „Neues Bauen in alter Umgebung" genannt wird.

Alt und Neu
Neu zu Alt

Für Schürmanns, denkt man, sei das niemals ein spezielles Thema gewesen, eher eine alltägliche Aufgabe, gleichwohl natürlich eine stete Herausforderung. Im Grunde haben sie stets so gehandelt wie in Neuss, wo sie kaltblütig, aber maßstabsgerecht das Neue an die historische Sebastianskirche angedockt haben.

Ihre Haltung erinnert nicht an dieses treuherzig hin und herbewegte Problem, umso mehr an das schöne, rüde Aperçu des Münchner Architekten Werner Wirsing. Wer baut, sagte er, baue immer in einer wie auch immer aussehenden, jedenfalls existierenden, ‚alten' Umgebung, also könne man diese Selbstverständlichkeit streichen. Und wer baue, baue immer neu; also bliebe, wenn man alles Tautologische abstreife, nichts weiter übrig als: Bauen.

Trotzdem bleibt in unseren vom Historismus immer noch verunsicherten Zeitläufen die Frage, welche Haltung der Architekt dabei einzunehmen gedenke: ob er sich einer historischen Umgebung historisierend unterwirft, oder ob er mit angemessenem Selbstbewußtsein darin die Gegenwart mit ihren Ausdrucksformen behauptet.

Für Joachim und Margot Schürmann gab es da niemals Zweifel: nein, keine auf Nachahmung bauende, nicht einmal danach schielende Anpassung, sondern das dem Alten sich einfügende, den Kontrast wagende, das Existierende damit ehrende Neue. Wie sie das tun, haben sie oft und auf staunenswerte Weise gezeigt, in Rheda-Wiedenbrück, in Bad Honnef, just in Lemgo, einer Stadt, die in derlei Angelegenheit früher als viele andere alte Städte couragiert gehandelt hat; auch mit einem – letztlich an den verstaubten Stadtverordneten gescheiterten – Entwurf für die Erweiterung des Rathauses am Heidelberger Kornmarkt. Eines Tages geschieht es auch in Lübeck, wo ihnen ein Wettbewerbserfolg den Kopfbau einer historischen Zeile aufgetragen hat. Das war, nebenbei, ein Wettbewerb, den die drei alten, seit langem in einem Verbund agierenden Städte Bamberg, Lübeck und Regensburg 1990 angestrengt und das Ergebnis begeistert gefeiert hatten.

Alle diese Altstadt-Bauten bezeugen die ungequälten, feinsinnigen Beziehungen, die die Architekten zwischen der überlieferten Umgebung, dem Stadtgrundriß und ihren da hinein plazierten Neubauten geknüpft haben und die deshalb manchmal den Anschein haben, als hätten sie sich von selbst ergeben. Tatsächlich gehören Schürmanns zu denjenigen Architekten, die mit der Historie zugleich freimütig respektvoll, immer bemerkenswert sensibel umzugehen verstehen. Und so denkt man, sie hätten in Heidelberg wie in Wiedenbrück, dort die Dachlandschaft und hier das Fachwerk und die Giebeldächer, als willkommene Quelle ihrer Inspiration begriffen. So versteht man auch, daß der in derlei Praktiken auch schon lange gerühmte Kölner Walter von Lom sechs Jahre lang im Schürmannschen Büro gearbeitet hat.

Am expressivsten freilich haben die Schürmanns das Thema neu–alt in der geographischen Mitte Kölns, inmitten der Altstadt, im Viertel der romanischen Kirche Groß St. Martin behandelt. Es ist ein Werk, das gleichermaßen städtebaulich, architektonisch und denkmalpflegerisch von großer Bedeutung ist. Dem Jubel über den Wettbewerbsentwurf von 1969/70 folgten damals erst einmal bittere Zeiten: „brutaler Beton, monumental, unmenschlich, maßstabszerstörend". Doch als das neugierig erwartete oder gefürchtete Projekt gebaut war, als alle Wohnungen an einem Tag verkauft waren und die ersten Wartelisten für Interessenten ausgelegt werden mußten, schlug die Stimmung um. Schließlich brachte ihnen das Projekt viele Preise und Ehrungen ein, und nun war klar, was sie hier mit modernen Mitteln geschaffen haben: ein mit Läden, Büros, Praxen und Restaurants vorsichtig durchsetztes, von Plätzen anmutig durchzogenes, außerordentlich abwechslungsreiches, mitten in der Stadt obendrein ruhiges Wohnviertel zwischen Dom und Rhein. Ein brandneues Altstadtviertel eigener Art, sehr kölnisch.

Wenig später hat ihnen diese Arbeit einen Direktauftrag von der Post eingebracht, für das Briefpostamt 3, das gleich nach seiner Vollendung – so wie schon das Martinsviertel – den Deutschen Architekturpreis bekam. Hier bei Groß St. Martin haben sie auch ihre eingängige, gleichwohl strenge Architektursprache entwickelt, wie sie sich im Internationalen Begegnungszentrum gleich neben der Kirche und am deutlichsten in jenem Kopfbau in der Lintgasse, schräg gegenüber, in dem ihr Büro seitdem residiert, zu erkennen gibt: Beton (Fachwerk), hellgraue poröse holländische Betonmauersteine (Bredero-Steine), weißer Marmorfußboden mit kaum wahrnehmbarer Zeichnung, weißgestrichene Fensterrahmen und -sprossen, Geländer, Brüstungen und Rankgerüste aus Stahl, das Dach aus Schiefer und bis in den First genutzt. Das Gebäudeprofil ist gestaffelt, „um die Volumina spürbar" zu machen.

Geschichtliche Bezüge zur Umgebung werden nicht durch Zitate, sondern indirekt hergestellt, und sie wurden – und werden – immer gesucht. „Ein Architekt", sagt Joachim Schürmann, „kann niemals creator ex nihilo sein, besonders dann nicht, wenn er in einer Stadtsituation plant wie dieser."

Die Erinnerung an die Vergangenheit wird nur in der Martinskirche und tief unter ihr präsent durch aufregende Erkundungen, die letztlich ihre Fassung dank einem erst heute möglichen konstruktiven Raffinement bekamen.

Wie im Quartier um Groß St. Martin findet man im Rathaus von Bad Honnef und im Bürgerhaus von Wiedenbrück die Charakteristika der Städte reflektiert, die sie seitdem komplettieren. In beiden Gebäudekomplexen sind, auf einen Blick erkennbar, sehr innige, wenngleich selbstbewußt interpretierte Beziehungen zur städtischen Umgebung aufgenommen, aber auch aus der gewachsenen Stadtstruktur abgeleitet. Beide bilden denn auch städtische Räume ganz verschiedener, deshalb ja auch einprägsamer Art. Im Rathaus von Bad Honnef wie im Bürgerhaus von Wiedenbrück findet man die Eigentümlichkeiten der Städte versponnen, in beiden Gebäudekomplexen sind Beziehungen zur städtischen Umgebung hergestellt, nicht nur aufgenommen worden, beide bilden städtische Räume sehr differenzierter Art.

In Bad Honnef legt sich der mehrteilige Bau halb um den neu formulierten Marktplatz, in Rheda-Wiedenbrück schließt er den Platz gegenüber der St. Ägidius-Kirche.

Beide Gebäude sind allein schon durch ihre Programme, ihre Ausdehnung große Brocken im engen Gefüge der kleinen Städte, daher ihre sorgfältige Verknüpfung mit dem Straßen- und Wegenetz, daher ihre Vielgliedrigkeit, deswegen auch ihre Durchlässigkeit, ihre einladenden Gebärden mit Ein- und Durchgängen, mit großzügigen, hellen, betont freundlichen Entrées, nicht zuletzt mit Arkaden, die gewiß vor Regen schützen, vor allem aber den Blick und damit den Weg ins Innere öffnen, das heißt den Bürgern die Scheu davor nehmen sollen, über die Schwellen zu treten und die Angebote zu nutzen, die ihnen dahinter so einladend präsentiert werden. Im Inneren sind diese Gebäude von hellen Fluren durchzogen, von oft sehr originellen, voneinander unterschiedenen, daher der Orientierung dienlichen Treppen erschlossen, zudem mit Emporen, Balkons, überraschenden Ein-, Aus- und Durchblicken bereichert. Man hat Lust, von der inneren Topographie der Räume und der Gebäude zu sprechen oder, romantischer, von Raum-Landschaften, die sie miteinander bilden.

Das ist in einem anderen Bauwerk, dem Kölner Postamt 3, das sie an Größe weit übertrifft, schon mit seiner monolithischen Konzeption, die der Ort notwendig machte, auch nicht anders – weil alles dies nun einmal in die Gedanken- ebenso wie in die Gefühls- und Vorstellungswelt der Architekten gehört. Dem zugrunde liegt die allgegenwärtige Frage, wie sie selber, wären sie tagtäglich dazu genötigt, sich derlei Häuser wünschen, was sie daran, darin sehen, wie sie Treppen finden, steigen möchten, wo sie Ausblicke erhoffen, wo es Erfrischungen des Auges wie des Leibes, wo es Licht und Bäume gibt, zum Beispiel diese eine, unterdessen mächtig herangewachsene Platane mitten im Hof des Postamtes 3, dieser riesigen, in sich kompliziert verzweigten Briefverteilungsmaschine in der Nähe des Kölner Hauptbahnhofes. Es ist ja kein Zufall, daß die Schürmanns ganz bewußt dafür – wie noch niemand vor ihnen: zum zweitenmal – mit dem Deutschen Architekturpreis ausgezeichnet worden sind. Es ist vieles daran, was nur ihnen hatte in den Sinn kommen können.

Da ist die Reaktion auf den betagten großen Nachbarbau, die alte, in den dreißiger Jahren leicht entschmückte Hauptpost von 1893: auf ihre kräftigen Ecktürme antwortet der Neubau mit einer ‚Negativ'-Form, mit Eck-Loggien, die je höher, desto offener sind.

Da gibt es den seitlichen Arkadengang, der den Blick ins Innere erlaubt, dahinter gleich die lange geräumige Eingangshalle, die der Informierung des Publikums dient. Da ist die vor allem Margot Schürmann zuzuschreibende, sehr ausgeklügelte funktionale Gliederung des Komplexes, die folgerichtige Anordnung der Maschinen. Und alles das wird ja noch von einer ganzen Anzahl menschenfreundlicher Einfälle begleitet. Dazu zählen die terrassierten, um den grossen Lichthof im Inneren des Blockes gestaffelten Geschosse, auch die schönen Fluchttreppen, die Rampen, das Licht, endlich die Homogenität der Betonstein-Architektur, ihre Unaufgeregtheit, die feine, grisailleartige Farbigkeit. Immer wieder fällt der Respekt auf, den die Architekten vor der Arbeit haben, die hier zu verrichten ist. Und noch etwas fällt auf, das ist die eigenartige Eleganz, die dieser raffinierten Version des Einfachen und Selbstverständlichen innewohnt.

Derlei Qualitäten begegnet man natürlich auch bei der Stadtsparkasse in Lüdenscheid, auch beim Engelbert-Kämpfer-Gymnasium in Lemgo, ebenso im Entwurf der Landesbibliothek in Fulda wie in dem für die Weltausstellung in Sevilla oder im Kardinal-Frings-Gymnasium in Bonn-Beuel aus den sechziger Jahren, in dem sich noch die Begeisterung für den Baustoff Stahlbeton spiegelt. Gerade in diesem Bau imponiert einem die außerordentlich konzise, von vielen sympathischen Details lebende Architektur, vor allem die raumbildende Gruppierung der Gebäude, besser: die ganz verschiedenen Höfe und Plätze, um die sie geschart sind oder die sie bilden.

Genau dies lenkt nun die Aufmerksamkeit auf den Städtebau, der dieses Denken, auch das architektonische Denken von Joachim Schürmann und Margot Schürmann selbst wieder prägt.

Da ist vor allem der große Entwurf für den Postplatz in Dresden, gewissermaßen eine Komposition aus mehreren, nach Tempo, Rhythmus und Charakter verschiedenen Sätzen, dargestellt in ineinander übergehenden Plätzen von jeweils anderer Art, Größe und Beschaffenheit. Die Gebäude, die ja nicht wenig zu ihrer Formulierung beitragen, konzentrieren sich hier vor allem an einem langgestreckten Wasserlauf mit allerhand unterhaltsamen Immobilien, das sind hauptsächlich Stege, Folies und Bäume. Die Häuser sind von Durchquerungen unterbrochen, die sich auf den benachbarten Stadtteil beziehen. Sie werden teils Büros (zur Stadt hin), teils Wohnungen (zum Wasser hin) enthalten.

Zu erwähnen ist da nicht zuletzt die Umsteigestation der Straßenbahn, die eine aus mächtigen, eleganten stählernen Masten und Glasdächern gebildete Skulptur ist und den Beginn der Wilsdruffer Straße unweit des Zwingers markiert: unübersehbar ein Tor, das Tor zur inneren Stadt.

Kennen wir das nicht ähnlich vom Friedensplatz in Bonn? Prinzipiell, gewiß. Hier wie dort die gleichen Gedanken: ein ehemals links liegengelassener, wüster, sichtbar ungeliebter langer schmaler Platz – aber doch einer, an dem viele Menschen mit Omnibussen aus der Umgebung ankommen, ihn demzufolge als Tor zur Bonner Altstadt empfinden sollten. Und so geschah es denn auch. Schürmanns bauten die Omnibus-Haltestelle so lang wie den Platz, darüber ein schmales, flachgewölbtes gläsernes Dach in voller Länge; an das Tor erinnern sie mit einem der Legende nach bösen Zauber bannenden Zeichen in Gestalt einer halbkreisförmigen labyrinthischen Bodenplastik, in die eine schmale Wasserrinne mündet. Dies wie das andere ist brillant konstruiert und feinsinnig gestaltet, ein Schmuckstück von Platz.

Nicht anders wird eines Tages der Bremer Domsplatz von sich reden machen, wenn er denn einmal fertig wird; letztlich wohl auch das, was von dem anfangs emphatisch gefeierten, doch dann von mißlaunischen Bauherrn immer weiter reduzierten Entwurf für den Salzburger Bahnhofsplatz am Ende dennoch gebaut werden wird.

Zu den neueren städtebaulichen Arbeiten zählt der preisgekrönte Vorschlag für die adäquate Fortsetzung der klassischen Gartenstadt Hellerau in Dresden. Sie folgt den Höhenlinien des leicht abfallenden Terrains rings um die von Anfang an dazugehörenden Deutschen Werkstätten. Ihre notwendig gewordene Erweiterung hatte denn auch den Anlaß für das ehrgeizige Projekt gegeben. Den Wettbewerbssieg für die neue Fabrikhalle hat der Münchner Architekt Thomas Herzog davongetragen.

Einige Prinzipien und Vorlieben

Gute Architekten lassen in jedem Bau und in jedem Entwurf, auch in denen, mit welchen sie kein Glück haben, ihre Persönlichkeit erkennen. Sie haben eine Handschrift, an der man sie mit kritischem Blick erkennt, und sie genießen, das gehört dazu, ihre Vorlieben. Eine, zu der Joachim und Margot Schürmann sich gerne bekennen, sind erstens die Farbe Weiß, zweitens die Kunst der Grisaille, der fein abgestuften Grautönungen, sind drittens die den Materialien innewohnenden Farben und Oberflächenbilder. Eine andere ist es, die Natur herauszufordern. Soll sie doch, sagen sie, sich zurückholen, was wir ihr genommen haben: das Kölner Bürohaus, wohl das schönste der ganzen Altstadt, ist dicht umwachsen; das Dubliner Haus ist von anbrandenden Wiesen umgeben; im Martinsviertel ist keine Gelegenheit ausgelassen, es grünen zu lassen, in den Fugen des Pflasters, an pilzförmigen Drahtschirmen, und überall Bäume.

Wie es sich für gute Architektur gehört, ist dem ‚Haus vor dem Haus' ebensoviel Aufmerksamkeit wie den Wohnungen zugewendet. Und wem bei Groß St. Martin eine Linie aus blauem Basaltstein auffällt, der sieht, ohne es unbedingt zu wissen, die Konturen der Brigidenkirche, die hier einmal gestanden hat.

Gute Architekten schauen sich um, ehe sie zu planen und zu bauen beginnen, studieren die Topographie, die Umgebung, nehmen kurzum den Ort zur Kenntnis und folgen mit Freuden den Einladungen, die darin verborgen sind, aber doch entdeckt werden können. So steckt in jedem Entwurf, in jedem Bau ein städtebaulicher Ansatz, der teils wörtlich, teils metaphorisch wichtig genommen wird, bei der Anlage des ausladenden Dresdner Postplatz-Ensembles ebenso wie bei der Gliederung des Gymnasiums in Bonn-Beuel, bei der komplizierten Revitalisierung des historisch anspruchsvollen Martinsviertels wie bei der Grundriß-Dramaturgie der Einfamilienhäuser Sieben oder Schürmann in Köln. Beinahe von selbst entsteht dabei die Strategie für das ‚neue Bauen in alter Umgebung'. Nein, keinerlei Zitate, keine Unterwerfung, keine Anpassung, stattdessen eine aus der Situation abgeleitete zeitgenössische, ihrer eigenen Qualität bewußte, deshalb beherzte Gegenwartsbaukunst.

Gute Architekten denken nicht nur an heute, sondern spielen (ein bißchen) mit dem Gedanken, was mit ihren Bauten morgen geschehen könnte, das heißt, ob sie ihre alte Tauglichkeit bewahren.

So erklärt sich bei den Schürmanns das fortwährende Faible für die flexible Gestaltung von Gebäuden, hauptsächlich der Innenräume, kurzum der Grundrisse, gleich ob die Bewohner sich darauf einlassen oder dummerweise nicht: es gibt nun einmal Menschen, die sich in Gehäusen, so wie sie nun einmal existieren, lieber zurechtrütteln, als daß sie die Wände verrücken. So spielte es Joachim Schürmann in seinem Darmstädter Haus – zugleich mit möglichen städtebaulichen Konsequenzen – vor, so offeriert er es in der Siedlung Hellerau und, ganz anders, am Burgholzhof in Stuttgart.

Wer Schürmannsche Gebäude betrachtet, bemerkt eine oft verblüffende Feingliedrigkeit, auch das merkwürdig gelassene Temperament der Fassaden, das doch allein das Wort Beton nach populärer Meinung auszuschließen scheint. Ganz im Gegenteil! Es sind nicht zuletzt die Stahlbeton- und die Betonsteinbauten, die diese Eigenschaft zeigen. In allen lebt eine starke konstruktive Phantasie, die sich am Praktischen entwickelt und sich zur Baukunst aufschwingt. Nein, daraus entstehen keine Entwürfe, die alles Gewohnte über den Haufen werfen – es ist die Utopie des schönen Alltäglichen. Und das Alltägliche wiederum zieht seine Kraft, seine Glücksgefühle, aus einer unerbittlichen Detaillierungslust.

Ja, das ist es: die Intensität des Tuns; es ist der Anspruch, damit der Vollkommenheit so nahe wie möglich zu kommen.

Und so war das auch mit dem Respekt des Hochschullehrers Joachim Schürmann vor seinen Studenten. Er gehörte zu den überaus seltenen Exemplaren der lehrenden Spezies, die nicht nur einen von allen Schülern bei Korrekturen bewunderten schnellen Blick für das Wesentliche haben, sondern die ihre Vorlesungen bis auf den Punkt auszuarbeiten pflegten. Doch da es nahezu unmöglich ist, der Sorgfaltspflicht des Architekten und der des Lehrers nebeneinander und gleichermaßen zu genügen, hat er nach einigen Jahren auf das zweite verzichtet.

Und wie war das mit dem Schürmannschen Funktionalismus? Es hat seine Richtigkeit, wenn damit eine Handlungsmethode, nicht eine Stilrichtung gemeint ist. So hatte es doch auch Louis Sullivan mit seinem oft und wohl auch gern mißdeuteten, fälschlicherweise auf diese eine plakative Formel reduzierten Motto „form follows function" gewollt, auf deutsch: daß die Form, die Gestalt eines Gebäudes, sich an seine Funktion, seine Aufgabe zu halten, sich ihr aber beileibe nicht einfach zu ergeben habe. Das Haus ist ein Gebrauchsgegenstand – jedoch einer, dessen Gestalt und dessen Bild ästhetischen Anforderungen zu genügen hat. Das ist bei Adolf Loos und seinem ebenso oft mißverstandenen Verdikt gegen das (aufgesetzte) Ornament nicht anders: weil er ebenso wie Sullivan, unausgesprochen, als Bau-Künstler, das heißt mit einem subjektiven Gestaltungsanspruch gehandelt und damit die soziale Pflicht zur Ästhetik anerkannt hat; zum schönen Ausdruck wie zum Raffinement des Einfachen, zur intelligenten Konstruktion, zum angenehmen Gebrauch. Das ist es, was das Schürmannsche Œuvre auszeichnet.

BAHNHOFSPLATZ IN SALZBURG   WETTBEWERB 1986   214

Zum Wettbewerb

Salzburg, in der Welt wegen seiner Schönheit gerühmt, empfängt seine Besucher am Bahnhof mit einem unbeschreiblichen Chaos. Dieses Tohuwabohu in ein würdiges Entrée zu verwandeln und einen leistungsfähigen Verkehrsverbund zu knüpfen ist das Ziel des internationalen Architektenwettbewerbs 1986.

Der Entwurf erreicht das durch Konzentration auf vier Schwerpunkte: den steinernen verkehrsfreien Platz (den vier Elementen Wasser, Erde, Luft, Feuer gewidmet), einen Square als Hain; den Verkehrsmäander als ein den Verkehrsstrom gliederndes Ele-

Stadt Salzburg

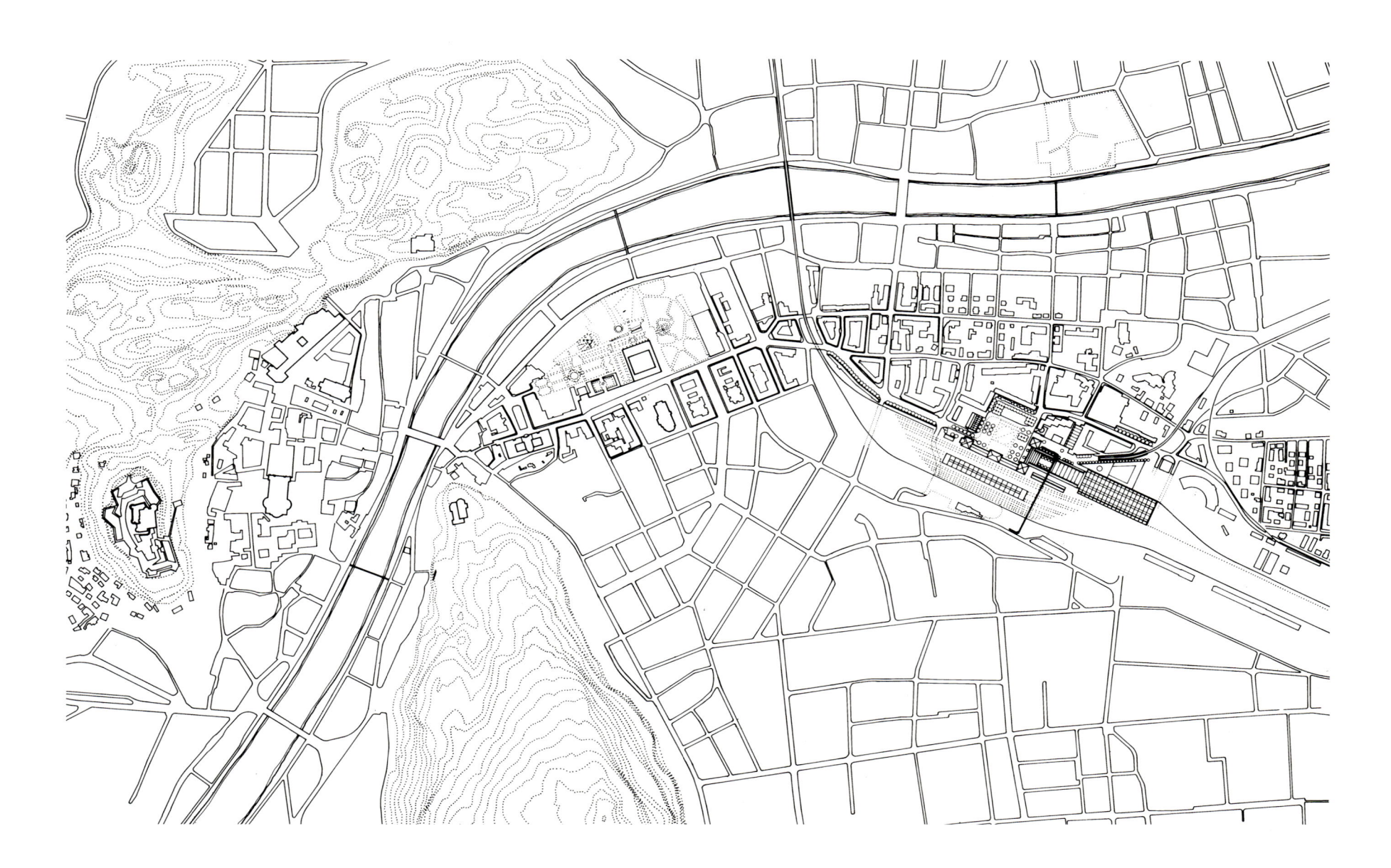

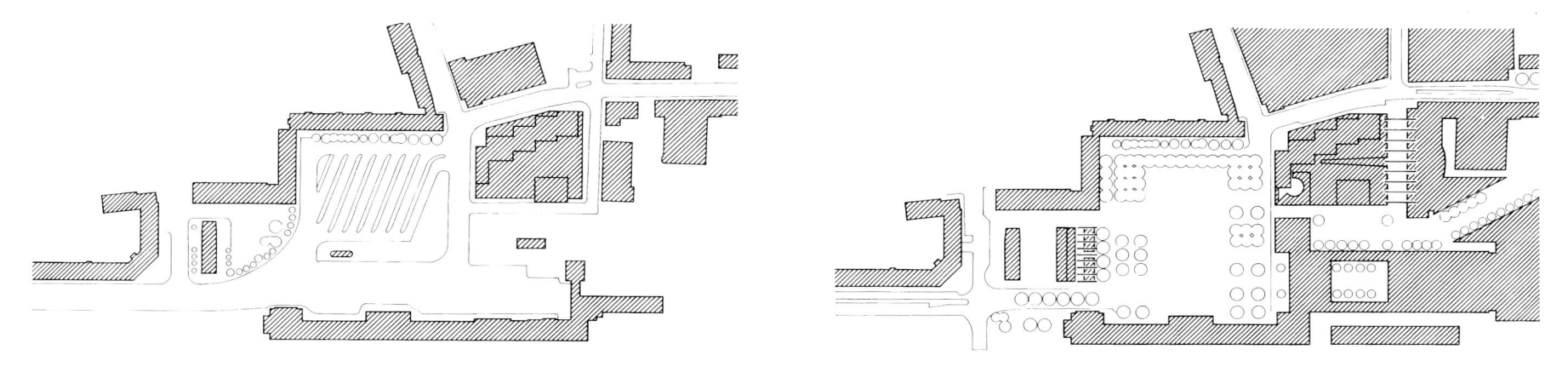

Der alte Platz

Der neue Platz

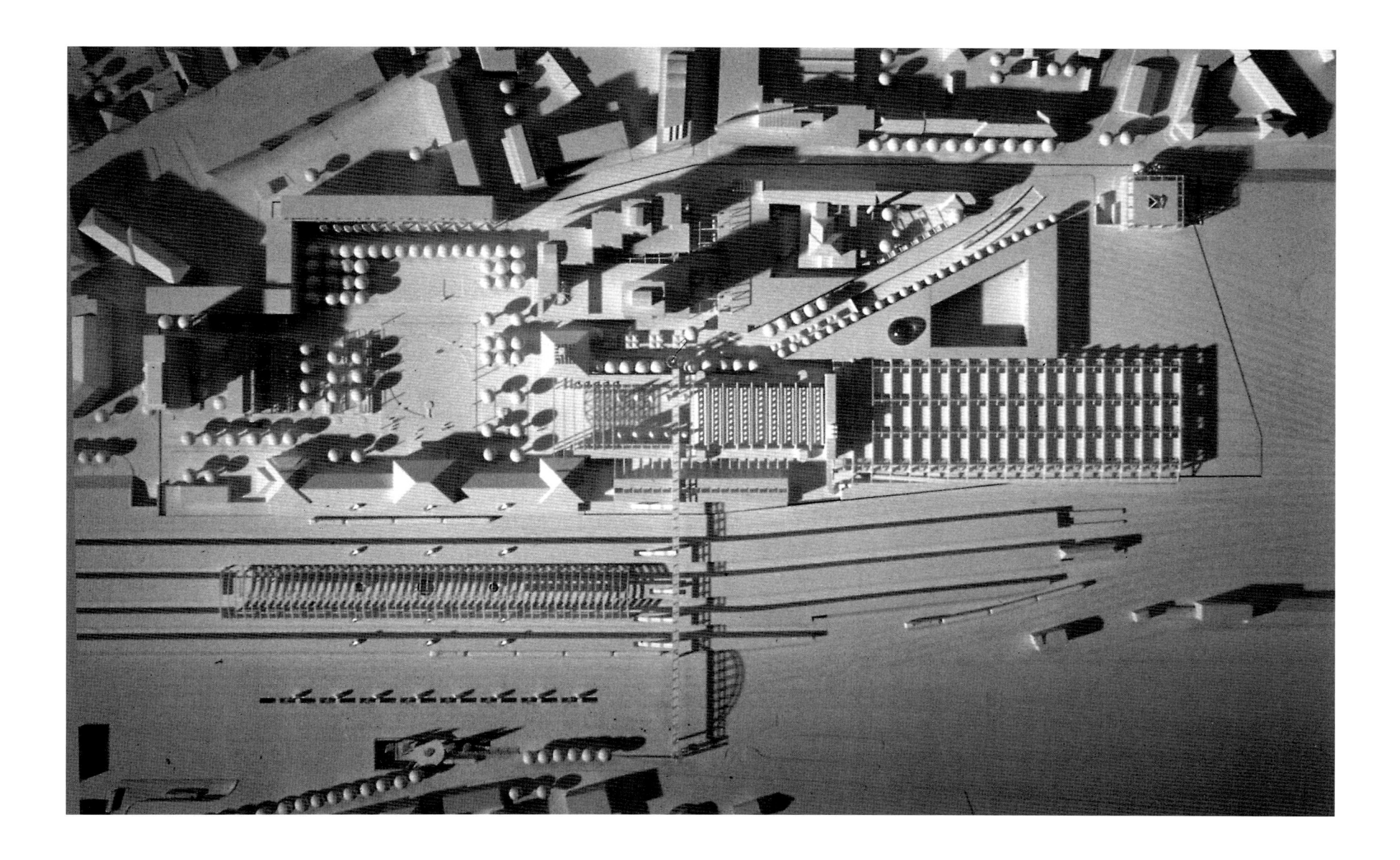

ment; das gläserne Passagenhaus und das Postgebäude als Platzrandergänzung.

Der regionale Busterminal, der heute den Platz wie eine Krake vereinnahmt, ist unter dem höhergelegenen Gleiskörper plaziert.

Diese Maßnahme schafft eine ‚Brücke' zwischen Bahnhofsvorderseite und Bahnhofsrückseite, zwischen Elisabethvorstadt und Schallmoos; kürzere und gesicherte, vom Kraftfahrzeugverkehr getrennte Umsteigewege; geschützte Wartemöglichkeiten für die Fahrgäste; eine Minderung der Anzahl von Ein- und Ausfahrtpunkten und Trennung von der Verkehrsstraße; einen großen Entwurfsspielraum für die Gestaltung des Platzes.

Der Verkehrsknoten wird ergänzt durch die Tieferlegung der „Lokalbahn" (einer S-Bahnlinie, die die nördlichen Vororte anschließt). Über die Verteilerebene werden alle Verkehrssysteme verknüpft:

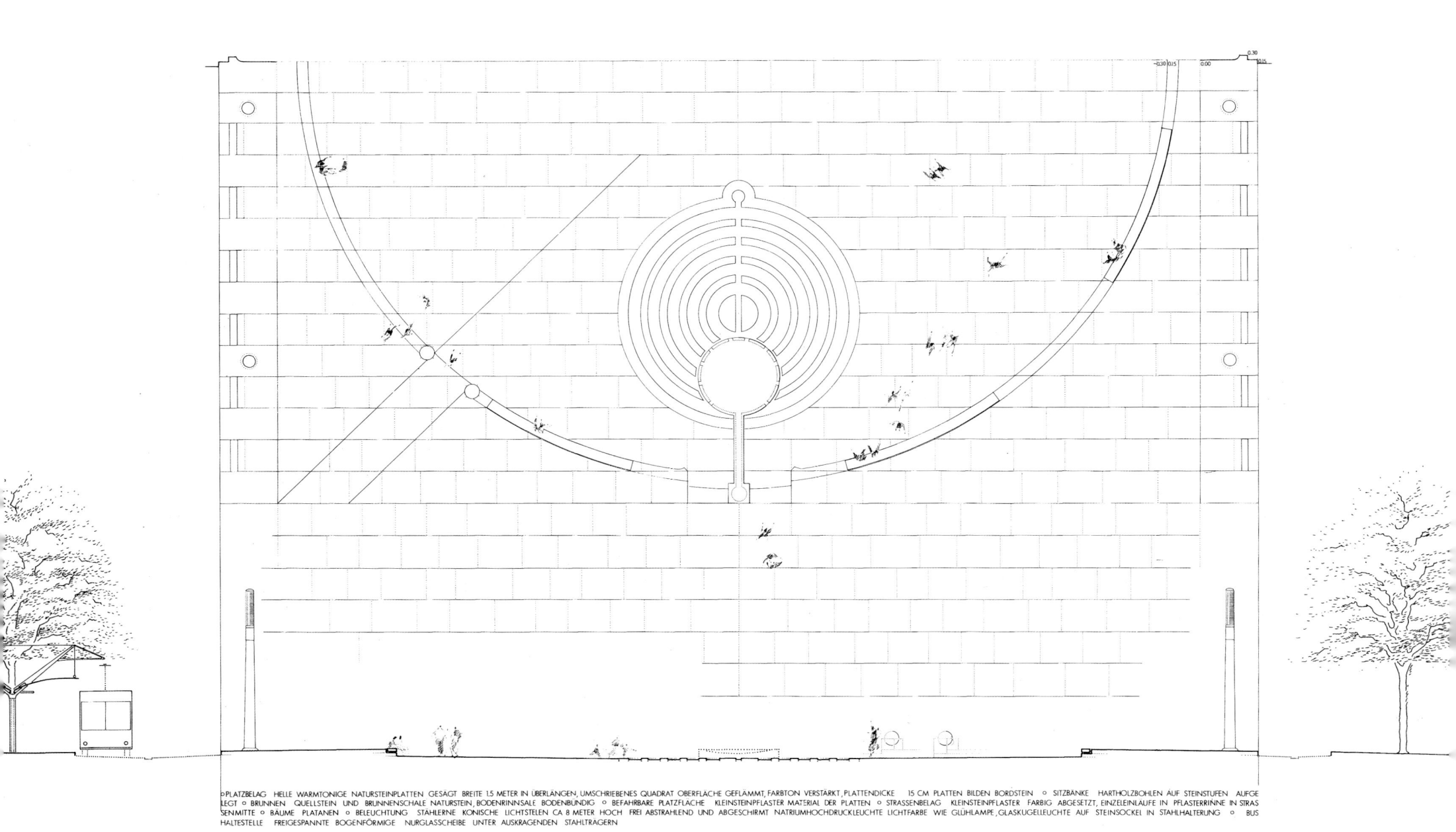

Bauherr: Stadt Salzburg

Lokalbahn, Bundesbahn, Städtische Busse, Bus-Terminal, PKW- und Fahrradgarage.

Die Fassung des Platzes wird präziser und einprägsamer durch die Ergänzung des Bahnhofs um den fehlenden Eckrisaliten im Nordosten und um einen neuen Baukörper als Eckrisalit für die Post.

Der gläsernen Post-Schalterhalle gegenüber liegt das prismatische gläserne Passagenhaus als selbstverständliches Pendant, das den Übergang zur Höhe des Hotel Europa vermittelt.

Der Platz wird in drei Bereiche gegliedert: den baumbestandenen Hain (dem Wohnen zugeordnet) mit einem Mahnmal an die Opfer des Faschismus; den eigentlichen Kern, als verkehrsfreien, steinernen Platz, unmittelbar dem Bahnhof zugeordnet, mit Bänken, Labyrinthbrunnen und Wasserlauf unter den Bäumen; den Verkehrsraum mit O-Bus-Haltestelle und Taxivorfahrt.

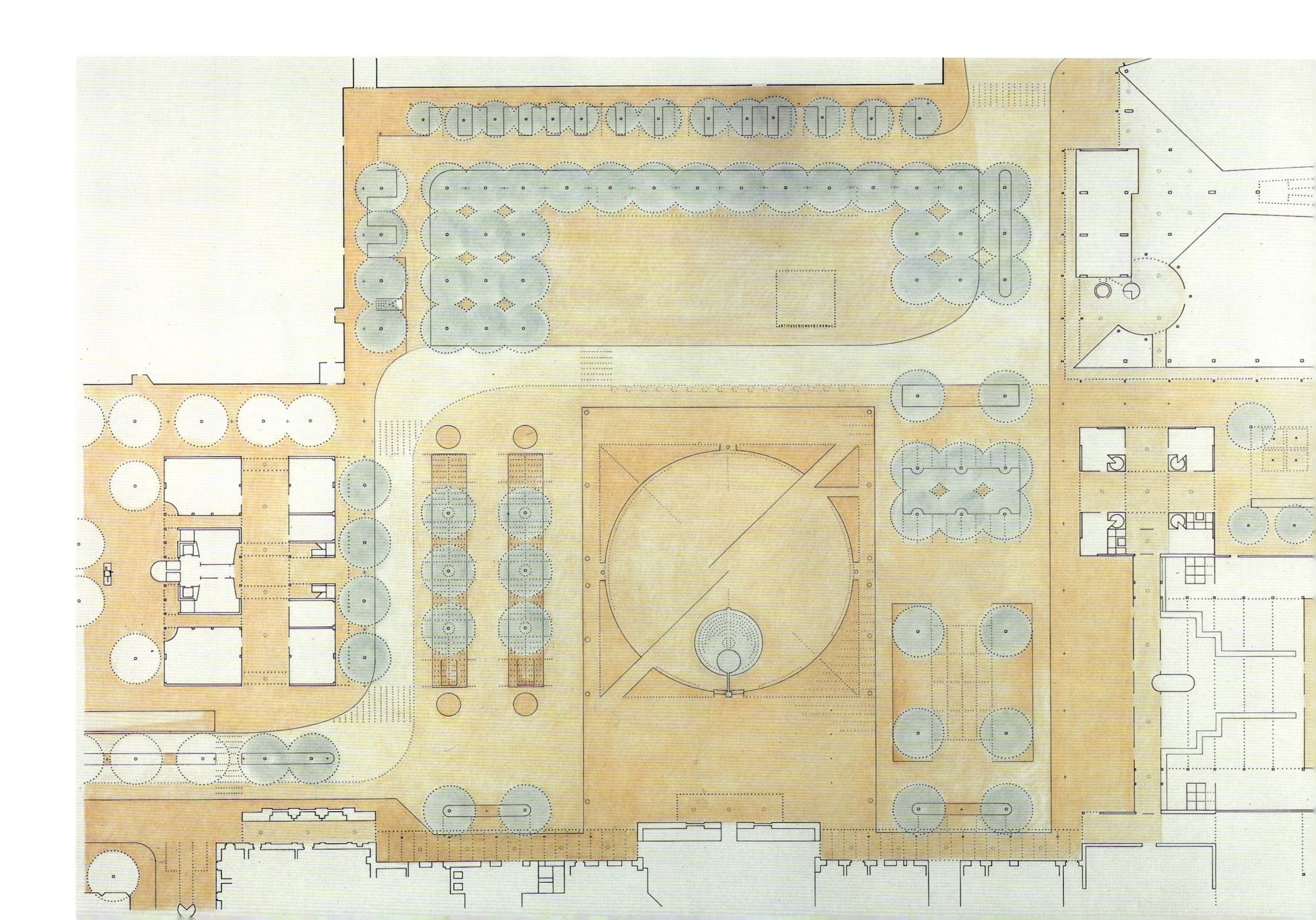

Aus dem Bericht der Jury

Das Typische dieses Entwurfs ist die Beibehaltung des großen Platzes ohne Gliederung durch bauliche Maßnahmen. Der Platz wird klar nach Funktionen gegliedert: der verkehrsfreie Fußgängerbereich vor dem Haupteingang des Bahnhofs, die Bushaltestellen beiderseits davon, die Kurzparkzone mit Taxi- und Postzufahrten und der parkähnliche Bereich vor der Wohnhausbebauung [...] Wesentlich erscheint, daß die Grünanlage vor den bestehenden Wohnbauten nicht durch nachteilige Verkehrsmaßnahmen belastet ist.

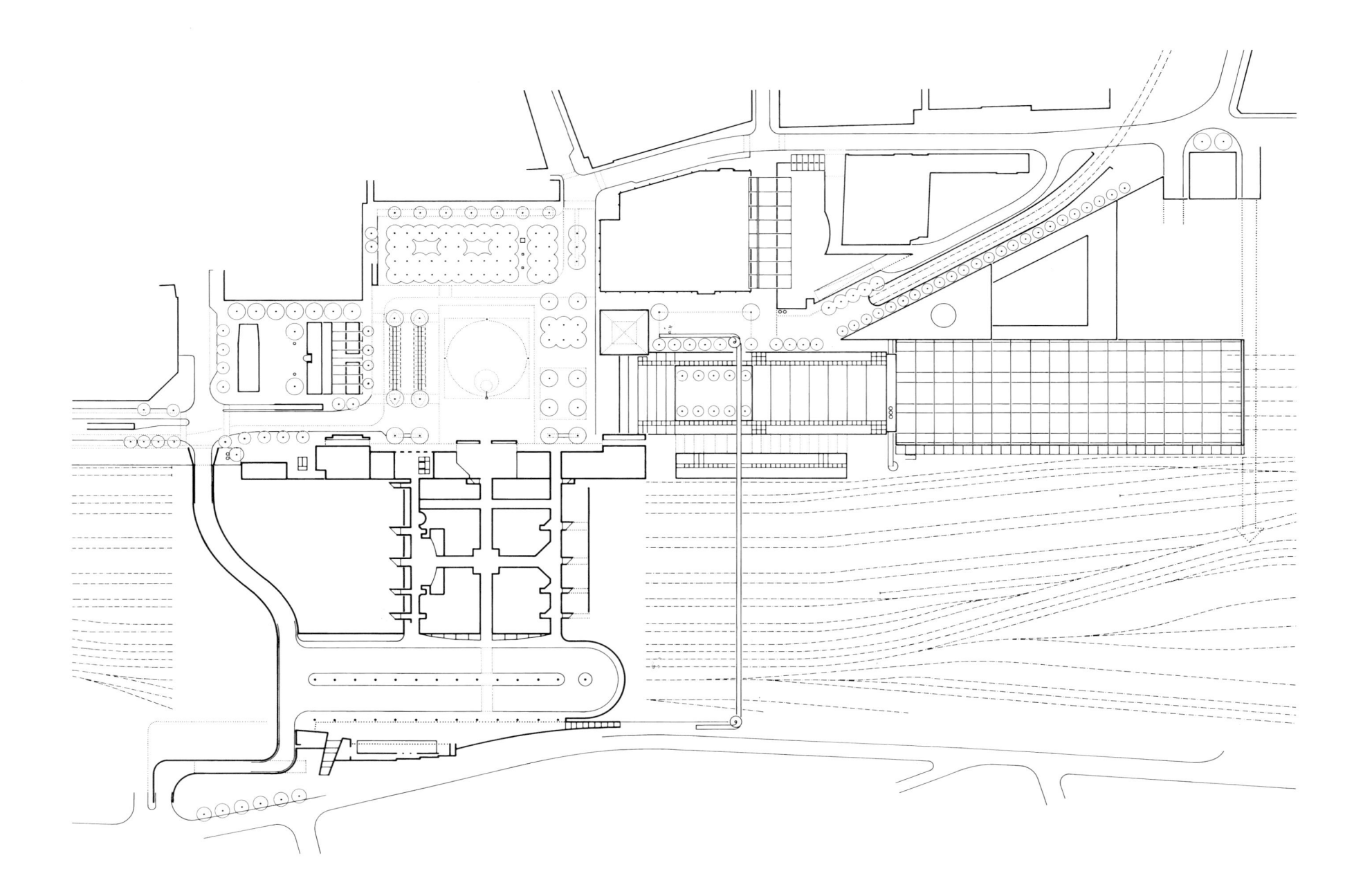

Die große Einfachheit der Gestaltung des Bahnhofsplatzes ist nur denkbar durch die Verlagerung des Bus-Terminals unter die Gleisanlagen der ÖBB, was ein Ausweichen auf ein Areal außerhalb des Wettbewerbsgebietes darstellt; dieser spezifische Vorschlag wird jedoch vom Preisgericht sehr positiv beurteilt und von den ÖBB für technisch und rechtlich durchführbar gehalten. Dieser Vorschlag weist interessante neue Erschließungsmöglichkeiten von der Ostseite auf, ist aber nicht in allen Teilen ausgereift. So scheint z. B. der Einbau von Oberlichten zwischen den Gleisen problematisch. Bemerkenswert aber ist, daß die Benutzer der ÖBB über Treppen mit sehr kurzen Wegen direkt auf die Busse umsteigen können. Bei den herrschenden Höhenverhältnissen erscheint das Bus-Terminal unter der Bahnanlage publikumsfreundlicher zu liegen als in der Tieflage unter dem Platz, da dieser durch aufwendige Rampenanlagen zwangsläufig beeinträchtigt würde.

Eine besondere Qualität des Entwurfs liegt in der Einbindung der Fassade des Postgebäudes in den Platz.

Der Verfasser erreicht eine organische Zusammenfassung des bestehenden Bahnhofsgebäudes mit dem Postbereich. Damit könnte auch die Lokalbahn in die Gesamtanlage integriert werden.

Die Post ist trotz allgemein sorgfältiger Durcharbeitung im einzelnen überarbeitungswürdig [...]

Bemerkenswert ist der Eingangshof, die betrieblich günstige Zuordnung des Posthofs zur Gleisanlage und nicht zuletzt die Durchbildung der Konstruktion, die dem Postgebäude eine maßstäbliche Einbindung in das Stadtbild gibt.

Einen wertvollen Beitrag stellt, dem Hotel Europa vorgelagert, der Baukörper am Bahnhofsplatz als Tor zur Stadt dar. [...]

Der Gesamtentwurf wirkt in seiner Klarheit überzeugend, er wird der gestellten Aufgabe mit einfachen Mitteln weitgehend gerecht.

Verkehr

Durch die Gestaltung eines großen Vorplatzes vor dem Bahnhofsgebäude entsteht eine ausgezeichnete Lösung für den nicht motorisierten Verkehr.

Als wesentlicher Bestandteil des Projektes wird der Regionalbus-Terminal unter die Gleisanlagen des Bahnhofs verlegt. Diese Lösung ermöglicht eine sehr gute Gestaltung der Umsteigebeziehungen, insbesondere zu den städtischen Bussen und zur Bahn. Dies ist von großer Bedeutung für die Lösung der regionalen Verkehrsprobleme. [...]

Die Führung des motorisierten Individualverkehrs ist durch die zufriedenstellende Trennung vom öffentlichen Verkehr sehr gut zu bewerten. [...]

Das Preisgericht empfiehlt, den Verfasser des mit dem 1. Preis ausgezeichneten Projektes mit allen Architektenleistungen zu betrauen, die für die Realisierung der in der Wettbewerbsausschreibung angeführten Bauaufgaben erforderlich sind. [...]

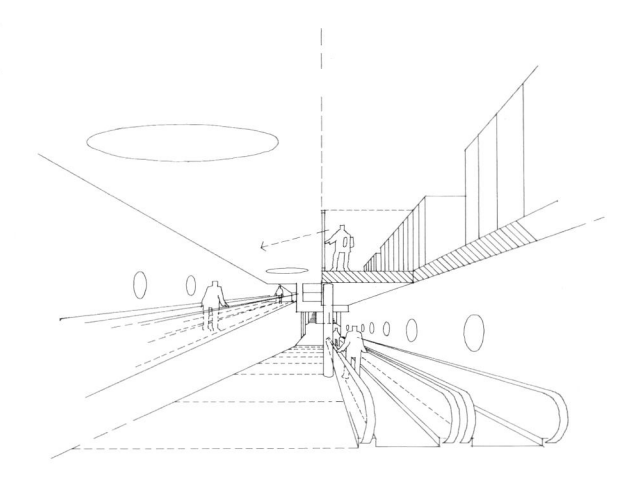

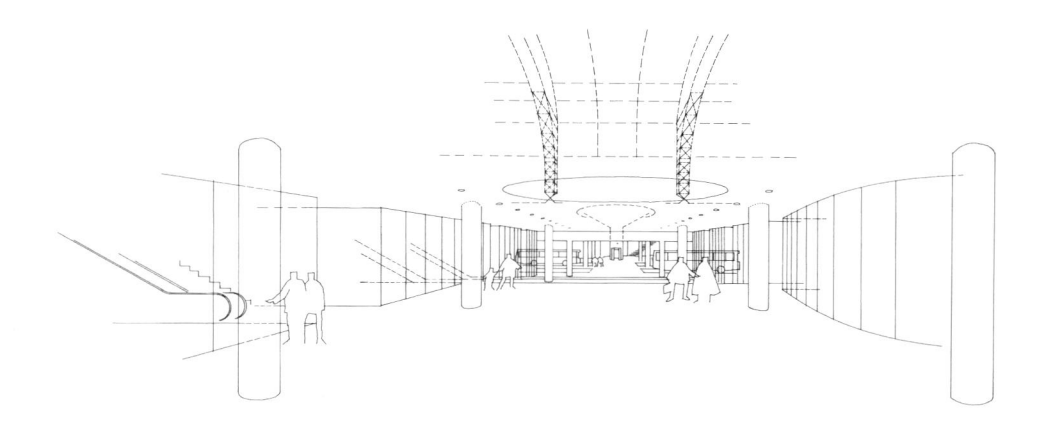

Stationen der Planungsgeschichte

1988: Die Stadt Salzburg beauftragt den Wettbewerbsgewinner mit einer Machbarkeitsstudie.

1989: Die Ergebnisse der Studie werden vom Gemeinderat einstimmig als städtebaulich verbindliches Leitbild beschlossen. Für die Projekte Lokalbahn, Bus-Terminal, Platz, Passagenhaus, O-Bus-Station und Tiefgarage werden mit den einzelnen Bauherren Architektenverträge geschlossen.

1992: Nach der Planung des Architekten beginnt die Baustelle für die U-Bahn-Station (Lokalbahn).

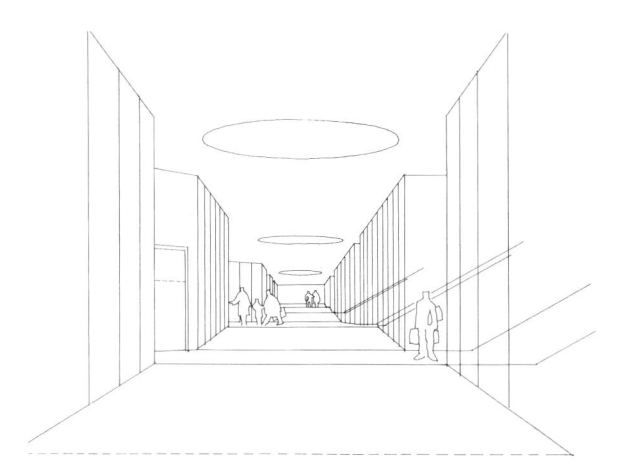

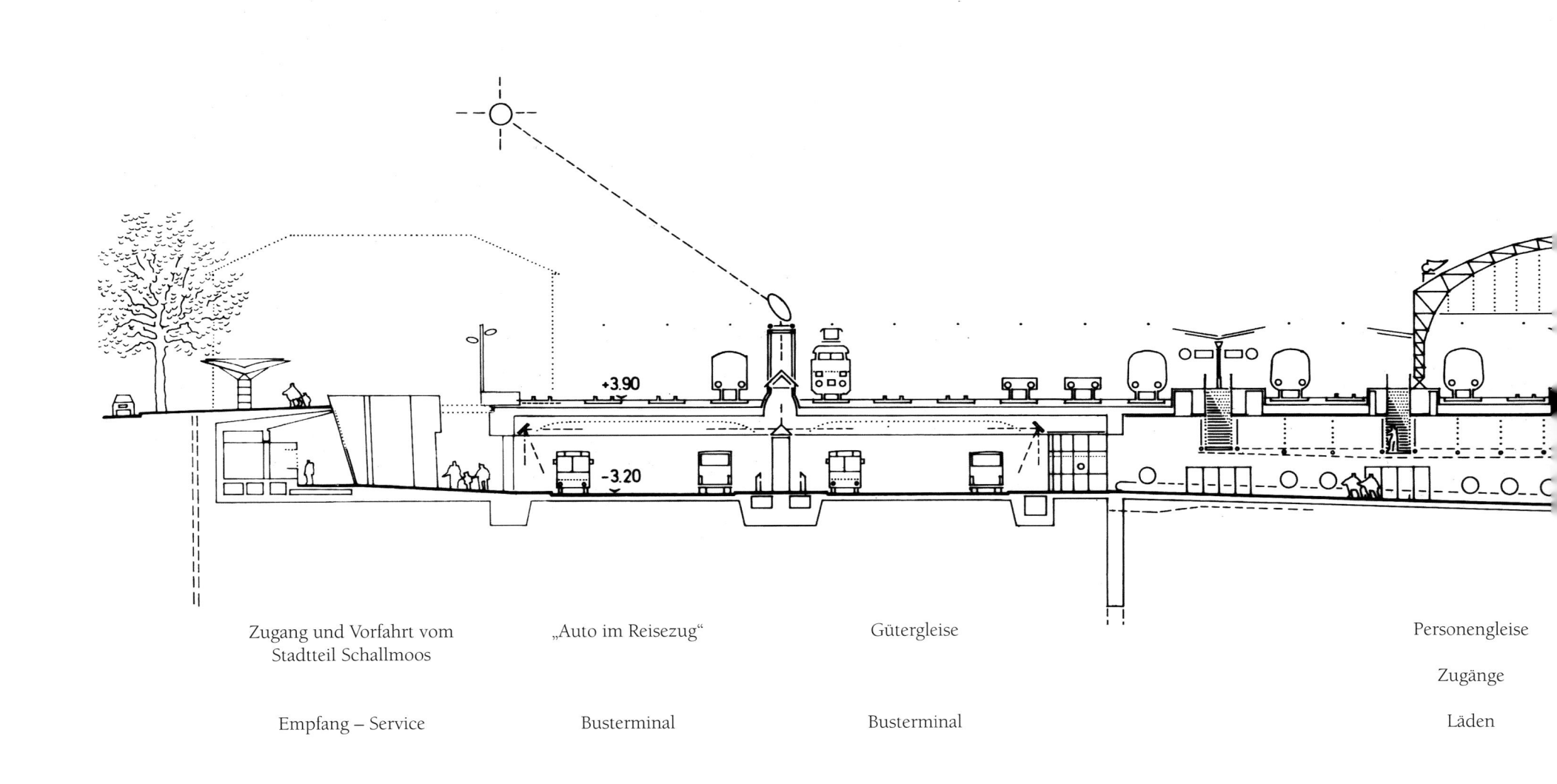

Zugang und Vorfahrt vom　　　　„Auto im Reisezug"　　　　　Gütergleise　　　　　　　　　　Personengleise
Stadtteil Schallmoos

　　　Zugänge

Empfang – Service　　　　　　Busterminal　　　　　　　　Busterminal　　　　　　　　　　Läden

221

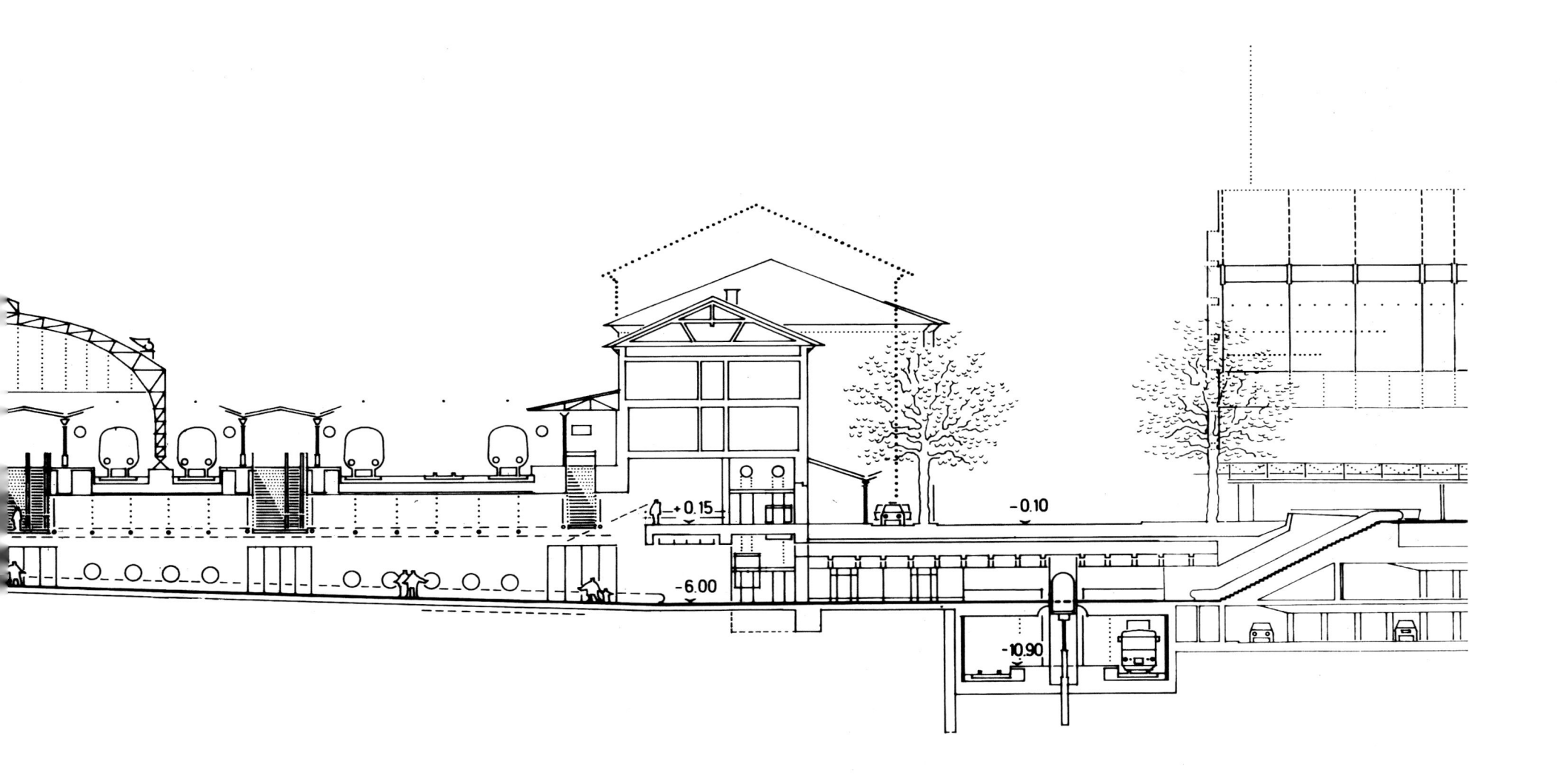

Bauherr Lokalbahnstation: Stadtwerke Salzburg

223 BUSBAHNHOF IN SALZBURG   1993 GEMEINSAM MIT FELIX SCHÜRMANN, ARCHITEKTEN, MÜNCHEN

Bauherr: Wiener Städtische Versicherung

1994: Das bereits entworfene, kalkulierte und weitgehend detaillierte Projekt des Passagenhauses wird durch den Bauherrn nicht weiterverfolgt. Zudem wird beschlossen, das Hotel Europa (Baujahr 1957) abzureißen.

1994: Der Vorentwurf für den Platz ist abgeschlossen und abgestimmt; der Entwurf wird trotz entsprechendem Stadtratsbeschluß nicht abgerufen.

1994: Die Planung der O-Bus-Stationen an der Südseite des Platzes ist abgeschlossen, auch die Bauverhandlungen. Werkplanung und Baubeginn müssen zurückgestellt werden, weil die notwendigen politischen Entscheidungen für die Tiefgarage und für den Bus-Terminal ausstehen.

1994–1996: Die Salzburger Parkgaragengesellschaft (in Stadt- und Landbesitz) kündigt dem Architekten den Planungsauftrag für die eingeschossige Tiefgarage mit unterirdischer Vorfahrt zum Bahnhof, nachdem die Entwurfsplanung abgeschlossen und die Bauverhandlung erfolgreich durchgeführt ist. Sie überträgt die Ausführungsplanung an ein Wiener Ingenieurbüro.

Ab 1995: Die Post ändert das Programm des Wettbewerbs und versucht seitdem, für ein kleineres Projekt die Weichen zu stellen, zuerst an ein Einkaufszentrum, später auch an den neuen oberirdischen Bus-Terminal gekoppelt. Die Versuche dauern an, die Beauftragung steht aus.

1996: Die Österreichische Bundesbahn storniert die fertige Planung des Bus-Terminals unter den Gleisen, nachdem die Bauverhandlungen positiv abgeschlossen, die Werkplanung durchgeführt sind und die Ausschreibungsergebnisse für den Rohbau mit günstigem Ergebnis vorliegen. Der seit Jahren bestehende Vertrag zur Finanzierung des Bus-Terminals zwischen Stadt Salzburg, ÖBB und Post wird aufgelöst. Von der Stadt Salzburg wird eine neue Verkehrsführung und eine oberirdische Terminal-Variante beschlossen. Eine Überarbeitung der Platzgestaltung wird notwendig.

Oktober 1996: Die Lokalbahnstation ist fertig, mit einem Stadtfest wird sie in Betrieb genommen – zu einem Zeitpunkt, an dem nach dem ursprünglichen einvernehmlichen Terminplan alle Projekte hätten fertig sein können.

O-Bus-Haltestelle

Bauherr: Stadtwerke Salzburg

WOHNUNG STEINGASSE IN SALZBURG, IM 17. JAHRHUNDERT WIRTSHAUS „ZUM GOLDENEN ENGEL" 226
GEMEINSAM MIT FELIX SCHÜRMANN ARCHITEKTEN, MÜNCHEN 1991

228

Franz Xaver Mandl,
Blick auf Salzburg

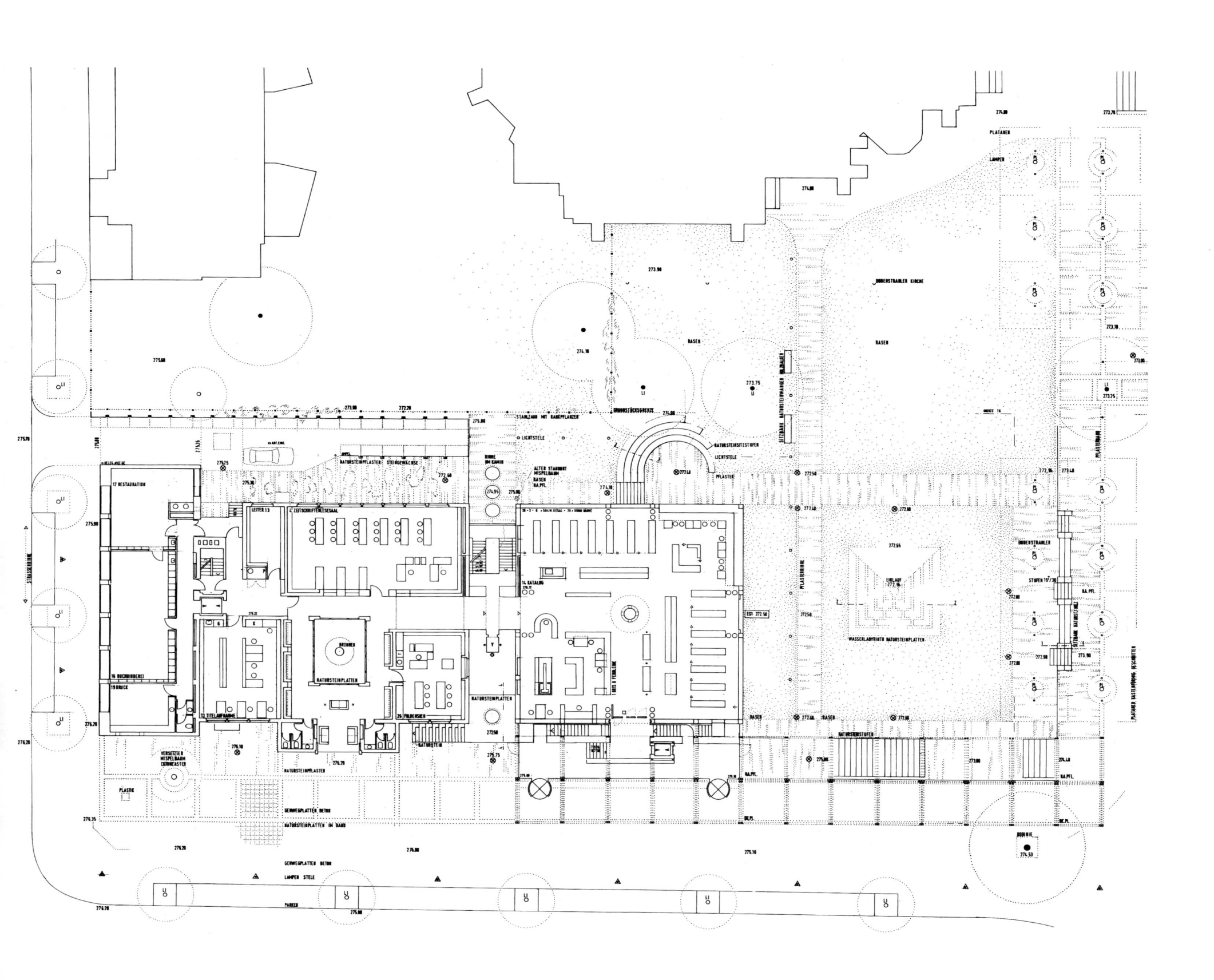

ERWEITERUNG DER HESSISCHEN LANDESBIBLIOTHEK IN FULDA   WETTBEWERB 1987 LAND HESSEN

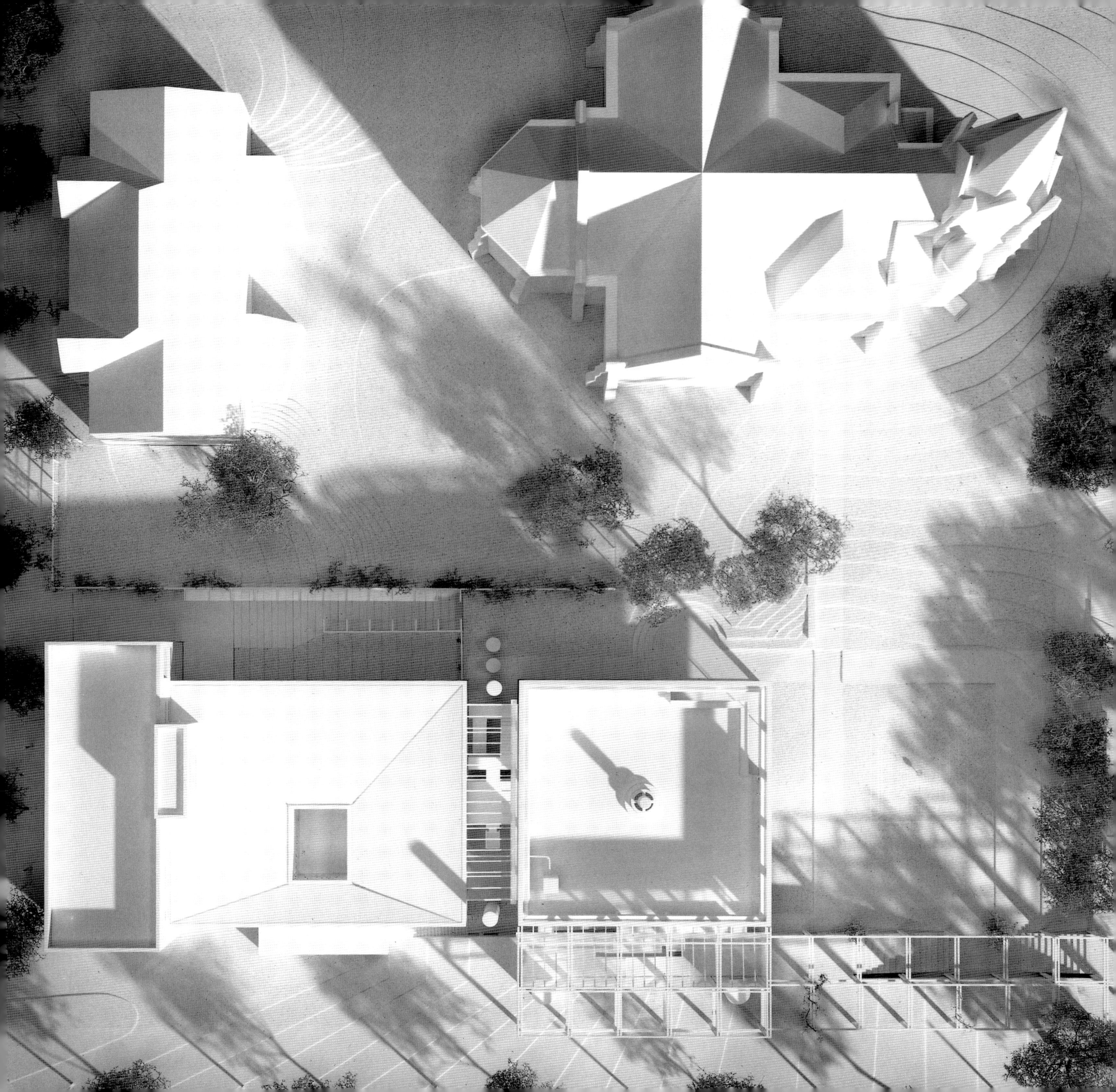

Aus dem Bericht der Jury

Wie die vorhandene Bausubstanz der Bibliothek in ihrer stadträumlichen Wirkung erhalten und durch geschickte Umorganisation funktional integriert werden kann, wird sowohl für die einzelnen Bauphasen als auch für den Endzustand schlüssig nachgewiesen.

Der Neubau wird durch ein Erschließungsgelenk an den ‚Altbau' angeschlossen und bietet auf großen, unterschiedlich aufteilbaren Flächen funktionale Einheiten, die auf Dauer veränderungsoffen bleiben. Durch die Auslagerung der Magazinbestände und die vorgeschlagene Art der Umnutzung für Zwecke der Verwaltung in Form von ‚Maisonetten' werden im Bereich des jetzigen Magazins (‚Turm') die Voraussetzungen dafür geschaffen.

Der Körper des Neubaus wird in Verbindung mit zwei straßenseitigen Arkadengeschossen, die sich in den Freiraum hinein eingeschossig fortsetzen, zu einem neuen, im Maßstab und hinsichtlich der eingesetzten architektonischen Mittel äußerst sensibel gestalteten, eigenständigen Gebilde, das ganz offensichtlich die Tradition der Moderne der 30er Jahre aufnimmt und ihre Themen neu interepretiert.

Der Kunstgriff der straßenbegleitenden Arkade, in die die Fußgänger sich ‚einfädeln' und die zum Bibliotheksneubau auf angenehme Weise ohne Anbiederung, aber auch ohne Erzeugung von Schwellenangst hinführt, ist hierfür ebenso beispielhaft wie die geschickte Ausnutzung des Geländeverlaufes, was unter Beibehaltung der Traufhöhe eine Dreigeschossigkeit ermöglicht. All dies geschieht auf fast selbstverständliche, ruhig disziplinierte Weise. Die verhaltene, aber in den Einzelheiten sehr differenzierte und gekonnte Gestaltung der Fassade und die Qualität der Lichtführung sind von hohem architektonischen Rang.

Der Entwurf weist nach, wie in geradezu idealer Weise einerseits gegenüber dem Heinrich-von-Bibra-Platz eine straßenräumliche Abgrenzung und Fassung entstehen kann, andererseits im Nahraum zur Kirche ein geschützter, vom Verfasser treffend als „Stadtgarten" bezeichneter Bereich, der gleichermaßen für Passanten attraktiv ist, wie zum Verweilen im Freiraum einlädt und ein Angebot für Veranstaltungen der Kirche oder im Zusammenhang mit öffentlichkeitsorientierten Aktivitäten der Bibliothek macht.

Die Arbeit belegt, daß Architektur mit den Merkmalen der gestalterisch disziplinierten Komplexität, der klaren konstruktiven Ordnung, der freiräumlichen Qualität und der funktionalen Tauglichkeit keinerlei Anbiederung an geschmackliche oder intellektuelle Moden erfordert, um hochrangige entwurfliche Qualität zu erreichen.

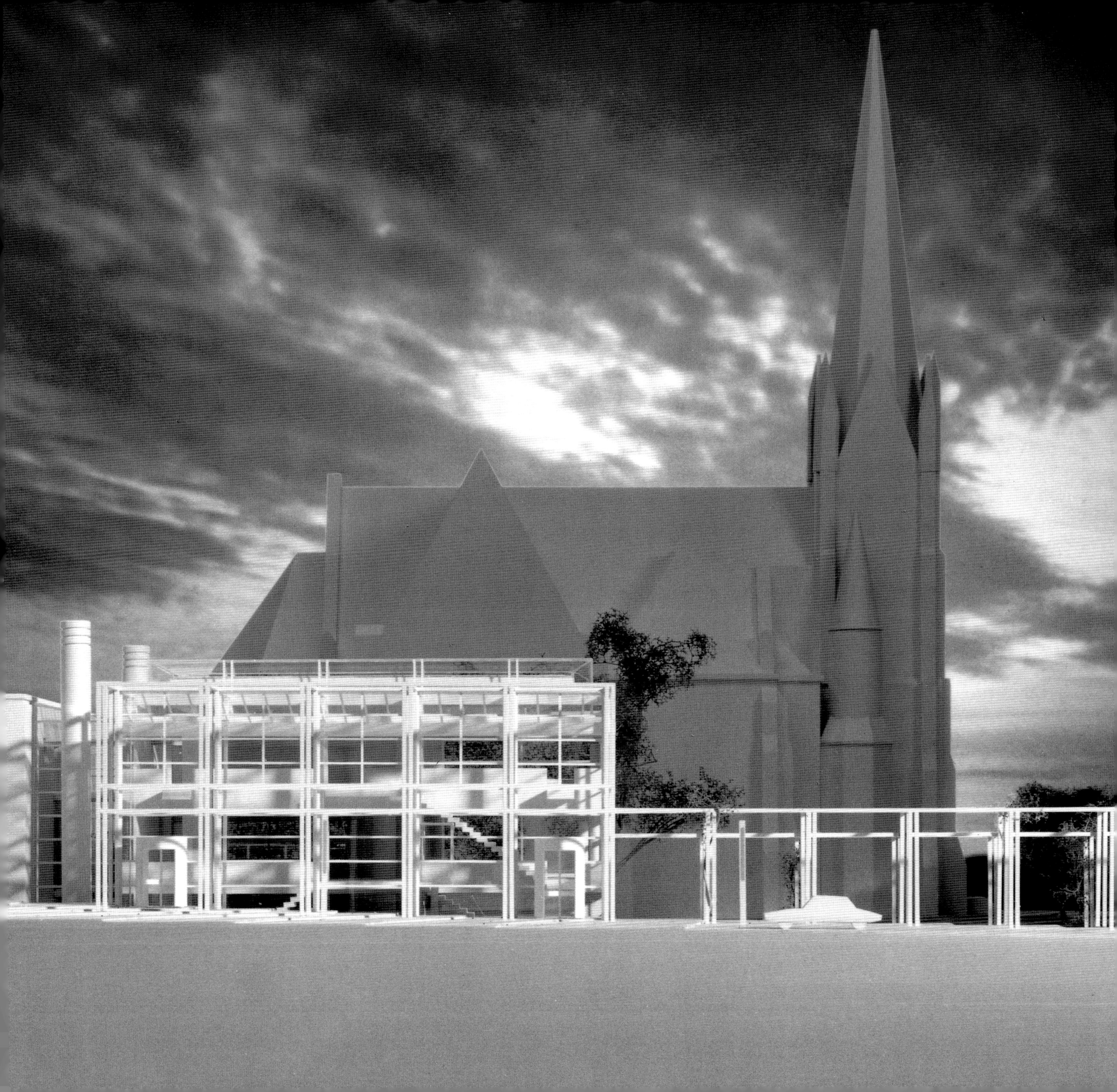

GEMÄLDEGALERIE IN BERLIN   WETTBEWERB 1987   STIFTUNG PREUSSISCHER KULTURBESITZ

Zur Ergänzung des Ensembles von Kunstgewerbemuseum, Kupferstichkabinett und gemeinsamer Eingangshalle ist in Nachbarschaft zu den Bauten von Hans Scharoun, Mies van der Rohe, Rolf Gutbrod und Kurt Ackermann ein Konzept für die Gemäldegalerie zu finden.

Als Fassung der Weite des Forums wird, in Entsprechung zur östlichen Begrenzung durch Scharouns Staatsbibliothek, auch an seiner westlichen Grenze eine größere Dichte vorgeschlagen.

Die Individualität der einzelnen Museen soll ein Merkmal der erst mit der Skulpturengalerie vollendeten ‚Museumsstadt' bleiben. Zwar ist jedes Museum geprägt von seinen Exponaten, diese Prägung aber ist beim Typus ‚Gemäldegalerie' zwingend, fast rigoros. Es ist eine Struktur zu finden, die ‚bergen und sichtbarmachen' gleich gut erlaubt. Sie ist das Skelett des Entwurfs.

Die Ordnung der Galerie beruht auf einem einfachen System, das sich in übertragenem Sinn am Schema einer klassischen polis erläutern läßt: Grundmaß der Planung ist das ‚Schatzhaus' mit Außenmaßen von 20 × 20 Meter (das sind auch die Außenmaße des Palais Gontard). Mehrere dieser ‚Häuser' sind zu einer Gruppe addiert, zu einer ‚insula'. Diese insulae (die bestimmte kunstgeschichtliche Abschnitte des Fundus aufnehmen) sind durch ‚Wege' unterschiedlicher Maße und Bedeutung verbunden, durch den Hauptweg, die Galerie und durch Seitenwege, die kleinen Säle. Es entsteht ein Gefüge von großer Regelmäßigkeit, eine Voraussetzung für klare Organisation und gute Orientierbarkeit. Da diese Regelmäßigkeit, wo es sinnvoll ist, variiert wird, ist Schematismus vermieden.

Die Gliederung erlaubt die Annäherung an den Gutbrodschen Bau ohne Konfrontation. Sie erlaubt auch die Einfügung des Palais Gontard und des Hauses Sigismundstraße als eigenständige Elemente.

Der Absicht nach städtebaulicher Einordnung entspricht auch der Habitus des Hauses, das ohne große Gebärde auskommen kann. Die Vielfalt an Raumfolgen und Details der Konstruktionen soll sich dem Besucher erst bei seinem Rundgang beiläufig mitteilen.

Die Funktionen der Gemäldegalerie – ‚Bergen und Sichtbarmachen' – kommen in der Außenwirkung ins Spiel; das ‚Bergen' vermitteln die geschlossenen, gleich Schatzhäusern ausgebildeten Kuben für Säle und Kabinette, das ‚Sichtbarmachen' signalisieren die gemäß ihren differenzierten Aufgaben unterschiedlichen Belichtungsqualitäten: die für das gleichförmige Licht zuständigen, die Glasdächer der Kuben gliedernden ‚Lamellen', die dazwischen gespannten Lichtdächer der kleinen Kabinette, die aufsteigenden und abfallenden Lichtbrücken über der Galerie. Licht ist in diesen Räumen der wichtigste Baustoff.

Als zeichenhafte Ausbildung der Funktion des Lichts erscheint der Heliostat, der ‚Lichtturm', mit seiner Sonnenfahne.

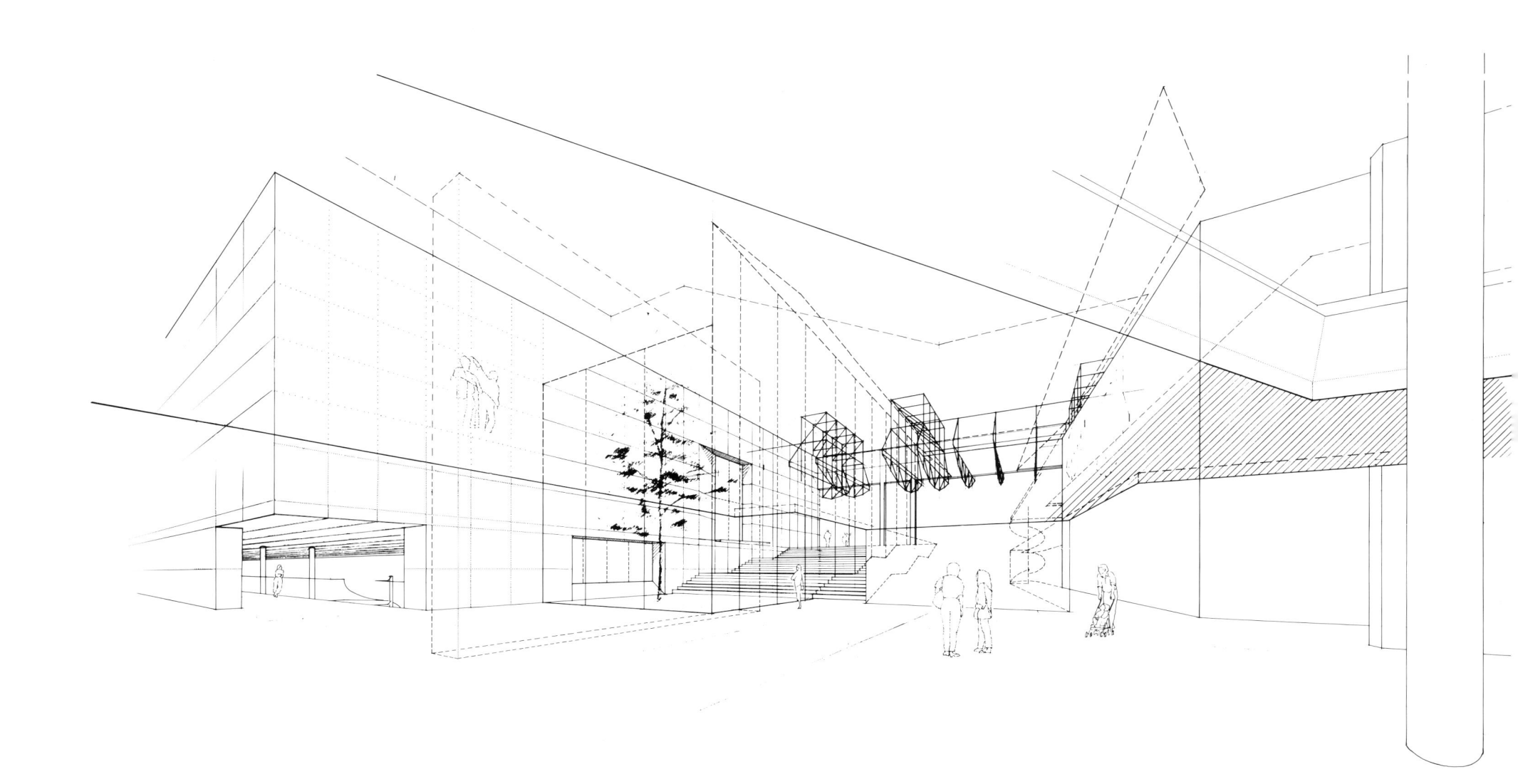

236

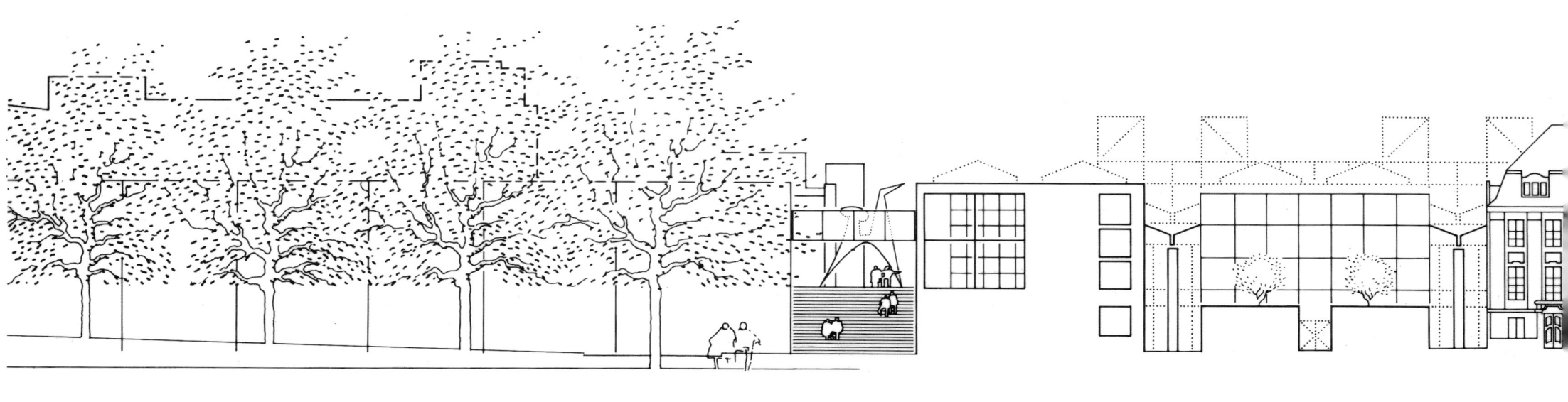

237

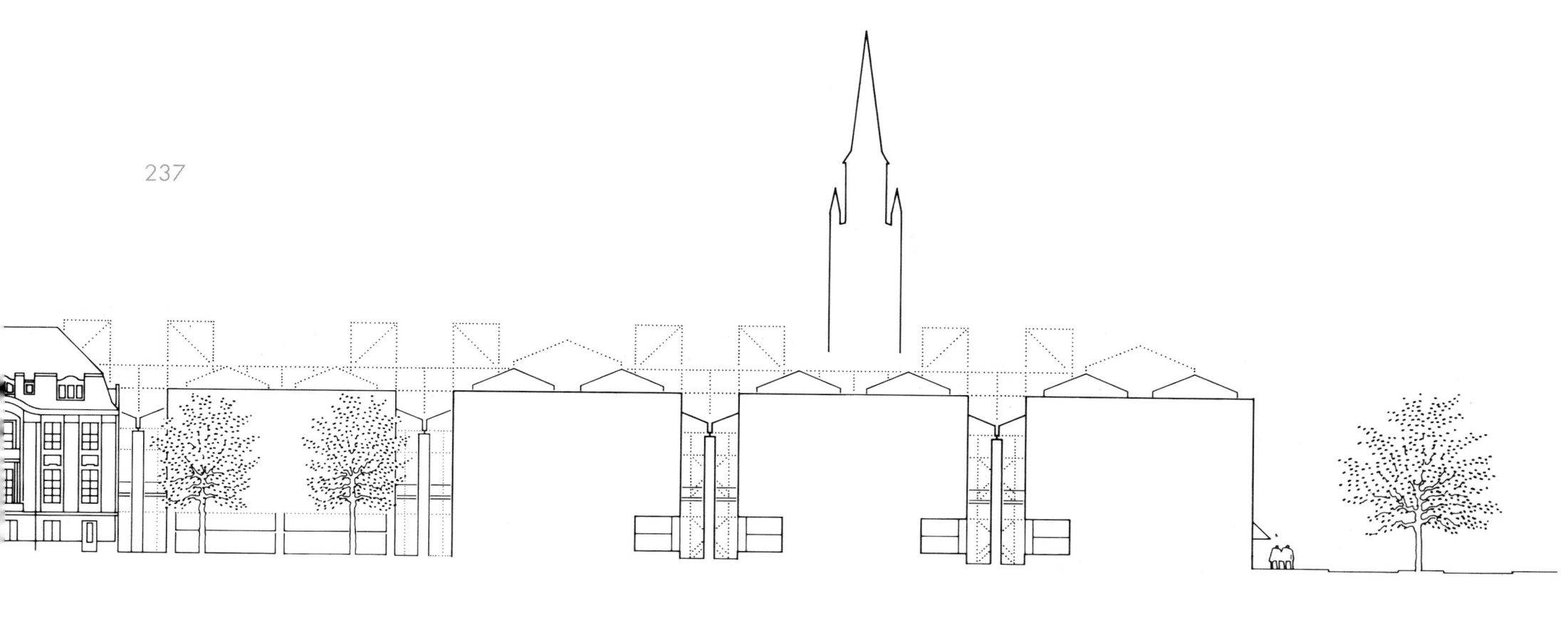

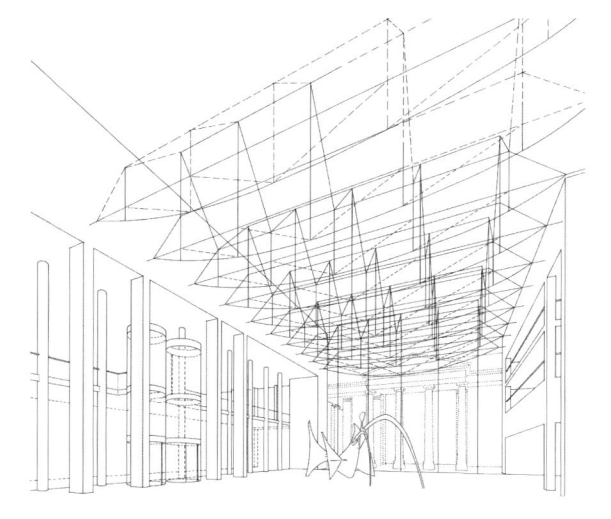

GALERIE AM KLEINEN SCHLOSSPLATZ IN STUTTGART   WETTBEWERB 1987   STADT STUTTGART

Die Westseite des Schloßplatzes wird ergänzt, die Lücke, in der das Kronprinzen-Palais stand, geschlossen. Die Planie erhält ihren Abschluß. Die Flucht des ‚Grabens', der westlichen Begrenzung der Keimzelle der Stadt, wird angebunden, der Königsbau aus seiner dem Schloß gegenüber unangemessenen Solitärstellung befreit. Die Höhe, in der diese Flucht geschlossen wird, liegt an der Oberkante des Architravs. Das Haus staffelt sich in mehreren Stufen hinauf, in ähnlichen ‚Steigungssprüngen' wie beim benachbarten Ensemble von Königsbau und Post.

Der unglückliche vordergründige Dualismus zwischen Kunsthalle und Bank, Kunst und Kommerz, wird subtiler etabliert – durch eine Halle im Charakter einer Loggia, Straße und Platz ebenso zugewandt wie dem Haus.
Die Baugruppe soll in Nord-Süd-Richtung durchlässig sein, die Flucht der Passage des Königsbaues auch weiter durch die Gruppe hindurchführen, aus ihr werden Halle und Schalterhalle erschlossen.
Die gewünschte Bankerweiterung wird so differenziert, daß eine städtebaulich sinnvolle und präzise Fassung des Quartiers entsteht. Das neue Haus,

Kunsthalle und Bank, liegt also in Zukunft nicht hinter dem Kleinen oder am Großen Schloßplatz, sondern an beiden.
Der introvertierte Charakter der Sammlung findet in der Baugestalt Ausdruck: in einem zweischaligen Kubus, einem nach Form, Konstruktion und Material kostbaren ‚Schatzhaus', mitten in der Stadt gelegen.
Die Attraktivität kann durch den Neugier machenden Aufforderungscharakter der Vorhalle verstärkt werden, aus der die große Treppe als ‚Staffel' aufsteigt, die zuerst die Wechselausstellung erschließt, um dann weiter durch die Raumfolge der Sammlung zu führen.

239

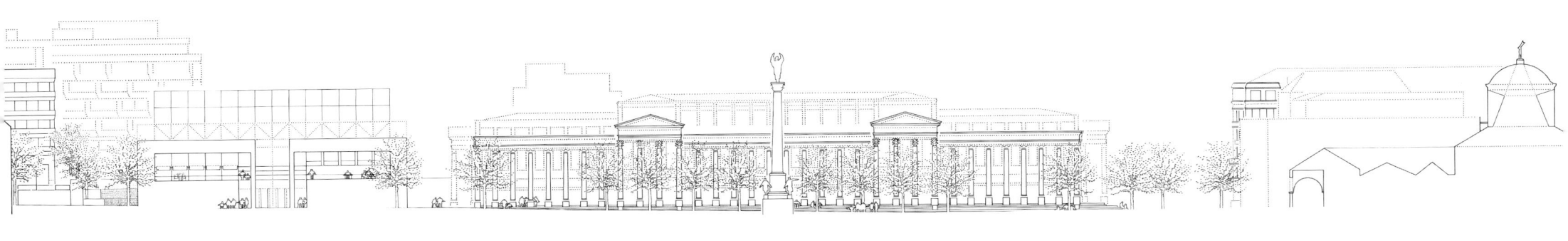

240

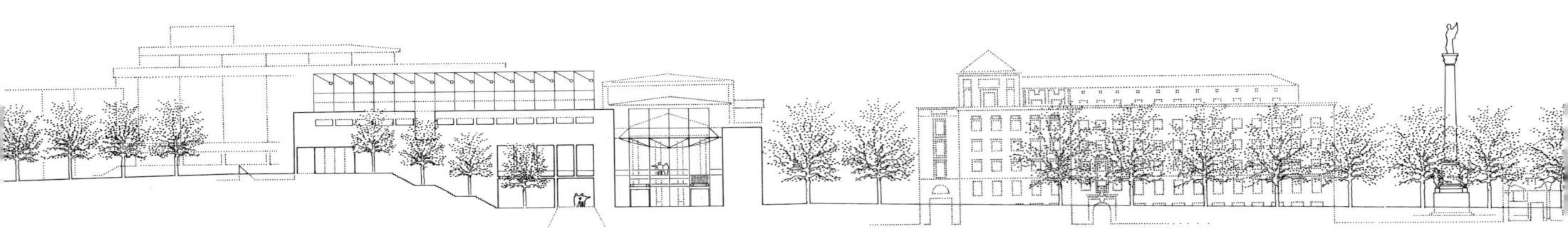

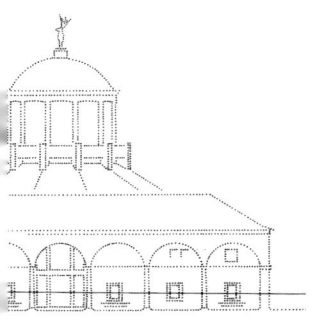

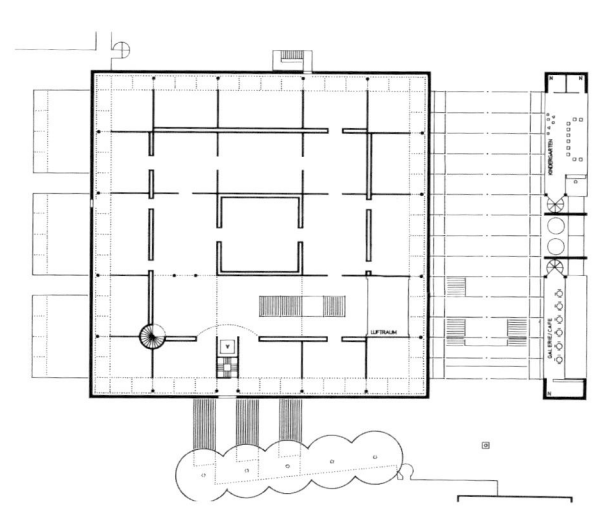

Ständige Ausstellung 2. Obergeschoß

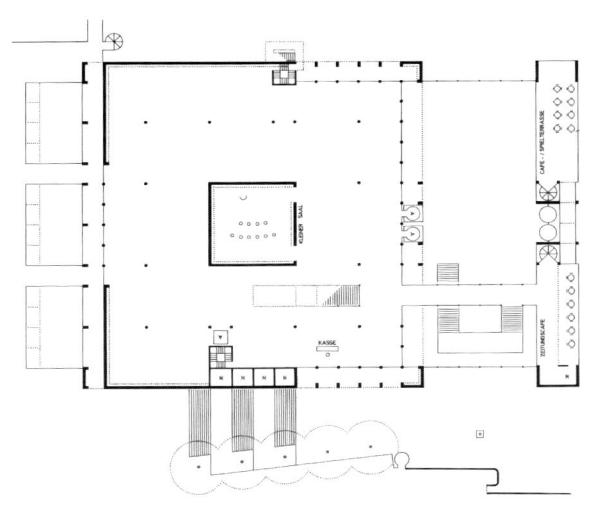

1. Obergeschoß Wechselausstellung

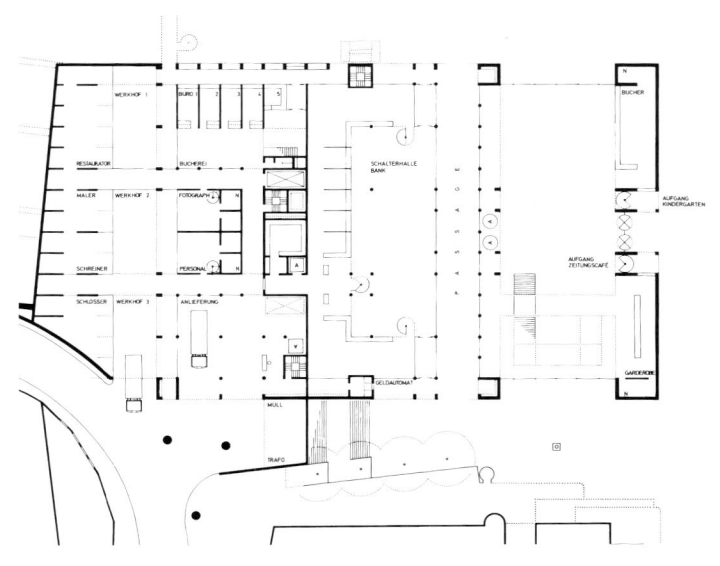

Eingangsgeschoß Königsstraße

242

FRIEDENSPLATZ IN BONN
WETTBEWERB 1989
STADT BONN

Wer den Friedensplatz mit seinen Platznachbarn in der Bonner Altstadt vergleicht, dem Münsterplatz, dem Remigiusplatz, dem Marktplatz, dem erscheint er abseits, zufällig, unwirtlich, belanglos.

Will man ihn verbessern, hilft das Besinnen auf seine Eigenart, das Aufspüren seiner topographischen Merkmale, die sichtbar zu machen und in Einklang mit der Funktion zu bringen sind.

Solche Kennzeichen sind:

Die Lage vor der verschwundenen, aber noch spürbaren Stadtmauer im Zuge der Vivatsgasse;

das Fragment einer Wallgrabenmauer;

Spuren des Sterntores;

die vielen Omnibuslinien, die vom Umland kommen und ihre Besucher bis an den Stadtrand des alten Bonn bringen, die hier ‚landen' und vom ‚Ufer', vom ‚Kai' dieser Landungsstelle aus ihr Ziel in der Altstadt erreichen wollen.

Die angemessene Gestalt für dieses Entrée ist das Thema der Neuordnung des Platzes. Das Labyrinth betont die Torsituation. Es erinnert an eines der ältesten apotropäischen Zeichen, das böse Einflüsse abwehrt – das bei den Römern oft in Verbindung mit der Befestigung einer Stadt steht: mit der Errichtung von Mauern, allgemein als Zeichen für Stadt.

Bauherr: Stadt Bonn

243

Bushaltestelle

244

245

Labyrinthbrunnen und Quellstein

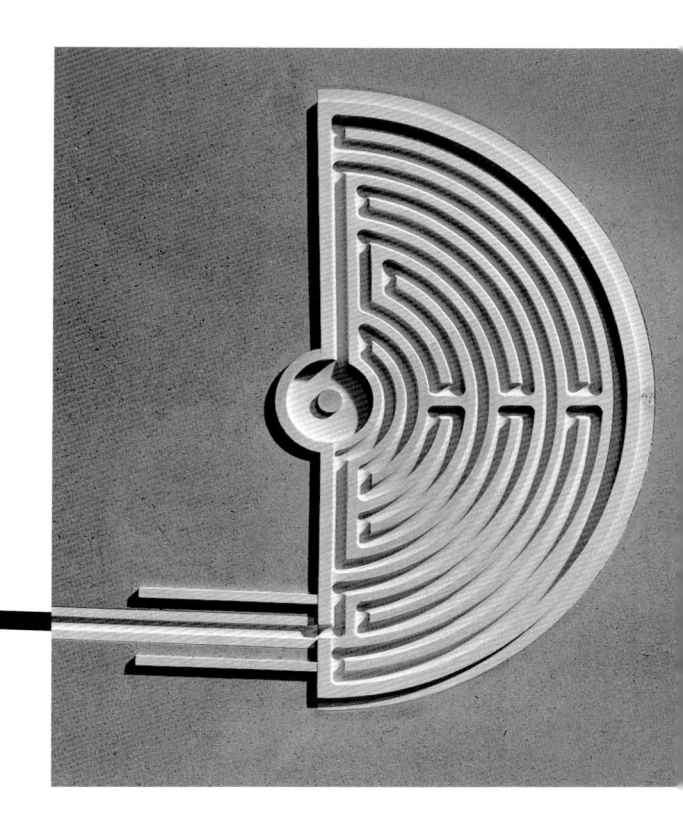

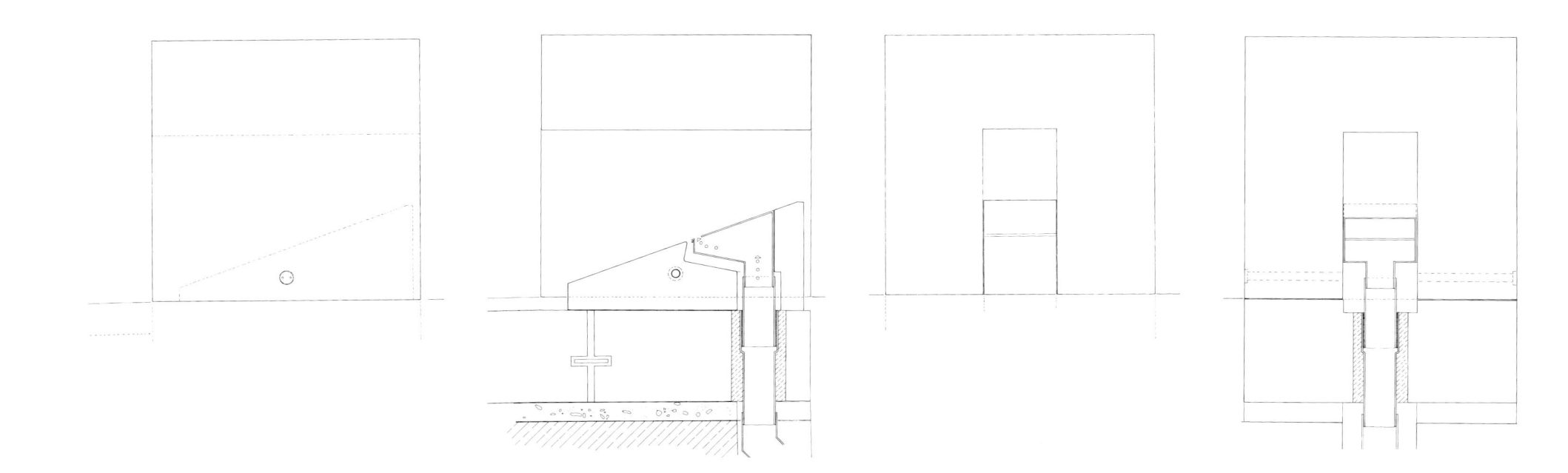

MODELLE ... 1989

Wir sind sehr für Modelle. Wir bauen zahllose davon, Jahr für Jahr: sogenannte unbezahlte Arbeitsmodelle, sogenannte – oft auch unbezahlte – Ergebnismodelle, auch alles, was dazwischen liegt: Detail-, Material- und Werkmodelle 1:1.

Beim Studium in Darmstadt, gleich nach dem Krieg, wollte niemand Modelle, nicht zum Entwurf, nicht zum Stegreif, nicht zur Diplomarbeit. Später, als Lehrer, haben wir dort keinen Entwurf mehr ohne Modelle betreut.

Heute, im Büro, steht das Konstruieren, das Überprüfen am Modell, der Vortrag am Modell so sehr im Vordergrund, gleichrangig fast mit der Zeichnung, daß sich von allein die Frage nach dem Sinn stellt, gemessen an der Kraft und der Zeit, die das kostet.

Gründe für ein Modell gibt es viele; die Vorteile sind offensichtlich. So machen wir wieder und wieder eine wichtige und lästige Erfahrung: die Modellbauer zwingen uns, gründlich und unerbittlich, das Haus schon sehr früh zu konstruieren, und wenn es sich noch zehnmal ändert. Es gewinnt durchsichtige, eindeutige Struktur – ganz neue Qualität nach den spontanen Entwurfsmodellen zu Beginn, die aus allem entstehen, was gerade zur Hand ist.

So festgefügte Qualität kann leider auch lähmen: durch Scheu, die Unversehrtheit zu beschädigen, durch Skrupel, die kostbare heilige Kuh, wenn nötig, zu schlachten ...

Wenn man sich nicht durch solchen Kleinmut beirren läßt, unbekümmert Hand anlegt, das Modell nicht Selbstzweck werden läßt, ist die Gefahr gering und das Modell für feine Repräsentation nur noch selten zu gebrauchen; die heikle Frage, wem es gehört, bei wem es steht, erübrigt sich dann.

Es gibt noch anderes zu bedenken, bevor das nächste ‚kostbare' Modell entsteht. Es ist abzuwägen, ob nicht Perspektive, Isometrie und Raumschnittfolgen mehr Erkenntnis bringen und – weil chiffriert – geschützter bleiben: Das Modell, das anschauliche Ergebnismodell zumal, ist immer auch eiligem, oft plumpem Zugriff ausgeliefert. Es ist begreifbar, jeder traut sich ein Urteil zu, maßt sich Entscheidung an, findet sein Vorurteil handgreiflich bestätigt. Das ist der Umkehreffekt: was wir als gut beweisen wollen, wird am Modell als schlecht befunden.

Bedenkenswert ist auch, daß sich jedes Solitärmodell isoliert von seiner Umgebung zeigt und so bewertet wird. Das fördert leicht soziales Defizit, das deutlich wird, wenn das Projekt sich in städtischem Verbund und Umfeld zu beweisen hat.

Auch der ‚Gullivereffekt' ist zu kompensieren. Wie dieser Schiffsarzt bei den Zwergen sehen wir die Welt mit Abstand. Wie Spielzeug übersehen wir die Körper zu umfassend, den Raum dagegen, ohne wirklich einzudringen. Unser Augenabstand ist zu groß. Es ist ein Irrtum zu glauben, das menschliche Gehirn und seine Augen, in Jahrmillionen der Evolution auf die Erfahrung aller Körper und Räume im Maßstab 1:1 hin programmiert, wäre so ohne weiteres im Stande, eine Verkleinerung nicht nur für sich selbst zu sehen, sondern sich darin ein künftiges Original vorzustellen; und was der Vorstellung des Architekten kaum gelingt, ist für den weniger Geschulten fast unmöglich. Das gilt vor allem für den Raum, je größer, je unbewohnter desto mehr. Die Photographie kann da helfen, die große Diaprojektion, das Endoskop, damit die zur Erfahrung wichtige Beziehung zum Boden erhalten bleibt, vielleicht auch computergestütztes Zeichnen mit 3D-Kontrolle, da müssen wir erst Erfahrungen sammeln.

Drei Vermutungen noch: Wo der Modellbau überhandnimmt, kann die Bereitschaft, auch um die Ecken zu denken und zu zeichnen, langsam verkümmern, kann er zum Basteln und Dekorieren verführen, kann er Vergröberung und Oberflächlichkeit durch gefällige Vereinfachung spröder Details und Materialübergänge Vorschub leisten.

So manche ‚Dekoration' der 70er und 80er Jahre hat sicher nicht ihre Ursache, aber doch starken Antrieb im flinken Modellspiel mit Materialien, wie sie der Zeitgeist gerade auf Lager hat ...

Ein Spiel also auch, warum nicht, aber eines mit Risiken.

Trotzdem – wir sind sehr für Modelle. Es ist eine Lust, sie zu bauen – so etwas läßt sich rational nur vage erklären.

J.S.

Wettbewerb Münsterplatz Ulm 1986

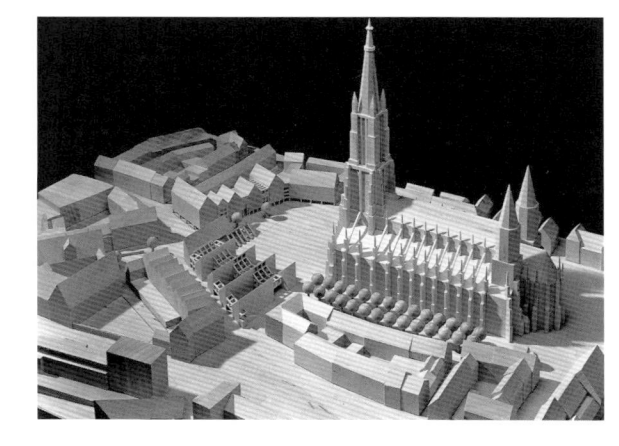

Wettbewerb Oberfinanzdirektion
München 1985

DEUTSCHER PAVILLON EXPO '92 IN SEVILLA   WETTBEWERB 1990   BUNDESREPUBLIK DEUTSCHLAND   248

249

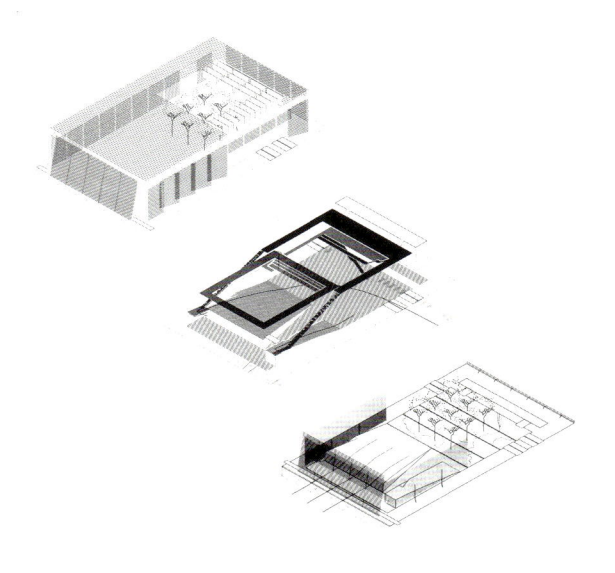

Das Thema „Zeitalter der Entdeckungen" ist Motto der Weltausstellung 1992 in Sevilla.

Eine Weltausstellung alter Prägung ist ein Anachronismus. Es kann kein Ziel mehr sein, nur nationale Anliegen zu zeigen, nur das nationale Prestige zu polieren. Im Zeitalter politischer Neuordnung und globaler Probleme sind solche nationalen Anliegen zu zeigen, die für alle Menschen von erstem Interesse sind.

Motto dieses Vorschlages für den Pavillon der Bundesrepublik Deutschland ist deshalb: Die Entdeckung des blauen Planeten (Die Entdeckung der [Um]Welt oder das Prinzip Verantwortung aus Einsicht und Vernunft).

Die Attraktion des Deutschen Pavillons soll sich weniger durch Auffälligkeit spektakulärer Baugestalt ausdrücken als in einem bewegenden Inhalt.

Die Ausstellung

Über dem Horizont eines Fragments der geschundenen Erde schwebt der blaue Planet. Auf seiner Oberfläche werden die sieben Phasen seiner sich beschleunigenden Erosion offenbar:

die erste Phase: der ‚paradiesische' Zustand des Mesozoikums, das Erdmittelalter, die unbewußte Erde, das Leben im Gleichgewicht;

die zweite Phase: der Mensch wirkt ein;

die dritte Phase: 1492 (vor 500 Jahren) das Zeitalter der Entdeckungen beginnt, die (erste) Aufklärung;

die vierte Phase: „Macht Euch die Erde untertan";

die fünfte Phase: die Auszehrung;

die sechste Phase: vor dem Kollaps;

die siebte Phase: die (zweite) Aufklärung, Bewußtwerden der sieben Plagen der Erde und Besinnung auf das Notwendige.

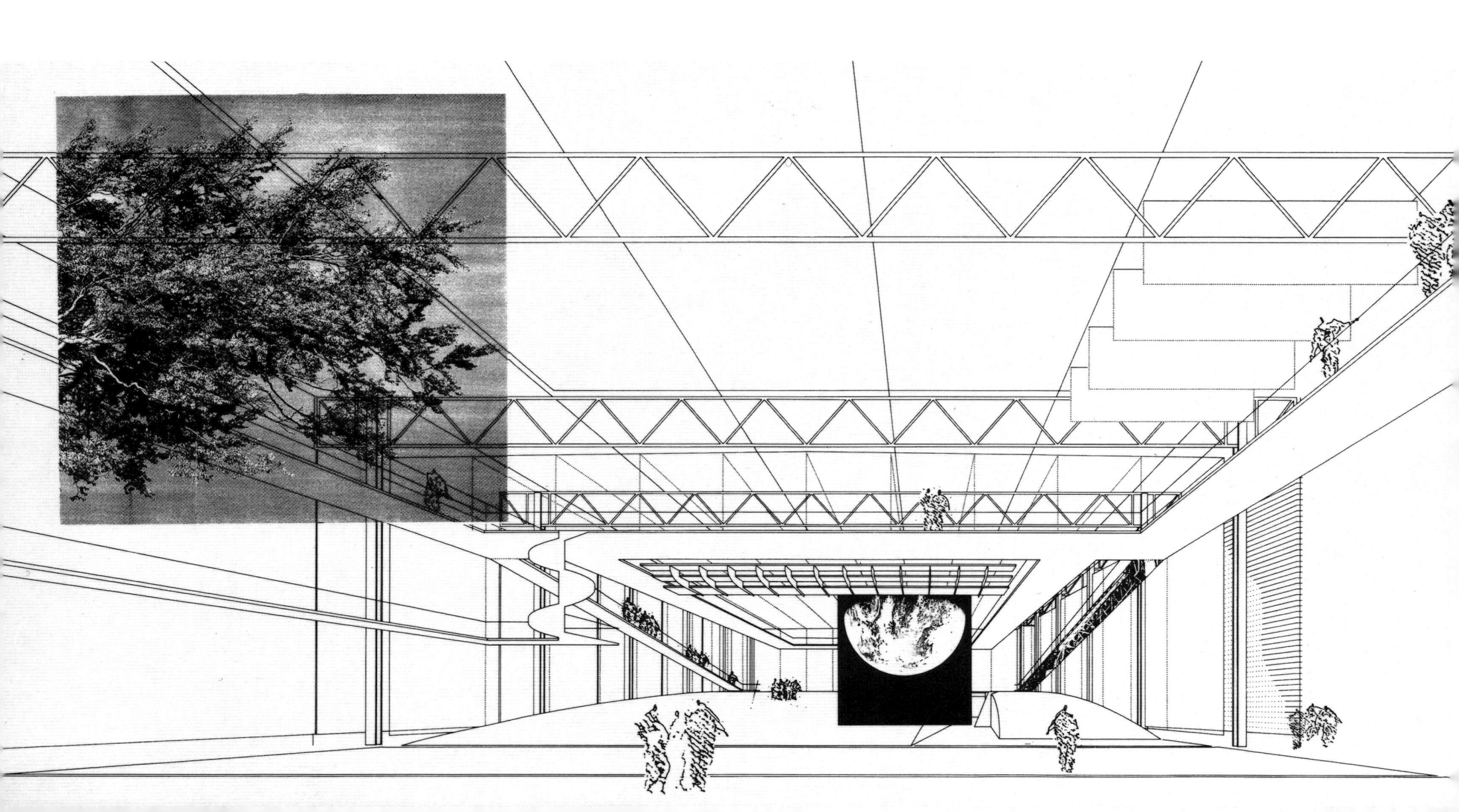

Die sieben Plagen der (Um)Weltzerstörung als globale Herausforderung der nächsten Jahrzehnte zur Sicherung unserer Lebensgrundlage werden auf dem Globus durch Innenprojektion sichtbar und auf „Wegweisern zum Abgrund" (Monitortafeln) bildhaft gemacht.

An dem großen blauen Planeten sind diese Bedrohungen mit Licht- und Medientechnik in chronologischer Folge demonstriert. Sie sollen auf den Betrachter einstürzen, ihn aufschließen und aufklären, Abstand und damit Überblick geben, bewußt werden lassen, Wissen vermitteln in der Mediothek, zur Besinnung bringen auf den Galerien und Loggien des Gartens – und das Mithelfen als ‚kategorischen Imperativ' unausweichlich machen, alles akustisch sehr sparsam akzentuiert und nur mit wenig Text unterlegt.

Deutlich muß sein, daß sich die Bundesrepublik nicht anmaßt, ein derart globales Thema national zu vereinnahmen. Weil sie aber als eines der führenden Industrieländer viel zur Misere beiträgt, ist sie auch eher gefordert als andere, zumal sich in Deutschland das Bewußtsein auszubilden beginnt, daß die Not brennend ist – und nicht mehr nur Inhalt unverbindlicher Gesellschaftsspiele, daß eine gewaltige Aufgabe für Wissenschaft, Forschung, Energiewirtschaft und innovative Industrie gestellt ist, die vordringlich für die kritische Ausweitung des Bewußtseins jedes einzelnen Menschen ist.

Das Bauwerk
Das Thema wird deshalb nicht abgekapselt in einem geschlossenen Haus isoliert bleiben, seine bauliche Fassung weniger statisch massiv sein als eine transparente, durchlässige Hülle, ein Haus, das auf das Wesentliche beschränkt ist, immateriell, von sachlicher Aussage. Die technische Qualität, die ohnehin bei vorfabrizierter und transportabler Konstruktion einen hohen Standard haben muß, wird am Thema orientiert bleiben und nicht Selbstzweck sein.

Das Bauwerk wird so detailliert sein, daß es abgebaut und andernorts wieder aufgestellt werden kann.

NEUES BAUEN IN ALTEN STÄDTEN: BAMBERG – LÜBECK – REGENSBURG WETTBEWERB 1990

Aus der Erläuterung zum Wettbewerb
am Beispiel Lübeck

Das eigenständige Haus ist zwar genau auf den konkreten Ort bezogen – mit der gebotenen Zurückhaltung im Material, wie sie der Aufgabe „Schließen einer Baulücke in zeitgerechter Architektur" entspricht, aber durchaus auch bereit, innerhalb der vielen Stilepochen selbstbewußt seinen Platz einzunehmen – nicht als ‚graue Maus', sondern in der Absicht, einen zeitgemäßen Beitrag zur Steigerung des Erlebniswertes und der Einprägsamkeit seines Quartiers zu leisten. Anpassung wird vermieden, Altstadtmotive nicht verwendet, Strukturelemente dagegen beachtet.

Elemente, die wichtig für diese lübische Straße sind: die typischen Nord-Süd-Dachfirste der Rippenstraßen, die Gänge, der Schau-‚Giebel', die Windlöcher, die Mauerflächen, das Weiß/Grau der Putzfassaden, eine klare Fassade als Abschluß und Blickfang des Platzes, Durchblick auf die Pfarrkirche des Viertels (Turm- und Dachreiter), Erinnerung durch Betonung des verlorenen rechten Winkels zwischen Wahmstraße und Krähenstraße im Balauerfohr, Erinnerung auch an die Krähenstraße in der Reihung der Linden.

253

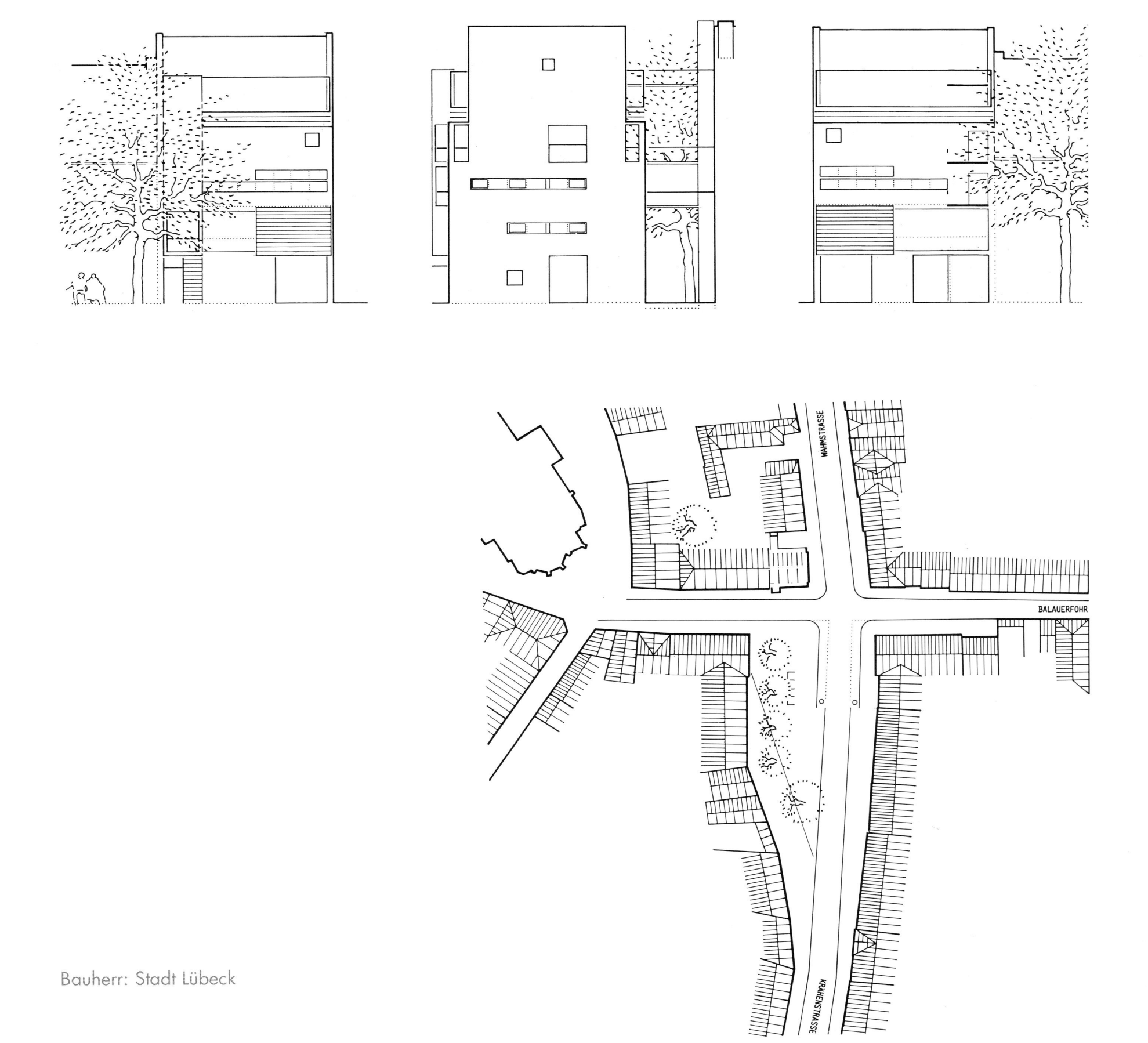

Bauherr: Stadt Lübeck

EG.   1. OG.   2. OG.   DG.   DG.

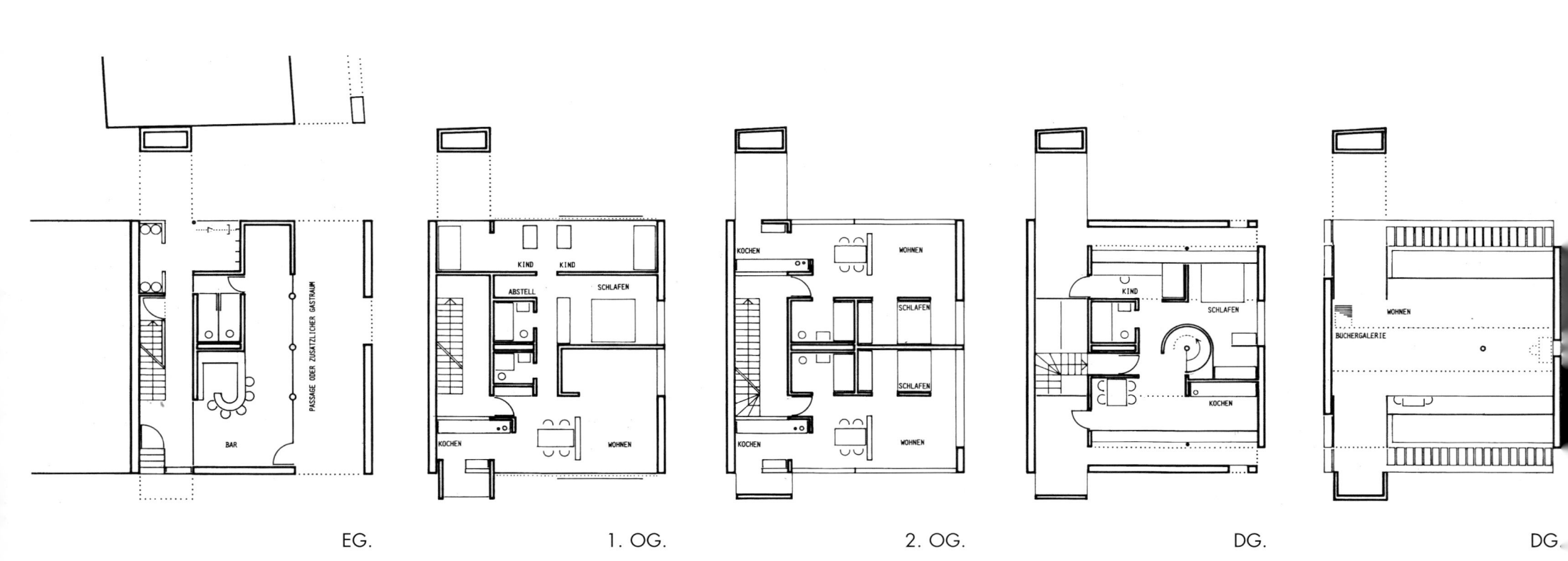

255

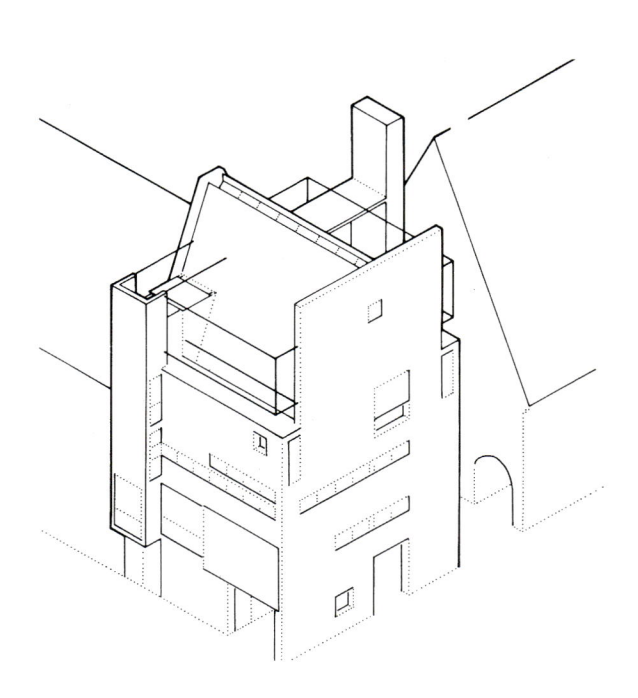

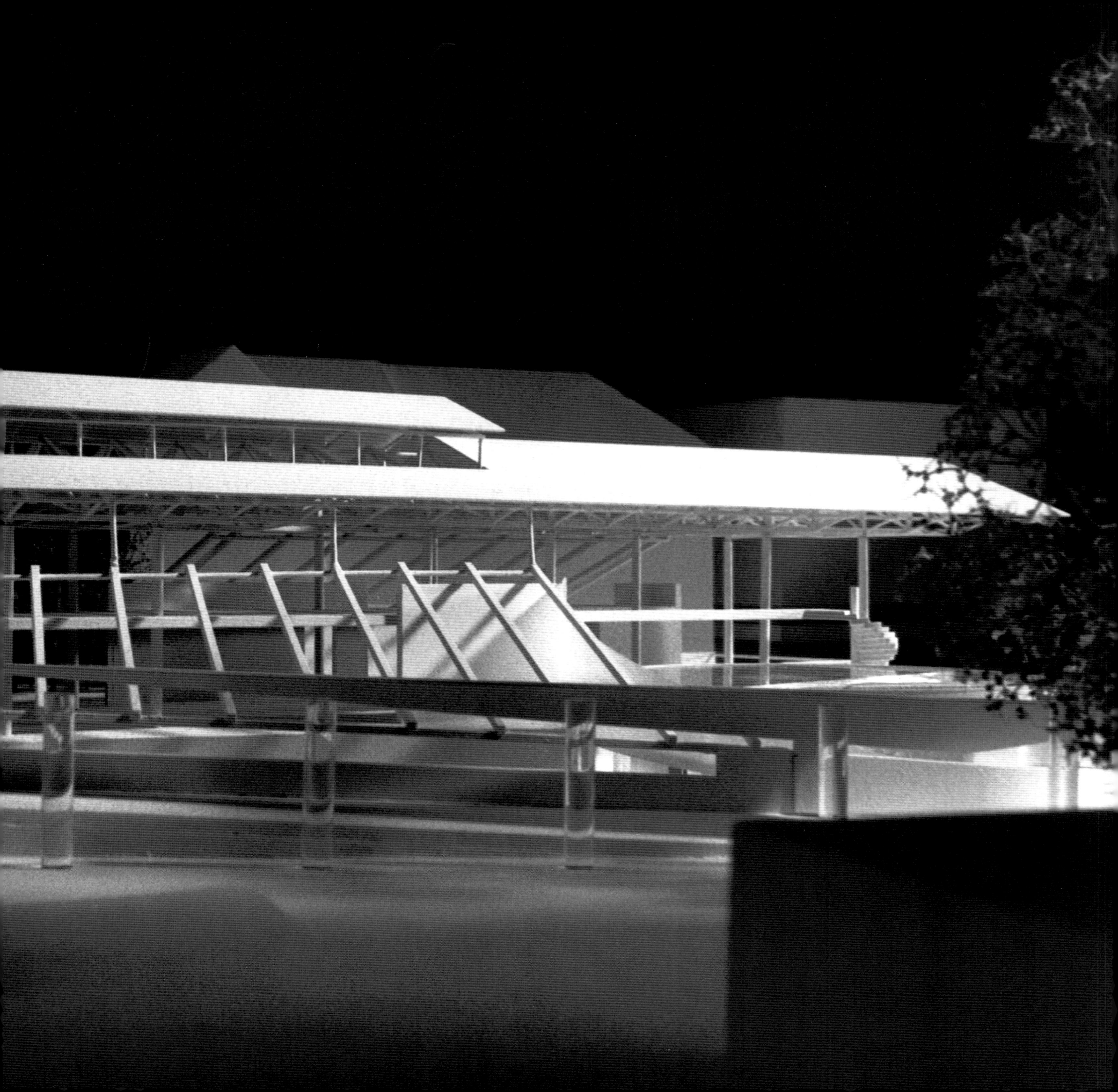

257
KAISERBAD IN AACHEN AM DOM
WETTBEWERB 1990–1991
STADT AACHEN

Der Blick vom „Büchel" auf den Dom, auf St. Foillan und die sich daran anschmiegenden, traufständigen Häuser am „Hof" ist überwältigend.

Dem geschichtsträchtigen Ort wird entsprochen, indem die Baumassen trotz des vielfältigen Programms gering bleiben und indem die heterogene Umbauung mit ihren bereits manifesten Brüchen nicht weiter durch kubische, solipsistische Großformen belastet wird. Die Kaiserquelle ist als „Wiege der Stadt Aachen" kenntlich und zugänglich – damit auch für den flüchtigen Passanten erlebbar – und nicht in einem ‚Badehaus' installiert und versteckt. Die Dachhaut, der Dachkörper und die ihn tragenden Stützen und Träger sind ohne Bekleidung in Stahl konstruiert, nur im Bereich des Saales ist ein inneres ‚Gehäuse' ummantelt.

Die Quelle wird in einem vertieften Kreisbrunnen geborgen, den Kreis hält und umschließt die Spreizung der Dächer. Der Quellkreis bleibt nach oben hin offen, weil eine dampfende Quelle ins Freie gehört.

Diese tieferliegende Ebene ist ganz den Grabungsfunden und der Quelle vorbehalten – der Spannung zwischen der Energie des lebendigen Wassers und der so tradierten römischen, karolingischen Geschichte.

Betritt man den Quellraum, schaut man auf eine Mauer, die – zunächst – eine Quelle verbirgt, die das geschlossene System der Bäder einspeist. Sie wird so ‚angezapft', daß ein bestimmtes Quantum des Wassers verfügbar wird, so daß der Besucher es fließen sieht, Geräusch und Schwefeldämpfe wahrnimmt, sich benetzen kann, also das Erlebnis einer wirklichen Quelle verspürt. Dieses Quantum Wasser fließt über flache labyrinthische Rinnen, die in Steinplatten ‚graviert' sind, über den Kies zum Erdreich hin ab.

MEDIAPARK KÖLN VICTORIAHAUS   WETTBEWERB 1990

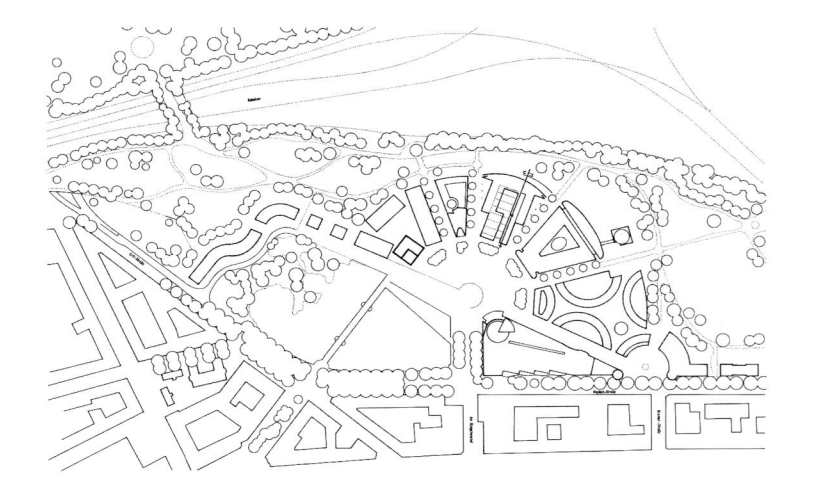

Soll der MediaPark ausstrahlen, wie seine Initiatoren das wünschen, dürfen nicht nur Additionen von Büroräumen entstehen, sondern Häuser mit besonderem Habitus, mit differenziertem Innenleben und einer Aura von technischer Perfektion und Innovation, mit der sich die Nutzer identifizieren wollen, die Besuchern in Erinnerung bleiben – Häuser, die einen Beitrag leisten zur corporate identity der dort arbeitenden Spezialisten.

Es wird ein Gebäudetyp entstehen, der zwar wie ein normales Mietbürohaus funktioniert, der aber auch im Sinne von Kooperation und gegenseitiger Stützung die Beziehung zwischen den unterschiedlichen Firmen im Auge behält.

Jedes Haus im MediaPark ist ein Mikrokosmos, eine Stadt im Kleinen. Auch dieses Gebäude wird wie eine Stadt im Miteinander und auch in der Separierung seiner ‚Bewohner' lebendig sein. Deswegen sind Elemente der Stadt ‚Bausteine' des Hauses; vom großen Platz, vom Korso, gelangt man über ein ‚Durchhaus' in eine lange, überglaste Galerie. Bei schönem Wetter sind Abschnitte des Glasdaches zu öffnen.

Die Halle erschließt zentral alle gemeinsam zu nutzenden Räume: Schulungsräume, Werkstätten, Vorführräume, Schauräume, die alle so installiert sind, daß jede nur denkbare Neuheit der Medientechnik erprobt und vorgeführt werden kann und damit dem Zweck des MediaParks entsprochen wird.

Im Erdgeschoß geht der Blick frei über den Treffpunkt im bogenförmigen „Stadtrand" in die „Landschaft", begrenzt im Hintergrund durch die Silhouette des Baumrandes an der Bahntrasse. So entsteht, die innere Raumfolge flankierend, eine Akzentuierung der Straßenräume, die neugierig macht und zum Hinschauen anregt.

DAS ERDGESCHOSS

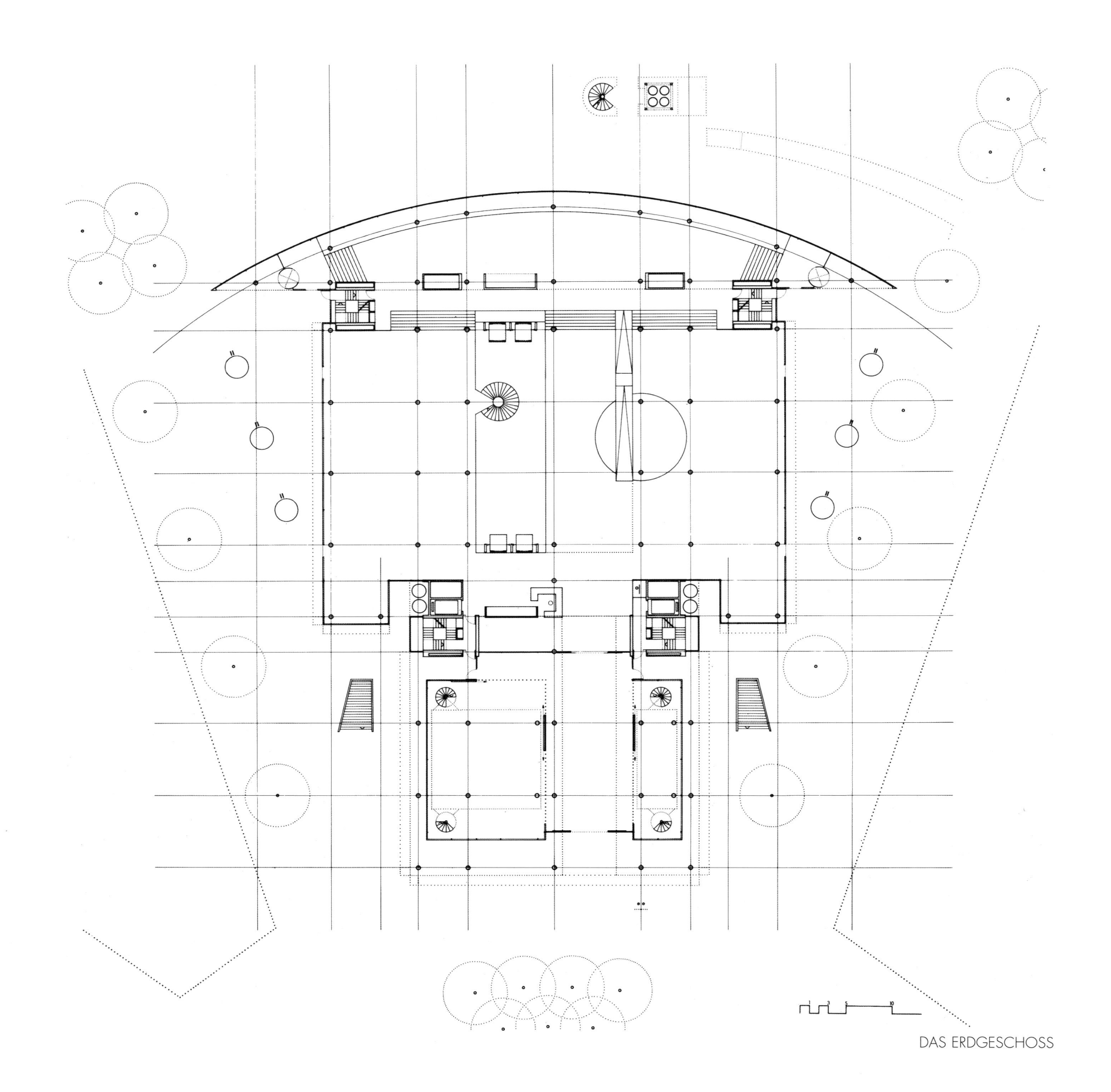

261

DOMSHOF BREMEN WETTBEWERB 1990 GEMEINSAM MIT PETER SCHÜRMANN UND JUTTA SCHÜRMANN,

Computersimulation von C.P.S. Planungs GmbH Stuttgart in Zusammenarbeit mit der Universität Stuttgart

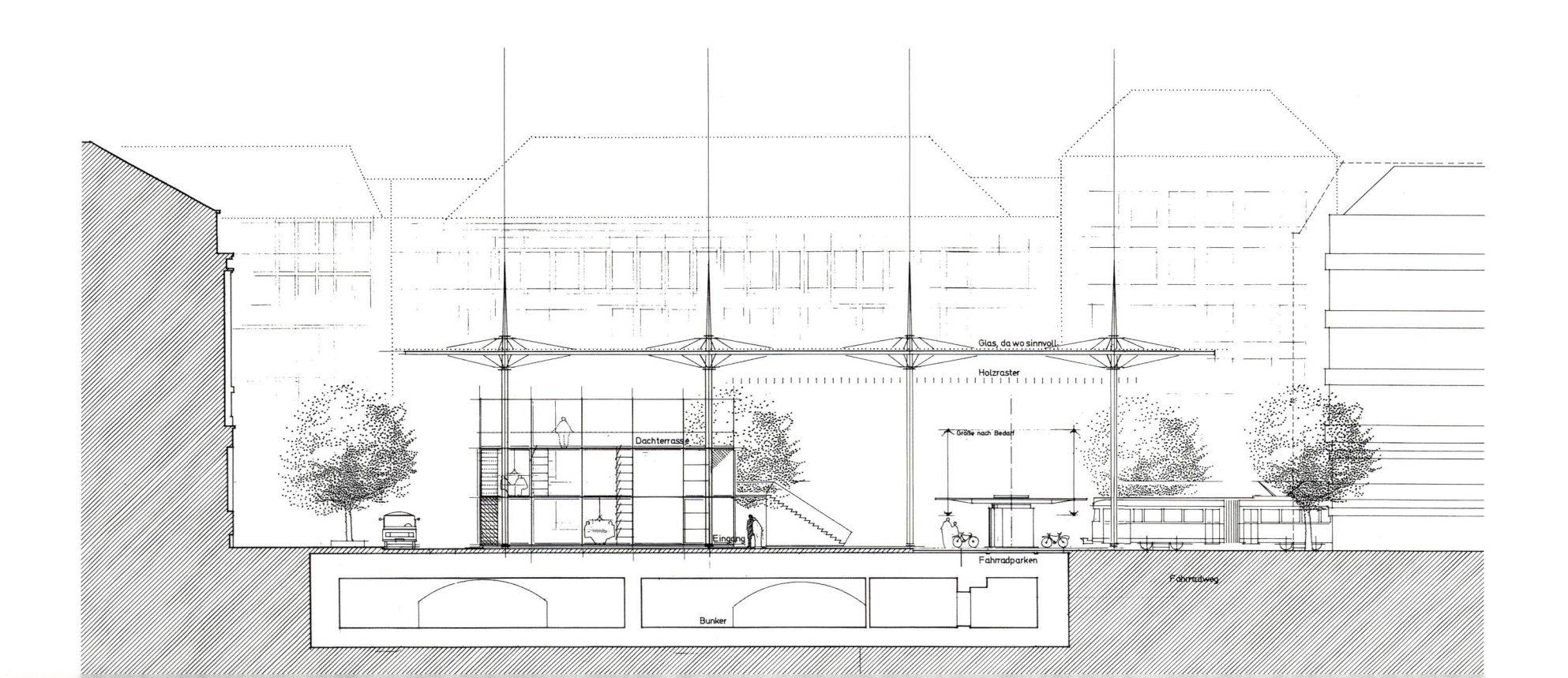

ARCHITEKTEN, STUTTGART

Der „Freie Domshof" in Bremen wird seit jeher für Markt und Veranstaltungen genutzt, er soll auch weiterhin frei sein. Zum Dom steigt er an; der Blick nach Süden, den Domhügel hinauf, ist voller Spannung und Reiz, in der Gegenrichtung, nach Norden, wenig erfreulich. Der abschüssige Platz bleibt ohne Halt, rutscht ab auf eine eher belanglose, für den Stadtverkehr gleichwohl wichtige Straße. Zu finden ist eine Fassung des Platzes, präsent und transparent zugleich, ein Zielpunkt für Fußgänger, ebenso nützlich wie angenehm. Das gläserne Dach wird ein Bistro und seine Freisitze beschirmen; Leute, die auf die Straßenbahn warten; die Eingangstrommel der unterirdischen Fahrradgarage und die Band, die zu Feiern und Festen dort aufspielt. Das Bauwerk wird – als Skulptur – bei aller Zurückhaltung einen Dialog mit der Kirche bewirken, auch den Blick der Passanten fangen, die aus den Passagen zum Markt auf dem Domshof hinströmen.

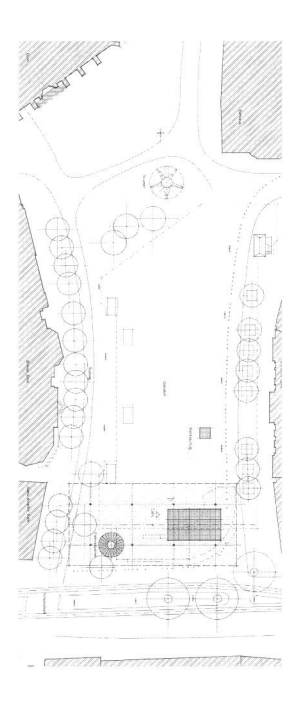

Bauherr: Brepark, Bremen
Tragwerksplanung: Schlaich und Bergermann, Stuttgart

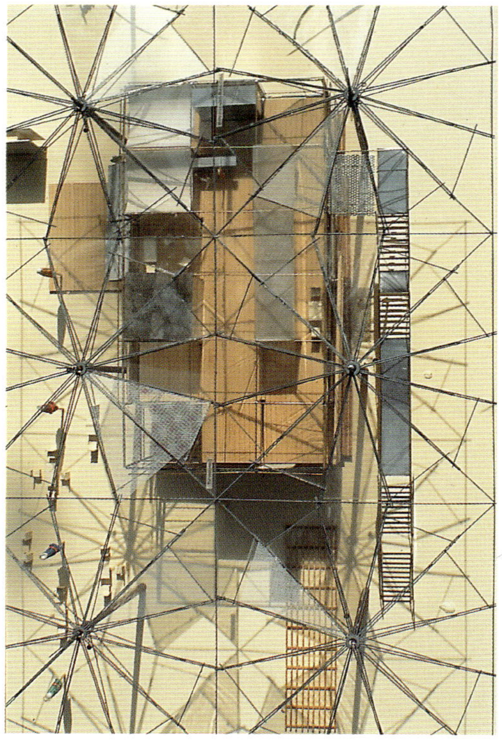

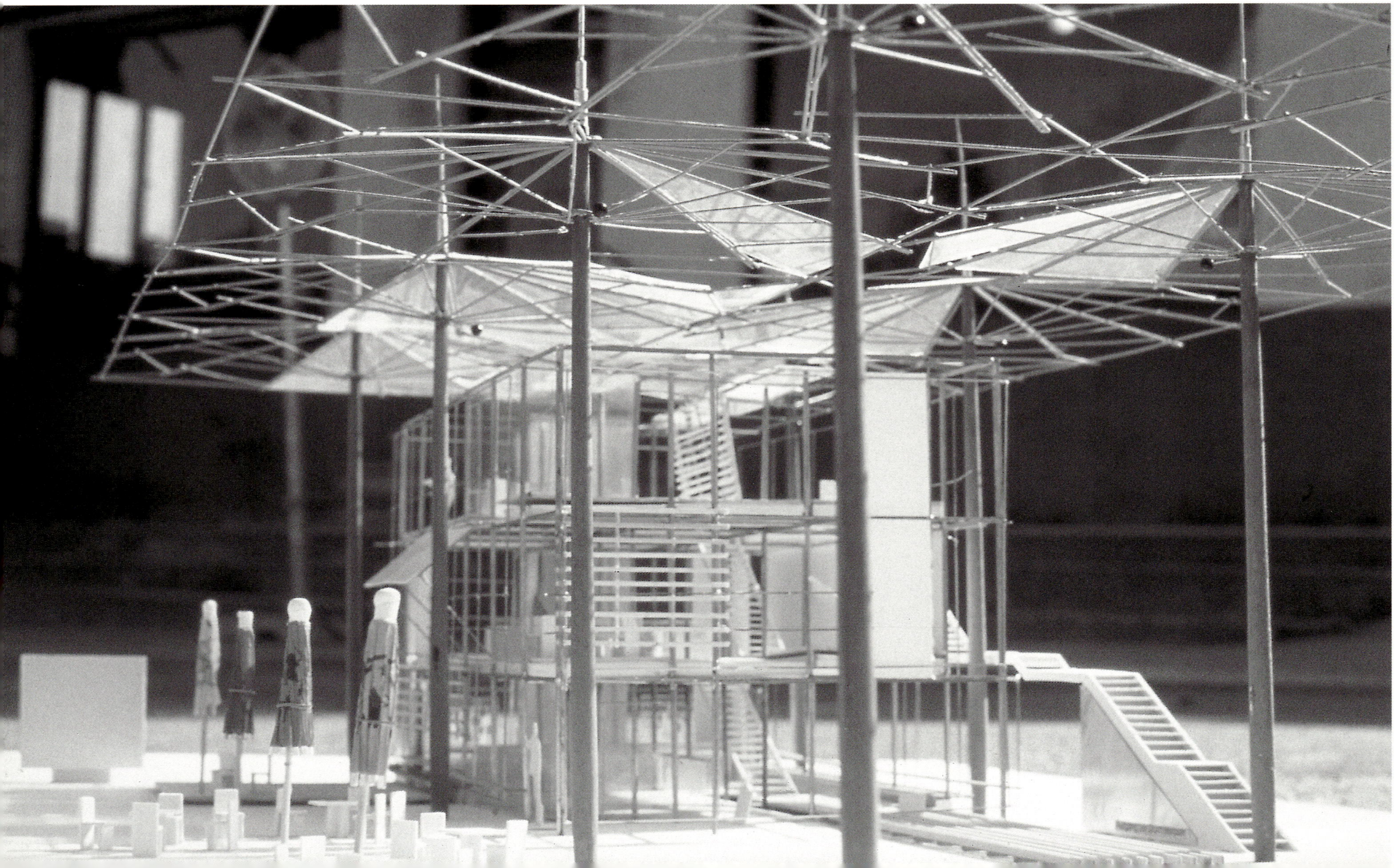

Modellstudien

ERWEITERUNG FOCKE MUSEUM IN BREMEN   WETTBEWERB 1991 STADT BREMEN   266

LAGEPLAN BESTAND
Heinrich Bartmann

LAGEPLAN ERWEITERUNG

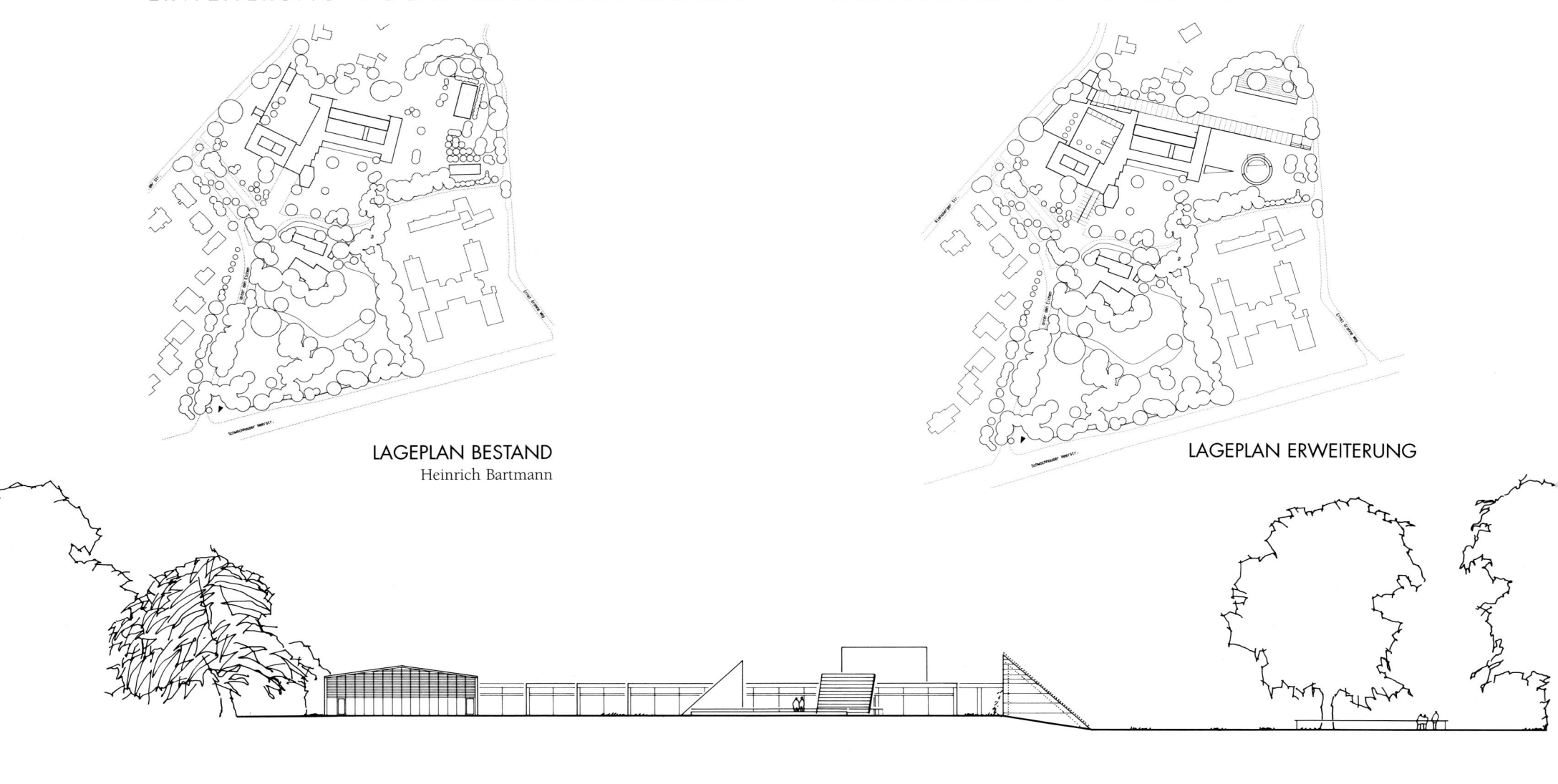

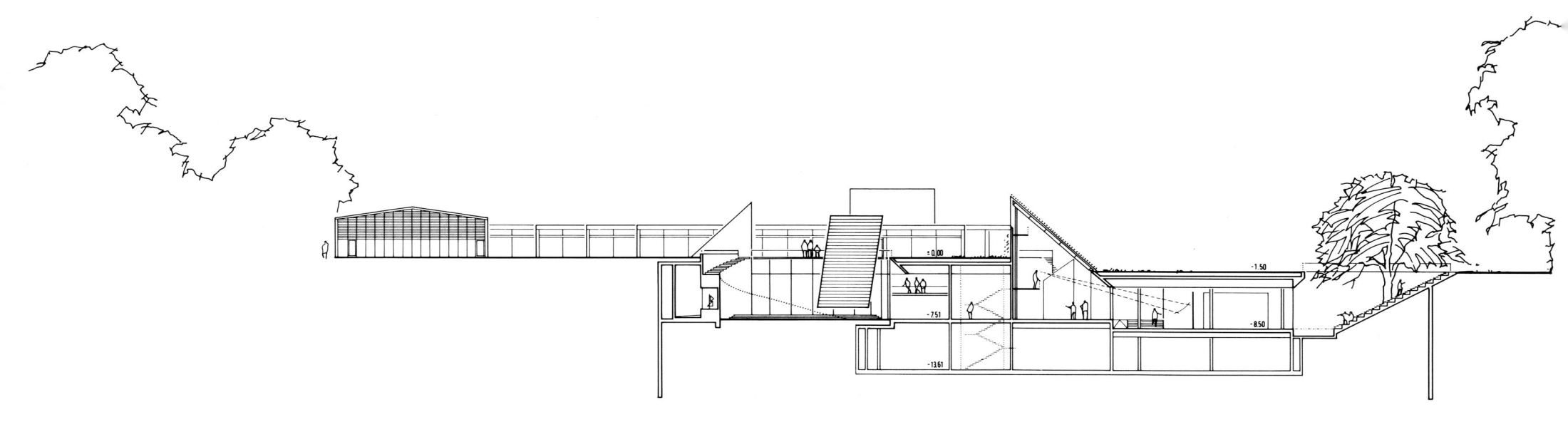

Am Anfang steht die Begeisterung für die Situation, die Freude an Park und Garten, die Sympathie für das Haus von Heinrich Bartmann, dem Vorgänger auf dem Lehrstuhl in Darmstadt.

Das Ausmaß der Erweiterung und die Aufgabe, den Bartmann-Bau in die Ausstellung einzubeziehen, legen nahe, diese Erweiterung soweit in die Topographie ‚einzudrücken', daß der Maßstab der ein- und zweigeschossigen Bebauung nicht überschritten wird, dergestalt, daß nur wenige charakteristische Elemente das Ensemble über der Erde ergänzen und durchdringen.

Weitere Gründe, das Museum nun zum großen Teil unter Terrain anzuordnen, liegen auf der Hand: die konservatorischen Vorteile durch bessere Abschirmung von Klimaeinflüssen; die Freiheit, einen Raumfluß zu organisieren, an den sich die großflächigen ‚Epochenbereiche' parallel durch ‚Themenräume und Schauarchive' ergänzen lassen; das Stimulans für die Besucher durch die Kombination von unterirdischen, ebenerdigen und angehobenen Räumen sowie die daraus resultierende wechselnde Lichtführung und nicht zuletzt die Rücksichtnahme auf Garten und Park.

OBERES TOR IN BIETIGHEIM-BISSINGEN   WETTBEWERB 1992

Aus der Überlegung, daß es falsch sei, ein neues Oberes Tor zu errichten (gleich in welcher Gestalt oder Verkleidung), weil es das Gesamtkunstwerk der Altstadt noch mehr von der Entwicklung der Stadt als Ganzes abschlösse, es noch mehr zum Touristen-Quartier machen könne, zur abgesonderten Stadt, wird eine minimale Lösung vorgeschlagen, die die gewachsene, verborgene Grenze der alten Stadt markiert, aber nicht restauriert.

Dieser Markierung durch eine Stele im Vordergrund folgt, vom Markt her gesehen, im Mittelgrund ein geordneter städtischer Hain aus geschnittenen Platanen, deren mit der Zeit knorriges Astwerk als Netz, Schleier und Filter die Distanz zur Querstraße zwar abschirmt, sie aber durch Marken wie Bäume, Leuchten und Steinbänke in die Tiefe entwickelt und streckt. Es entsteht so von der Altstadt gesehen der gewünschte Blickfang auf vielfältig gestaffelte Weise.

Das Ensemble fungiert umgekehrt als freundlich einladender Empfang.

Die Stele aus schwerem Profilstahl ist farbig gefaßt. Sie berichtet dem aufmerksamen Passanten in Schrift und Zeichen, wann das Obere Tor niedergelegt wurde. Sie spricht auch von der Zuversicht der Bürger, daß sich die so erschlossene neue Stadt in Zukunft nach Aufgaben und Art organisieren und ordnen werde wie vordem die alte nach den ihrigen.

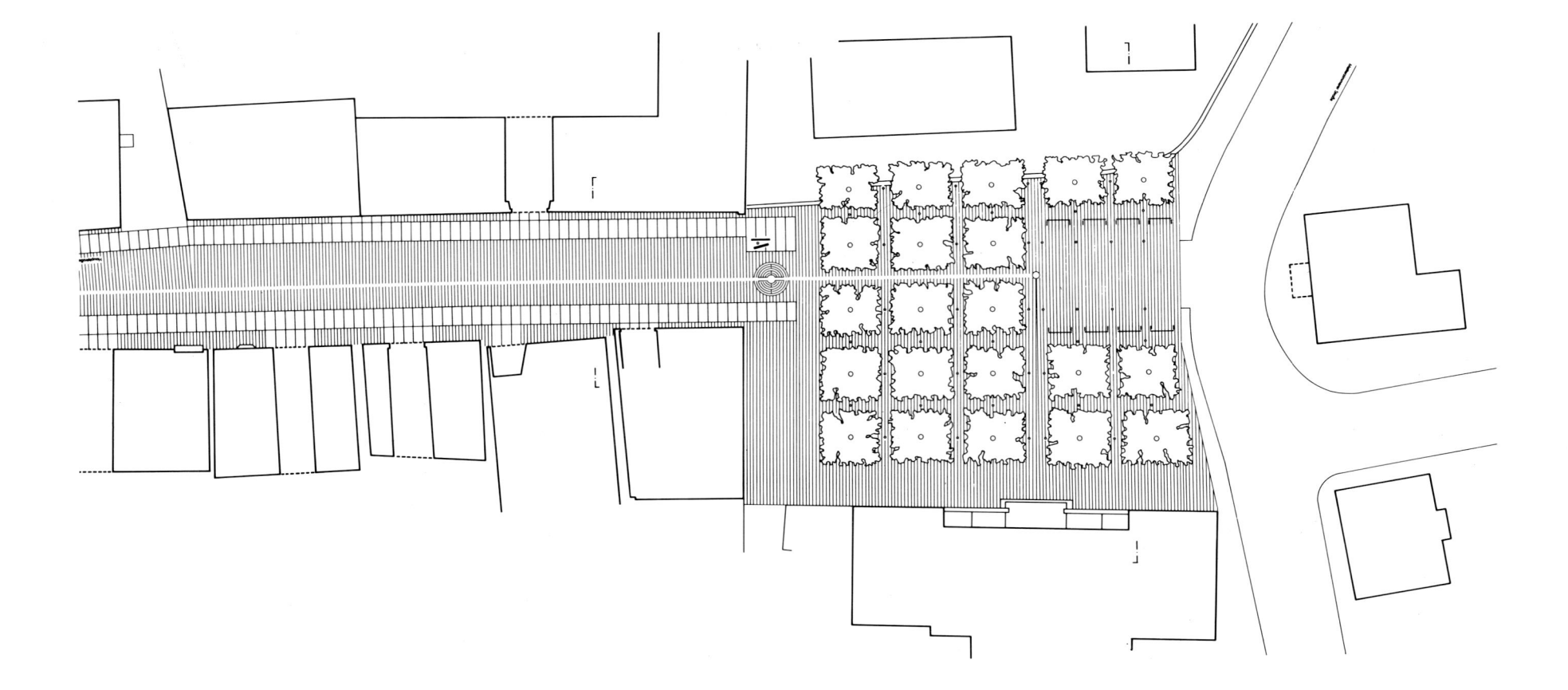

269

POSTPLATZ IN DRESDEN   WETTBEWERB 1991   STADT DRESDEN

Will man den Stadtkern erkunden, Altstadt und Neustadt, wird außer den beiden Ufern der Elbe ein Straßenzug vor anderen wichtig:
Der Nord-Süd-Zug, der vom Albertplatz über die Hauptstraße zum Goldenen Reiter und über die Augustus-Brücke zum Theaterplatz führt – dann weiter, als ‚Bogen zur Sehne' der Schloßstraße, durch die Sophienstraße über den Postplatz, den ehemaligen Wall entlang bis zum Ring – ein Straßenzug von europäischem Rang, großzügig, in ständiger Wandlung der Perspektive, flankiert von großartigen Bauwerken, die in ihrer scheinbar willkürlichen Stellung eine schier unglaubliche Vielfalt von Plätzen und Stadträumen bilden, der aber auch, wie in der Neustadt, einfach begleitet wird von gleichmäßigen Häuserfronten, die dem Wohnen dienen, Läden beherbergen.

Der Straßenzug ist noch weitgehend erlebbar, trotz seiner Zerstörung durch Krieg und Wiederaufbau. Im südlichen Abschnitt dagegen, der Brache zwischen Postplatz und Ring, verliert er jeglichen Maßstab; nicht mehr zu ortende Weite verhindert jede Stadtraumbildung im Ansatz.
Das Nachdenken über die Frage, wie diese Brache bestellt werden kann, legt den Schluß nahe, daß der

Postplatz in diese lockere Raumfolge einzubinden sei, daß er wie die anderen Platzräume an diesem Weg keine ‚monolithische' Umbauung haben sollte, daß er keine ‚Plaza Mayor' sein sollte, die hier in der Folge der Räume als Fremd-Körper oder Fremd-Raum wirken würde, der in räumlich-körperliche Konkurrenz zum Zwinger treten würde. In unserer Vorstellung soll sich der Raum aus einer Kette von kleineren Räumen bilden: dem Postplatz, dem Schauspielplatz, dem Wilsdruffer Torplatz.

Der Postplatz wird so eher Teil einer Raumfolge vom Theaterplatz bis zum Ring als ein eigenständiger städtischer Großraum, der er nie war. In seinen, ähnlich einem gebogenen Knie, abgewinkelten Fluchten erinnert er von Ferne an die Konturen der früheren Festung.

Die kleineren Platzeinheiten bilden zusammen eine ‚molekulare' Struktur, die vielfältige Nischen erzeugt und bewahrt. Sie sind nicht wie früher nur Schnittpunkte von Verkehrslinien, sondern lebendige Stadträume für Handel und Wandel, Treffpunkte für Menschen, Foyers für die kulturellen Einrichtungen ringsum, um so mehr, als der motorisierte Individualverkehr zwar überall noch hingelangt, die Plätze aber nicht mehr quert oder kreuzt. Das Feld bleibt den Fußgängern und dem Nahverkehr überlassen. Die Wände der kleineren, intimen Plätze entstehen aus den plastischen Köpfen der auf das Zentrum des großen Platzraumes hinführenden Bebauung.

Der Blick in die radialen Straßen dazwischen bleibt frei. Die diese Peripherie ergänzenden, eingestellten Körper wie der Theaterkubus und die Wasserspiele der „Troika" und der „Teepavillon" akzentuieren das Bild, ergänzen die kleineren Plätze, erfüllen so eine ähnliche Funktion wie die alte Wache oder das „italienische Dörfchen". Das Thema dieser Stadteinbauten setzt sich fort in den Folies im Vorland des alten Wallgrabens. Im übrigen sollen die Platzflächen frei bleiben von jeglichem Mobiliar oder von allem entrümpelt werden, was in Fußgängerzonen gewöhnlich herumsteht.

Der sich anschließende Straßenraum des Walls scheint uns in seiner Bedeutung für die Entwicklung der Stadt gleichermaßen wichtig wie die neue Gestalt der nördlich anschließenden Plätze, zumal das Gedächtnis der Stadt nachdrücklich offenbart, daß der alte Festungswall entlang der Zitadelle seine Spuren so tief eingegraben hat, daß er auch durch Zerstörung und gegensätzlichen Wiederaufbau nicht nur noch ablesbar ist, sondern durchaus geeignet erscheint, als eines der Leitmotive für die Bebauung der bisherigen Brache zu dienen.

Wall und Wallgraben trennt – und verbindet – ein tiefer Gebäudeflügel, der dem kammartigen Straßen- und Gassensystem des Webergassenviertels entsprechend gegliedert ist. Er beherbergt in den unteren Geschossen Läden, oben Wohnungen, die Innenhöfe sind wie ‚Durchhäuser' erschlossen und verstärken die Privatheit.

Zwei breite Platanenalleen in den Maßen der Neustädter Hauptstraße begleiten den Flügel und den sich westlich anschließenden Wasserlauf, der im Zuge der Ost-West-Straßen überbrückt wird von fünf Brückenfolies.

Beginnend mit der ‚Nadel' an der Zitadelle Merkur kann an diesem Ausgangspunkt eines vorgeschlagenen Rundgangs der Besucher der Stadt Multimedia-Informationen über Geschichte, Kultur und Städtebau von Dresden im besonderen und Sachsen im allgemeinen erhalten. Die Brückenfolies werden begehbare Plastiken sein, vielleicht aus farbigem Stahl, jeweils einem Dresdner Thema gewidmet, mit wenigen Bild- und Texthinweisen versehen, als einstimmende Merkmale auf das Wesen der Stadt, ihre Geschichte und ihre Zukunft.

Es ist kein geringerer als Sachsens berühmtester König, der Zeichen setzte, wie sich die Lust am Leben auch in geformten Steinen wiederfinden kann.

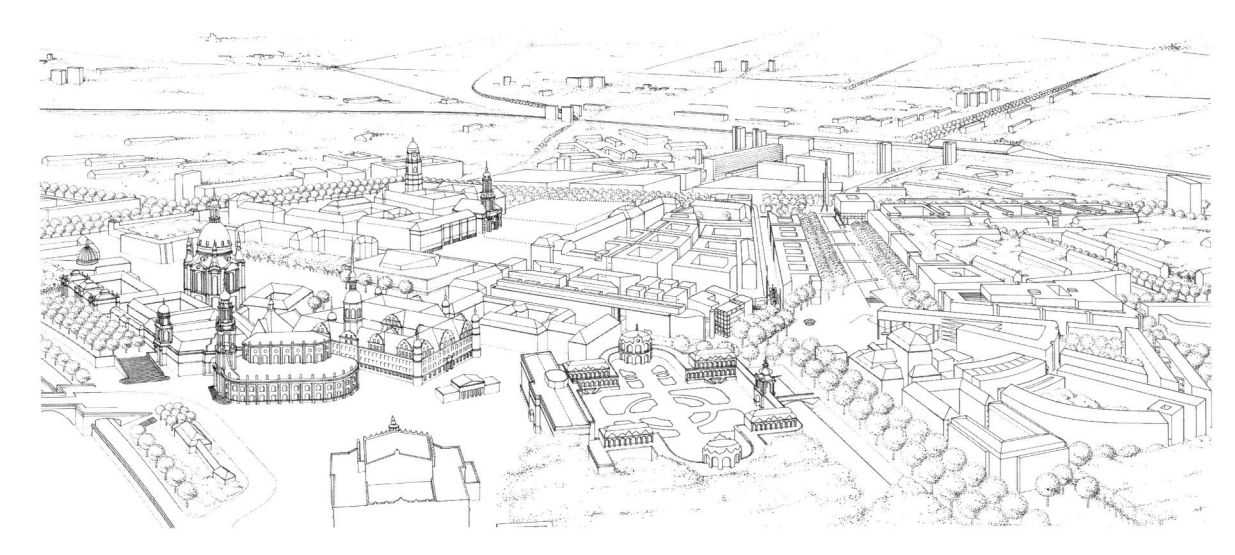

272

Aus dem Bericht der Jury

Es ist nicht alltäglich und deshalb erwähnenswert, daß zwischen Stadtanalyse, verbaler Vermittlung der Leitvorstellung und der Umsetzung des Gedankens eine so selbstverständliche und überzeugende Kongruenz besteht wie bei diesem Entwurf. Im Gegensatz zu anderen Entwürfen entwickelt sich hier der planerische Ansatz nicht am punktuell verstandenen Ort mit dem Namen Postplatz oder aus einer Stelle, die einmal Bastion Saturn hieß. Vielmehr suchen die VerfasserInnen nach den räumlichen Spuren im Gedächtnis der Stadt und entdecken in der Verfolgung des Nord-Süd-Zuges am Elbufer und am Eintritt in die historische Stadt die „scheinbar willkürliche Stellung" der Gebäude und „die schier unglaubliche Vielfalt von Plätzen und Stadträumen".

Aus diesen anschaulich vermittelten Erkenntnissen bringen die VerfasserInnen eine unversehrte Stadt-Typologie Dresdens ins Bewußtsein, die sie weiterführen und zu einer überraschenden Lösung bringen. Sie geraten nicht in den Zwang, einen räumlichen, prägnant definierten Postplatz auszuweisen, woran schon frühere Generationen gescheitert sind, sondern gliedern diesen nebst weiteren Plätzen fast beiläufig in die Sequenz wechselnder Raumbilder ein, wodurch ein Ensemble von großem Reiz entsteht, welches eine Ausprägung in unterschiedlichen Architektursprachen verträgt, allerdings auch sehr hohe Ansprüche an die gestalterische Qualität des jeweiligen Gebäudes stellt.

Auf die phantasievollen Einfälle der gestalterischen Vorschläge einzugehen, würde zu weit führen, so wie man sich umgekehrt auch scheut, an einzelnen Stellen des Entwurfs wie z. B. an dem zu groß geratenen und überflüssigen Dreiecksplatz zwischen Thälmann-Straße und Wallstraße Kritik zu üben, eben weil die räumliche Elastizität des Konzeptes eine seiner besonderen Qualitäten ist.

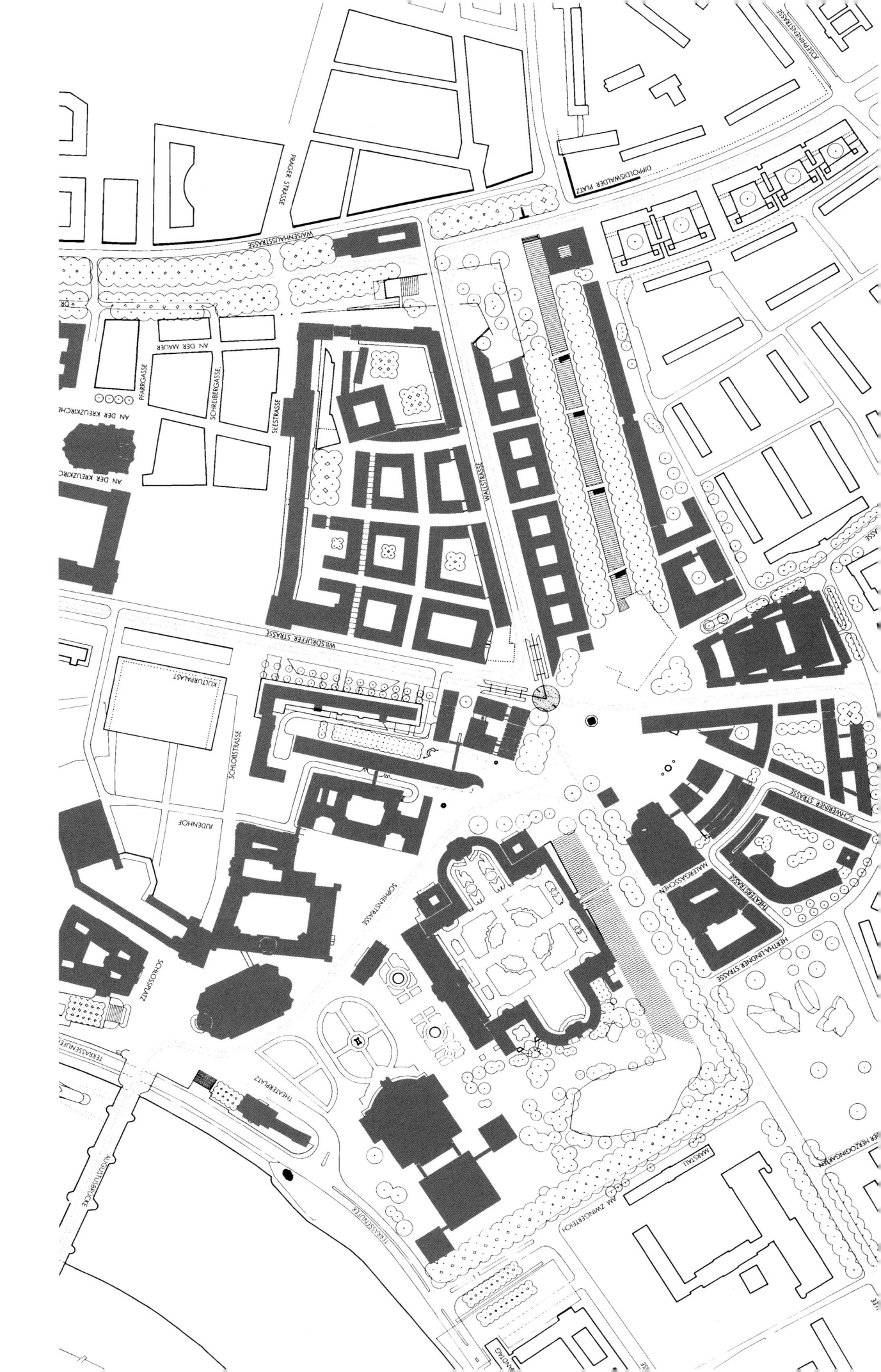

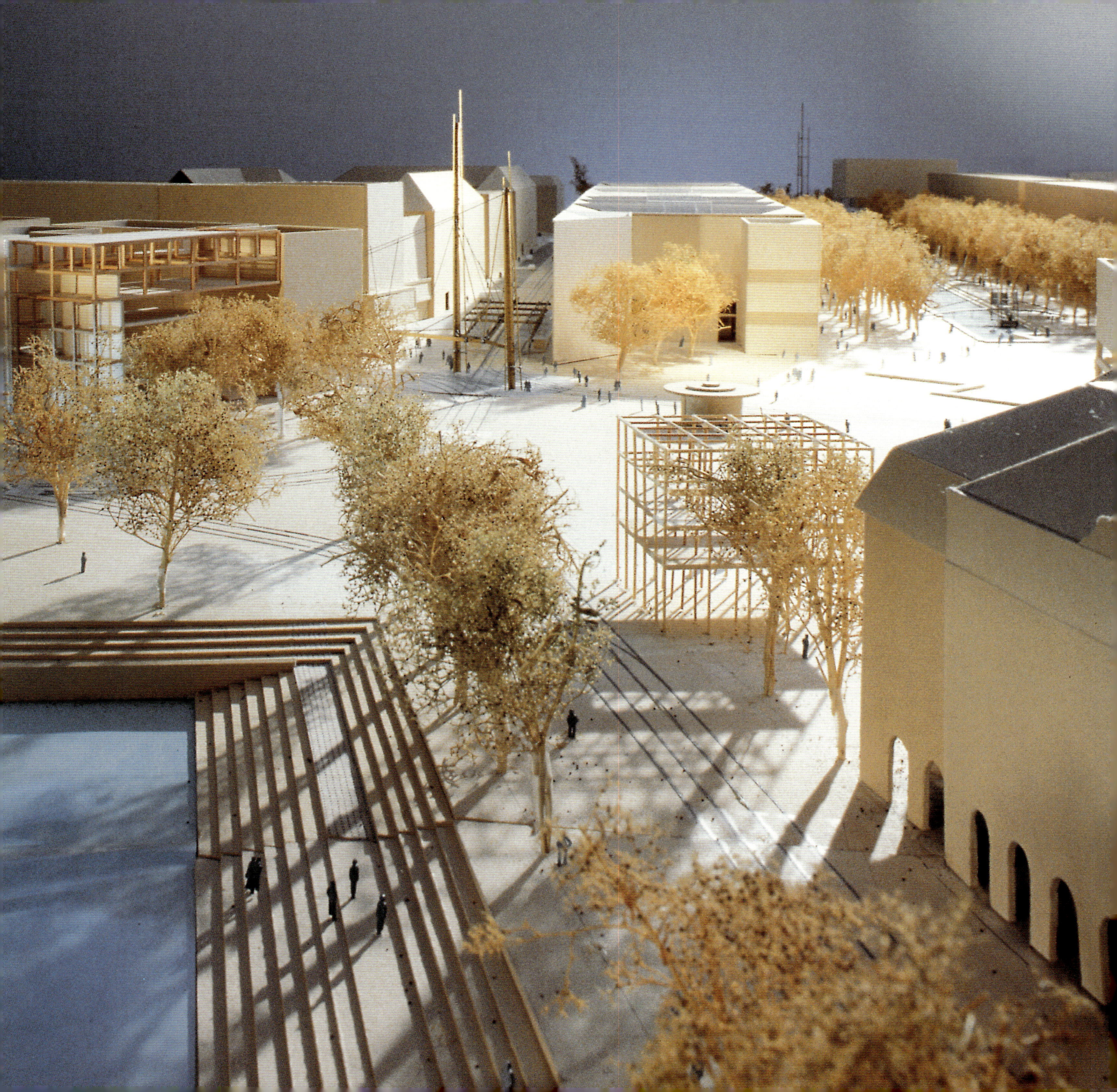

275

Wassergraben und Brückenfolies

Bauherr: Stadt Dresden

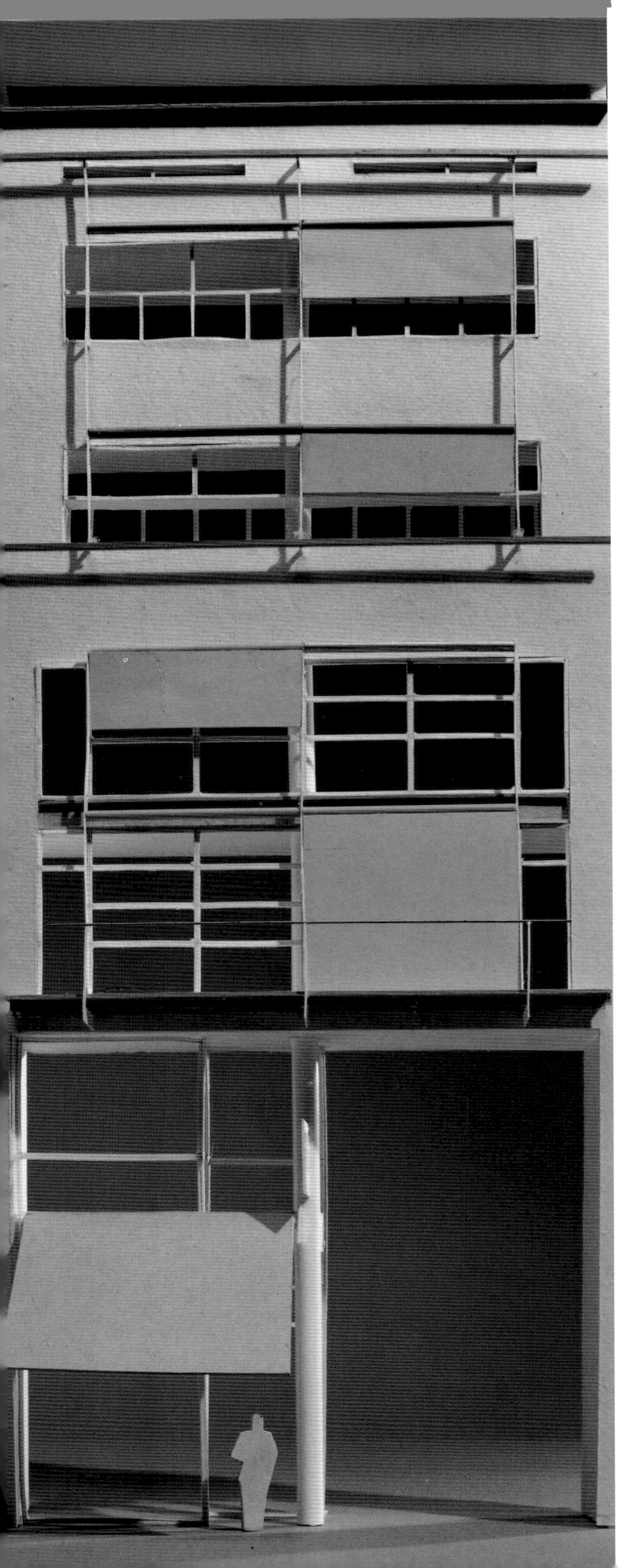

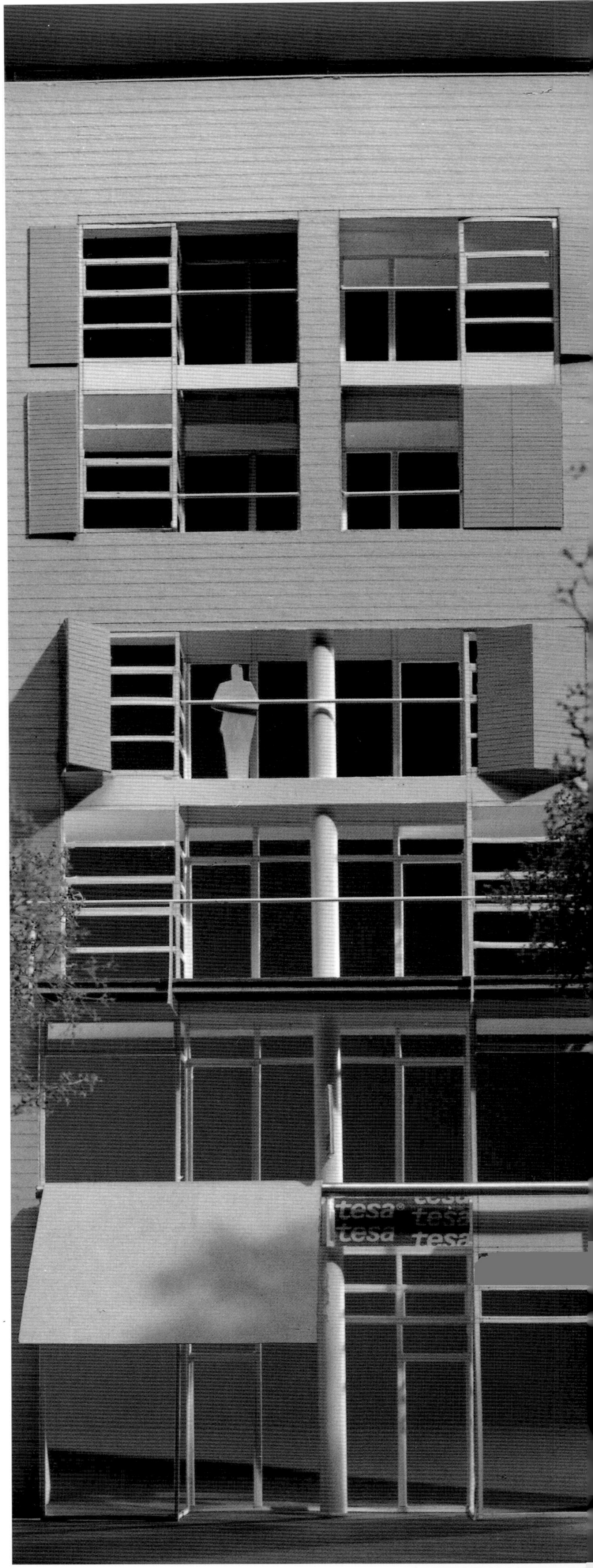
tesa

277　DIE HOFHÄUSER AM WALL IN DRESDEN

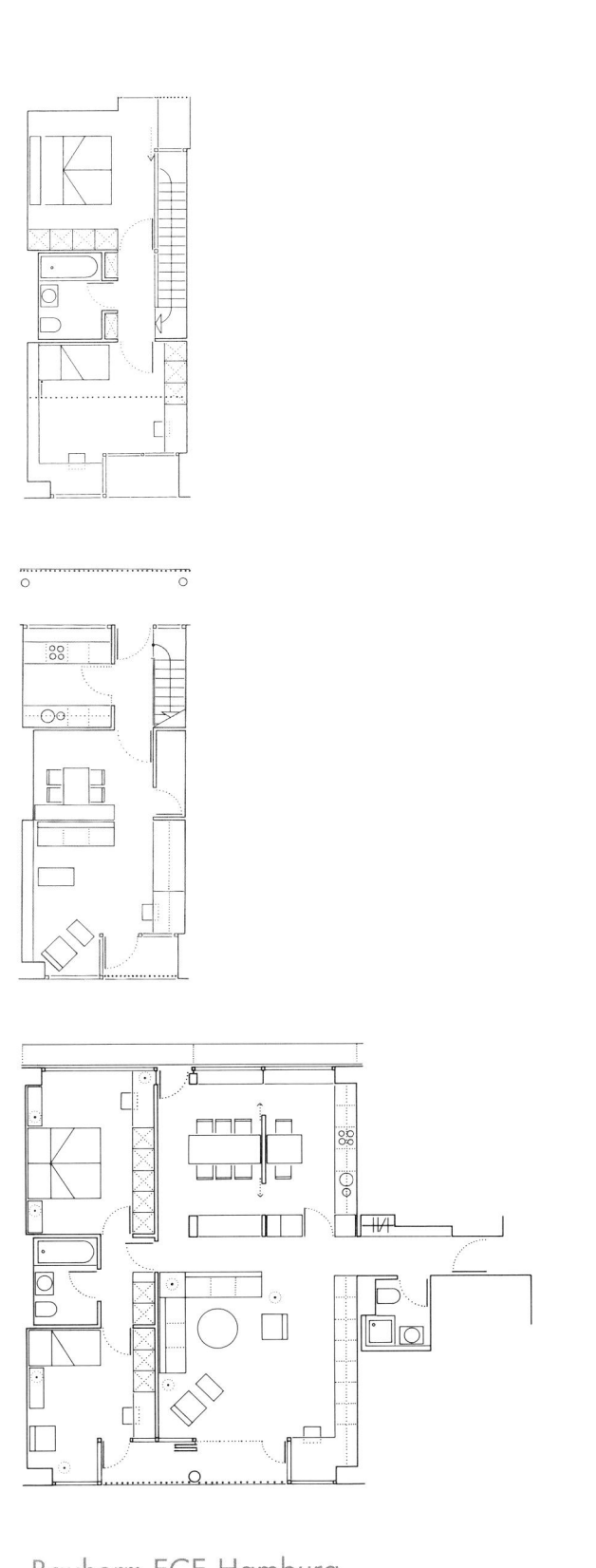

Bauherr: ECE Hamburg

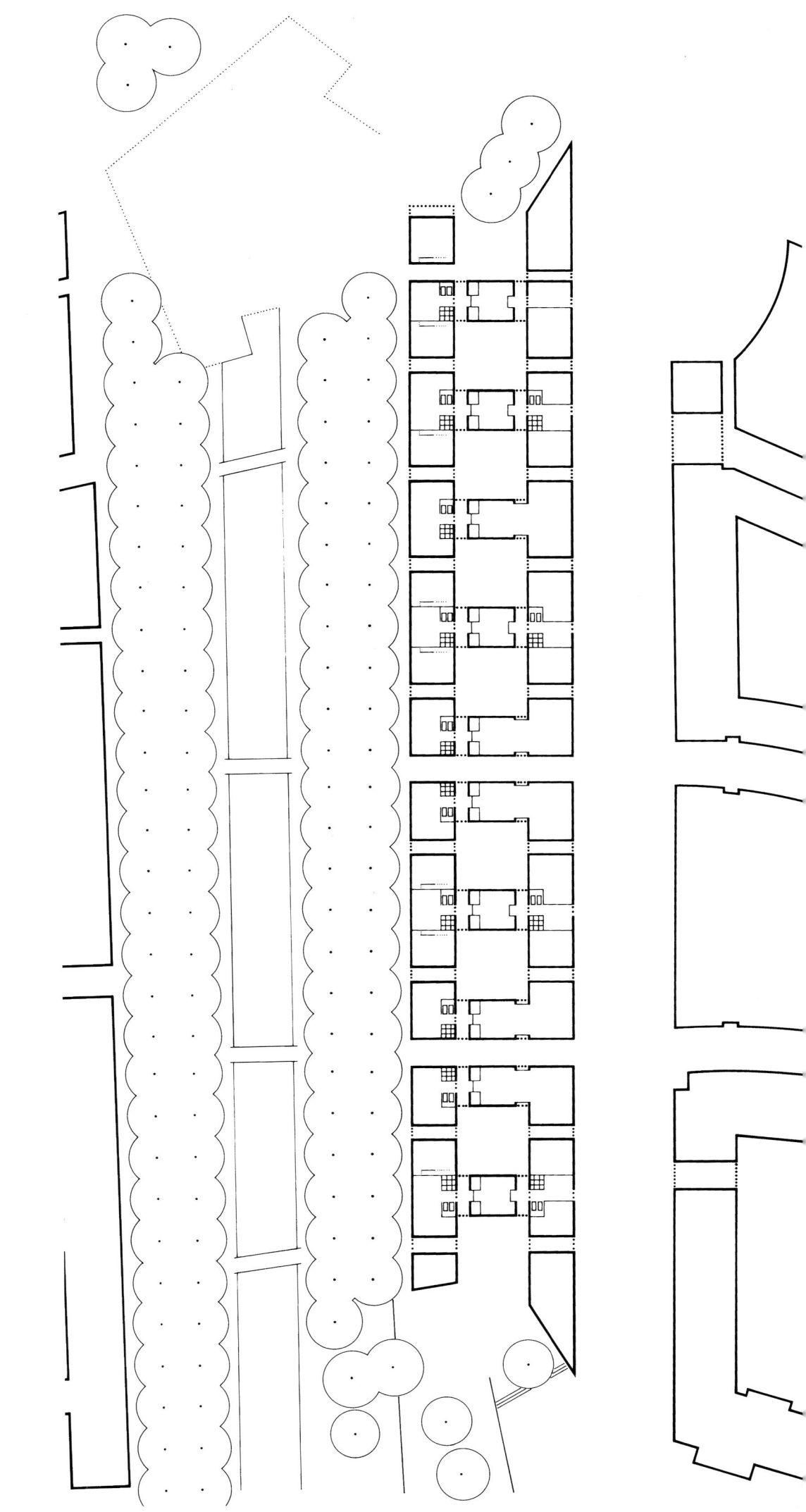

DAS WILSDRUFFER TOR IN DRESDEN   1994

Zentrale Umsteigestation der Straßenbahn

279   LICHTSTELE DRESDEN UND CHEMNITZ
      1996

280

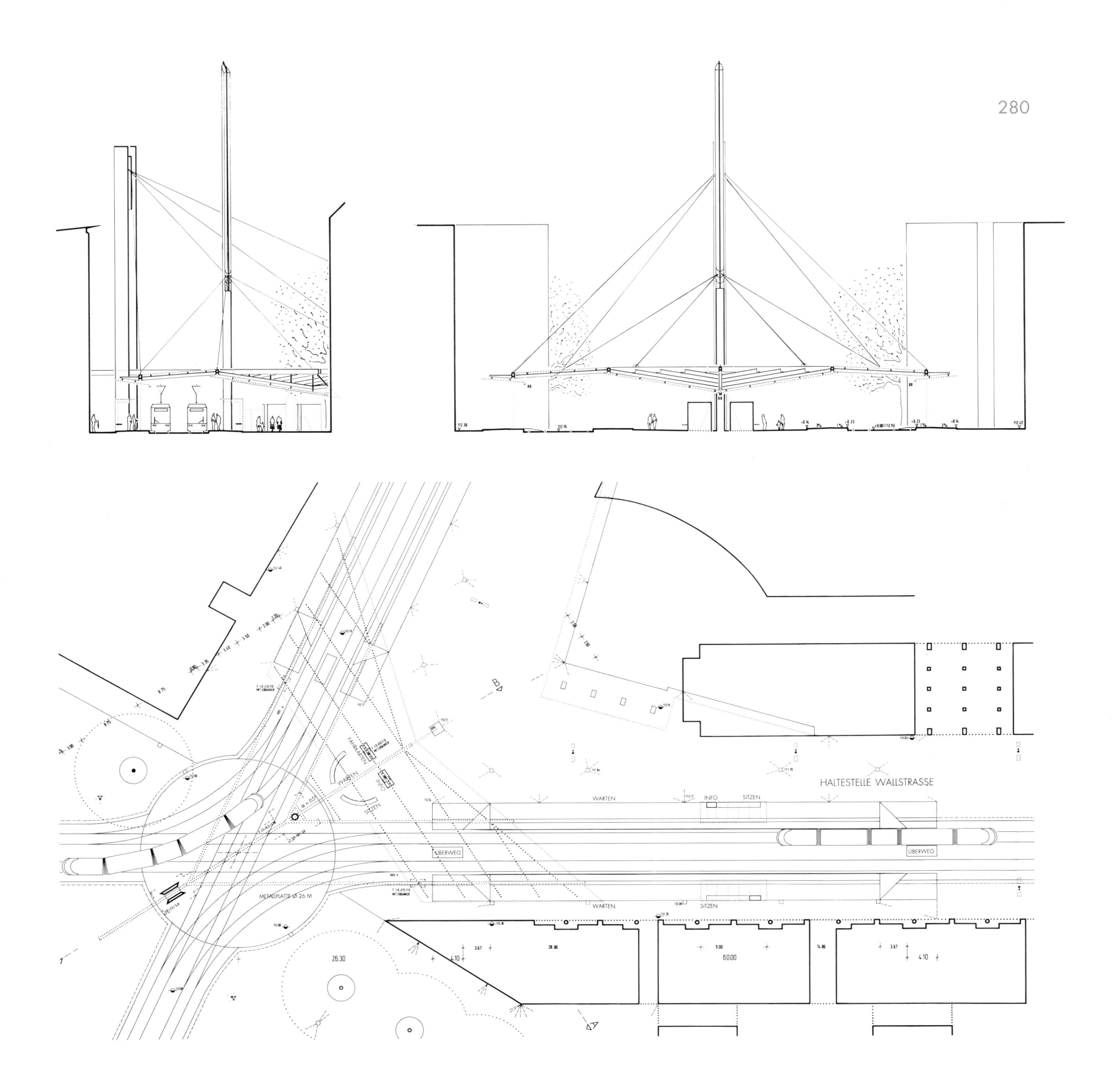

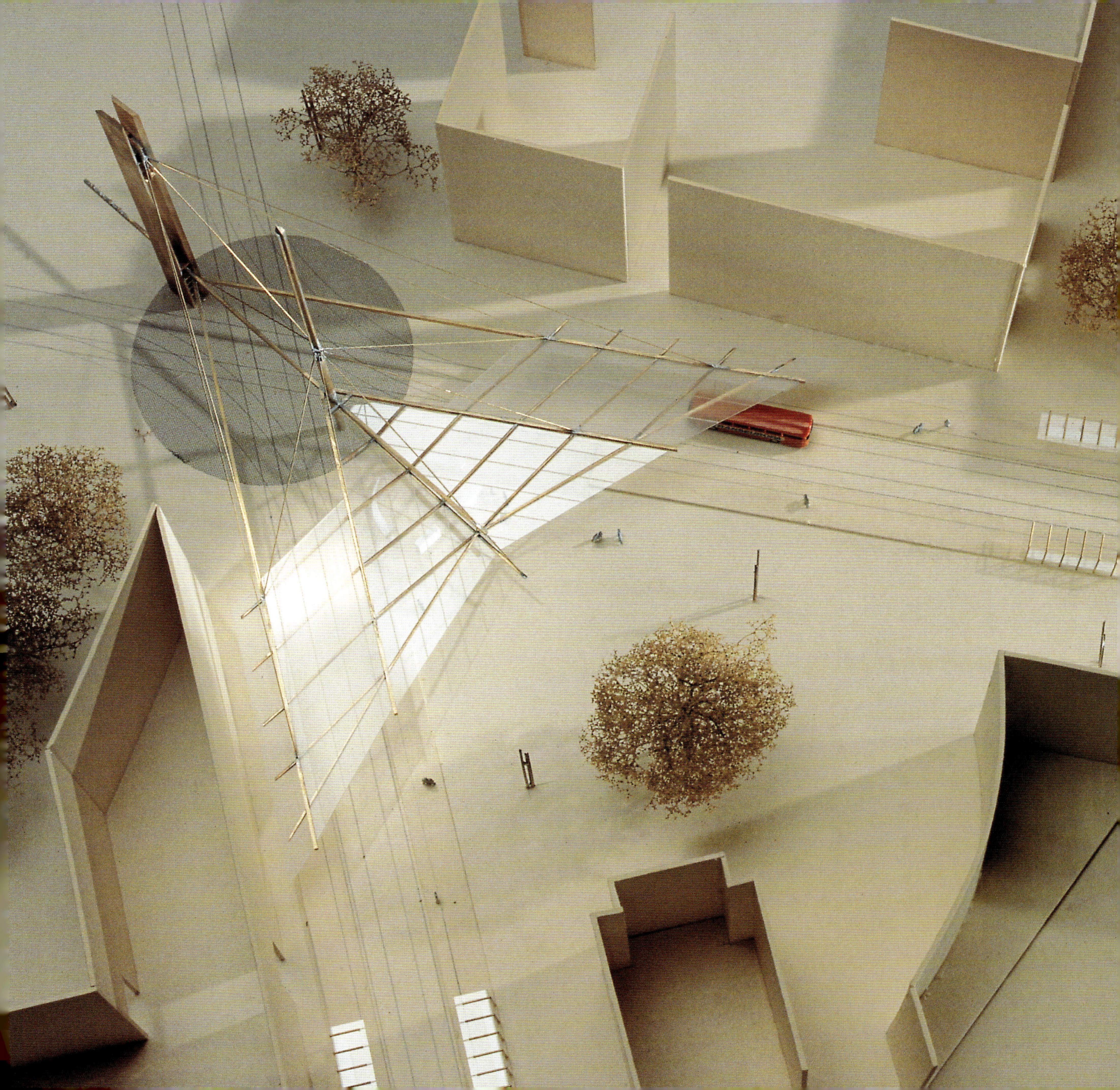

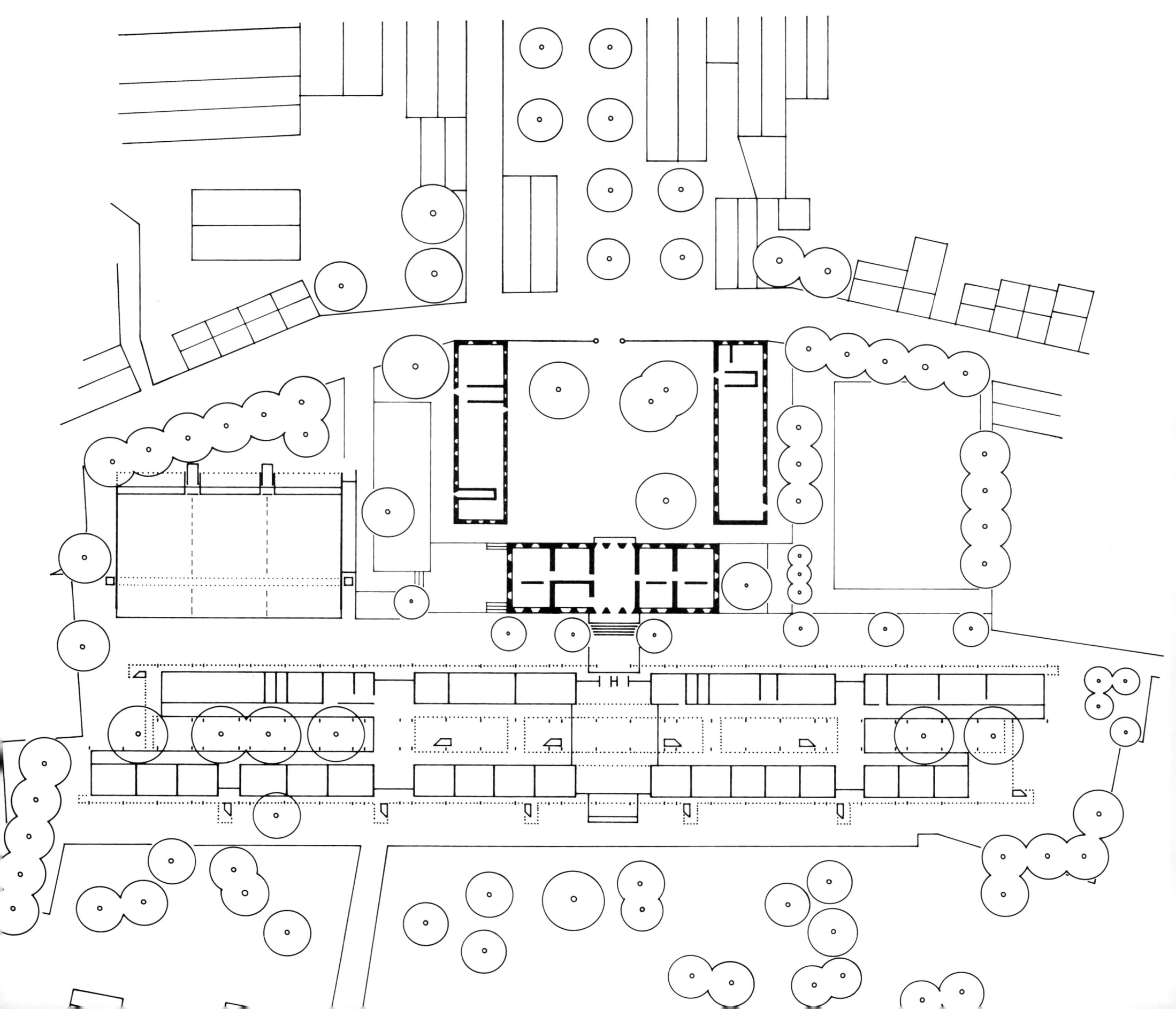

ENGELBERT-KÄMPFER-GYMNASIUM IN LEMGO WETTBEWERB 1992
GEMEINSAM MIT FELIX SCHÜRMANN & ELLEN DETTINGER, ARCHITEKTEN, MÜNCHEN

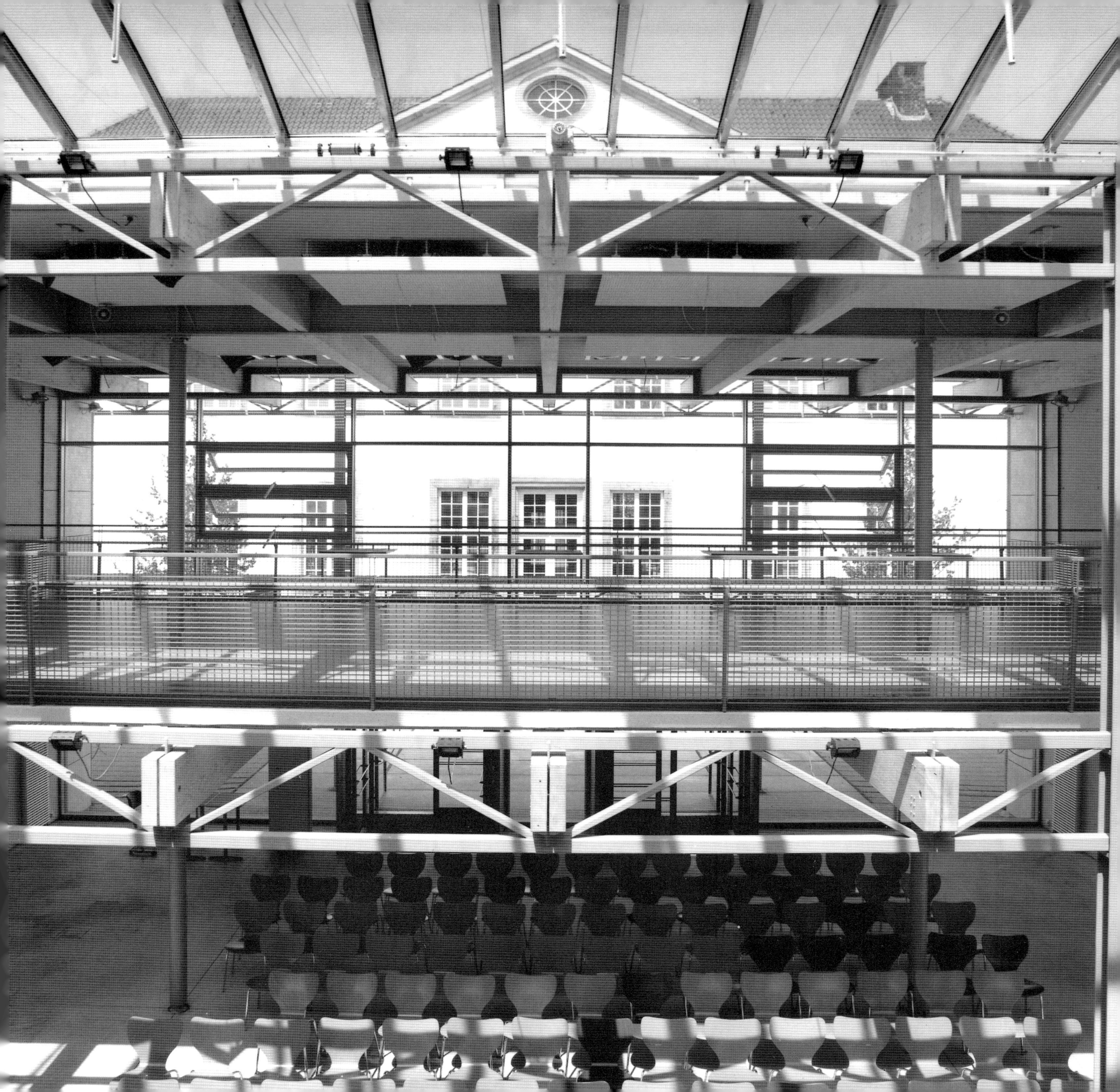

Die Erweiterung eines vierzügigen Gymnasiums erstreckt sich in das ehemalige Parkgelände eines westfälischen Landgutes: Das Volumen des Neubaus tritt hinter die Grundstücksgrenzen zurück. Im Einklang mit der Kleinteiligkeit des Fachwerk-Stadtbildes und der Höhe des Altbaues bildet die neue Schule einen langen, zweigeschossigen, einfach konstruierten Stahlfachwerkkörper, der die städtebauliche Dominanz des Gutshofes erhält. Die Unterrichtsräume beziehen sich auf eine innere Folge von Hallen und Höfen, die sich mit den in unterschiedliche Zonen gegliederten Freiräumen zu einer ‚Schullandschaft' verbinden.

Der ehemalige Gutshof wird eingebunden mit den Bereichen Kunst/Musik, Ganztagsbetrieb, Bibliothek und Verwaltung. Die vor die Fassaden gestellte Stahlkonstruktion besteht aus längslaufenden zweigeschossigen Stahlfachwerk-Rahmen, die Stützweite ist 6,96 Meter, in die im Raster von 2,32 Meter Furnierschichtholzträger eingehängt sind. Filigranelemente bilden die Deckenplatten im statischen Verbund mit den Holzbalken.

Durch diese – zum ersten Mal ausgeführte – Verbundbauweise sind die Abmessungen der Deckenbalken (Spannweite 8,20 Meter) stark reduziert. Eine Pfosten-Riegel-Konstruktion aus schlanken und tiefen Furnierschichtholzprofilen bildet die Struktur der inneren Fassade.

Geschlossene Elemente sind hinterlüftet und mit naturbelassenen Zementfaserplatten oder Rauhspundschalung bekleidet. Holzkonstruktionen, verglaste Brand-Abschnittswände (G 60) in den langen Zwischenhallen, offene Galerien und Fluroberlichte sind dank des Brandschutz- und Fluchtwegkonzeptes möglich.

Bauherr: Stadt Lemgo

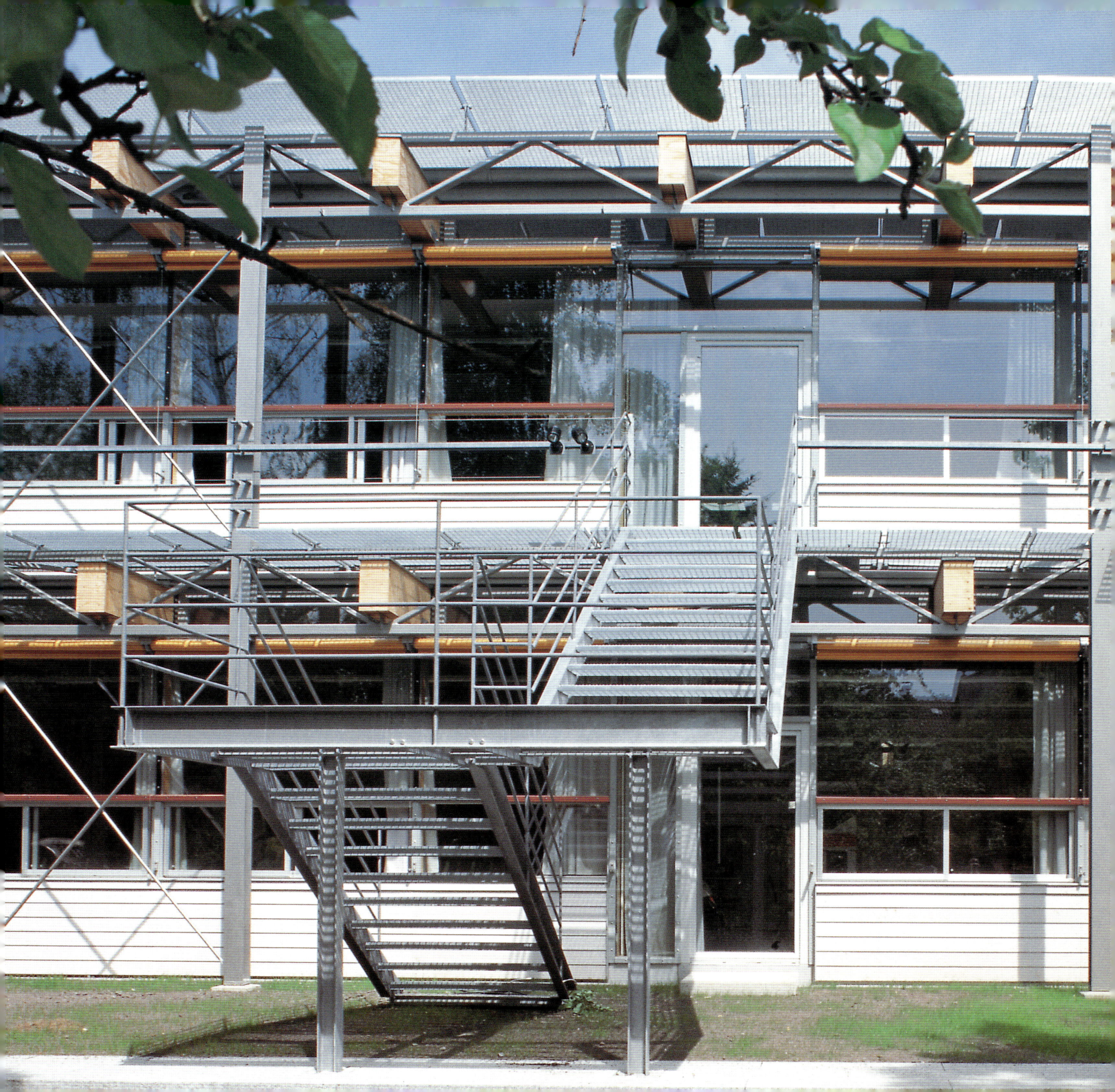

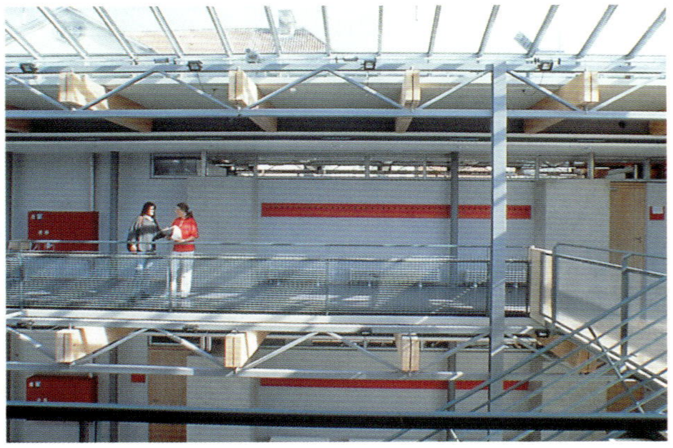

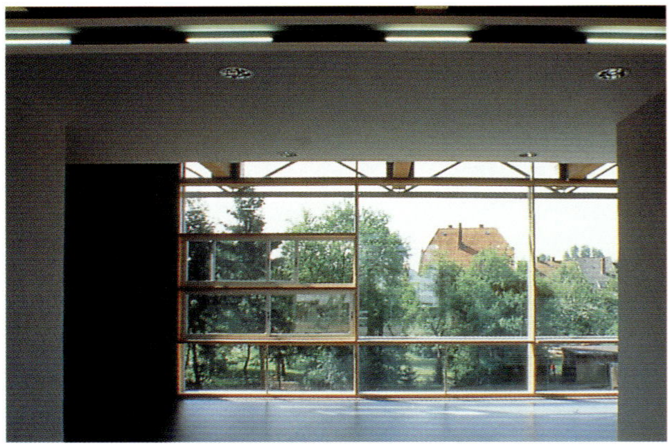

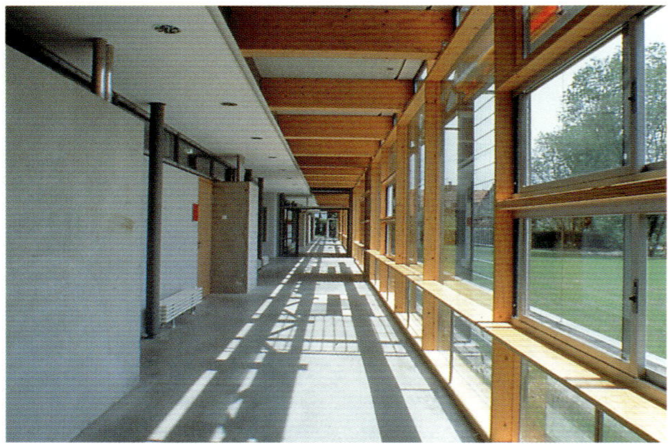

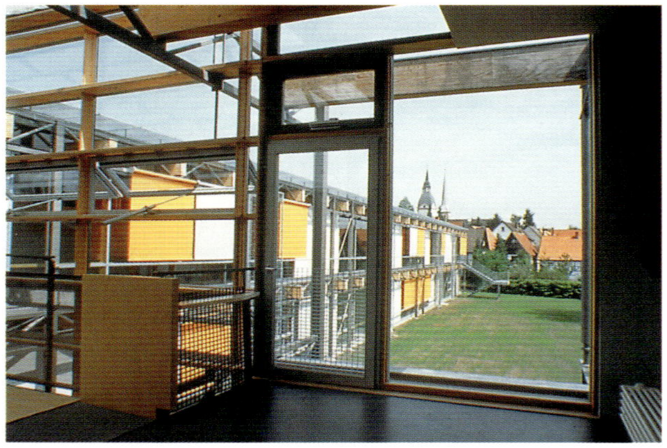

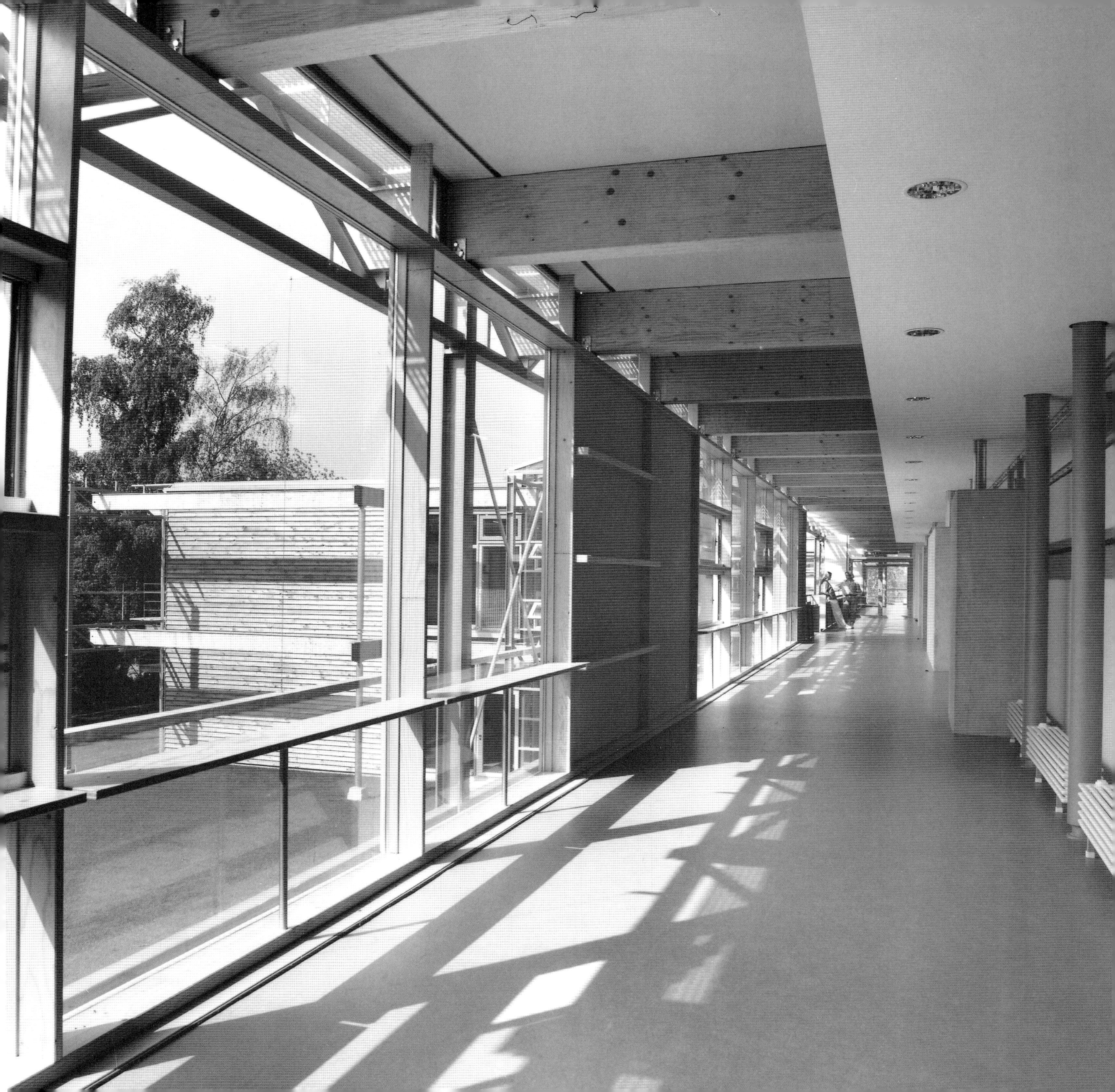

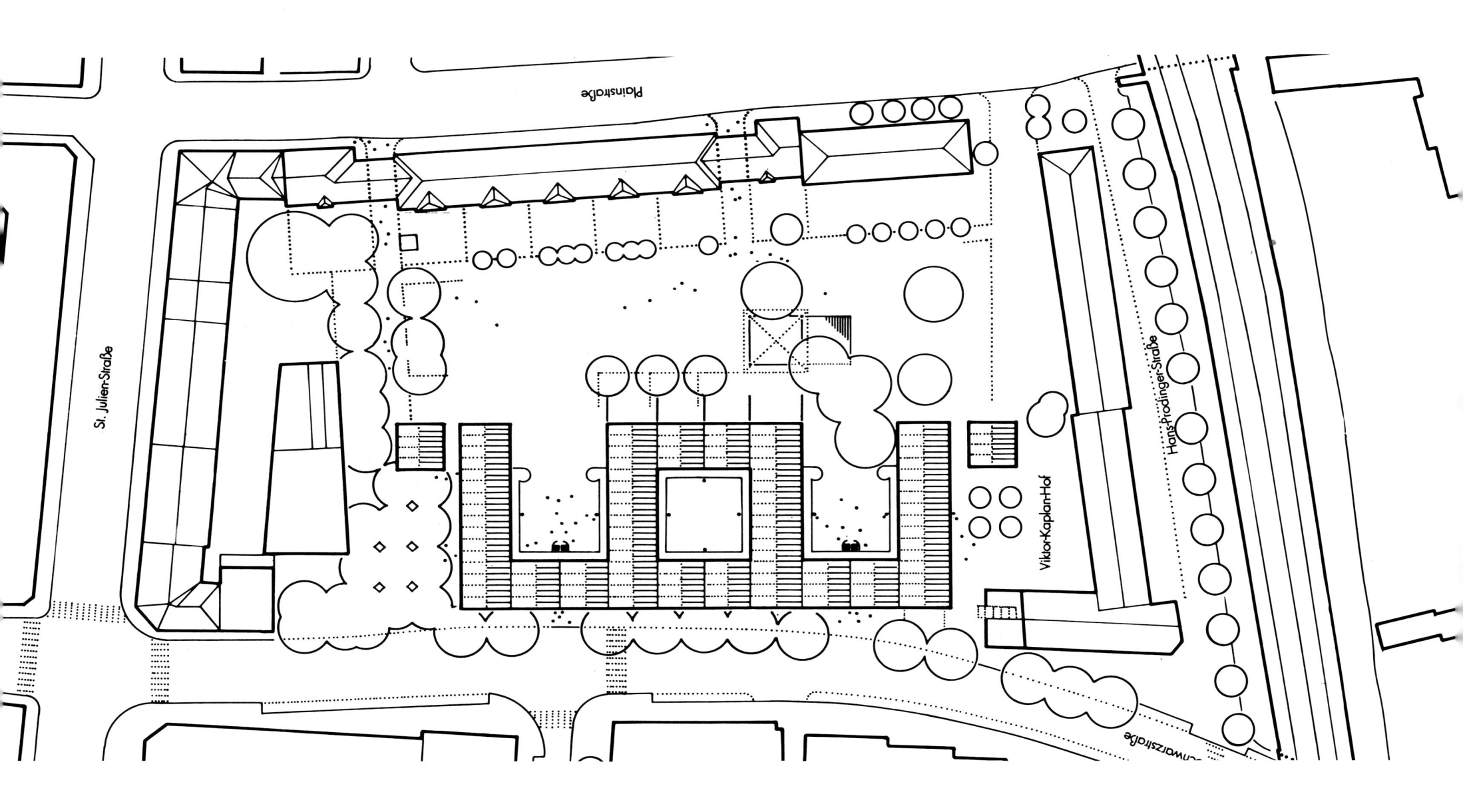

GEBIRGSJÄGERPLATZ IN SALZBURG   WETTBEWERB 1993   STADT SALZBURG

289

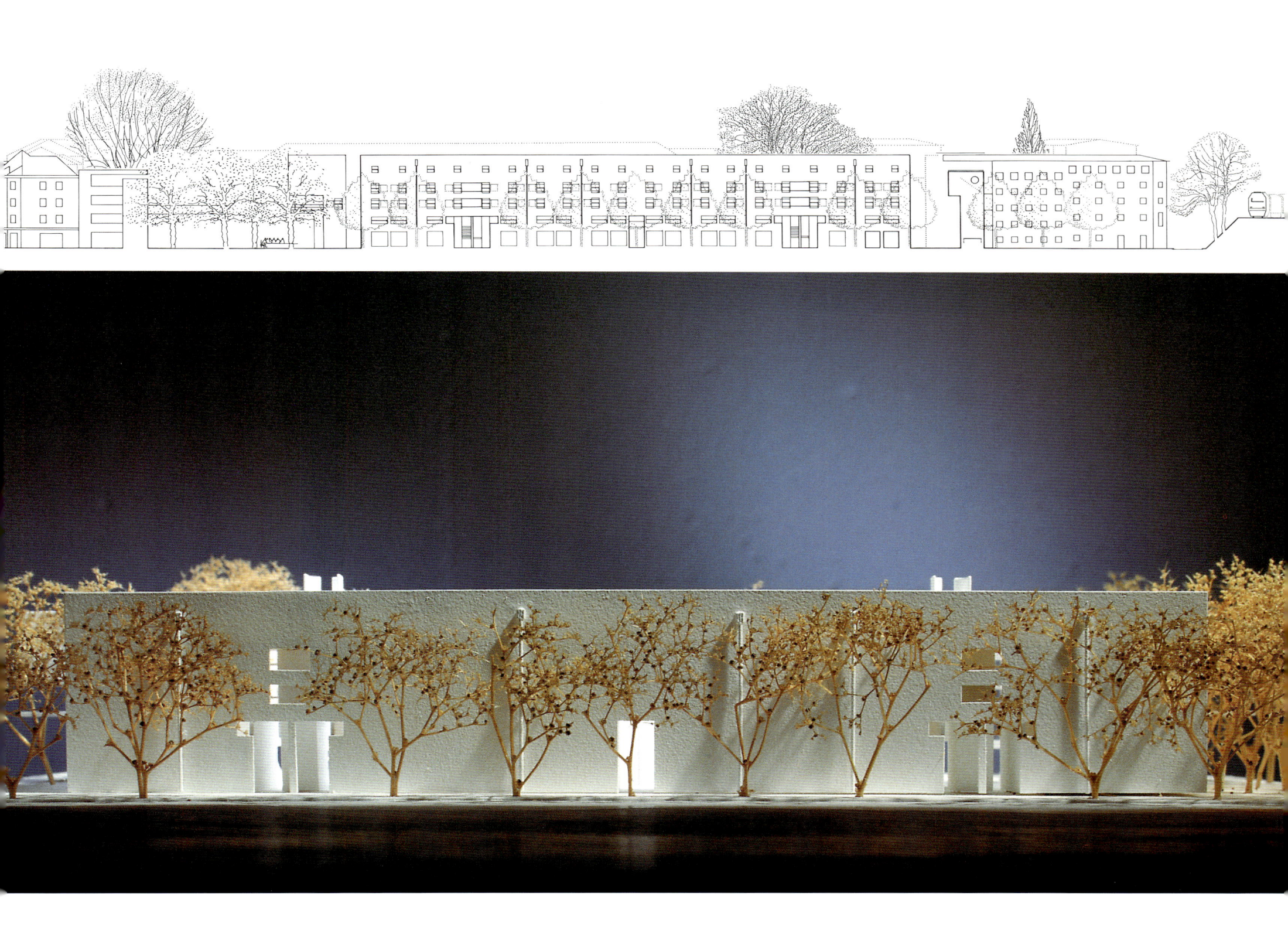

Einzimmerwohnung

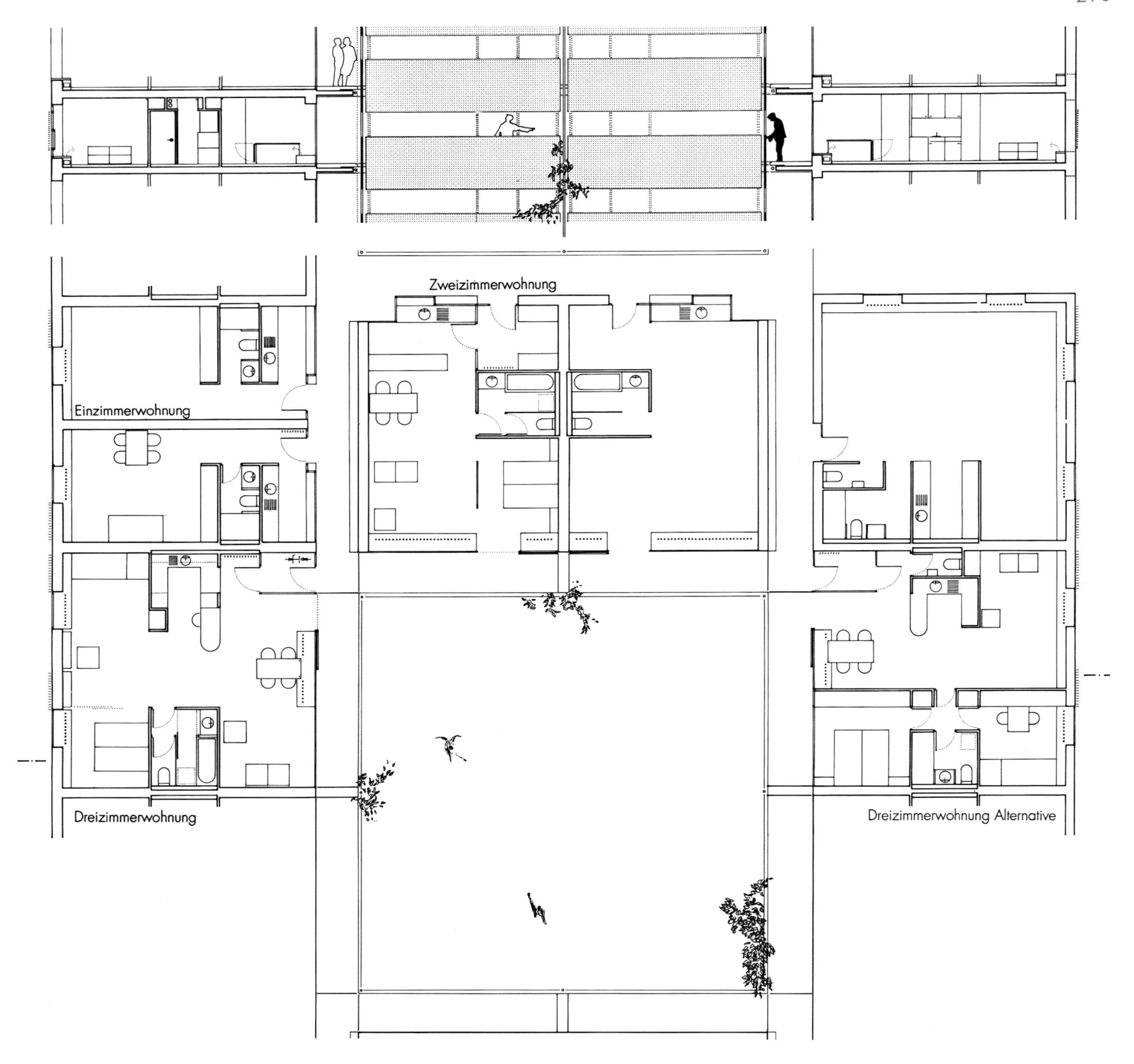

Zweizimmerwohnung

Dreizimmerwohnung

Dreizimmerwohnung Alternative

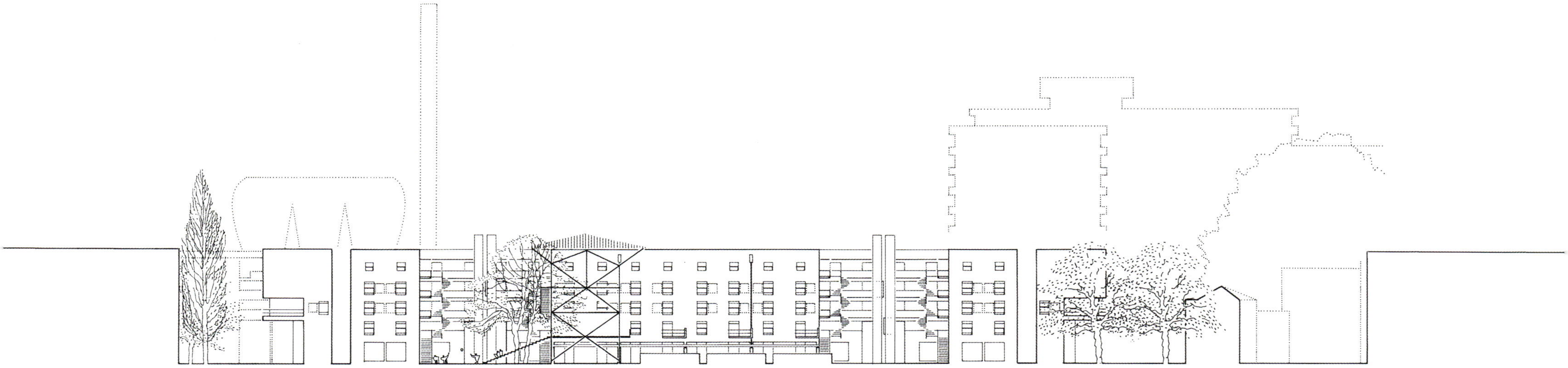

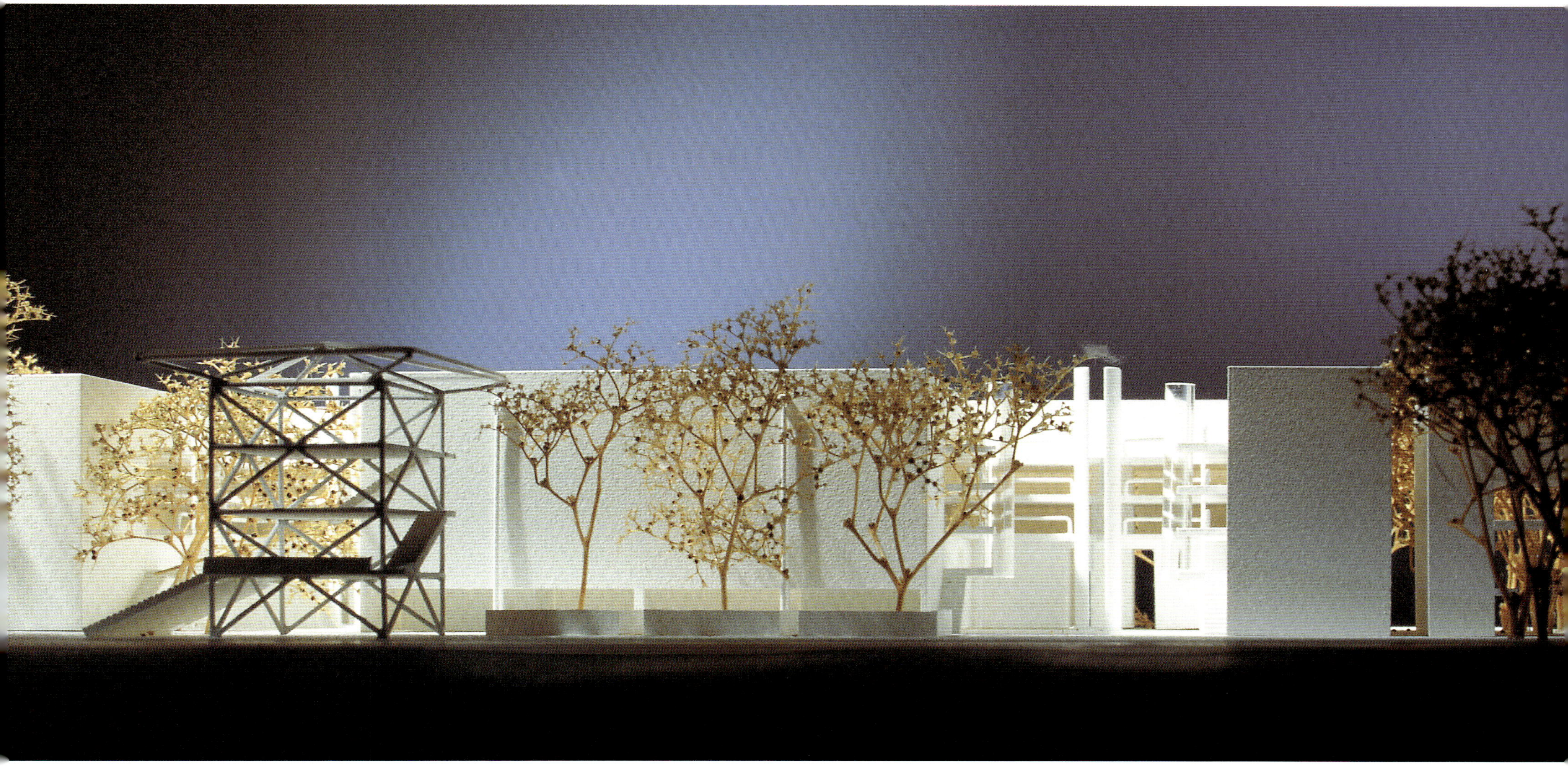

WOHNBEBAUUNG IN NEUSS-ALLERHEILIGEN — WETTBEWERB 1994 STADT NEUSS

Ziel ist, für 3300 Menschen einen Ort zu schaffen, an dem es einem gutgeht, zu dem man sich bekennt, an den man sich gerne erinnert, der freundlich ist, nachbarschaftlich, sicher und bequem, einprägsam und eingebettet in seine Umwelt.

Diese Eigenschaften werden nicht durch romantische Heimeligkeit erzeugt, sondern durch rationales Abwägen und Einbinden in eine Ordnung, die jedem ein großes Maß an Freiheit läßt, auch in einer gewissen (städtischen) Anonymität. Die Bausteine dieser Ordnung werden so zusammengefügt, daß eine Beziehung zueinander – durch Einschränkung dieser Freiheit – als Voraussetzung von Nachbarschaft, Quartierbewußtsein und Stadtteilzugehörigkeit entsteht. Über das Gelände spannt sich ein Netzwerk von unterschiedlichen Straßen, von der Umgehungs- und Erschließungsstraße bis zum schmalen „Holunderweg" durch die Gärten, so daß Baufelder entstehen, die sich in dieses Gewebe einfügen, das sich auf die großen Koordinaten Autobahn, Bahnlinie, Bustrasse, K 30 und K 33, bezieht, die wie ‚Kette und Schuß' das Gewebe in seiner Ausrichtung bestimmen.

Auch das Grün ist, soweit es Wohnraum und Straßenraum erweitert, in das Gewebe einbezogen, als Stadtgrün von unterschiedlichem Charakter, als Hain, als Stadtanger, als Alleen, als Obstgärten, als Abschirmung von Parkflächen gegen Lärm- und Staubimmissionen. Es ist ein im Kontext zur Architektur ‚gebautes Grün', keine kurzatmige Miniaturlandschaftsmalerei zur Kaschierung von Häusern. Mit diesen rationalen, gebauten Grünräumen kontrastiert ein Grünzug als Frischluftschneise, der sich mit Buchten und Nischen mit dem Neubaugebiet und der bestehenden Ortschaft verbindet, damit beide als eigenständige Stadtteile – aber auch wie zwei Ufer – aufeinander bezogen sind. Zentrum, Anger und Bachaue bilden ein übergreifendes Landschaftssystem, an das sich Ortsteile angliedern. Das

Zentrum ist nicht mehr Durchfahrt, soll aber auch nicht Sackgasse werden; es wird zum Entrée der Quartiere von Allerheiligen entwickelt.

Die Hausformen sind einfach und ohne Allüren raumbildend einander zugeordnet, wie die Zimmer eines Hauses, kleine und große: keine Kapriolen, die in einer vorgespielten Bedingtheit aus (nicht vorhandenen) Landmarken kaum wahrhaftig sein könnten. Wahrhaftigkeit aber ist Voraussetzung für ein Gefühl von zu Hause, was an der typischen Raumbildung und der großen Ausstrahlung der Vierkanthöfe (Illinghauser Hof), wie sie sich vielfach in der Landschaft zwischen Köln und Niederrhein finden, zu überprüfen ist.

Die ‚Bausteine' ähneln einander wie die ‚Baufelder'. Sie bilden zusammen Außenräume in Abstufungen – für alle, für viele, für wenige –, sie ähneln sich zwar, sind auch in Tiefe und Höhe wenig unterschieden, wie im Baumaterial durch den überall vorgeschlagenen sichtbaren Ziegel fast gleich; ‚Gliedmaßen' und ‚Haut' sind also identisch. In der Gliederung des Aufrisses aber haben die Fassaden, bei einheitlicher Verwendung molekularer Grundeinheiten, unterschiedliche Physiognomien. Die Häuser sind einander von Feld zu Feld und Quartier zu Quartier verwandt – aber eigene Personen in einer großen Familie, so wie auch im Grünkonzept überall Linden das Netzwerk der Straßen begleiten, während die Wege über Anger, Hain, Wohnhof oder Hausgarten vom Platanenhain durch Obstgärten führen.

Ein Vorteil der ‚Bausteine' und ‚Baufelder' ist, daß sie von verschiedenen Architekten geplant werden können, ohne daß die oft an den Stadträndern so mißlichen Zusammenstöße nicht kommunikationsfähiger Einzelformen geschehen. Bauherren und Architekten sind durch einen Gestaltungsplan gehalten, innerhalb der Spielregeln zu bauen. Wie auch immer man es dann anstellt, man wird mit seinem ‚Baustein' einen Stein zur Raumbildung hinzufügen.

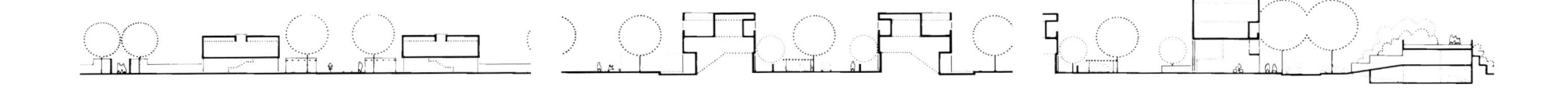

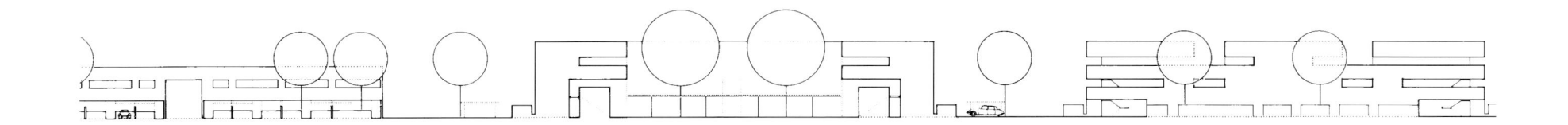

K 30
AM ALTEN BACH
HORREMERSTRASSE
JUGEND
BILDUNG
KULTUR
KITA
AUE
BOULE
HAIN
ANGER
MARKT
GEMEINDEHAUS
BUS & RADSPUR
ZENTRUM WEST
POST
GEWERBE
HANDEL
DIENSTLEISTUNG
SUPERMARKT
INDUSTRIE
ERWEITERUNG INDUSTRIE NUR NACHRICHTLICH
FESTWIESE
ZENTRUM
OST
PLATZ
HOFHAUS
HOFHAUS
MEHRZWECKHALLE
KLEINSPIELFELD
GRUNDSCHULE
TENNIS
AUE
PARKWALL
PARKWALL
BAHNUNTERFÜHRUNG
S-BAHNSTATION
S-BAHN

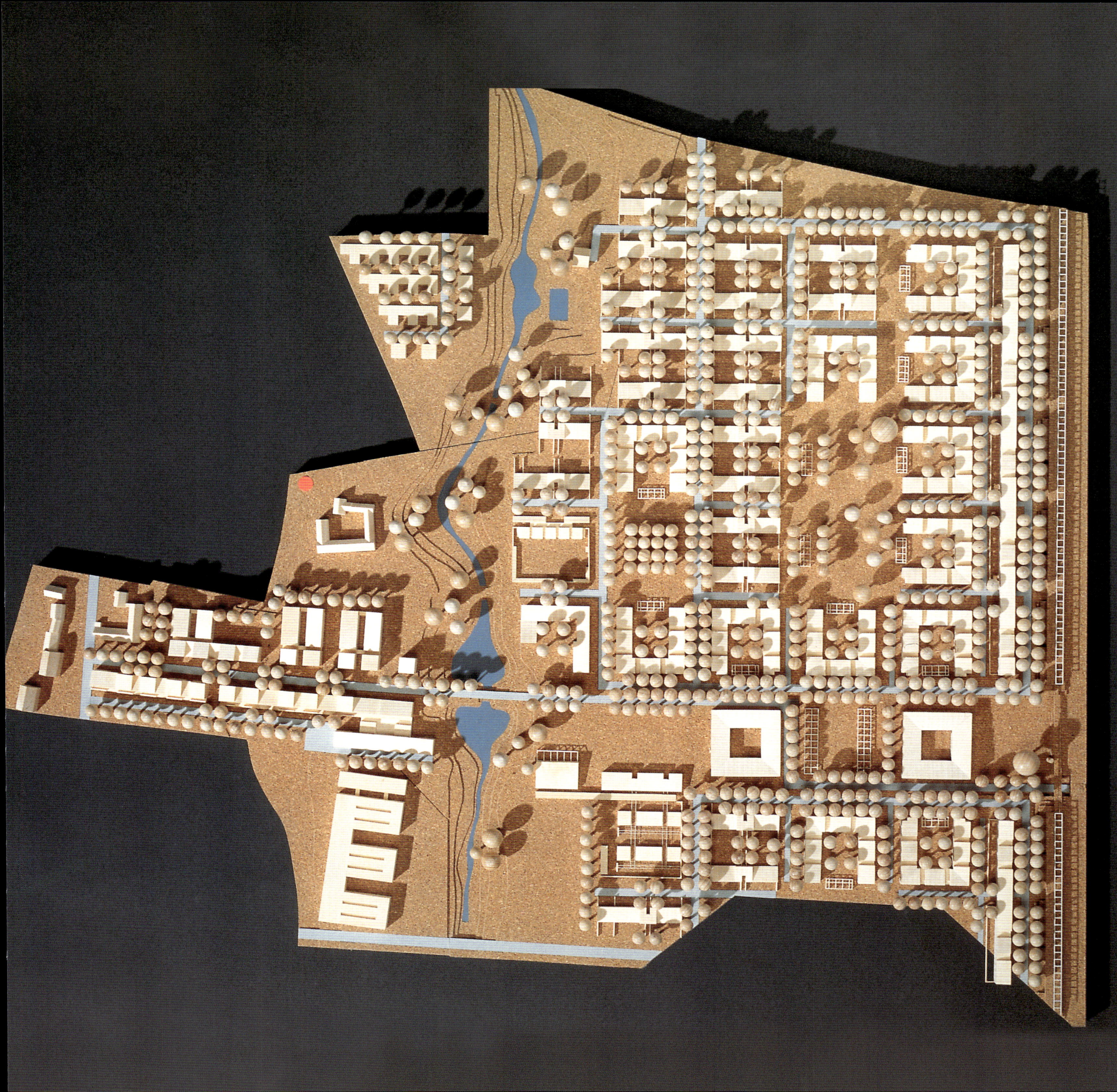

AKADEMIE DER KÜNSTE AM PARISER PLATZ IN BERLIN — GUTACHTEN 1994

Aus der Erläuterung:

„ [...] den Pariser Platz stellen wir uns als freien Platz vor, ohne Bäume und Rabatten. Die Spannung zwischen dem Lenneschen ‚Baumsaal‘, dem ‚Tor‘ und ‚Unter den Linden‘ wird nicht überbrückt, sondern deutlich gezeigt.

Nach der Ausschreibung sollten alle Fassaden zum Platz einen Minimalkonsens einhalten, in dem sie sich auf gleichen Gesimshöhen bewegen, im wesentlichen mineralisch sind, steinern, nicht ‚hochglanz‘. Uns scheint wichtiger, daß sie ausgewogen sind, sich eher zurücknehmen, nicht grobkörnig, sondern durchlässig sind.

Rezepturen, wieviel Anteil Glas oder Stein gut wären, scheinen zweitrangig, historische Ingredienzien falsch, nur selbstbewußte Architektur kann der Zeit und diesem Ort angemessen sein, auch dem Tor von Langhans mehr Reverenz erweisen als denkmaltümelnder Biedersinn. Der Torplatz zur Friedrichstadt als Verbindung von Innenstadt und Tiergarten ist in der Folge von Schwerpunkten zwischen Siegessäule und Museumsinsel so bedeutsam, daß er in seiner neuen Fassung bei unbestrittener Wahrung des Karrees Eigenständigkeit haben soll.

Ähnliches gilt für das Haus der Akademie selbst. Funktion und Form des neuen Hauses, seine Architektur, müßten dem Wesen und den Aufgaben der Akademie förderlich sein:

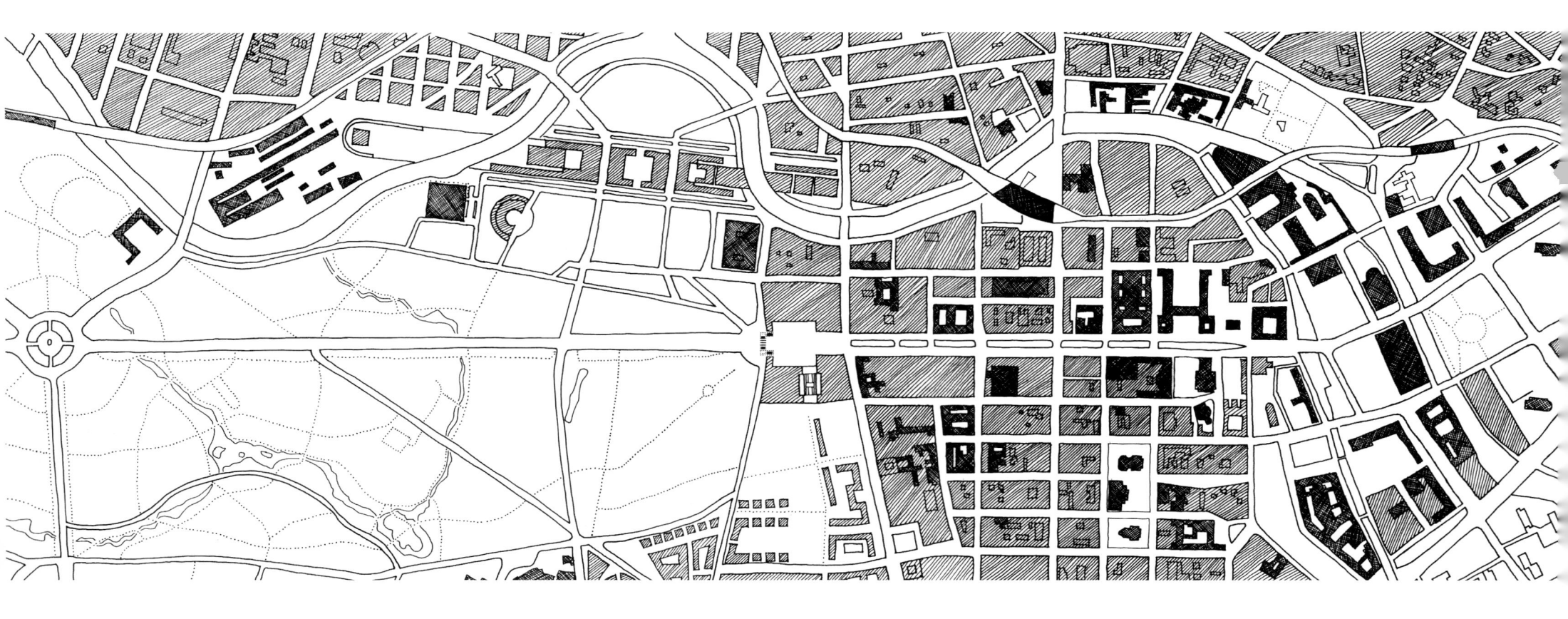

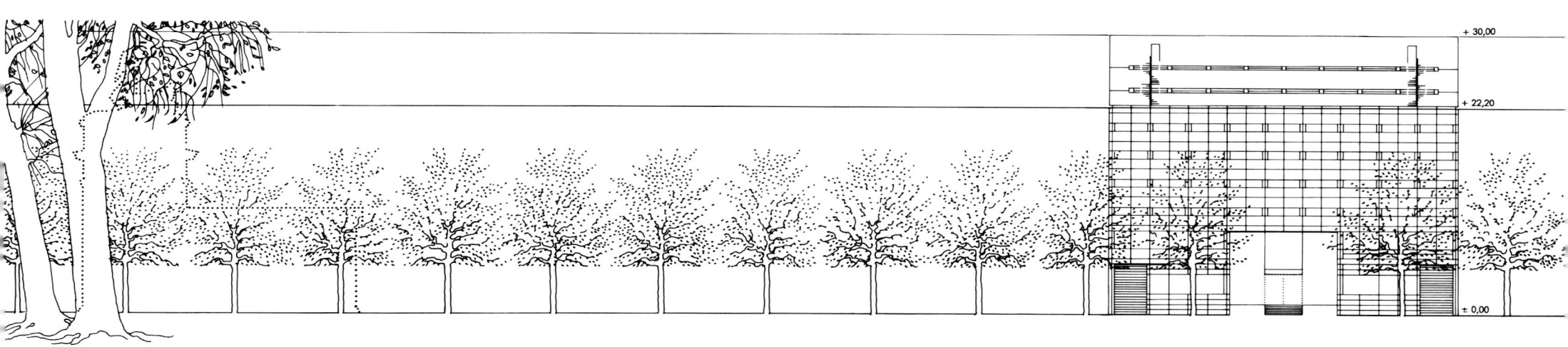

der Offenheit und Klarheit,
der Sammlung und Wirkung,
der Definition des Tatsächlichen und der Transparenz der Visionen,
Ratio und Muse,
auch der Tradition als Berührung von Vergangenheit und Zukunft, erhaltend und bewegend,
der Vereinigung kreativer Kräfte unserer Gesellschaft dienlich.

Um solchen Vorstellungen nahezukommen, haben wir die Vorgaben freier gedeutet. So sehen wir den Denkmalschutz-Begriff weitherzig, indem wir ihn allein beziehen auf die Enfilade der erhaltenen und bewährten Ausstellungsräume, die aus ihrer wenig nützlichen Einbauung durch An- und Zubauten herausgeschält werden, so daß die verbleibende Baukörperfolge auch die Raumfolge abbildet, das gesamte Bauwerk sich so darstellt, daß die Funktionen unmittelbar einleuchten:
der Flügel am Pariser Platz mit dem Plenum, den Abteilungen, dem Senat und der Bibliothek;
das ‚Archiv' an der Behrenstraße,
als Verbindung von beiden die zwei gläsernen Brücken, die unter ihrem Boden auch Förderanlagen für Schriftgut aufnehmen;
der Kernbereich, wo sich Wirken, Aussage und Aufnahme, Disput, Austausch und Einigung abspielen, der auch in den unteren Geschossen als kommunikative Zone alle Bauglieder verbindet (eingeschlossen Weinkeller und Bierkeller in den alten Kappengewölben).
Das Ausschälen der Kernräume schafft die Möglichkeit, sie mit zwei begleitenden ebenerdigen Gängen zu verbinden, so daß man gezielt auch einzelne Räume erreichen oder für kleinere Ausstellungen gleichzeitig nutzen und umrüsten kann.

Die vier Meter breiten, der Stoa poikile ähnlichen Wege erweitern sich einmal zur Mitte um kleinere Kabinette, die wahl- und zeitweise auch als Vorbereitung für die großen Räume fungieren, zum anderen nach außen zu schmalen Gartenräumen aus mannshoch geschnittenen Hecken unter Reihen schlanker Säuleneichen, die ihr trockenes Laub auch im Winter behalten.
Diese beidseitigen Grünreihen hüllen als transparente Membranen die drei Zonen von Stoa, Terrasse und Glasbrücken ein, filtern andererseits den Blick aus den Fenstern oder zu den Fenstern der Nachbarn [...]"

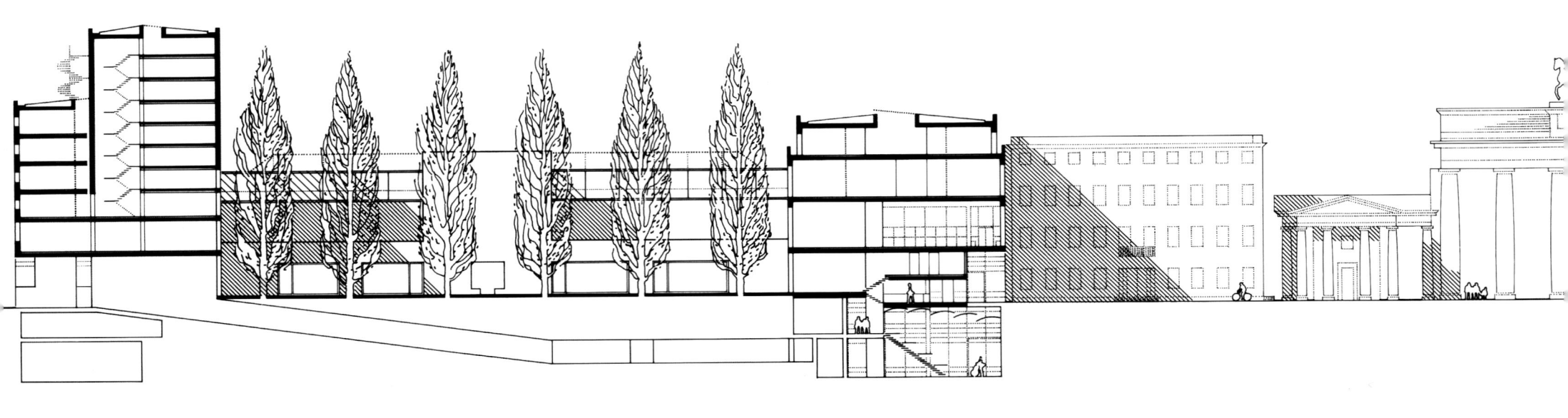

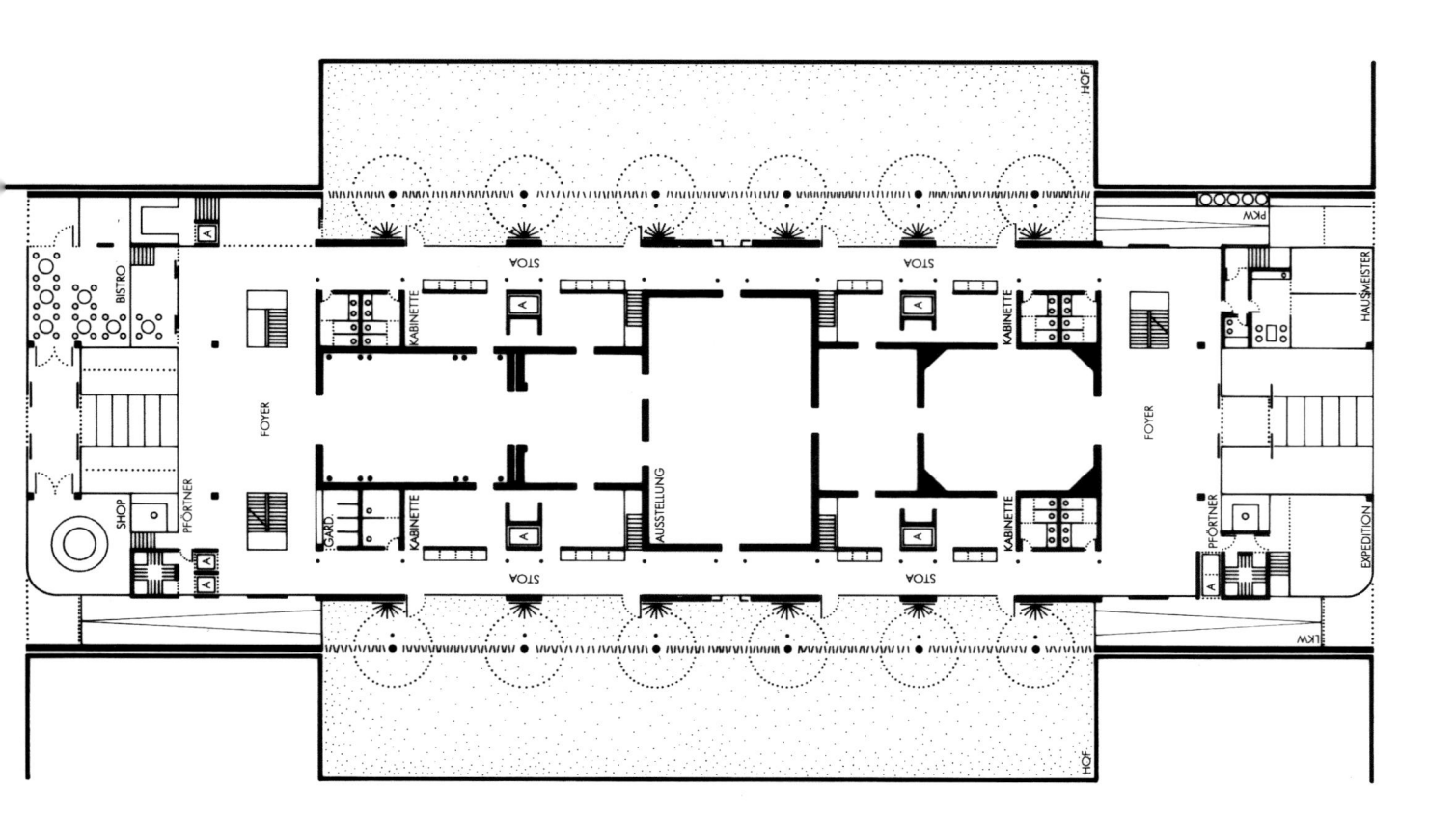

Erdgeschoß

299

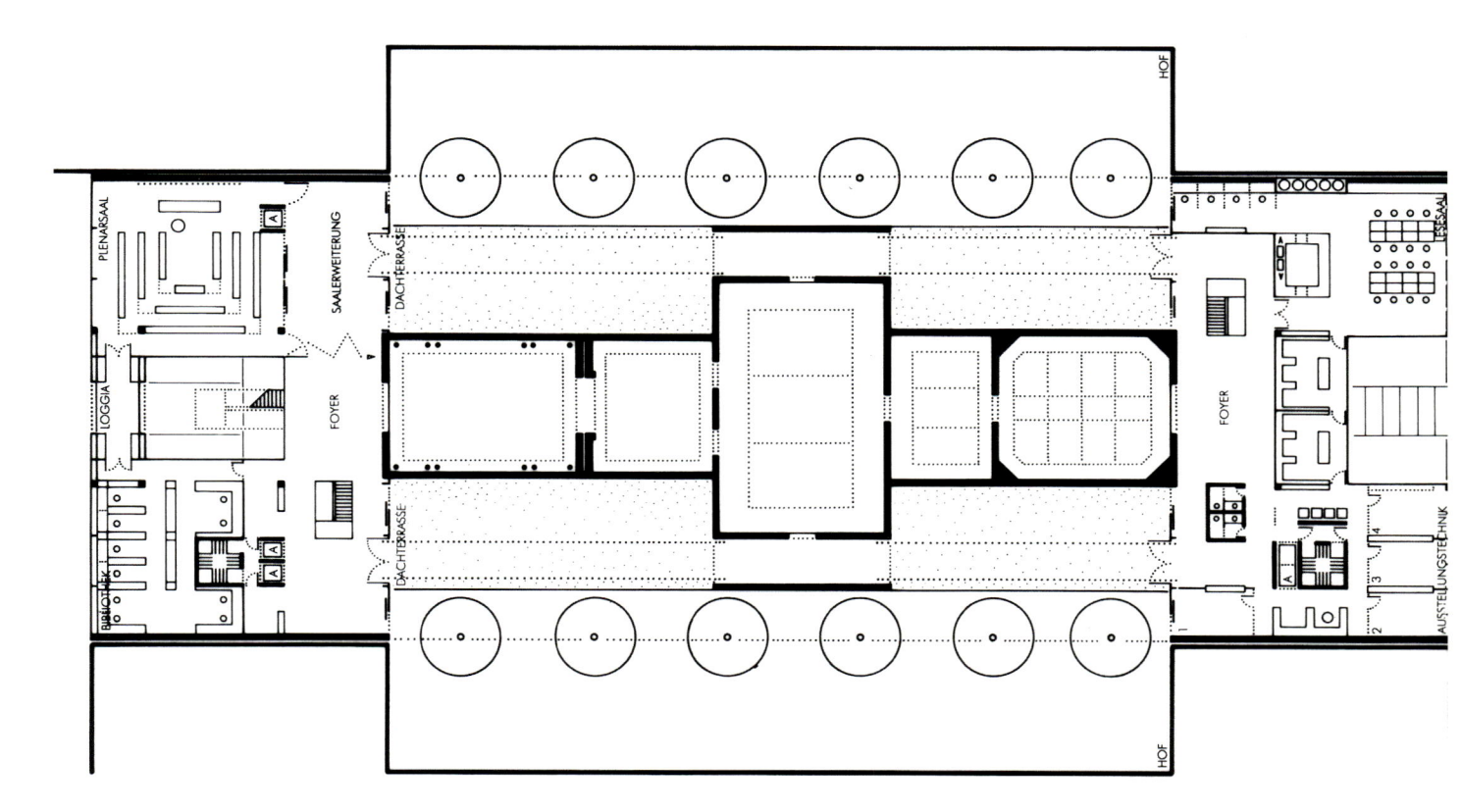

1. Obergeschoß

300

301

RATHAUS GÜRZENICH   3 WETTBEWERBE UND NUR VERLIERER   1983   ULRICH BÖTTGER

Es gibt mitten im Herzen der Stadt Köln einen leeren Platz, obwohl er wie alle leeren Plätze heutzutage nicht leer ist, sondern voll Blech. Er ist bedeutungsleer, obwohl er auf Grund seiner geographischen Lage und seiner Geschichte nicht leer sein müßte. Es ist der Platz zwischen Rathaus und Gürzenich, zwischen Alter Markt und Hohe Straße – ein Loch. Der Platz war nie ein Platz – er war bebaut, zu allen Zeiten. Zur Zeit der Römer, davon zeugen vielversprechende Grabungsfunde – im Mittelalter, davon zeugt das „Judenbad"–, bis der Krieg den heutigen Zustand markierte. Ein Platz, so recht geschaffen für eine Auseinandersetzung der Bürger, ein Platz, auch so recht geschaffen für einen Architektenwettbewerb!

Also wurde Anfang der 70er Jahre ein Wettbewerb ausgelobt mit dem für die Zeit typischen, dem Platz durchaus angemessenen und in der Stadt auch fehlenden Inhalt: Kongresszentrum. Es gab einen überzeugenden 1. Preis (Schürmann), der den leeren Platz sehr angemessen füllte, wichtige Erdgeschoßflächen leer ließ, Grabungsfunde sichtbar machte. Man hätte sich die Realisierung für die Stadt Köln gewünscht! Aber daraus ist nichts geworden – kein Geld, kein Mut oder sonst etwas. Alle Mühe umsonst.

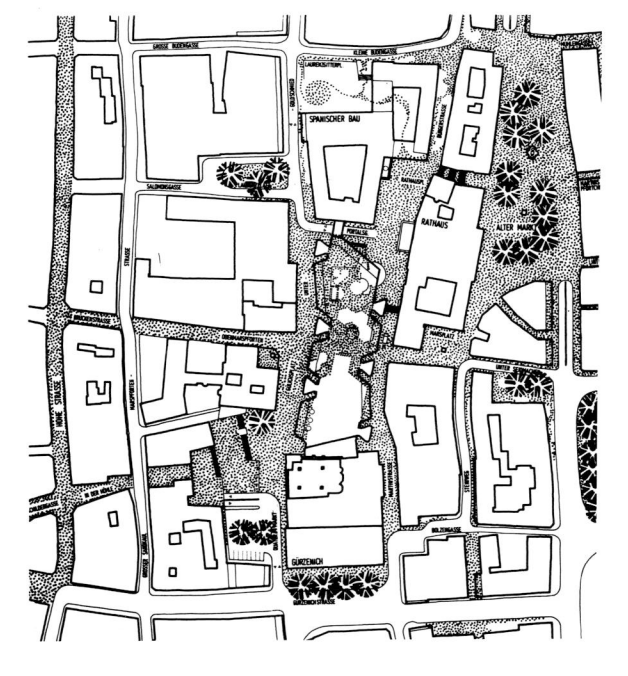

Anfang der 80er Jahre sollte es wieder einen Wettbewerb geben. Der BDA forderte nachdrücklich einen Stufenwettbewerb. Die Zeiten hatten sich geändert, erst sollten die städtebaulichen Voraussetzungen geklärt werden, ob, wie und wieviel man bauen sollte auf diesem leeren Platz. Dann erst sollten die prämierten Konzepte vertieft und konkret geplant werden. Alle waren sich einig: der leere Platz mußte geschlossen werden, ganz oder teilweise, aber mit was: ein bißchen Kongresszentrum (Erweiterung Gürzenich), ein bißchen Läden, ein bißchen Museum (Jüdisches Museum), ein bißchen Wohnen.

Die Politiker waren willig, die Architekten bekamen ihre zweite Chance. Ein Zweistufenwettbewerb wurde ausgelobt, aber kein regionaler, wie der BDA gefordert hatte, sondern wenn schon, dann sollte es gleich ein bundesoffener sein, auch gut. Das Preisgericht war entsprechend ausgesucht (Behnisch, von Branca, Kammerer, Sieverts und andere), noch besser.

Zum Kernproblem des Bereiches hat sich die Frage entwickelt, ob alle ehedem bebauten Flächen wiederbebaut werden oder ein Teil als neuer Rathausplatz offengehalten werden soll. Nicht nur die auf axiale Sicht angelegte Rathauslaube, auch die Anlage des heutigen Spanischen Baues und die Gestaltung des Südflügels des Rathauses wurden seinerzeit für eine volle Überbauung konzipiert.

Zur Gestaltung des Rathaus-Gürzenich-Bereiches fand am 10. 4. 1978 eine Bürgeranhörung statt, deren Ergebnisse in diese Ausschreibung einflossen. Für diesen Wettbewerb hat der Stadtentwicklungsausschuss in seiner Sitzung vom 22. 6. 1978 ausdrücklich den Wettbewerbsteilnehmern den Umfang der Freihaltung oder Bebauung völlig freigestellt. Die Wettbewerbsteilnehmer sind aufgerufen, zu dieser entscheidenden Frage ihre Auffassung darzustellen. Sie taten es: Die überwiegende Zahl der Wettbewerbsteilnehmer und nahezu alle prämiierten Arbeiten weisen nach, daß eine weitgehende Überbauung des Wettbewerbsgeländes möglich und sinnvoll ist, eine Erkenntnis, die insbesondere von der Mehrheit der Fachpreisrichter gestützt wird. Die Ergebnisse des Wettbewerbs sollen von der Stadt Köln sorgfältig ausgewertet und – mit Berücksichtigung dieser Leitlinien und Empfehlungen der Jury – zu einem städtebaulichen Planungskonzept ausgearbeitet werden, das mit detaillierten Bauprogrammen als Grundlage für die 2. Stufe des Wettbewerbsverfahrens vorgegeben werden sollte. Wieder ging der 1. Preis klar an Schürmann mit einem auch die Konkurrenten überzeugenden Entwurf. Wohl jeder hat das gesehen, und viele fragten sich, ob eine zweite Stufe nach diesem auch in Details schon so ausgefeilten 1. Preis eigentlich noch sinnvoll wäre. Wieder hätte man sich und der Stadt Köln die Realisierung auf der Basis dieses Konzeptes gewünscht. Aber auch daraus ist nichts geworden – kein Mut, kein Kopf oder sonst etwas. Alle Mühen umsonst.

Es wurde eine zweite Stufe ausgelobt, jedoch – und das ist wirklich verblüffend – mit umgekehrten Vorzeichen. Die Auslobung der 2. Stufe kehrt das Ergebnis der 1. Stufe um und fordert von den Teilnehmern (Preisträger der 1. Stufe) quasi den Widerruf ihrer Lösung (Ausnahme: Tchorz, 2. Preis, er hatte nicht bebaut!). Warum? Inzwischen hatten sich wieder die Zeiten geändert, man veranstaltete ein Bürgergutachten, „Planungszelle" genannt.

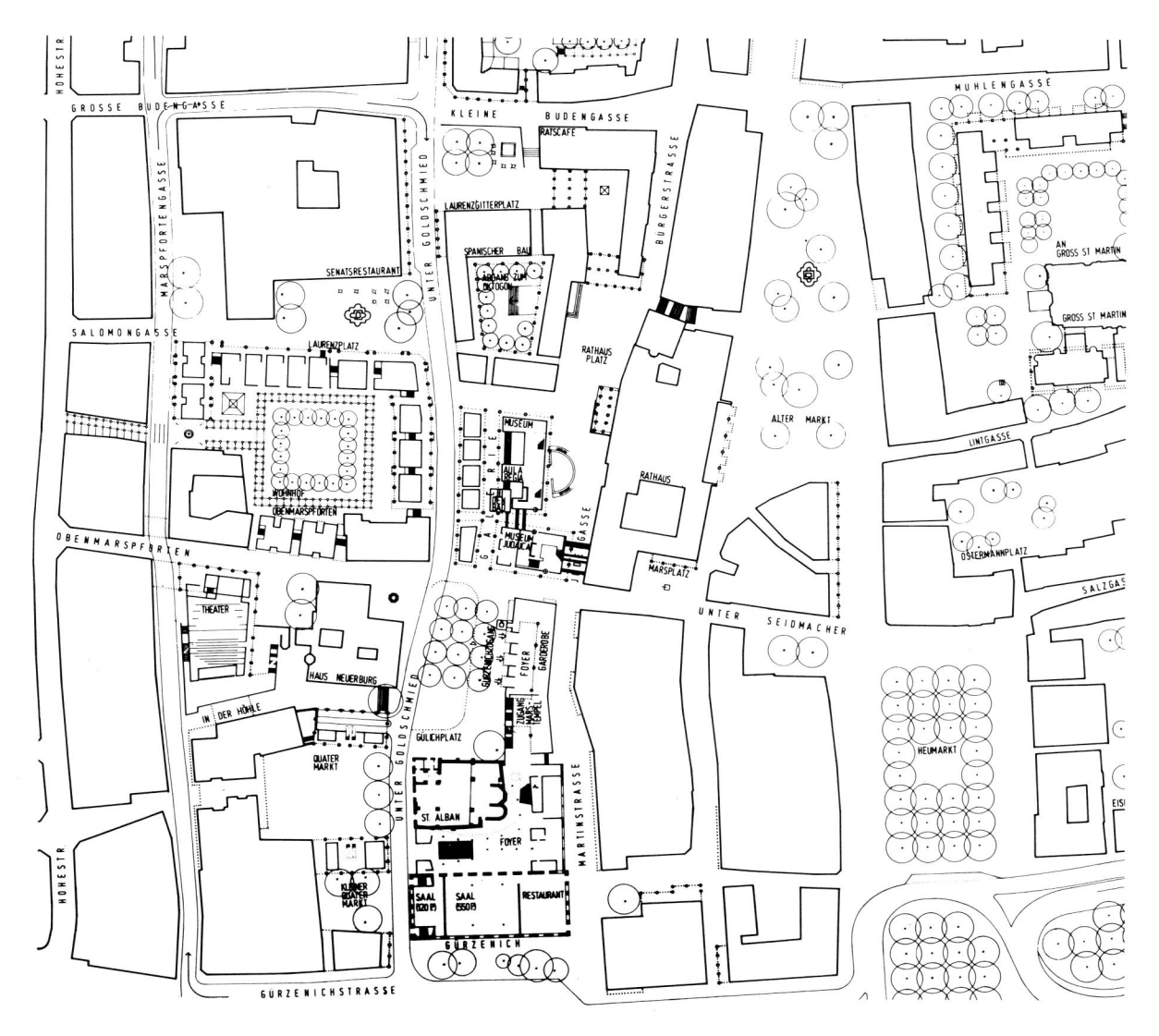

Das Chaos beginnt.

Die Laien finden heraus, daß eine Bebauung des Platzes nicht wünschenswert ist, lieber mehr Grün, der Zeitgeist kommt zu seinem Recht. Die Politiker fallen um, die Meinung der Fachleute wird zugunsten von Trends verworfen – Bürgerbeteiligung und Demokratie als Deckmantel für Konzeptionslosigkeit. Nutzungsprogramm: Gestaltete Platzfläche für den Fußgänger mit viel Grün zwischen Spanischem Bau, Historischem Rathaus, Unter Goldschmied und Obenmarspforten; gegebenenfalls Aufstellung eines Denkmals oder Brunnens. Sonst nichts.

Jetzt spätestens wäre der Zeitpunkt gewesen, das Verfahren zu stoppen. Eine 2. Stufe eines Wettbewerbs ist Unsinn, wenn es den Teilnehmern nicht möglich ist, ihren Beitrag der 1. Stufe fortzuführen.

Schürmann (1. Preis 1. Stufe) setzt sich zur Wehr. Zunächst versucht er, im Kolloquium zu retten, was zu retten ist. Er scheitert und schreibt an alle (Auslober, Preisrichter, Teilnehmer, BDA, Architektenkammer) einen Brief:

„Betr.: Wettbewerb Rathaus Gürzenich 2. Stufe

[...] nach gründlicher Überlegung sind wir zu der Einsicht gekommen, daß es uns unmöglich ist, in der zweiten Wettbewerbsstufe einen Entwurf abzugeben, der den Forderungen der Ausschreibung entspricht. Wir stehen zu den Grundzügen unseres ersten Beitrages. Die Umkehrung der Aufgabenstellung widerspricht dem Ergebnis des ersten Wettbewerbes so sehr, daß einer Weiterentwicklung unserer Vorstellungen die Grundlage entzogen ist [...]

Für uns bleibt die Hoffnung, daß unser Verzicht neues Nachdenken bewirkt – es bleibt weiter die Hoffnung, daß es einem der Beteiligten dennoch gelingt, sich über die Schranken dieser zweiten Ausschreibung hinwegzusetzen, wir wünschen das im Interesse einer gedeihlichen Entwicklung dieses besonders wichtigen Stadtbereiches [...]"

Die Hoffnungen Schürmanns erfüllen sich nicht. Er bleibt allein. Das Verfahren läuft ab. Der Auslober und das verbleibende Preisgericht kommen jedoch arg in Bedrängnis. Alle vier Preisrichter (Behnisch, von Branca, Kammerer, Sieverts) sagen wegen ‚Terminschwierigkeiten' ab.

Es sind neun Preise ausgelobt (zus. 150.000,– DM), aber nur noch acht Teilnehmer stehen zur Verfügung. (Auch bei neun eingeladenen Teilnehmern schon eine Kuriosität!) Es wird dennoch gerichtet: Tchorz gewinnt. Alle anderen verlieren, vor allem an Glaubwürdigkeit. Bis heute hat sich darüber hinaus nichts ereignet. Es bleibt alles beim alten. Kein Auftrag in Sicht. Alle Mühen wieder umsonst.

Der gute Wille aller Beteiligten, auch der Stadt Köln als Ausloberin, ist unbestreitbar. Die Leere bleibt. Die Lehre auch?

(Auszug aus Vorfälle Nr.6)

STANDORTUNTERSUCHUNG WALLRAF-RICHARTZ-MUSEUM GÜRZENICH KÖLN   WORKSHOP 1995

Ansatz A

Nutzung des gesamten Areals für das Wallraf-Richartz-Museum, größere Dichte, geringere Höhe (Traufhöhe Spanischer Bau). Das Baugefüge bildet eine additive Struktur, mittelalterlichem Gefügedenken ähnlich, ein städtebauliches Element, das den Koordinaten der römischen Stadt folgt und eine Brücke schlägt zwischen dem Komplex Gürzenich/St.Alban und dem Bereich Rathaus/Dom.

Die Konturen entsprechen dem Straßennetz. Der Rathausplatz, die frühere Fassung der Loggia, wird wieder aufgenommen; er ist für die Wirkung dieses Renaissance-Baues von großer Bedeutung. Deshalb gleichen sich in diesem Detail, wenn auch in anderer Struktur, Ansatz A und Z. Das Skelett bilden differenzierte ‚Quader', die durch eine leicht verschwenkte zweigeschossige, räumliche „Museumsstraße" verbunden sind, welche die wichtige „Ost-West-Achse" Obenmarspforten überbrückt und über die nach Norden sich auffaltenden Shed-Dächer den Blick auf Dom, Ratsturm und Groß St. Martin freigibt.

Diese „Spina" überspannt die historische Substanz von Prätoriumsapsis und Mikwe und schafft räumlichen Zugang zum Archäologischen Museum (mit Mikwe, Prätorium, Ratskapelle, Museum Judaicum). Ein leichter abgehängter Laubengang führt in das Foyer der Säle im Gürzenich, um so den gewünschten Synergie-Effekt durch gelegentlich gemeinsame Nutzung beider Komplexe zu schaffen.

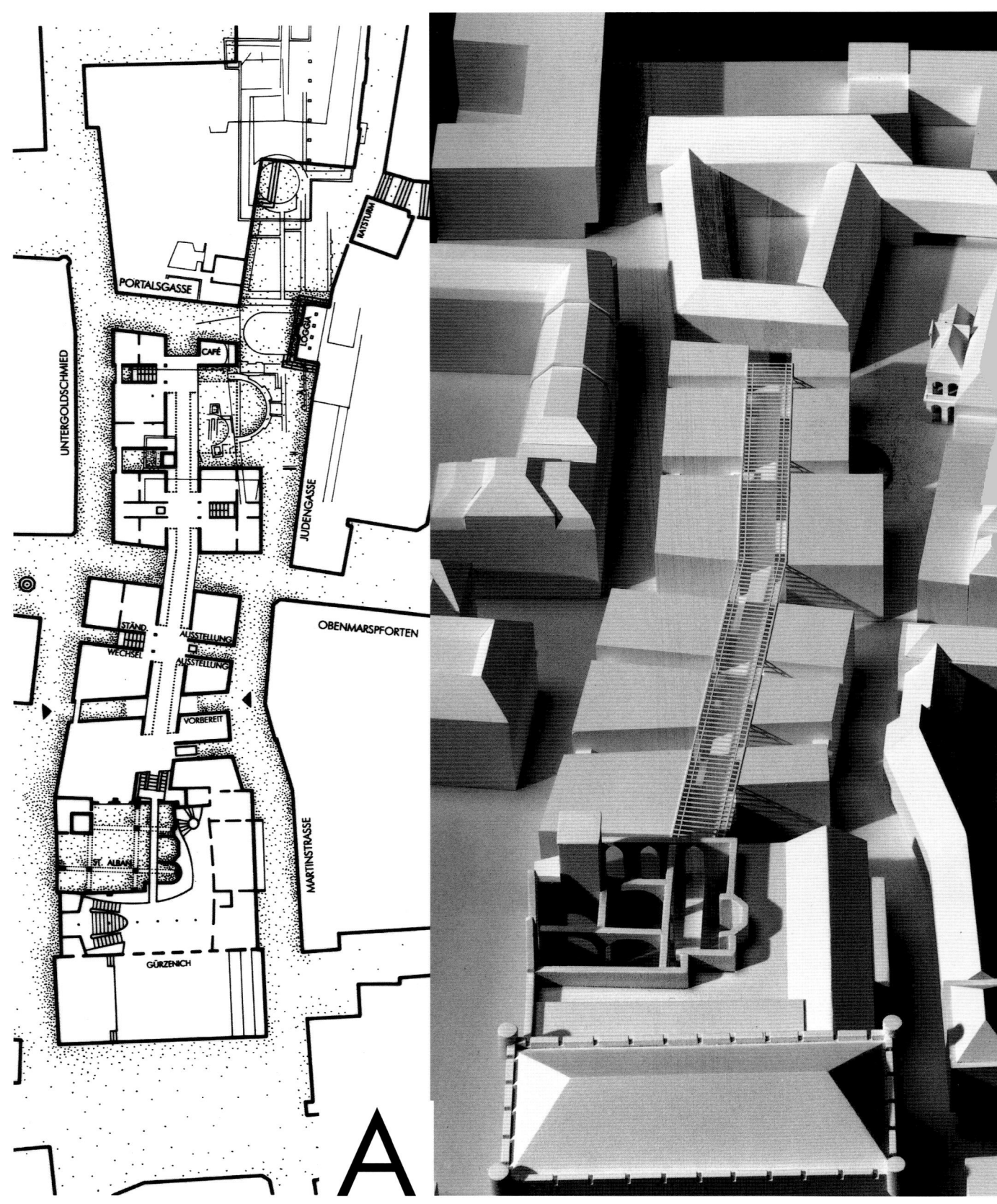

A

Ansatz Z

Nutzung nur des Areals südlich Obenmarspforten für das WRM, ruhige, inhaltsdichte Freifläche vor dem Rathaus, größere Höhe (Zinnen Gürzenich).

Ansatz Z folgt der Vorstellung, südlich von Obenmarspforten einen neuen Schwerpunkt zu schaffen, der die Tradition des Gürzenich vom gotischen Tanzhaus bis zum Veranstaltungshaus 2000 bewahrt und um ein neues Schatzhaus für die Kunst vom Mittelalter bis zur vergangenen Jahrhundertwende ergänzt. Dieser neue Schwerpunkt verbindet sich in den Bauwerken nördlich von Obenmarspforten mit der Erinnerung an die vorausgehende Zeitspanne vom römischen Köln bis zur Hochblüte im Mittelalter. Wir geben, wenn auch nicht zwingend notwendig, die Nutzung des Innenraumes von St. Alban zu bedenken: Glasüberdeckt könnte hier ein Spannung erzeugender, Raum für Wechselausstellungen entstehen. Das Mahnmal der trauernden Eltern von Käthe Kollwitz erhielte einen Standort, der die Kontinuität der Stadtgeschichte, mit Trauer und Hoffnung vielleicht noch sinnfälliger macht: im neuen stillen Mauergeviert unter freiem Himmel, über der Apsis des römischen Prätoriums, über der Ratskapelle des Mittelalters, über der alten Synagoge nördlich der Mikwe.

Resümee

Die Betrachtung zweier extremer Ansätze zeigt, daß der Standort Gürzenich/Rathaus für das WRM geeignet ist.

Im Blick auf die stadträumliche Entfaltung des untersuchten Quartiers und im Abwägen der Realisierungschancen ist der Ansatz Z eher zu verwirklichen.

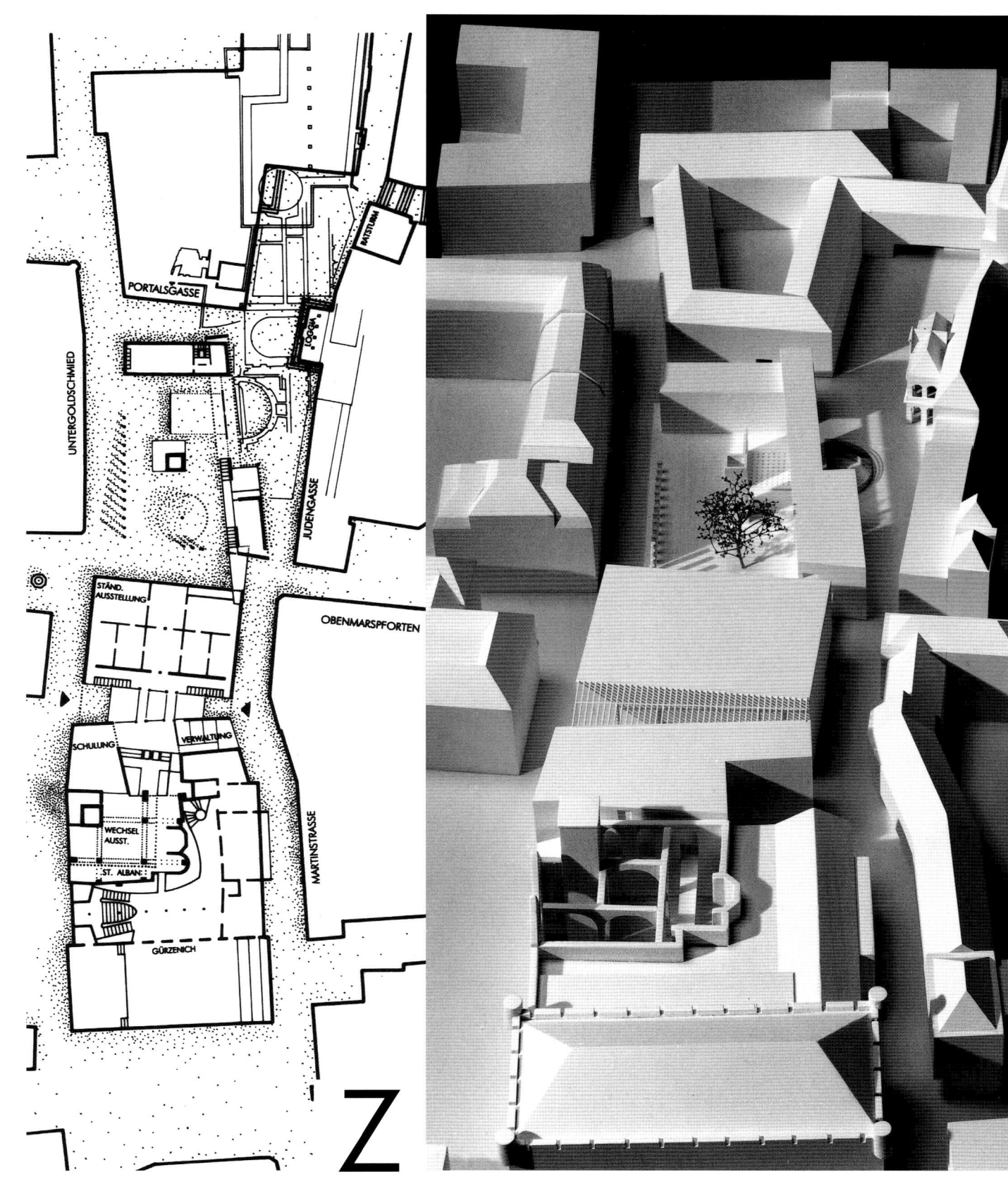

WALLRAF-RICHARTZ MUSEUM

Aus dem Erläuterungsbericht

Die aus Stiftungen ihrer Bürger entstandene Sammlung hat ihren Ausdruck in der additiv gefügten Baugruppe aus Gürzenich (Tanzhaus der Bürger), St. Alban (früher Kirche der Bürger, jetzt Mahnmal für die Toten der Kriege unseres Jahrhunderts) und Wallraf-Richartz-Museum. Obwohl sich im Gürzenich das Selbstbewußtsein der freien Bürgerschaft darstellt, dominiert er nicht das Ensemble, dessen Ursprung er ist.
Diesem nachbarschaftlichen Verhalten entspricht auch die nördliche Ergänzung dieser Gruppe, weil sie nicht mehr sein will als ein klargefügter Schrein, der sich gewachsenen Strukturen hinzugesellt.
Die Ankoppelung wird in der Museumsgasse spürbar, die den Verlauf der alten Gasse „In der Höhle" aufnimmt, an der Nordseite mit Konturen, die aus der früheren Parzellierung ableitbar sind. In der Gasse hat nach der Überlieferung der Ratsherr Stefan Lochner gewohnt und gearbeitet. Auch aus dieser Tradition wächst ihr die Aufgabe zu, das neue Museum als Scharnier zwischen Alt und Neu zu bilden.
Die differenzierten Räume sind entlang bestimmter Wegmarken wie der Gasse, den Brücken, dem Hohen Saal mit dem Kulminationspunkt an den Fenstern von St. Alban ausgerichtet, durch die Konstruktion dennoch variabel und flexibel zu nutzen.
Die Wegeführung beschreibt einen chronologischen Rundgang. Neben diesem großen Umgang, aus dem man, jeweils im Zentrum, auch nach Belieben aussteigen kann, bietet sich ein Kurzrundgang für den eiligen Besucher durch Galerien und Loggien entlang der Gasse.

IN KÖLN WETTBEWERB 1996

Das neue Schatzhaus ist in allen Ebenen um eine Treppe in der Gasse organisiert, die Ausstrahlung und Attraktion dem jeweilgen Inhalt entsprechend bündelt: im Souterrain die optisch mit der Eingangsebene verbundene Wechselausstellung um das Grabungsareal; im Eingangsgeschoß die Stefan-Lochner-Gasse; im Verwaltungsgeschoß die graphische Sammlung; im 1. Ausstellungsgeschoß das Quadrum mit dem Schwerpunkt der Kölner Malerschule; im 2. Ausstellungsgeschoß der Hohe Saal für die Kunst des 19. Jahrhunderts.

Den Habitus des Hauses bestimmt Stein. Es entsteht ein kubischer Block mit ruhigen, teilweise zurückgenommenen Flächen, weitgehend geschlossen, mit wenigen Stahlfenstern, die sich nach der endgültigen Sammlungskonzeption richten und hin und wieder den Blick auf Blickpunkte der Stadt freigeben: Ratsturm, Groß Sankt Martin und Dom.

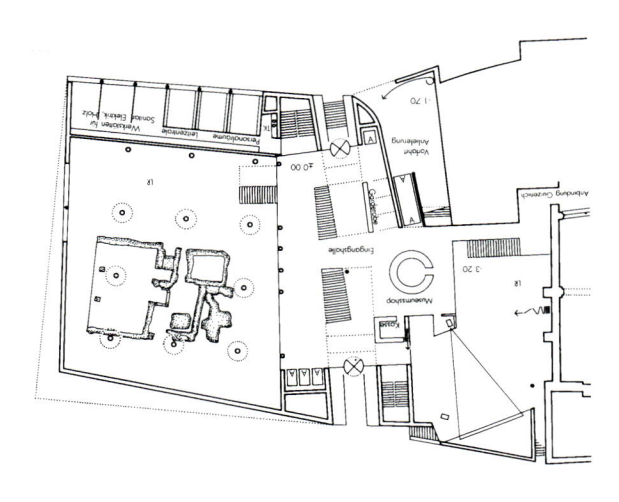

Bauherr: Stadt Köln

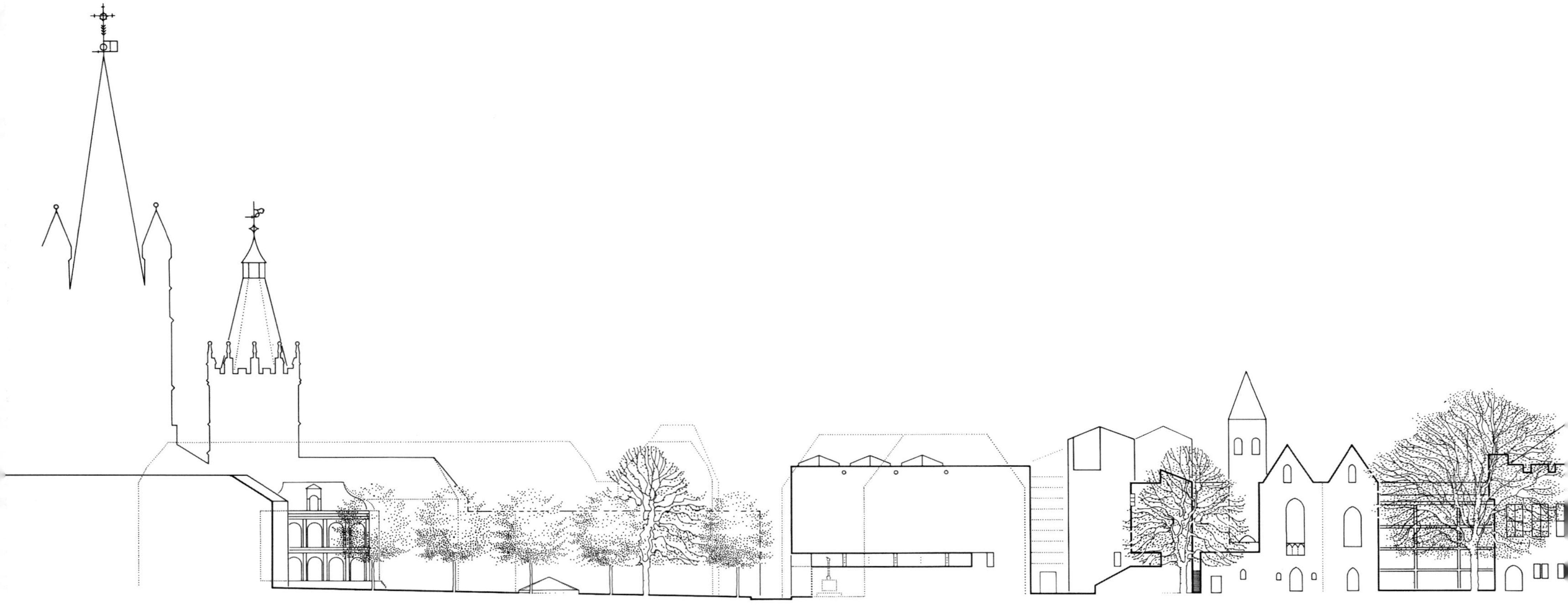

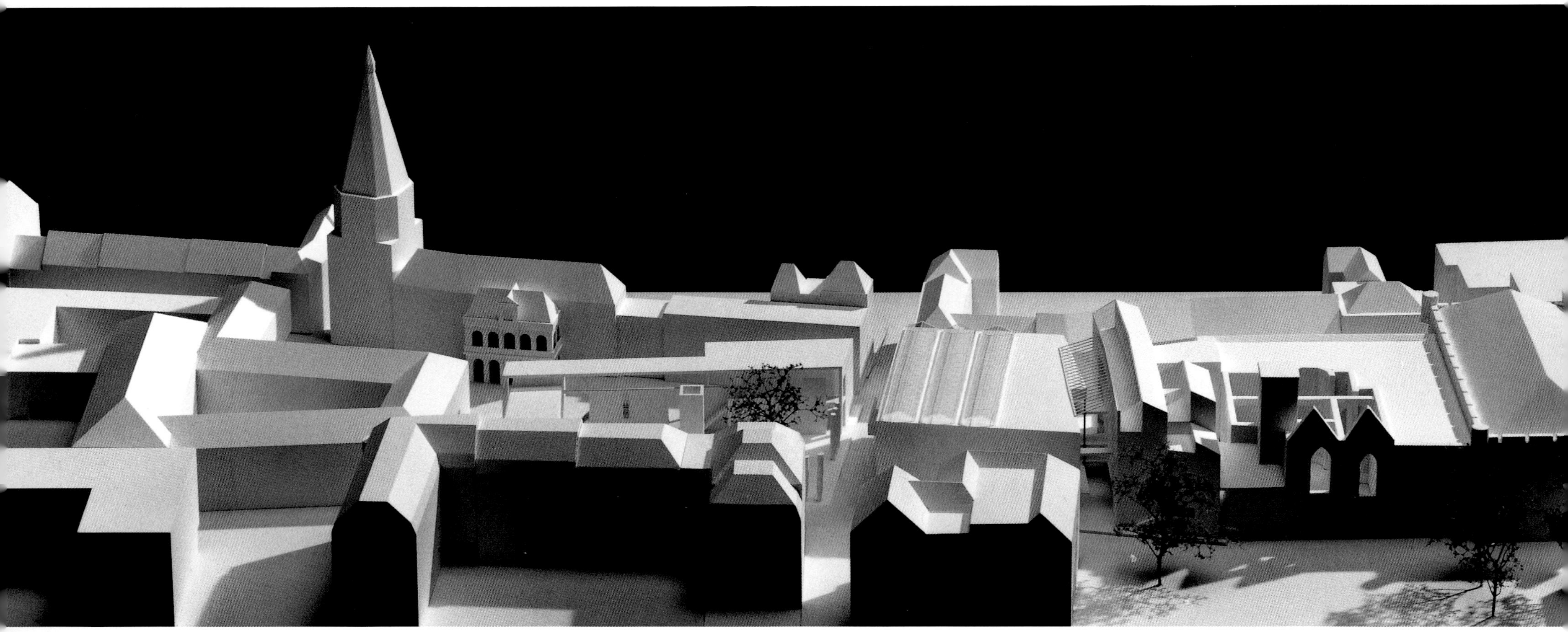

309

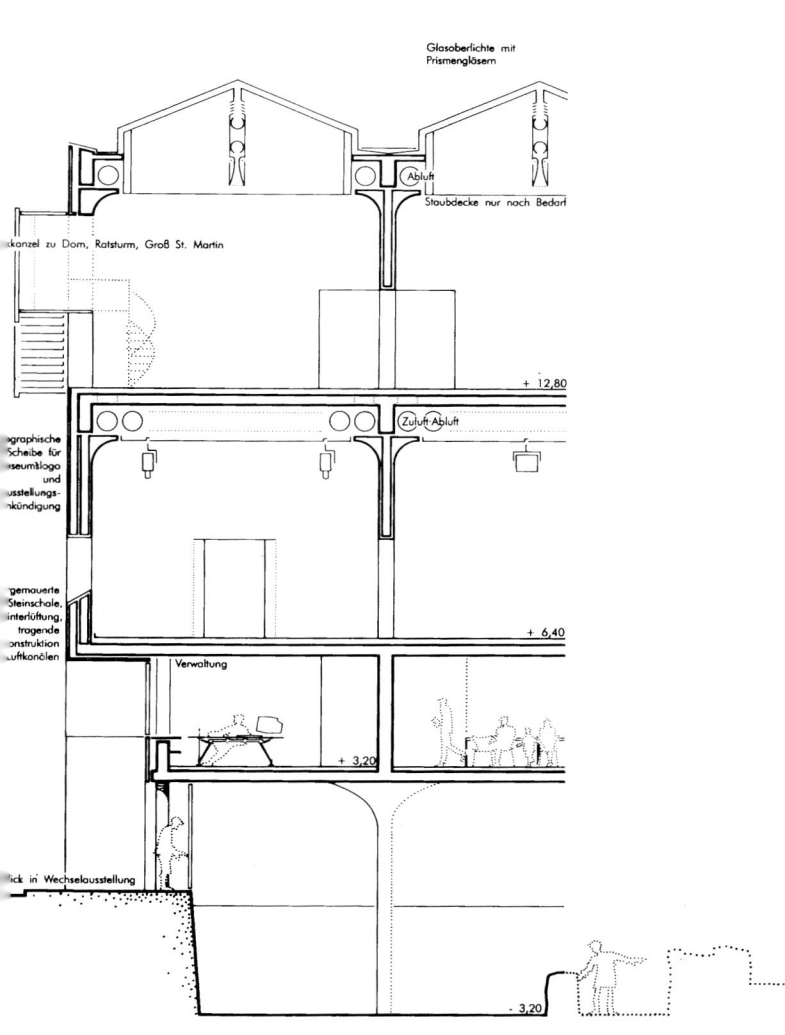

SCHÖPFER AUS DEM NICHTS? VORTRAG AN DER UNIVERSITÄT BRAUNSCHWEIG 1996 (AUSZÜGE)

Der Architekt und sein Bauherr

[...] auf der Hochschule scheint der Bauherr weit weg. Weil aber nur mit ihm Architektur entsteht, ist das weltfremd, auch schlecht für das auf der Schule erst keimhaft wachsende Berufsbild, in dem Bauherr und Architekt – gemeinsam – die Bezugspersonen sein werden. Deshalb ist es fatal, daß, fast epidemisch, Symptome auftauchen, die die Auflösung dieser Beziehung beschwören. Der Architekt mit seinem überholten Berufsbild wird als Ursache ausgemacht. Die Frage – „Schöpfer aus dem Nichts?" – ist eine rhetorische Frage, die provozieren soll.

Der Architekt ist kein Schöpfer, der Welten aus dem Nichts erbaut; Auftrag, Wirkung und Verantwortung sind unmittelbar auf unsere Bauherren bezogen, auf die Gesellschaft, in der wir leben, sie zielen auf die Gesellschaft von morgen.

Die Antwort liegt schon im Bindewort des Untertitels: „Der Architekt und sein Bauherr!"

Es geht also um ein Gespann aus zweien, die etwas zusammen tun. Gespann hat zu tun mit Einspannen, Zusammenspannen, auch viel mit Spannung. Das erste bezieht sich auf Paragraphen und Regeln, das zweite auf die sensitive Spannung zwischen den Polen – den Partnern. Leider sieht es wirklich so aus, als sei ein Spannungsabfall im Gange.

Wenn verlangt wird, wir müßten entweder Spezialisten sein oder ‚Dienstleister', ist diese Definition des Berufsbildes – und der Berufswirklichkeit – zu eng; wir sind beides – und müssen viel mehr sein. Es wird immer – solange Menschen bauen – um die Trias des Vitruv gehen: nützlich, haltbar und schön zu bauen, Trias als Einheit, als Dreiklang. Zu bedenken ist, was Joseph Brodsky sagt, „daß Schönheit sich – (isoliert) – nicht erzielen läßt, daß sie immer Nebenprodukt anderer, oftmals sehr gewöhnlicher Beschäftigungen ist". Auch deshalb können wir die Welt nicht allein Entwicklern und Abwicklern überlassen.

Architekten haben kein Mandat, durch Gesetze Einfluß auf das Zusammenwirken dieses sensiblen Gespanns zu nehmen. Das geht nur über gesellschaftliches Bewußtsein und durch Beispiele, wie und wo das Zusammenwirken von Bauherr und Architekt funktioniert (noch oder wieder!).

Bauherr und Architekt, dieses „und" stellt fest, daß dazu zwei gehören, notwendig zwei, beide mit Haupt und Gliedern. Weder ist der Bauherr ‚Kopf' noch der Architekt nur sein ‚verlängerter Arm' oder irgendeine andere nützliche Extremität. Zwischen Partnern mit so gegensätzlichen Funktionen, die zusammen die Seele des Werks sind, entsteht, wie bei elektrischen Polen, Spannung, die bis zur Erfüllung des Auftrages anhalten soll. Das verlangt Kontrolle von Empfindungen und Empfindlichkeiten, Vertrauen statt Mißtrauen.

Was ein Architekt ist, meinen wir zu wissen, obwohl das ein schillerndes Wort ist, schwer abzugrenzen, wie das, was er tut. Eigentlich soll er alles wissen, sagt schon Vitruv, um alles ordnen und richten zu können. Das stimmt zwar, ist aber auch ein Grund der Anmaßung, mit der wir unsere Partner verschrecken [...].

Der Architekt, der Archi-Tekton, der Erzzimmerer, hat immer schon den anderen zeigen müssen, wie das vom Bauherrn gesteckte Ziel zu verwirklichen ist; das ist sein Beruf, und Zuarbeiter hat es auch immer gegeben: Logistiker, Vermesser, Steinmetze, Manager, Finanziers. Das war bei Imhotep so und bei Balthasar Neumann und bei Mies van der Rohe.

Aber der Architekt muß sich immer neu qualifizieren, primus inter pares zu sein – eben nicht der ‚Einzeltäter mit Cordhose und Fliege'.

Das Prinzip bleibt: Entwurf ist alles – alles ist Architektur. Das ist Erfahrung und Einsicht – und deshalb Maxime. Aber dieser Anspruch und seine Einlösung klaffen oft weit auseinander, und leider neigen wir dazu – massiv genug angeschossen – wehleidig und untergangsgläubig zu werden, zu lamentieren, in Selbstmitleid zu vergehen. „Es ist eine Tugend", erklärt Brodsky, „sich an seinem Gefühlsleben nicht allzu gütlich zu tun. Es gibt immer genug Arbeit, ganz zu schweigen davon, daß es draußen immer genug Welt gibt."

Ich erinnere mich: nach dem Krieg stand der Architekt in der Hierarchie der Berufe weit oben, jetzt empfinden ihn viele als notwendiges Übel. Das wäre nun wirklich ein phänomenaler Absturz – obwohl Kompetenz und Professionalität von Architekten jeden Tag offenbar werden. Wo sind die nützlichen, die schönen, die beispielhaften Räume, Hochbauten, Stadtbauten, die ohne Architekten, ohne den Architekten als spiritus rector entstanden sind?

Und wie sieht es mit dem anderen Teil des Gespanns aus, mit dem Bauherrn? Auch seinen Absturz in Anonymität und Inkompetenz müßten wir fürchten. Wir müssen seine Kompetenz und seine Verantwortung fordern, das Gespräch mit ihm wieder suchen. Deswegen: alle, die damit zu schaffen haben, ein Haus zu bauen, müssen sich zuhören, nachdenken, Einsicht gewinnen, um im Kontext handeln zu können. Das A und O ist die Bereitschaft, gemeinsam nachzudenken, ehe vorgefertigte Antworten jeden tastenden Gedanken erschlagen. Zuhören und Zutrauen, das sind Voraussetzungen für die Zweisamkeit von Bauherr und Architekt.

Ich könnte ein langes Loblied singen auf viele treffliche Bauherren – nach 40 Jahren kein Wunder –, nur würde das Lied von Jahr zu Jahr leiser. Hier interessiert weniger Lob und Preis als die Krise, leider.

Denn die Gefahr wächst, daß uns ein Bauherr, der die ‚Lust am Leben' auch in ‚Lust am Bauen' umsetzen kann und will – der öffentliche Bauherr zuerst –, abhanden kommt. In seinem Schatten folgen Investoren, die oft andere Ziele verfolgen.

Früher brauchte der Bauherr ein Haus: die Wohnung ist zu klein, eine Arbeitsstätte ist nötig, die Schule ist alt, das Krankenhaus nicht mehr hygienisch. Er braucht das alles selbst und sicher hat er die Absicht, es nützlicher, haltbarer und schöner zu bauen als vorher. Deshalb hat er persönlich Interesse an dem, was entsteht; es muß passen, es muß stimmen. Er bestellt nicht ein ‚Haus von der Stange', prêt à porter; er sagt zum Architekten: „Baue mir ein Haus für das, was ich brauche."

Für seinen Nachfolger, den Anleger, ist eher die Geldanlage Beweggrund. Ein Haus ist nicht zuerst ein Haus, es ist ‚anonyme Aktie'. Es interessiert ihn weniger, was für unser Leben in der Stadt notwendig gebraucht wird. So kann kaum entstehen, was Heimat wird, Geborgenheit in der Stadt, keine lebendige, allenfalls eine hektische Stadtatmosphäre, in der nur der Konsum das Leben bestimmt, nicht das Zusammensein, das Zusammentun.

Es ist Zeit nachzudenken, ob das anonyme auf Verdacht und auf Vorrat bauen, in großen Blöcken ‚klotzen, nicht kleckern' der richtige Weg ist. Auch wenn überall Wohnungen gebraucht werden und Büros leerstehen, werden Büros gebaut, weil sie höhere Mieten einbringen könnten. Diejenigen Investoren, die wirklich nur anlegen und abheben wollen, pervertieren die vernünftige Wechselbeziehung zwischen Bauherr und Architekt – oder gehen ihr gleich aus dem Weg.

Gestalten und optimieren statt maximieren und profitieren; das muß wieder für Bauherr und Architekt gelten: für uns gemeinsam und für jeden einzelnen besonders; dann werden wir insgesamt profitieren, Freude und Lust gewinnen an unseren Straßen und Plätzen, statt die unsäglich freudlosen Kästen, das ganze Talmi entlang der Straßen abgehen zu müssen, diese alles Elend unserer Stadtwelt abbildenden Konglomerate. Wenn unsere Augen ständig beleidigt werden, nehmen wir Schaden an unserer Seele.

Lassen Sie sich nicht verwirren; wir – Bauherr und Architekt – müssen den aufrechten Gang nur wieder üben, uns nicht anpassen. Viele werden Sie auslachen (die mit den besseren Anlageberatern vermutlich). Man muß sie lachen lassen.

Charles Dickens erzählt im Weihnachtsmärchen: „Manche Leute lachten, als sie diese Veränderung an ihm wahrnahmen [gemeint ist Scrooge], aber er ließ sie lachen und kehrte sich nicht daran, denn er war klug genug zu wissen, daß auf diesem Erdball nie etwas Gutes geschehen ist, ohne daß nicht gewisse Leute zu Anfang darüber gelacht hätten."

Das verlangt Bauherren, die das Bewußtsein verkörpern, daß auch für sie der Wert etwas anderes ist als der Preis, daß sich die soziale Bedeutung von Städtebau und Architektur nicht nur an Rendite orientiert, daß nicht der maximale Gewinn den Wert eines Bauwerks bestimmt, sondern sein Beitrag zu einer humanen Umgebung. Die Erfahrung zeigt, daß ohne dieses Engagement des Bauherrn kein gutes Bauwerk entsteht.

Was ist dabei unsere Sache?

Wir müssen vor allem gründlich arbeiten und phantasievoll, einfach professionell.

Wir müssen uns einmischen, wo wir unserer Sache sicher sind; es gibt kein Schicksal, das uns zwingt. vor dem Übermut der Ämter zu resignieren, der weiter ins Kraut schießen wird. Wir dürfen unter keinen Umständen klein beigeben vor der scheinbaren Selbstsicherheit der Entwickler, Einwickler, Abwickler, vor der Macht des Kapitals;

Streit, wenn er schon sein muß, müssen wir aufnehmen und austragen; wir müssen der Intuition Freiraum geben, die „das einzige Mittel ist, mit welchem man Gleichungen lösen kann, die mehr Unbekannte als Aussagen haben", sagt Lucius Burckhardt. „Was den Architekten so auszeichnet, ist der Umgang mit Entscheidungen. Nicht sein Wissen imponiert, sondern seine kreative Fähigkeit, aus ungeordneten, teilweise widersprüchlich vorgelegten Angaben und Bedürfnissen einen Schluß zu ziehen, Entscheidungen zu fällen, die gefundenen Lösungen in reale Gestalt überzuführen [...]."

Und wir müssen uns ernsthaft mit einem Bauen befassen, das den Menschen nicht in hektischer Stilsuche mit Eskapaden und Chimären eine Scheinwelt vorgaukelt, sondern das den Menschen das erreichbare Glück vor Augen stellt. So sollten wir denken – und träumen, wenn wir entwerfen. J.S.

(Auszüge aus einem Vortrag im Februar 1996 aus Anlaß der Emeritierung von Roland Ostertag)

LOKALBAHNHOF IN SALZBURG 1990

313

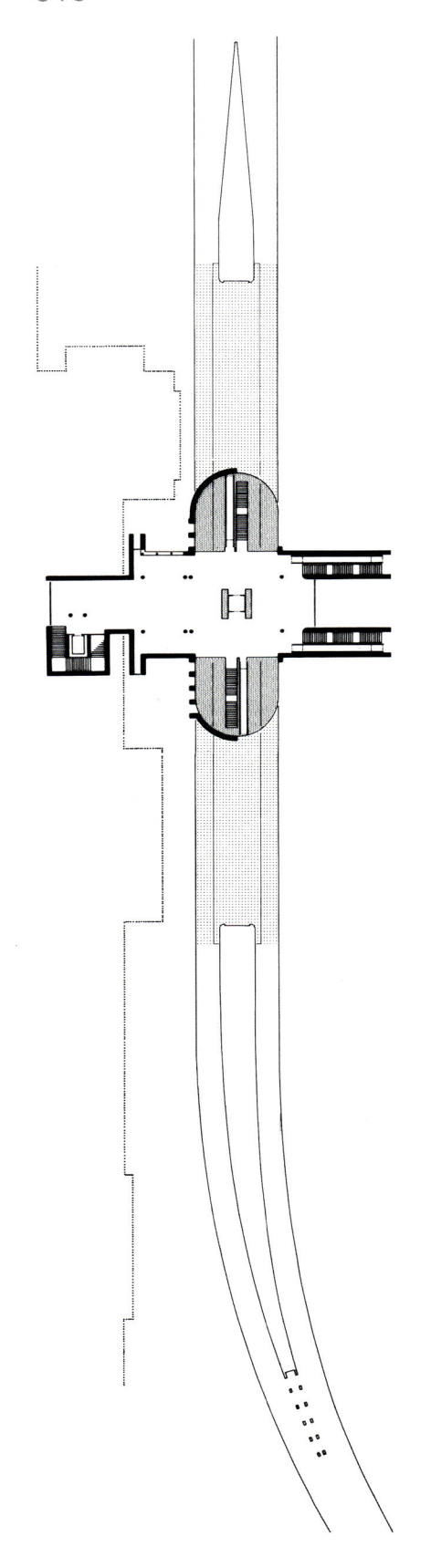

314

315

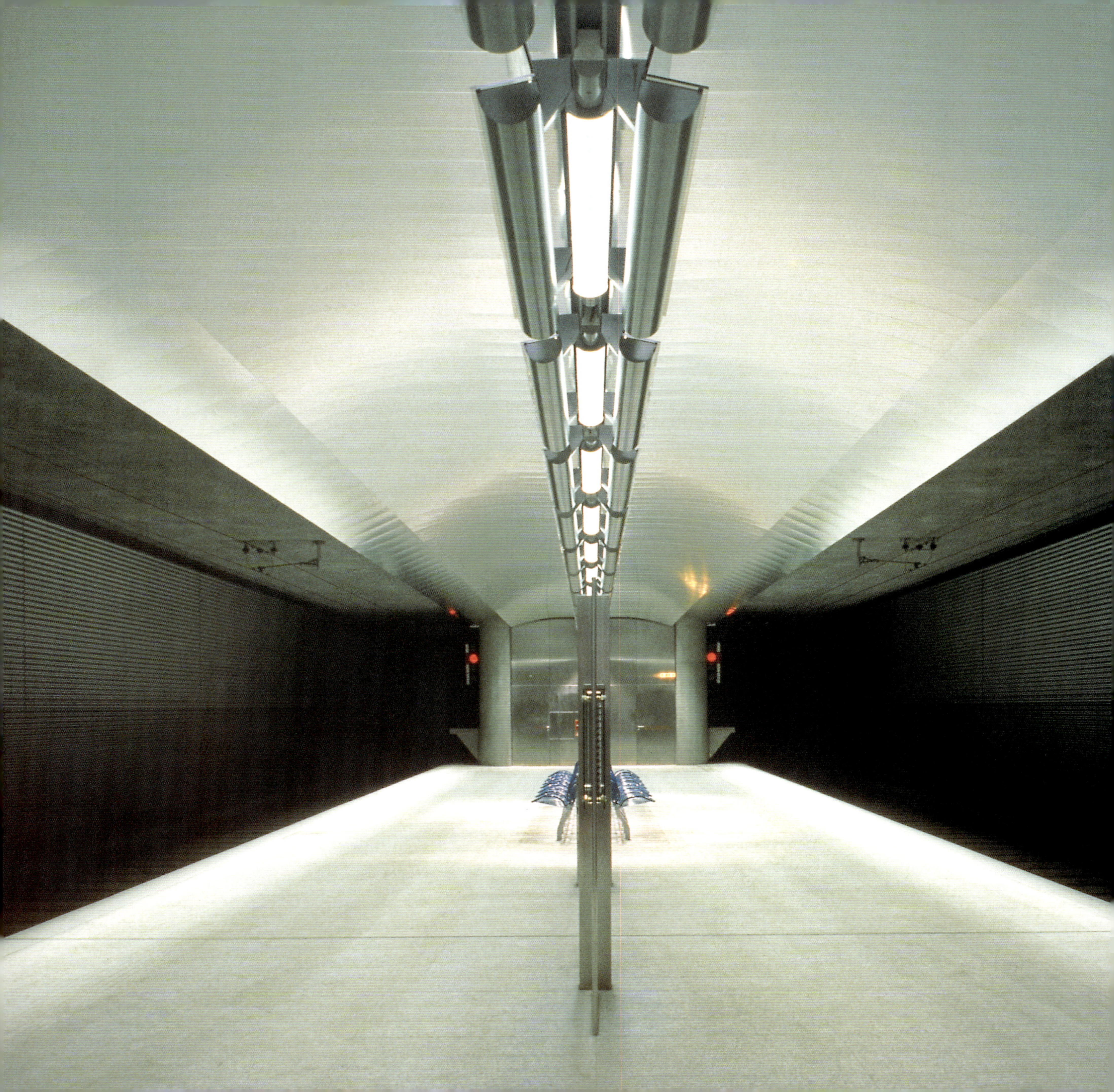

317

PERSONALWOHNUNGEN AM BURGHOLZHOF IN STUTTGART   WETTBEWERB 1996 ROBERT BOSCH STIFTUNG
GEMEINSAM MIT JUTTA UND PETER SCHÜRMANN, ARCHITEKTEN, STUTTGART

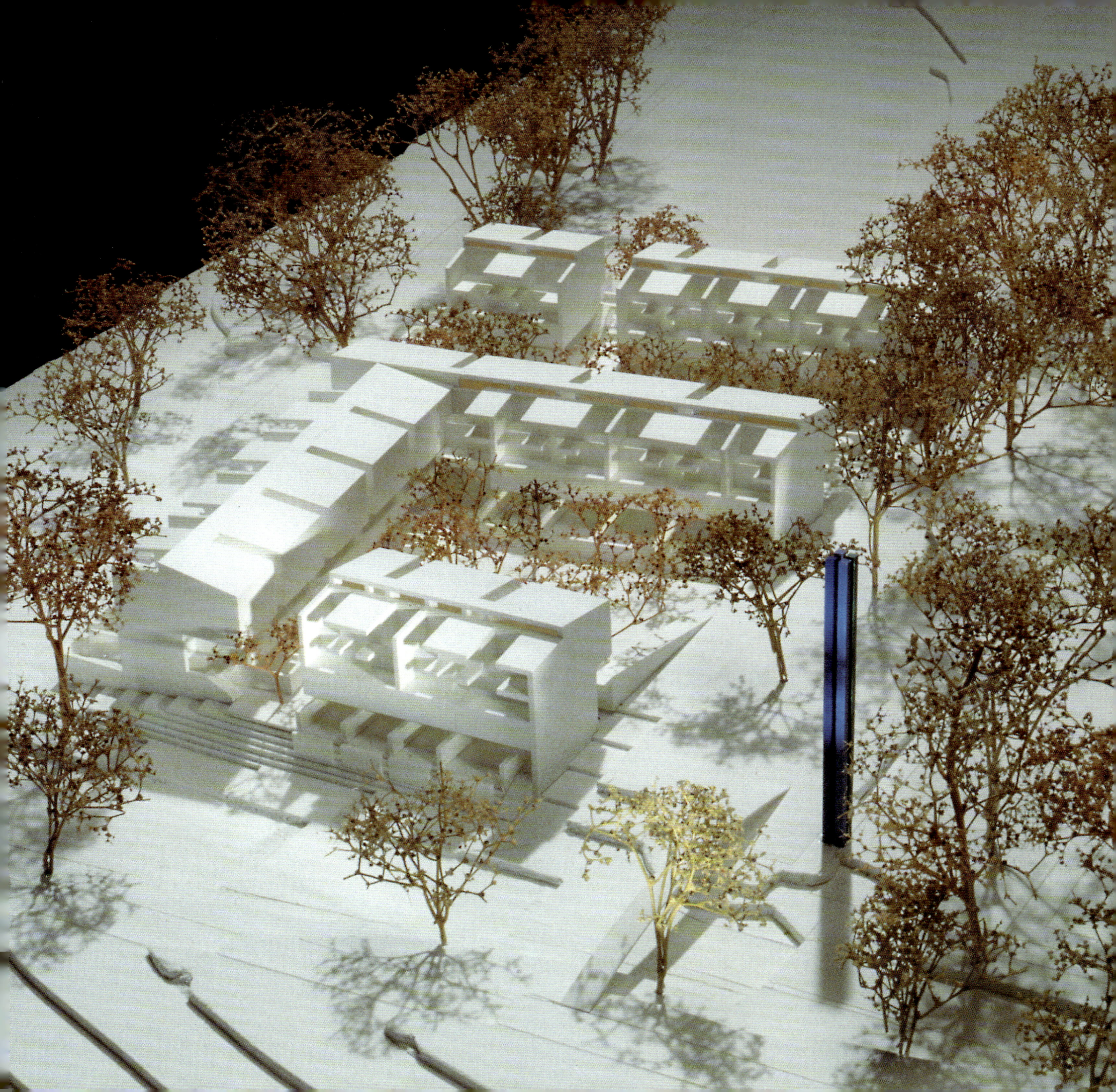

320

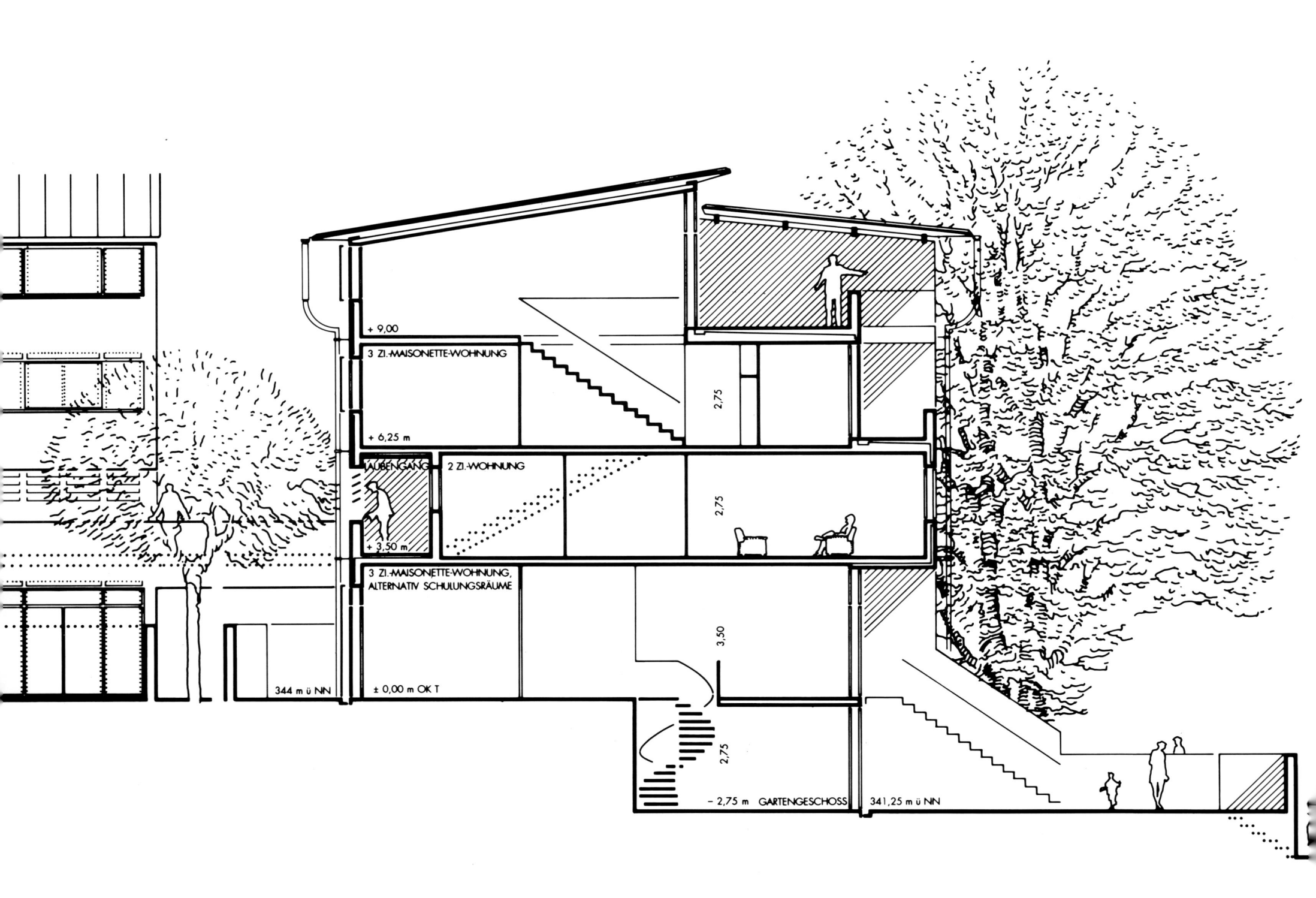

+ 9,00
3 ZI.-MAISONETTE-WOHNUNG
2,75
+ 6,25 m
LAUBENGANG 2 ZI.-WOHNUNG
2,75
+ 3,50 m
3 ZI.-MAISONETTE-WOHNUNG, ALTERNATIV SCHULUNGSRÄUME
3,50
344 m ü NN   ± 0,00 m OK T
2,75
− 2,75 m GARTENGESCHOSS   341,25 m ü NN

Wohnungstypen Achse 5,00m

Wohnungstypen Achse 6,24m

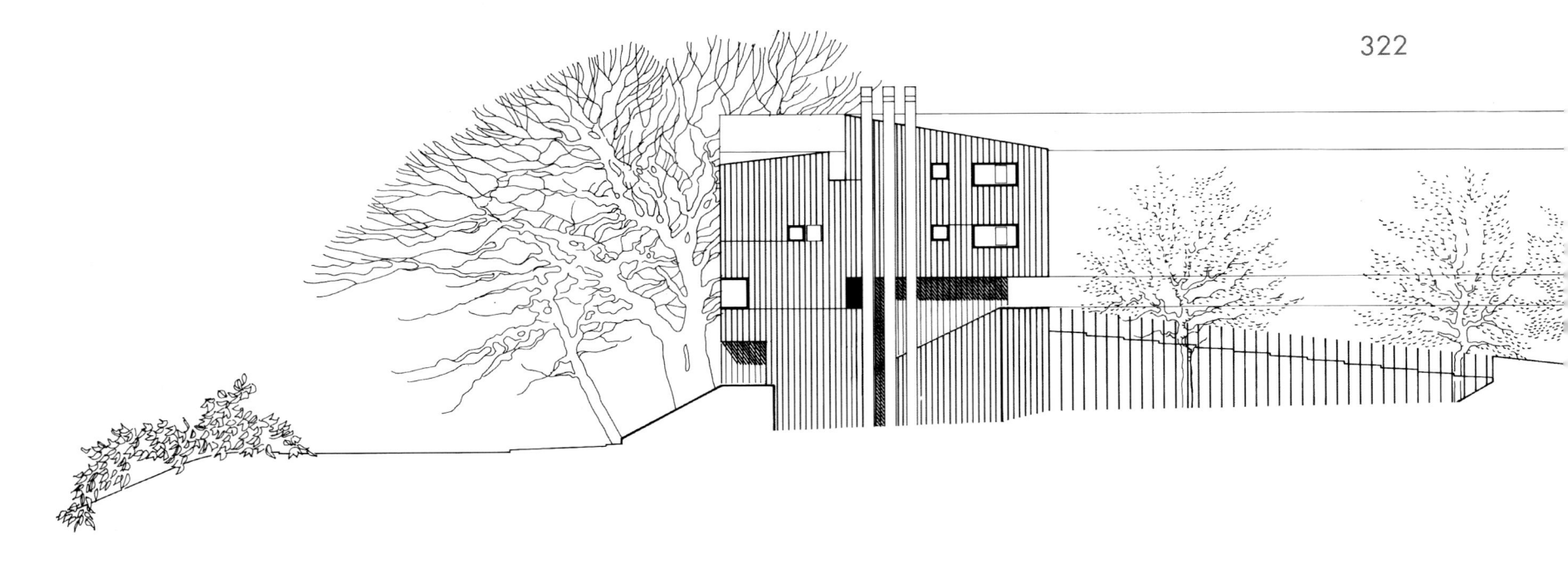

Auf einem Plateau über Weinbergen, die nach Westen und Süden, nach Feuerbach und Stuttgart hin, abfallen, werden – in einem ersten Baufeld einer Gesamtplanung – 100 Wohnungen für Mitarbeiter des nahegelegenen Krankenhauses gebaut. Die Terrassen der Weinberge klingen in den ummauerten Höfen der Wohnhäuser aus. Flach geneigte Dächer unterstreichen die topographische Situation; die Gliederung durch Loggien, Laubengänge, Gärten und Freitreppen erzeugt ein vielfältiges Spiel von Licht und Schatten. Merkmale sind Durchlässigkeit (Nord-Süd-Weg), Durchblicke durch die Maisonette-Treppen,

Bauherr: Robert-Bosch-Krankenhaus

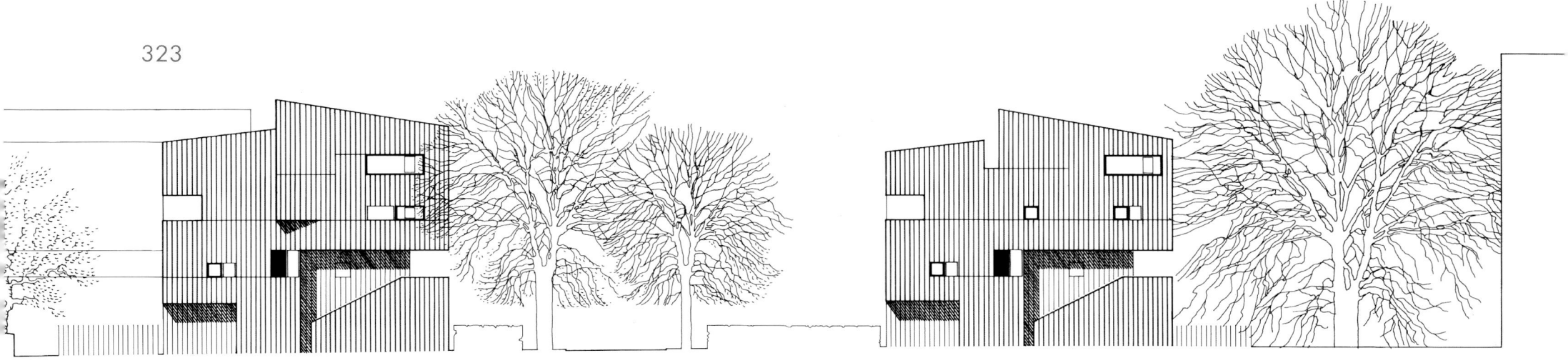

Transparenz der Wohnungen, vielfältige Bezüge zwischen Wohnungen und Freiflächen, kleine Gärten, Loggien und Terrassen. Die Erschließung schafft Gelegenheit zum Treffen, unterstützt von den Zugängen, die aus dem Wohnhof oder aus der Wohnstraße auf die Laubengänge im 1. Obergeschoß führen, von denen aus alle Wohnungen in den oberen Geschossen erreicht werden. Ein Schottensystem erlaubt, Trennwände jederzeit wegzulassen oder hinzuzufügen, um möglichst vielen Wohnwünschen genügen zu können. Naturbelassene Lärchenholzschalung bildet die äußere Haut des Wärmeschutzmantels.

324

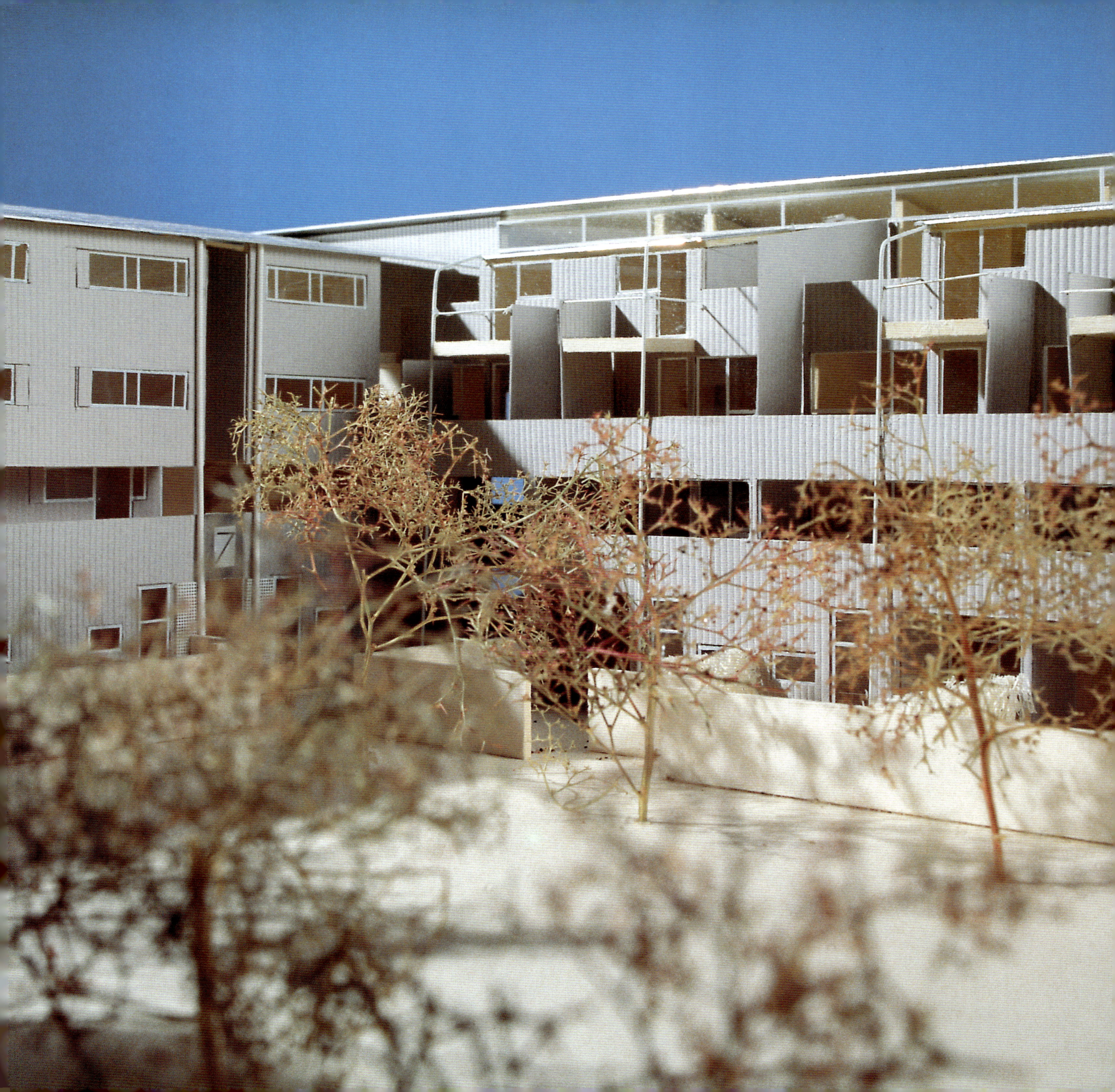

RAUTENSTRAUCH-JOEST-MUSEUM IN KÖLN   WETTBEWERB 1996   STADT KÖLN

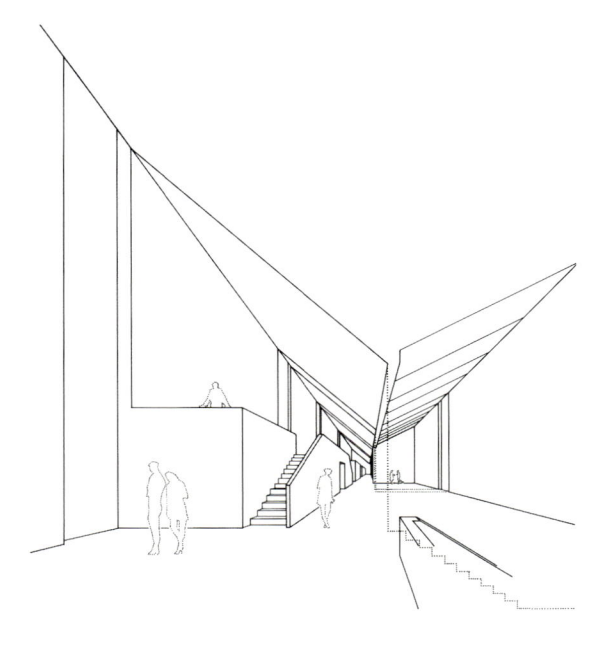

Ein Rechteck umgreift als Umriß das Museumsquartier, die innere Kontur ist dem Museumsgefüge entsprechend so gegliedert, daß sie dem Maßstab der Kirchen gerecht wird.

Eine West-Ost verlaufende Passage führt als Fußgängerweg von der Stadtbibliothek zum Schnütgen-Museum und zu St. Peter.

Die aus der Belichtung entwickelte Gliederung der Fassaden des inneren Museumsplatzes wird nach außen in wenigen bündigen Fenstern erkennbar, die die Umfassungsmauern aus einem Rhythmus heraus gliedern, den der Weg durch das Museum vorgibt.

Die Struktur greift nach Osten, mit dem Kunstverein, gerade soweit aus, daß das Schnütgen-Museum gefaßt und auf einfache Weise ergänzt wird.

Vom inneren Platz sind alle Einrichtungen erschlossen: das Rautenstrauch-Joest-Museum für Völkerkunde, die Kunsthalle, das Schnütgen-Museum und der Kölnische Kunstverein.

Jedes der vier Institute ist ein eigenständiger Komplex, im Bauwerk sind sie lose miteinander verbunden. Wer genug Zeit mitbringt, kann alle Ausstellungsräume und Galerien auf einem Weg hintereinander durchwandern. Dieser Zusammenhang wird im Forum erfahrbar, das sich über das ganze Souterrain erstreckt. Es ist von jedem der vier Institute getrennt zu erreichen, alle können daran partizipieren. Alle Treppen von oben münden im Forum. In seiner Mitte, so daß auch die Krypta von St. Cäcilien Anschluß erhält, liegt das leicht abgesenkte Zentrum; der große Saal für 600 Personen kann hier durch vier faltbare Wände jederzeit installiert werden. Alle Säle, auch die der Volkshochschule und die Bibliothek, liegen mit Oberlicht oder Seitenlicht im äußeren Ring um das Zentrum, erhebliche Synergien können dadurch genutzt werden. Weitere Tageslichtquellen sind der Heliostat über dem Zentrum, die Treppenmulde zwischen Kunsthalle und Caritashaus und das Oberlicht entlang der Leonhard-Tietz-Straße. Der Kunstverein bleibt, wie angestammt, Anlieger der Cäcilienstraße. Er ist eigenständiges Glied einer Fassung, die mit entschiedenem Gestus nach außen – und behutsam nach innen – die kostbaren Kirchen wie Edelsteine einfassen wird.

Das Rautenstrauch-Joest-Museum erstreckt sich auf zwei Ebenen (und der Galerie), die zusammen einen in sich geschlossenen Weg bilden, der überall – zugunsten größerer Freizügigkeit – auch abgekürzt oder verlassen werden kann.

Ziel ist ein überschaubares Museum, das bei einfacher Orientierung einen kurzen Rundgang erlaubt, mit wechselnden Belichtungen und Ausblicken, das aber auch Kabinette bereithält für die Besucher, die ihre Betrachtungen vertiefen wollen. Wie die Pläne zeigen, lassen sich nach Weite und Höhe für unterschiedliche Exponate eigene Raumfiguren entwickeln.

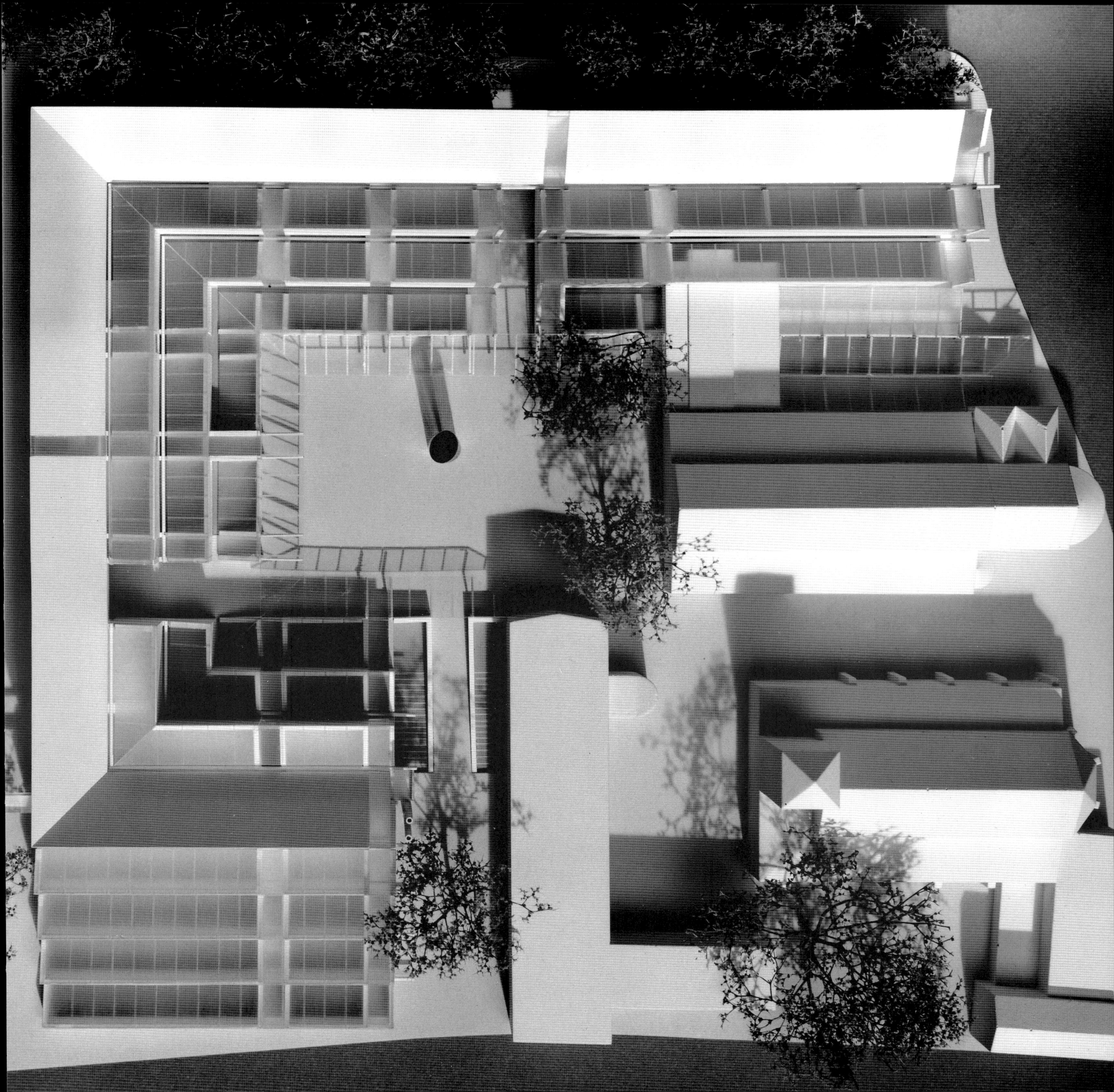

328

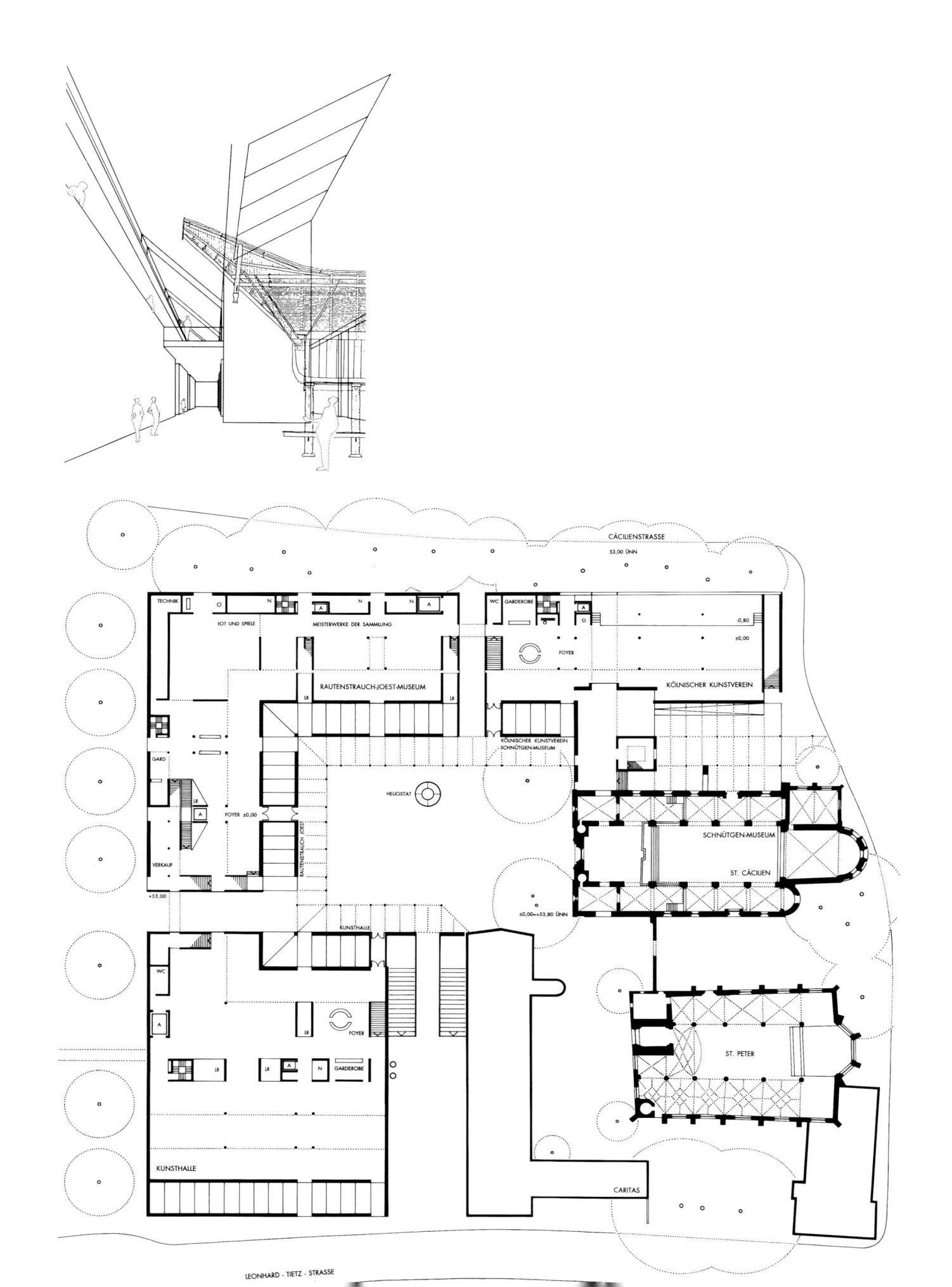

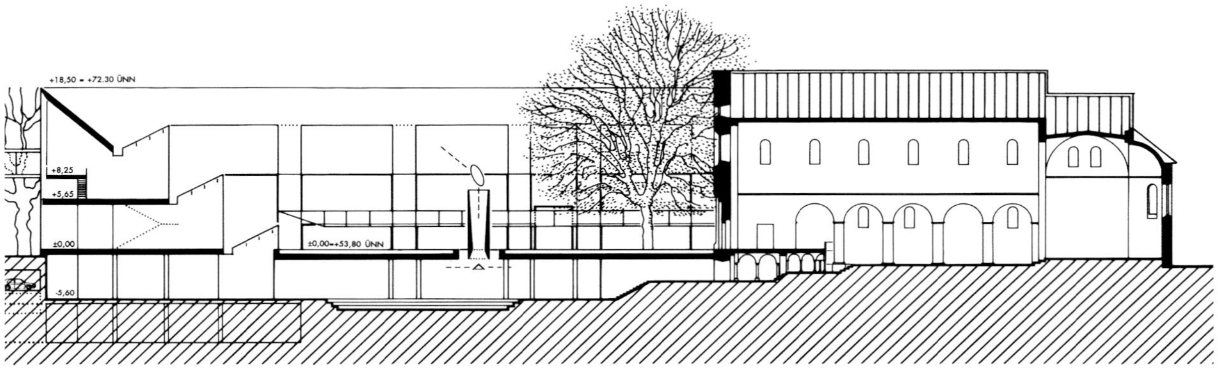
+18,50 = +72.30 ÜNN
+8,25
+5,65
±0,00
-5,60
±0,00=+53,80 ÜNN

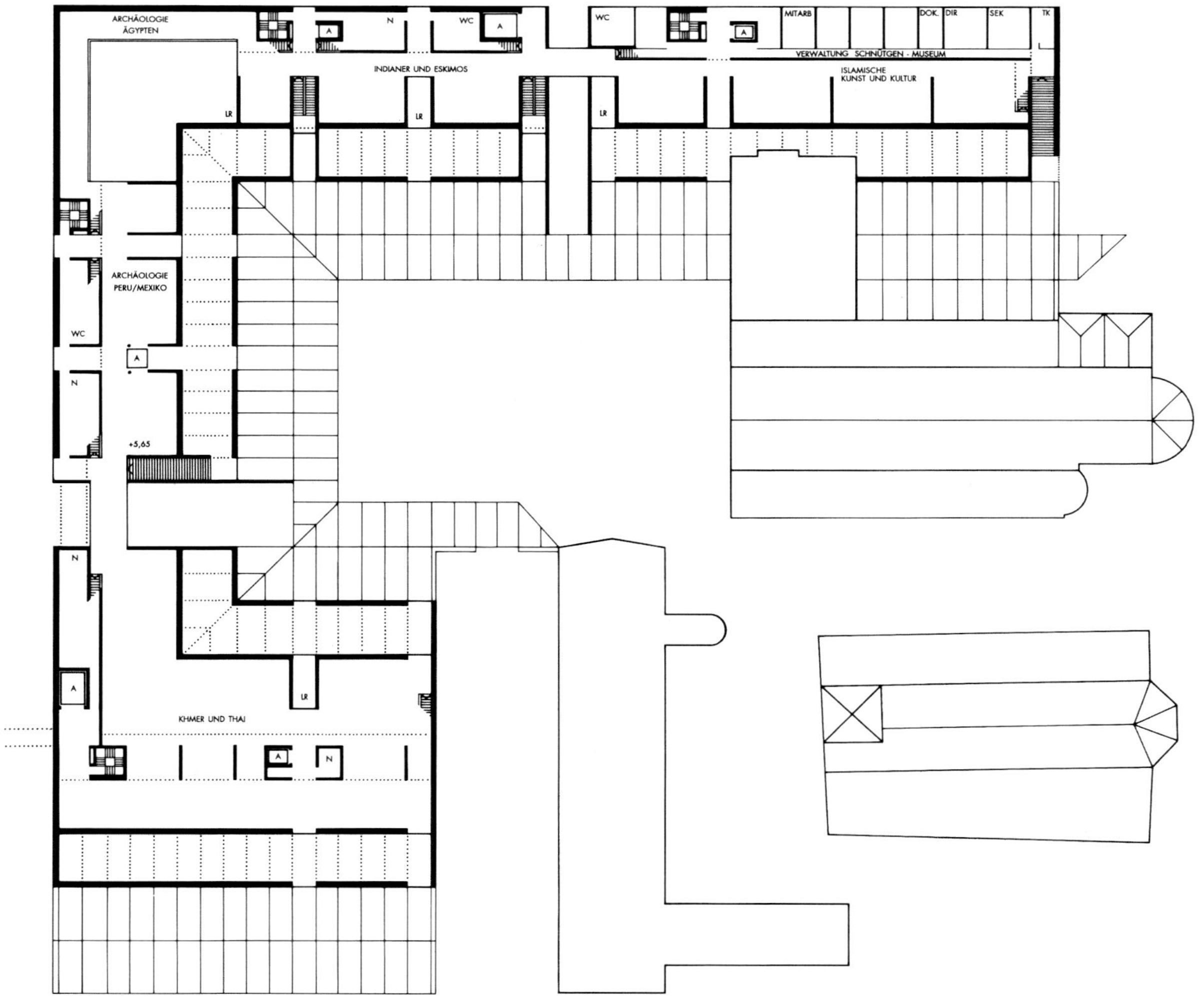
ARCHÄOLOGIE
ÄGYPTEN
N
WC
A
WC
MITARB
DOK.
DIR
SEK
TK
VERWALTUNG SCHNÜTGEN - MUSEUM
INDIANER UND ESKIMOS
ISLAMISCHE
KUNST UND KULTUR
LR
ARCHÄOLOGIE
PERU/MEXIKO
+5,65
KHMER UND THAI

BAHNHOFSÜBERDACHUNG OLDENBURGER STERN   WETTBEWERB 1996   STADT OLDENBURG   330

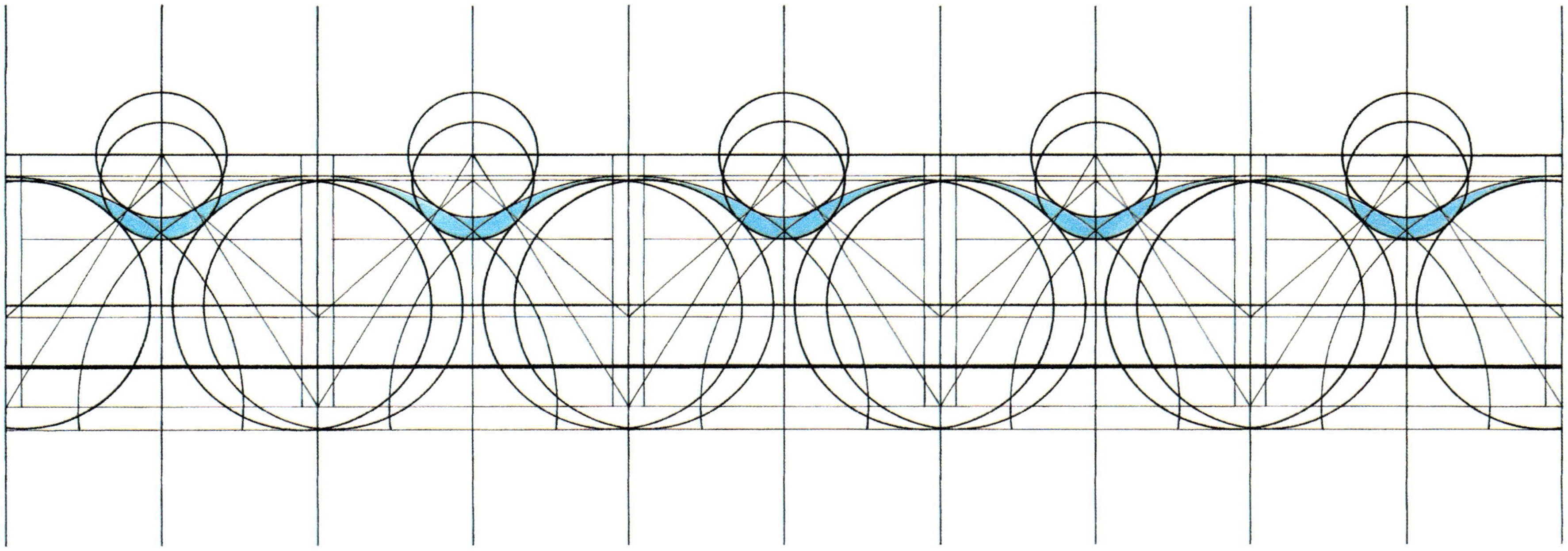

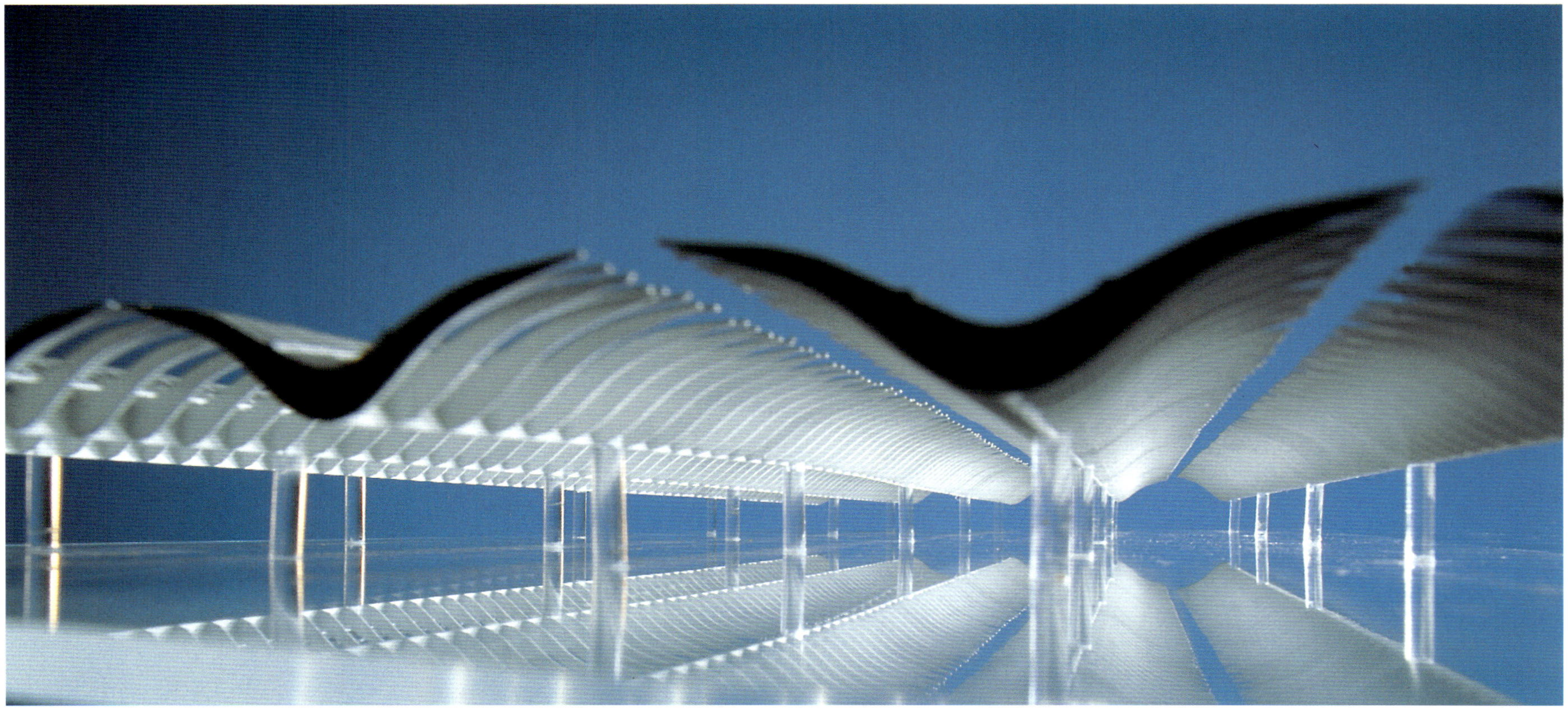

Die Vision „Oldenburger Stern" soll im neuen Stadtbereich ein ausstrahlender Schwerpunkt sein, der anzieht und sammelt, um so – unterstützt durch die neue Fußgängerpassage – die Trennung der Stadtteile durch die Barriere des Bahnkörpers zu überwinden, die Grenze zwischen dem Stadtzentrum im Süden und der Vorstadt im Norden aufzuheben. Ein Bündel von Maßnahmen kann das bewirken:

Die erste ist die Planung des neuen Stadtteils nach einem Masterplan mit einem für alle, die da planen und bauen werden, verbindlichen Gestaltungskanon und Grünraumentwurf, ein Vorschlag in moderater Dichte, der im Westen Anschluß an die Stadtstruktur findet; durch Verdichtung werden die Straßenzüge zu Straßenräumen: Über ein System von Wohnhof-Variationen erstreckt sich die Bebauung nach Osten, um dort in den Huntewiesen auszuklingen. Die Häuser sind in der Mehrzahl dreigeschossig, die geraden Ost-West-Flügel, die die Bebauung vom Gleiskörper abschirmen, viergeschossig, akzentuiert durch höhere Turmkanten im Abstand der notwendigen Treppen. Blaurote Hartbrandziegel, weiße Fenster und starkfarbige Türen bestimmen mit dem Laubgrün der Bäume das Farb- und Materialbild. Der Bewuchs und der kleine Weiher nördlich der Karlstraße bleiben erhalten, Nutznießer ist künftig das östlich benachbarte Hotel.

Die zweite Maßnahme zur Überwindung der Süd-Nord-Barriere ist die Angliederung aller Verkehrsarten an die regionalen Verkehrsträger Bahn und Omnibus; es entsteht eine Verknüpfung, die, über die direkte funktionale Aufgabe hinaus, auch die Qualität eines Treffpunktes, einer ‚Karawanserei' hat, eines Ortes, der seine Attraktivität nicht aus der schmuddeligen Enge und Bedrohlichkeit bezieht, wie sie vielen Bahnhöfen anhaftet, sondern aus übersichtlicher Großzügigkeit, auch aus der Freude an Konstruktion, Architektur, Licht und städtischem Grün.

Alles wird beschirmt durch weitgespannte Dächer, teils Glas, teils Holzschalen, teils Luft. Ihre Maße sind den Bahnhofshallen verwandt, auch um durch solche Einheit, die die Vielfalt zusammenfaßt, das Zentrum des „Oldenburger Sterns" stärker zu machen.

Schlanke eingespannte Pylone aus vier Profilwinkeln – 20 × 20 cm aus nicht rostendem Stahl im Abstand von zwölf Metern – tragen 30 cm schmale und 1,20 m hohe, kastenförmige Längsträger aus lackiertem Stahl, diese wiederum in Intervallen von 2,40 m ‚Stahlschwingen' in 6 cm Stärke.

Über den von niedrigen Mauern gefaßten Fußgängerwegen schweben die 4,5 Meter breiten überglasten Lichtstraßen der Dachkonstruktion, auch über den Omnibussteigen. Diese Glaswölbungen bilden im Verbund mit den flacher gebogenen Unterseiten der geschlossenen Dachelemente aus gebogenen Schichtholztafeln und dem Schwingenprofil einen bewegten, fließenden ‚Himmel' mit Licht- und Schattenspielen am Tag und einer Beleuchtung während der Nacht, die auch die Konstruktion und die Grundmauern ins Licht setzt. Über Lichtwerfer an den Längsträgern werden auch die flachen Kertoholzwölbungen und die blaugrüne Stahlschwinge angestrahlt. Das dergestalt sich einprägsam darstellende Dach verbürgt somit auch in der Nacht Signifikanz und Sicherheit. Die Nordseite an der Karlstraße dagegen wird mit Lichtstelen, in der Höhe zweifach gestaffelt, beleuchtet. Pappeln begleiten die Konstruktion im Norden und Süden.

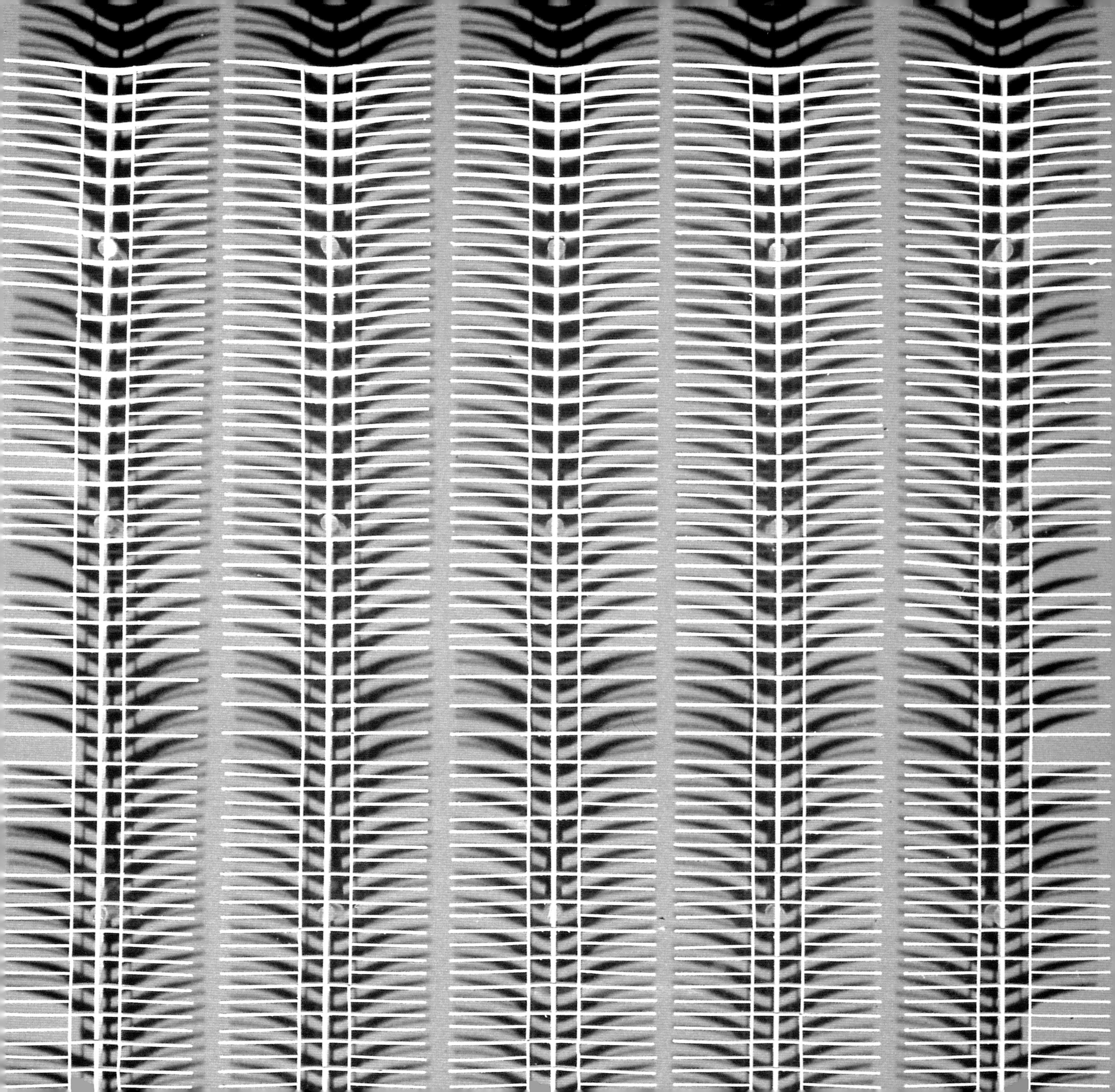

GARTENSTADT IN DRESDEN HELLERAU   WETTBEWERB 1996   DEUTSCHE WERKSTÄTTEN UND STADT DRESDEN

335

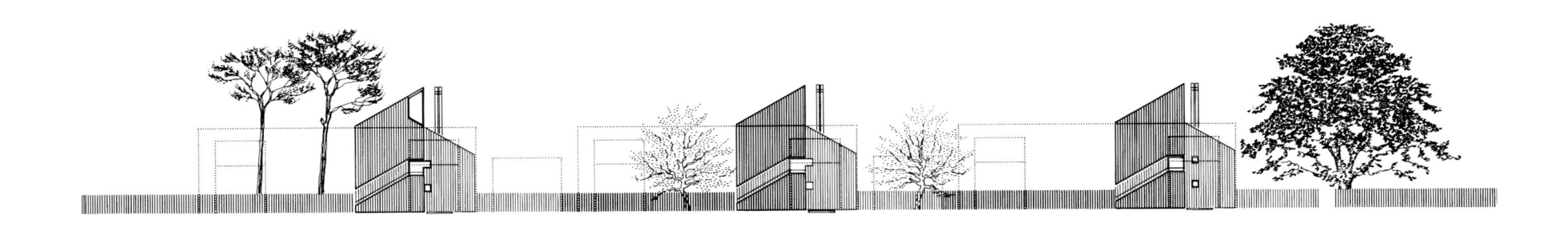

Die neuen Häuser, Straßen und Wege werden einen zeitgemäßen Beitrag zur Vielfalt des Stadtteils leisten, zur übergeordneten Idee der Gartenstadt und zur Entwicklung preiswerten Wohnens. Dem Bebauungsvorschlag liegen mehr die rationalen als die malerischen Elemente des ersten Hellerau-Planes zugrunde. Der logischen Erschließung und der seriellen Struktur der Bebauung entspricht – kontrapunktisch – die ungebundene Durchgrünung, die leichte Biegung der Straßen, das sekundäre Netz schmaler Fußwege, der sogenannten Holunderwege. Die schmalen Fahrstraßen und Wege schmiegen sich an die Höhenlinien. Drei Fußwege verbinden – als flache Treppenstiegen – diese Wege miteinander senkrecht zum Hang, um die Steigung des Geländes spürbar zu machen. Gartenplätze bilden die Verknüpfungspunkte des Netzes. Die Straßen haben keine gesonderten Bürgersteige – sie sind sechs Meter breit, als Einbahnstraßen vorgesehen, so daß zum Be- und Entladen haltende PKWs überholt werden können. Parken kann unterbleiben, weil zu jedem Haus Stellplätze gehören; Tiefgaragen mit ihren Problemen werden vermieden. Die Parzellengrößen variieren zugunsten der Vielfalt des Angebotes für unterschiedlichen Bedarf. Sie folgen den Größen der umgebenden Bebauung oder bleiben geringfügig darunter.

Man kann davon ausgehen, daß in dieser besonders ausgezeichneten, zur Tradition der Innovation verpflichtenden Umgebung wenig Bedürfnis nach Repräsentation und den augenfälligen Abzeichen der ‚heile Welt'-Architektur zu befriedigen ist, statt dessen aber auf angemessene, einfache Weise vielfältige, preiswerte Wohnungen erwartet werden, flexibel zu nutzen, in wirtschaftlicher Bauweise, mit Adaptionsmöglichkeit an die Wünsche unterschiedlicher Bewohner. Ziel ist, vernünftige Typisierung sinnvoll und planmäßig zu variieren. Solche Variationen bieten Spielräume räumlicher Inszenierung, sie bleiben in allen Haustypen aber immer im Kontext zum übergeordneten Kanon, weil nicht suggeriert werden soll, daß diese Siedlung im Laufe der Zeit gewachsen sei. Es soll erkennbar sein, daß in einem bestimmten Zeitabschnitt ein bestimmtes Planungsziel während eines Optimierungsprozesses eine Struktur ergeben hat, die solche vielfältigen Variationen zuläßt – unter Ausnutzung der Möglichkeiten rationeller Fertigung und serieller Produktion –, in die individuelle Wünsche einfließen können.

Die Einbindung der „Schraubzwinge" erfordert besondere Maßnahmen: Zum Moritzburger Weg wird sie nach Westen und Südosten durch gebundene Bauformen zu einem räumlich gestaffelten Rand der Siedlung ergänzt; damit wird ihre jetzt isolierte und reichlich dominante Situation in eine Platzraum-Folge übergeführt. Die Zwinge kann mit ihrem westlichen Hofraum in die Wohnbebauung so einbezogen werden, daß der hangseits liegende Flügel zu Wohnungen und Ateliers genutzt werden kann; ihm gegenüber hinter der langen Mauer am Moritzburger Weg sind zweigeschossige Häuser möglich, die von den Torbauten eingefaßt werden. Die westlichen Torhäuser flankieren einen Zugang in den Schwerpunkt der Anlage als Pendant zu dem vorhandenen Haupteingang weiter ostwärts.

Die Bebauung eignet sich gleichermaßen für Massivbau und Holzbau – oder für Kombinationen von beiden. Aus ökologischen und finanziellen Gründen ist ein Baukastensystem vorgesehen, als Kombination von kostengünstiger Holz-Tafelbauweise für Giebel,

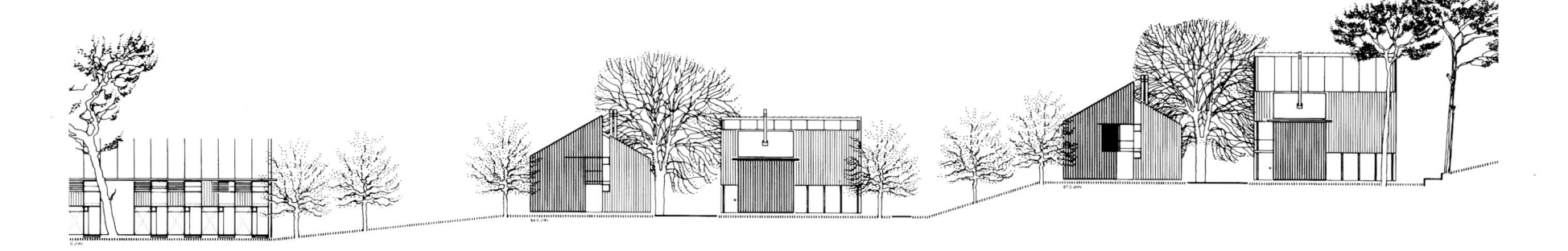

Decken und Dachflächen und Variabilität erlaubendem Holzständerbau für die Fassaden zu Straße und Garten. Der Bausatz fußt auf dem Baustein A als Grundeinheit, die aus zwei Elementen besteht. Das größere Element bietet einen großen Einraum, der entweder so genutzt oder im Raster nach Belieben geteilt werden kann – ohne Behinderung durch tragende Wände oder Installation. Das kleinere Element bleibt Küchen, Bädern und Wärmetauschern vorbehalten, so daß die Installationen im Block zu bündeln sind. Die Erweiterung der Grundeinheit kann auf unterschiedliche Weise geschehen. Für die Konstruktion ist Holz vorgesehen – auch weil die Holzpreise laufend zurückgehen und mehr Holz nachwächst als ‚geerntet' werden kann. Um eine wirtschaftliche Verwendung von Holz zu erzielen, werden Verbundmaterialien verwendet, keine Zimmermannskonstruktion, sondern Ingenieurholzbau. Die Grundeinheit kann innerhalb weniger Wochen gebaut werden. Der Ausbauraster beträgt 1,40 Meter.

Auf Keller, die nach aller Erfahrung den Preis stark verteuern, kann – wer will – verzichten; statt dessen gibt es zu jedem Haus einen ebenerdigen Abstellraum oder einen Schopf. Nur an den parallel zum Hang liegenden Holunderwegen kann, in Verbindung mit einem Wirtschaftszugang zum Garten, ein solcher Schopf, oder eine Laube, im Rahmen bindender Vorgaben hinzugefügt werden. Die Häuser am Heideweg erhalten Keller, weil dort durch den Geländeabtrag der Fabrikationshallen, der wieder rückgängig gemacht wird, die Gründungssohle ohnehin tiefliegt.

Die äußere Lage der Hausgiebel-Holzfertigteile wird schon werkseitig mit senkrechten Brettern aus Lärche oder „Märkischer Kiefer" beplankt. Die Farbgebung dieser Außenhaut kann nach einem vorgegebenen Farbspiegel in verschiedenen Erdtönen erfolgen, von ochsenblutrot oder grün bis ocker oder naturbelassen, Holzfenster sind weiß lasiert, Haustüren farbig lackiert, Dachdeckungen in Zink.

Die Straßenfluchten folgen den leichten Biegungen der Straße, sie versetzen sich da, wo sie sich mit den Treppenwegen schneiden, an kleinen Plätzen. Die leichte Gegenbewegung von Straßenverlauf und Höhenlinien belebt zusätzlich das Profil der Straßen. Die vorwiegend zweigeschossige Bebauung wird da und dort durch dreigeschossige Hauseinheiten überhöht – jeweils an Stellen, die im Gesamtgefüge sinnvoll sind. Giebelständigen Häusern stehen traufständige gegenüber. Die Gärten liegen im Wechsel hinter oder neben den Häusern, das bringt über die räumliche Wirkung hinaus den Vorteil guter Besonnung bei kurzer und damit wirtschaftlicher Erschließung. Gegen die Straße sind die Gärten durch Holzzäune abgeschirmt, deren Struktur sich aus den Flanken der Häuser entwickelt – gegen die Holunderwege sind sie durch Hainbuchenhecken begrenzt. Auf den Straßenplätzen aus Steinplatten steht jeweils eine breitkronige Linde.

Die Straßenläufe werden von Großgrün begleitet, wie es für die Umgebung typisch ist: Kiefer, Hainbuche, Eiche, Vogelbeere, Robinie und Ahorn. Kleinere Bäume stehen in den Höfen, begleiten Hecken und Fußwege, ermöglichen Nistplätze für Vögel: Weißdorn, Rotdorn, Schlehdorn mit Holunder, Wildrose und Flieder. Die inneren Gartenflächen sind Obstbäumen vorbehalten. Da und dort freibleibende, zusammenhängende Grünräume können Apfelwiesen und Kirschgärten sein.

338

		2.OG	1.OG	EG

GRUNDELEMENTE

ERWEITERUNG

WOHN- UND SCHLAFHAUS

INSTALLATIONSHAUS

Das **INSTALLATIONSHAUS** nimmt Bäder, Küchen, Wärmetauscher und Anschlußgeräte auf.

Dadurch ist das **WOHN- UND SCHLAFHAUS** frei verfügbar, als ein großer Raum oder aufteilbar im Konstruktionsraster von 1,40 m nach Wunsch. Das Haus kann in Rasterschritten beliebig erweitert werden.

Durch die **GALERIE** kann der hohe Dachraum zusätzlich genutzt werden zum Arbeiten, Schlafen oder als Abstellfläche.

TYP A1
GRUNDTYP
2 GESCHOSSE, 1 WE

1 WE MIT 3-5 ZIMMERN
WF VON 143 m² BIS 153 m²

TYP A2
ERWEITERUNG MIT VORGESETZTER EINLIEGERWHG.
2 GESCHOSSE, 2 WE

HAUPTWHG. MIT 3-6 ZIMMERN
WF VON 132 m² BIS 143 m²
EINLIEGER MIT 1-2 ZIMMERN
WF VON 30 m² BIS 45 m²

TYP A3
TURMHAUS, AUSBAUBAR
2-3 GESCHOSSE, 2 WE

1 WE MIT 2-3 ZIMMERN
WF VON 64 m² BIS 68 m²
1 WE MIT 3-4 ZIMMERN
WF VON 93 m² BIS 106 m²

TYP B
GRUNDTYP
3 GESCHOSSE, 2 WE

1 WE MIT 2-3 ZIMMERN
WF VON 68 m² BIS 72 m²
1 WE MIT 4-5 ZIMMERN
WF VON 115 m² BIS 121 m²

TYP C
TYP ADDIERBAR
2-3 GESCHOSSE, 1 WE

1 WE MIT 3-4 ZIMMERN
WF VON 92 m² BIS 111 m²

WE = WOHNEINHEIT
WF = WOHNFLÄCHE

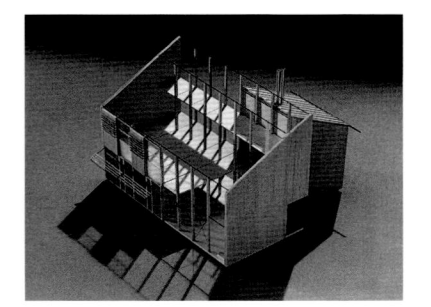

339

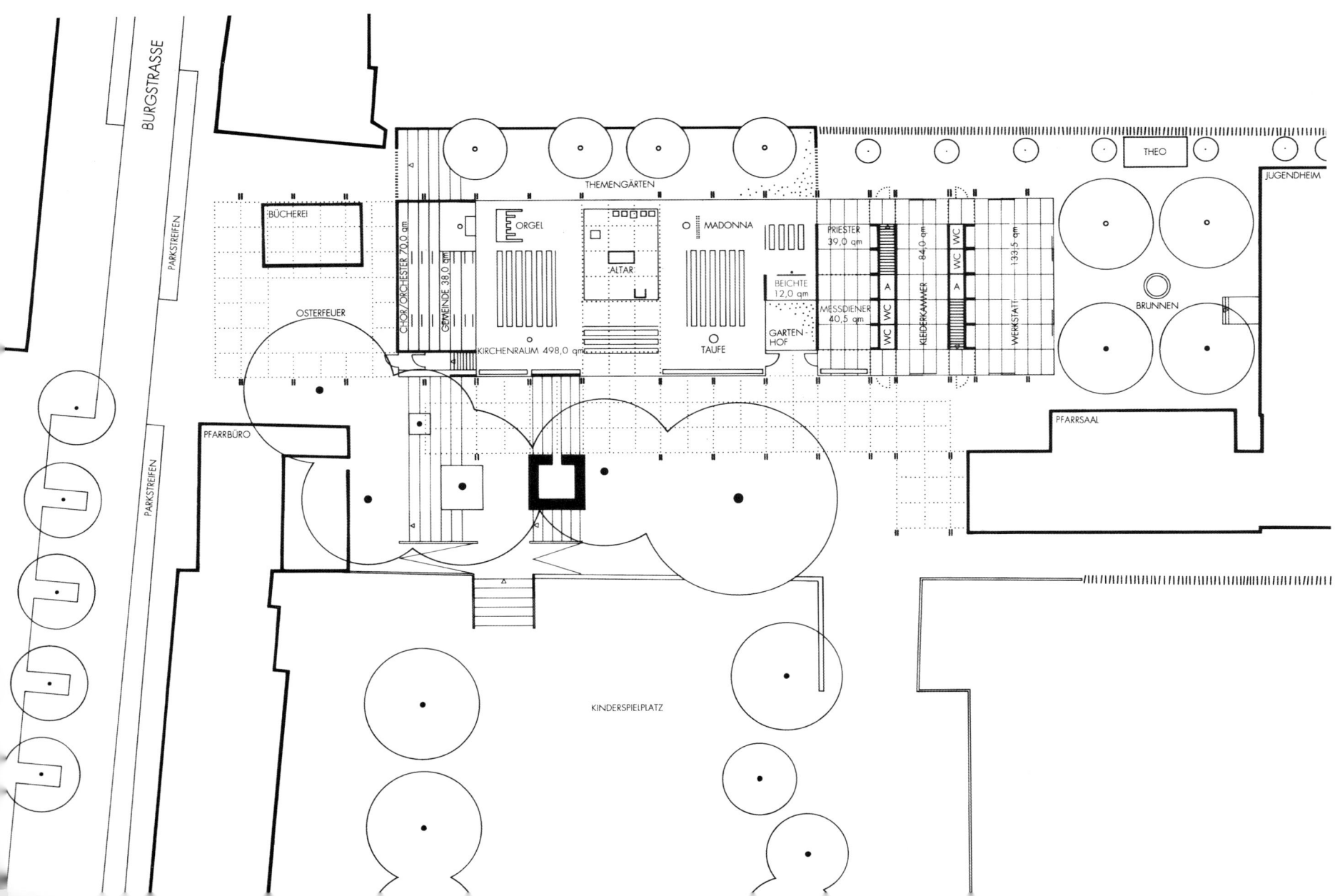

PFARRZENTRUM UND KIRCHE SANKT THEODOR IN KÖLN VINGST   WETTBEWERB 1997

Mit dem Neubau der Kirche soll die Chance genutzt werden, alle Pfarrbauten zu einem wirklichen Zentrum der Gemeinde zusammenwachsen zu lassen, als Mittelpunkt des Zusammenseins, des Zusammenwirkens und der gegenseitigen Fürsorge. Zur Einbindung in das soziale Umfeld ist klare Ordnung – aber auch Offenheit und Gastlichkeit, das Angebot caritativer Umarmung oder zumindest Anlehnung – wichtig, weniger weithin sichtbare Triumphgestik. Daß der Turm überdauert hat, ist gut – als Zeichen der Geschichte von Sankt Theodor und als Anker für die transparente Struktur. An diesem offenen Gefüge haben alle Einrichtungen Anteil, auch Kleiderkammer und Werkstatt, die deshalb nicht in der Substruktion versteckt ist, sondern Teil der gemeinsamen Ebene des Zusammenwirkens wird, unter das große gemeinsame Dach der Kirche gebunden. Sankt Theodor soll kein expressiver Solitär werden, keine ‚feste Burg', nicht herausgenommen aus der Welt, sondern mittendrin eine Aufforderung zum Kommen und Mittun. Die Baugruppe fügt sich – wie eine kleine Stadt – aus städtischen Elementen: zwei Plätze im Westen und Osten, die teilweise überdeckte Pfarrstraße dazwischen, die als Treffpunkt nach der Messe, mit Blick auf Spielpark und Straße, am Campanile vorbei, alle Einrichtungen untereinander verbindet, auch Pfarramt und Pfarrsaal.

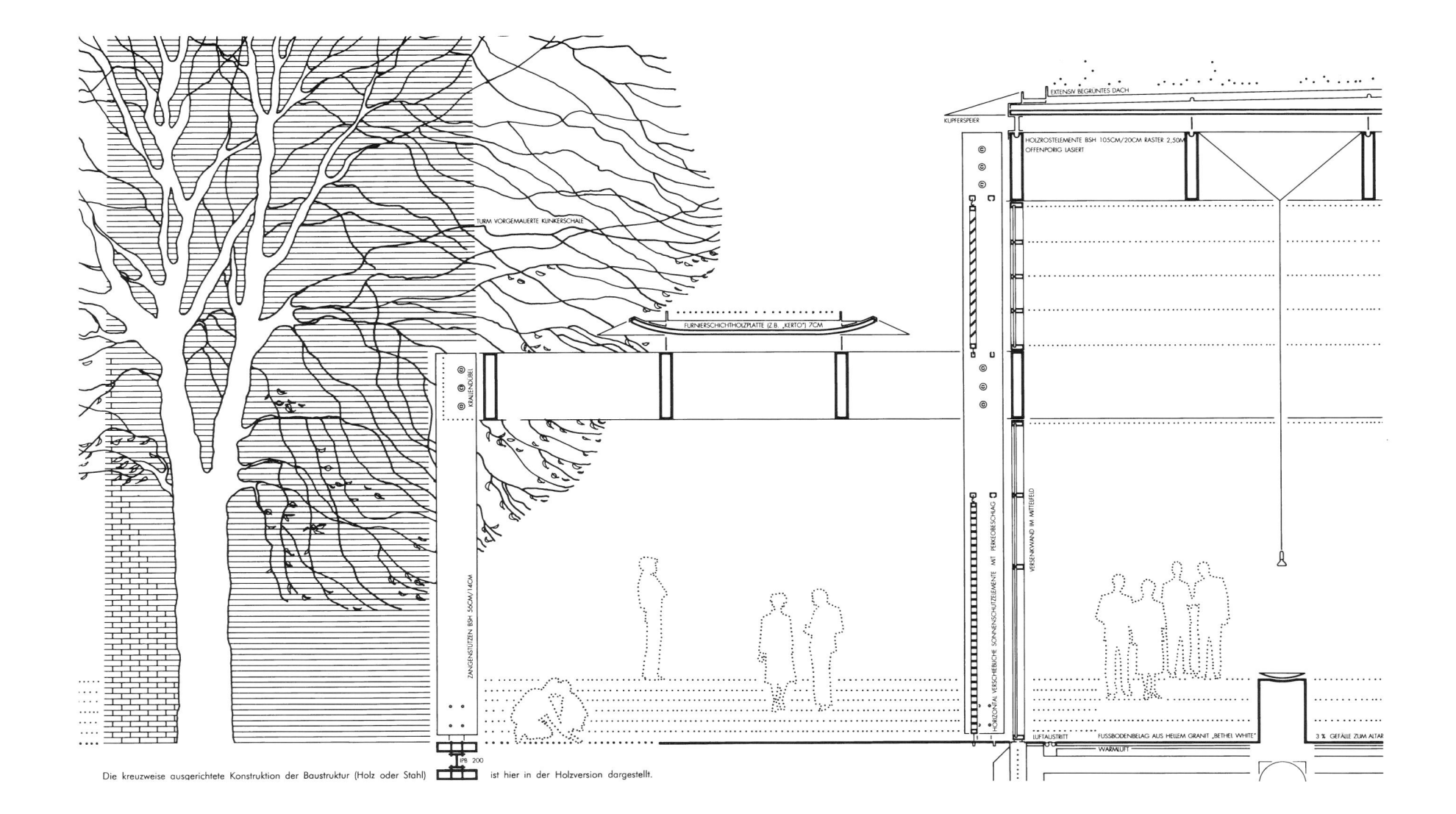

Die kreuzweise ausgerichtete Konstruktion der Baustruktur (Holz oder Stahl) ist hier in der Holzversion dargestellt.

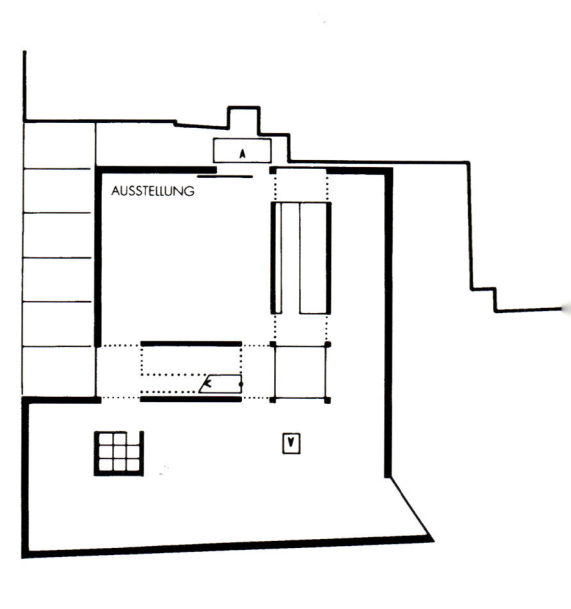

KOLUMBA DIÖZESANMUSEUM IN KÖLN   WETTBEWERB 1997   342

+21.10
+16.60
+11.10
+6.60
+3.30
0.00=53.05 NN

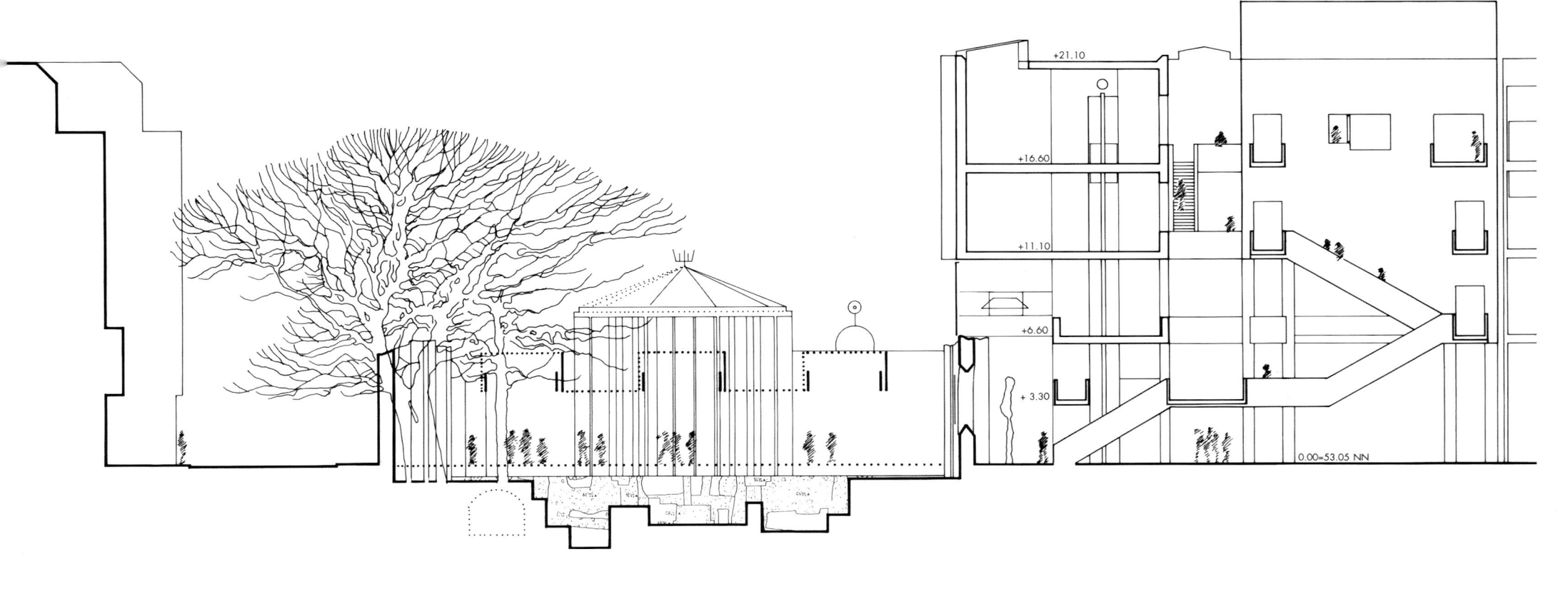

Die Frage war gestellt, ob das Museum Kolumba nördlich der alten Kirchenmauern Platz finden kann, ob es die alte Kirche und die Kapelle der „Madonna in den Trümmern" umbauen soll – oder ob es sie überbauen muß.

Der Entwurf folgt der ersten Alternative, weil der Dialog im Gegenüber und Miteinander tragfähiger und spannender, auch rücksichtsvoller ist als eine Umzingelung oder Überwölbung. So bleibt das Zeugnis der Stadt-, Kirchen- und Kunstgeschichte unter dem offenen Himmel, ist nicht in vitro aufzusuchen, sondern in situ zu erleben.

„Die Gesamtheit der Fragmente ist wesentlich für die Wahrnehmung des Kontinuums von Geschichte an diesem Ort." Das gilt auch für die Rücksicht auf die Aura der Kolumbakapelle „Madonna in den Trümmern" aus den ersten Nachkriegsjahren (Architekt Gottfried Böhm).

Es soll ein Miteinander alter und neuer Architektur erreicht werden, nicht ein Übereinander, das nicht nur der ‚Würde der Ruine' Abbruch täte, sondern auch die Chance eines unmittelbaren und totalen Eindrucks vergäbe.

Wie sich die Raumgruppen um den Kern entwickeln, wie jede Ebene diesen Dialog mit der Kolumbakirche fortführt, auch die Sichtbeziehung zu den Wahrzeichen der Stadt findet, zeigen Schnitte und Grundrisse.

Nach dem Eingang von der Kolumbastraße (das Bistro zur Linken) öffnet sich zum Empfang das Foyer mit der ersten Ausstellungsebene, der Besucher sieht die aufsteigende Treppe (die absteigende führt in die alten Substruktionen und weiter in die Gewölbe), geradeaus schaut er auf den alten Kolumbafriedhof. Nach rechts fesselt ihn wohl der Blick durch die Mauer des Nordschiffes der Kirche auf die im Gegenlicht konturierten Architekturfragmente. Wenn er nicht gleich der Versuchung folgt, sich in die Bodendenkmäler zu vertiefen, Aufrisse und Grundrisse zu studieren, die Bauplastik im Kontext der Abfolge vieler geschichtlichen Ebenen, geht (oder fährt ...) er nach oben.

Hier oben im Zwischengeschoß findet er die Bibliothek und den Werkbereich, etwas im Hintergrund die Verwaltung.

Im ersten Obergeschoß geht der Blick nach Süden schon über die Mauerkrone des nördlichen Seitenschiffs auf die Kuppel des Tabernakels und das Dach des Oktogons der Kapelle. Zur Straße liegt die Restaurierung mit Oberlichtfenstern. Der Präsentationsraum mit Blick über Oktogon und Ausgrabungen ist unmittelbar verbunden mit dem darunterliegenden Raum des Direktors.

Im zweiten und dritten Obergeschoß erschließt sich über die ‚Lichttreppe' die nach außen wirkende Dreiteilung: in der Mitte der Nukleus mit den großen Räumen, nach Osten die schmaleren, nach Süden die breiteren Ausstellungsräume; alles ist gemäß des künftigen Konzeptes zu gliedern.

Der Blick öffnet sich beim Aufsteigen mehr und mehr nach Osten über die Stadt; nach Norden ist der Dom beherrschender Blickpunkt. So werden sich „in verschiedenen Räumen verschiedene Stimmungen" ausprägen. Es gibt keine Zwangsführung, sondern „Haupt- und Nebenwege". Die Lichtstimmung ist durch wechselndes Tageslicht bestimmt, das durch Oberlicht und Seitenlicht eintreten wird. Zusätzliche Einzelfenster in der monolithischen Fassade werden punktuell so eingesetzt, wie es das noch zu erarbeitende Ausstellungskonzept nahelegt. Der Körper des Museums läßt die Volumina der verschiedenen Raumdimensionen erkennen: im Kern die großen Räume, dann der innere gläserne Winkel der Treppen, dann der äußere Winkel mit den unterschiedlichen Schenkeln für größere und kleinere Räume.

Die vielen Überlagerungen der Geschichte von St. Kolumba schützt eine weitgespannte und leichte gläserne Struktur, die auf die Koordinaten der Kirche zwar eingeht, auch bis ins Detail ein Zeugnis zeitgemäßer Ingenieurkunst sein soll, sonst aber in der Außenwirkung nicht zuviel von sich hermacht, der „Madonna in den Trümmern" den gebührenden Rang nicht streitig macht, ihr weder Luft noch Licht noch Ausstrahlung beschneidet.

Das Glas, das die Kapelle umgibt, korrespondiert mit dem monolithischen Material der Museumsmauern aus geschichtetem und gespitztem Beton, dem grobes und helles Natursteinkorn zugefügt ist, dessen gespitzte Flächen und Kanten im Eigenschatten der Oberflächen aufleuchten können.

NACHWORT – AUCH ALS KÜNFTIGES VORWORT ZU LESEN

Der Überblick zeigt, daß, – von der auszehrenden Unterbrechung des Bonner Projektes abgesehen – die städtebaulichen Planungen des Büros in den letzten zwölf Jahren einen großen Teil der Planungsenergie beansprucht haben, ohne zu konkreten Bauwerken zu führen.

Es wird wieder die Freude an diesem konkreten Planen und Bauen im Vordergrund stehen, Arbeit an realen Projekten mit Bauherren aus „Fleisch und Blut", Arbeit mit Ergebnissen, die man sehen und anfassen kann. Die gestalterische Energie vorwiegend auf Stadtbereichsplanungen zu lenken, heißt nach der Erfahrung im letzten Jahrzehnt zu oft, sich im Abstrakten zu verlieren, in unkalkulierbaren Zeiträumen zwischen nicht erkennbaren Fronten, im Getümmel divergierender Interessen, oder einfach nur in Saumseligkeiten von Auftraggebern sich selbst zu verlieren, ohne ein erkennbares, rundes, nützliches Werk zustandebringen zu können.

Diese Erfahrung bedeutet nicht Resignation; sie stärkt nur den Willen, als Architekt sich selbst und der Gesellschaft zur Freude arbeiten zu können mit einem Bauherrn, der ernsthaft, ohne lähmende Vorbehalte bereit ist, den Architekten als Partner arbeiten zu lassen.

Ohne Bauherren, die sich selbst als solche begreifen und verzehren, geht gar nichts. Übergreifende soziale Projekte brauchen klare Köpfe mit Perspektiven, Entschlossenheit und Mut, gefeit gegen die Versuchung, nach jeder Gelegenheit zu greifen, sich vor der großen kommunalen, sozialen und demokratischen Aufgabe zu entschuldigen, knappe Kassen sind kein Grund. Auch wenn die Privatisierung öffentlicher Aufgaben mit allen Problemen, die sie bringt, zukunftsbestimmend sein wird –, ohne eine vorauslaufende, unabhängige Planung, gedanklich und tatsächlich, werden sich unsere von uns gewählten Vetreter jeden Einflusses auf die Gestaltung unserer Welt begeben, weil sie nicht nur die Lösung der Aufgaben, sondern schon deren Formulierung ausschließlich kapitalistischen Interessen überließen, deren Entfaltung ohne humane und soziale Kontrolle nicht vorstellbar ist. Das würde zu einem gebauten Kapitalismus ohne menschliches Antlitz führen, ohne daß das Ziel noch erkennbar bliebe, für unsere Gesellschaft nützlich, haltbar und schön bauen zu wollen.

Jeder Architekt, der seine soziale Verantwortung kennt, wird glücklich sein, auch an der Gestaltung unserer Städte mitwirken zu können. Gesellschaftliche Fehlentwicklungen aber innerhalb eines Architektenvertrages, der mehr und mehr vom Werkvertrag zum Dienstleistungsvertrag mutiert, ohne Unterstützung eines entschlossenen Bauherrn aufarbeiten zu wollen, ist aussichtslos.

Wenn wir das wissen und unseren Beruf lieben, müssen wir uns das Vertrauen der Bauherrn erhalten oder gewinnen, kompromißlos, aber auch bereit sein, nicht zuerst unserer eigenen Hoffart zu dienen, sondern der Wohlfahrt unserer Gesellschaft.

347

Hephaistos
aus Wettbewerb Oberhausen 1990

On Schürmann:

The Schürmann architects' office in Cologne, in which Joachim Schürmann works together with his wife Margot, has not let itself be irritated by the obituaries which have been composed for modernism in the last decades. They use as a matter of course in the present day those means and possibilities which came into being with the avant-garde of the 1920s and early 1930s. These give expression to the scaffold-like appearance of the overall construction. Even the purpose of a building is not excluded from its appearance: we should know, or at least be able to guess, what is happening inside, whether by means of pathways for general use leading through a building complex, or by means of interior views when this is not disruptive, or where the external form reproduces the internal arrangement. In the work of the Schürmanns there is nothing which does not have a purpose, but scarcely anything which is merely functional.

When Joachim Schürmann builds for institutions, the administrative centres, banks or teaching institutions do not appear as unapproachable, powerful, imposing organisations but as benevolent facilities which can be viewed or experienced at close range. In the entrance and base areas there is often a wealth of detail, with ambulatories, balustrades, stairs and ramps to invite the passer-by to look in and enter. Sometimes Schürmanns' buildings are more benevolent than the institutions they house. Should this be seen as a falsification – or are they perhaps challenging reality to catch up with the aesthetic appearance?

Modernism as developed by the Schürmanns is objective, undogmatic, differentiated, adaptable, liberal, elegant, easy-going. It nearly always aims at goodneighbourliness. It can be inserted into a historical urban context as it does not steal the show but sensitively picks up on characteristics of the existing surroundings, in terms of scale, height, structural divisions, by following the site's existing streets, paths, building lines and changes of level and in its consideration of old buildings and existing vegetation. These architects will incorporate a courtyard or move a wall backwards rather than having an old tree cut down. Yet for all this politeness the architecture does not "disappear"; this is ensured by the vivid effects Schürmanns obtain from the modern repertoire, without resorting to quasi-historical quotations. In the Sparkasse at Lüdenscheid a narrow passage is formed from a connecting bridge to the old building and from a rounded cupola twisted out of alignment: this functions like a gateway to the old part of town. At Postamt 3 in Cologne the four corner trusses of the building's framework are hollowed out using terraces so that they echo, as it were in the "negative" form, the "positive" corner towers of the neighbouring neo-Gothic post office.

Cologne, where the office is located, has an old quarter where these architects' qualities are exhibited through a wide variety of commissions. The reconstruction of the Romanesque collegiate church Groß St. Martin was a sensitive achievement in terms of building preservation. It is a reconstruction which exposes the various chronological layers of the building and clearly marks out all the contemporary additions and completions. The large courtyard on the north side of the church is surrounded by residential buildings (with shops at ground floor level), which pick up on the small-scale units of the old town. At the same time the new buildings clearly form a coherent constructional whole making use of modern building technology. In this way they avoid an artificial pretence of that architectural diversity which is only achieved historically over long periods of building. Schürmanns identified with the modern-historical quarter of the town to such an extent that he also built his own office here. The team is just as self-aware and unassuming in its approach to town-planning commissions, which it has been awarded in increasing numbers over the last years.

Joachim Schürmann designed extensions for the Parliament in Bonn, which were to house the library, conference halls, academic departments and members' rooms. The plan was for a long group of buildings divided up by connecting paths and internal roads, kept at a low level in contrast to the multi-storey house of representatives designed by Egon Eiermann. When the German Bundestag decided to move to Berlin only the basements of the building had been completed. Now it will be continued on a smaller scale, its purpose has yet to be decided. Even if the floor plan is changed the following statement from Schürmann's description of the building will still be true – and true, indeed, of this office's work as a whole: "As rational and economical as necessary, but above all as clear and free and alive as possible."

Wolfgang Pehnt

"In December 1993, the site had been heavily damaged by the floods of the nearby Rhine. The building is now in course of construction and will house the German national broadcasting company Deutsche Welle."

WERKVERZEICHNIS

1955 BIS 1997

1955 W Balkhausen Volksschule	1958 W Köln Hildegardisgymnasium	1958 • W Köln-Lindenthal St. Stephan
1955 Köln Haus Berglar	1958 W Königswinter Brücke	1958 • Wuppertal-Vogelsmühle St. Josef
1956 Rhöndorf Landvolkhochschule	1958 • Köln-Lindenthal Haus Gold	1959 Köln-Müngersdorf Haus Groß
1956 • Instandsetzung Köln Krypta St. Gereon	1958 • Wuppertal Christ König	1959 Weinheim Umbau Haus Freudenberg
1957 • Köln-Lindenthal Haus Schürmann	1958 • W Köln-Flittard St. Pius	1959 Köln-Königsdorf Haus Lehmann-Sinapius

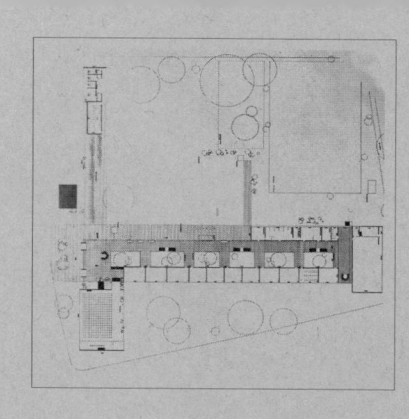

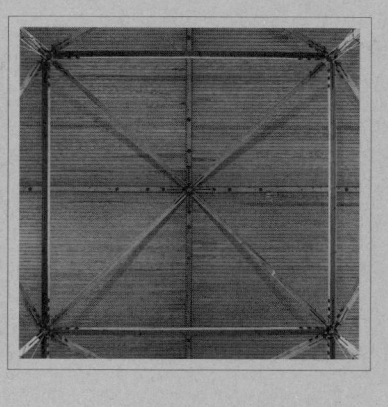

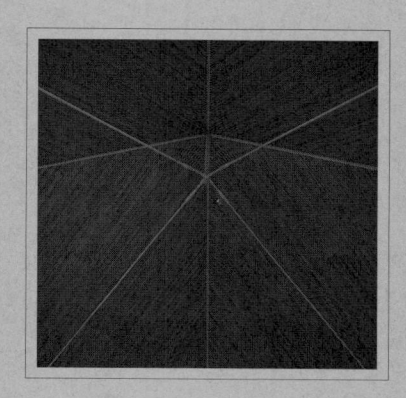

1959
Köln-Lindenthal
Haus Lemmen
Haus Schmückle

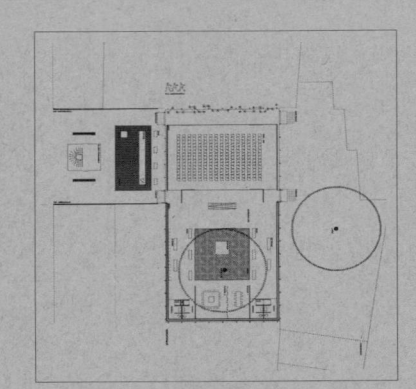

1959
W
Neuss
Vereinshaus St. Quirinus

1960
Köln
Pfarrhaus St. Gereon

1959 •
Instandsetzung
Köln-Mülheim
Klemenskirche

1959
W
Neuss
Sakristei St. Quirinus

1960
W
Wesseling
Berufsschule

1959 •
Köln-Lindenthal
Haus Rautenstrauch

1959
Instandsetzung
Köln-Raderthal
Mariae Empfängnis

1961 •
Efferen bei Köln
Studentenhäuser

1959
Köln
Kloster der Japanischen
Schwestern und
Kindergarten

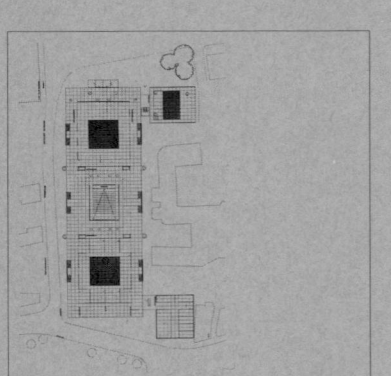

1959
Köln-Raderthal
Kindergarten

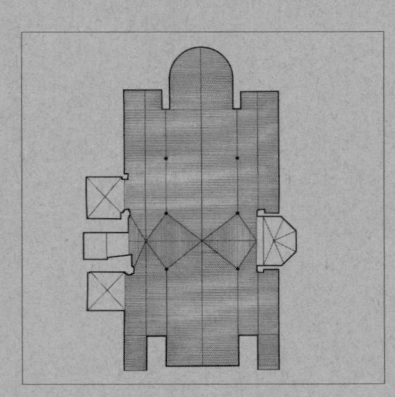

1961 •
W
Bonn-Beuel
Kardinal-Frings-
Gymnasium

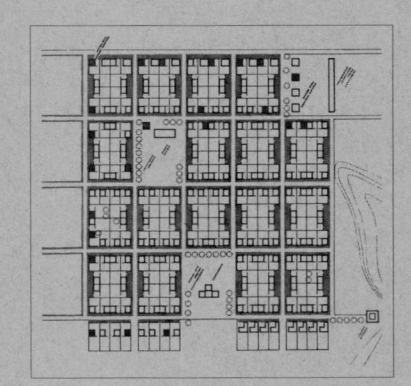

1959
W
Münster
Westfälisches
Landesmuseum

1960
Merken
St. Peter

1961
G
Peloponnes
Megalopolis
Stadtplanung

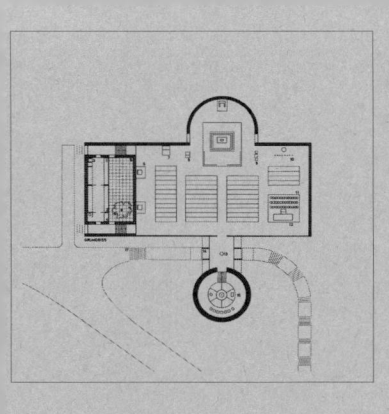

1961 W Essen-Steele Herz Jesu Kirche	1961 • Instandsetzung Köln Groß St. Martin	1963 W Köln Rathaus
1961 W Essen Studentenheim	1962 W Hürth bei Köln Gymnasium	1963 W Gummersbach Ingenieurschule
1961 Bensberg Haus Lehmann-Grube	1962 Hürth Röm. Wasserleitung	1963 W Bensberg Rathaus
1961 Köln-Müngersdorf Haus Wagner	1962 G Köln Physikalische und Chemische Institute der Universität Köln	1963 W Münstereifel St. Angela
1961 • W Neuss St. Pius	1962 G Köln St. Gereon	1963 • Neuss Kloster an St. Sebastian

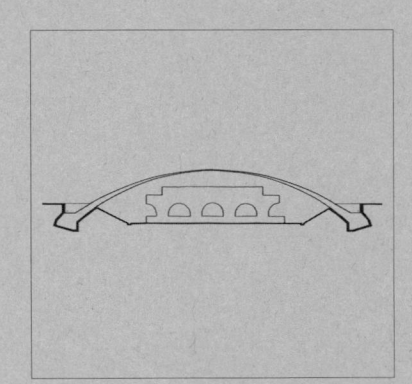

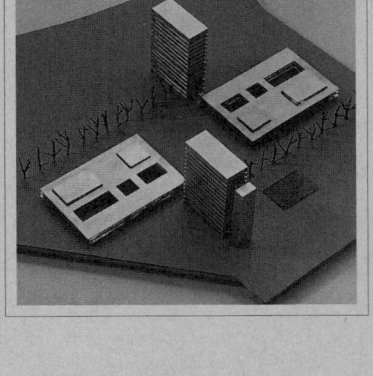

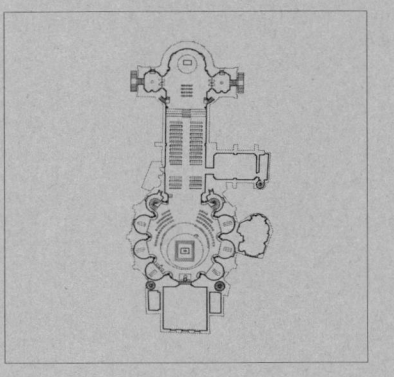

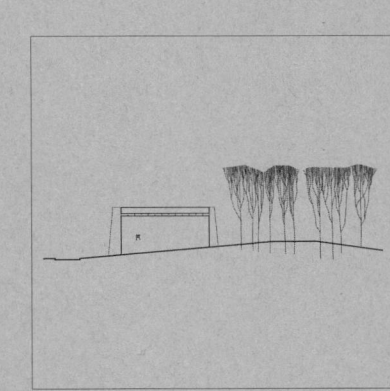

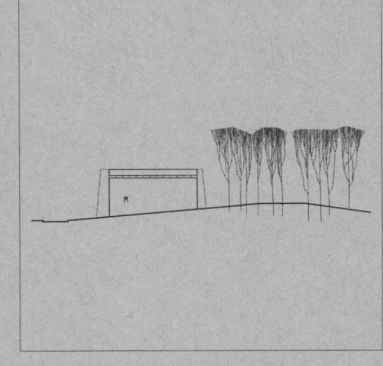

1963 W **Neviges** Wallfahrtskirche	1964 W **Köln** Kunstgewerbemuseum	1965 W **Köln** Deutscher Städtetag
1963 W **Köln** Max-Planck-Institut	1964 W **Neuss** Clemens Sels Museum	1965 W **Viersen** Totenhalle
1963 W **Wesseling** Realschule	1964 G **Rodenkirchen** Studentenheime	1965 W **Vatikan** Deutsche Botschaft
1963 Instandsetzung **Heimerzheim** Burg	1964 G **Köln** Klinikum der Universität	1965 W **Duisburg-Hamborn** St. Paul
1964 • **Dublin** Haus W. Schürmann	1965 W **Köln** Dreikönigengymnasium	1965 W **Koblenz** Kirchenzentrum

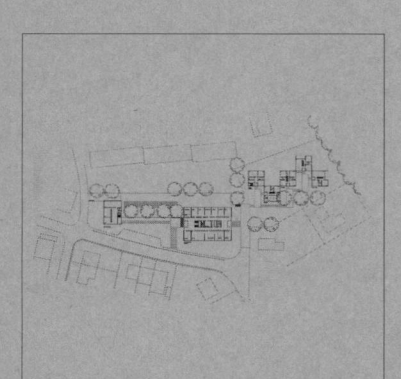

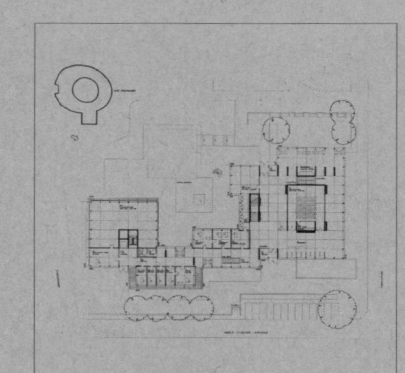

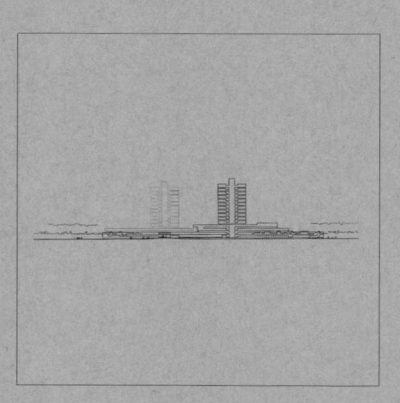

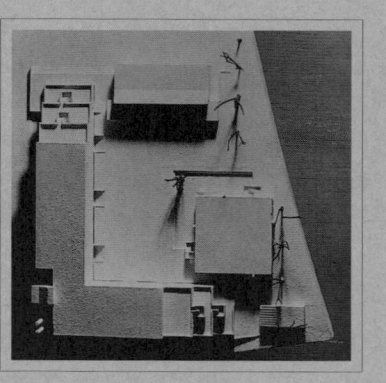

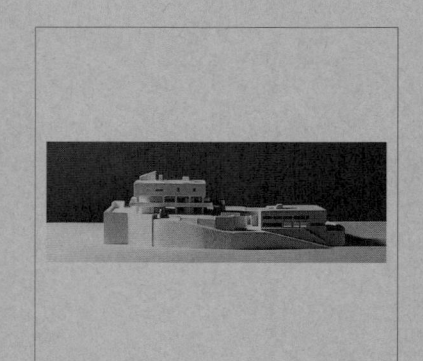

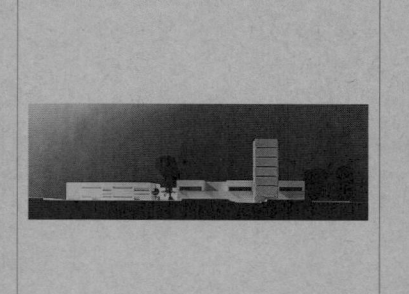

1965 W — Saarlouis Roden Kirchenzentrum	1966 W — Wulfen Pfarrzentrum	1967 — Köln-Bocklemünd Haus Huverstuhl
1965 W — Weidenau/Sieg Musterschule	1967 W — Köln-Bocklemünd Christi Geburt	1967 • W — Meckenheim-Merl Wohnbebauung
1965 Instandsetzung — Köln-Mülheim Friedhofskapelle	1967 W — Davensberg St. Anna	1967 W — Köln St. Bernadette
1966 W — Brühl Volksschule	1967 • G — Bonn Ausbildungsstätte des Auswärtigen Amtes	1968 W — Bad Godesberg Sonderschule
1966 — Köln Haus Klöcker	1967 • W — Amsterdam Rathaus	1968 • — Darmstadt Rosenhöhe

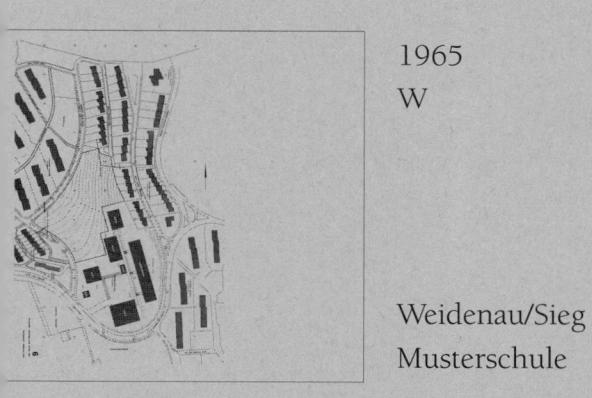

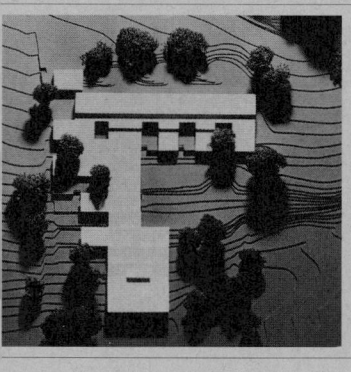

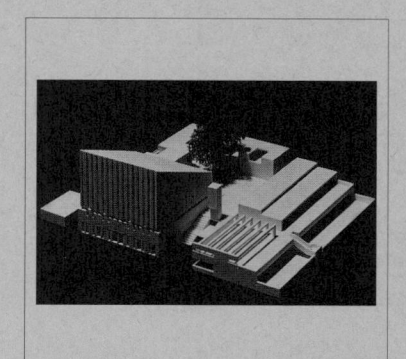

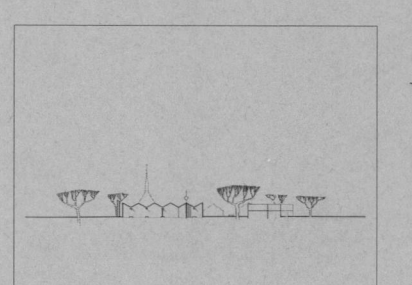

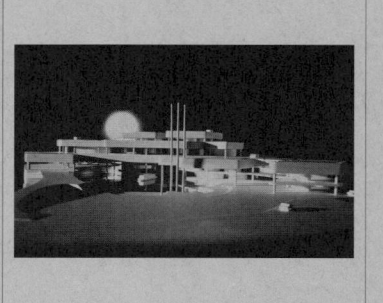

1968 G Hamburg Landeszentralbank	1969 W Porz Rathaus	1970 Weiden Postwohnbauten
1968 W Köln Oberländer Ufer	1969 • W Köln Quartier um Groß St. Martin	1970 W Bremen Oberpostdirektion
1968 W Wuppertal Carl-Duisberg Gymnasium	1969 • Köln Begegnungszentrum	1970 G Leverkusen Vorstandsgebäude Bayer
1969 W Köln Musikhochschule	1970 W Meckenheim Wohnbebauung	1970 W Köln-Müngersdorf Sonderschule
1969 W Euskirchen Kreishaus	1970 W Porz-Wahn Rechenzentrum DFVLR	1970 W Bocholt Stadthaus am Theater

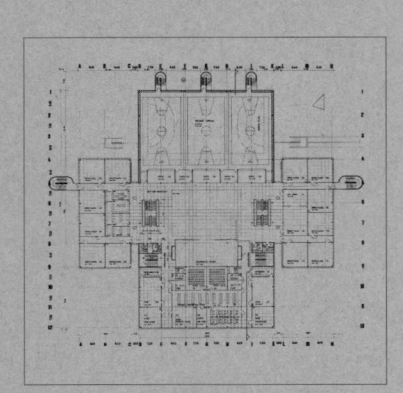

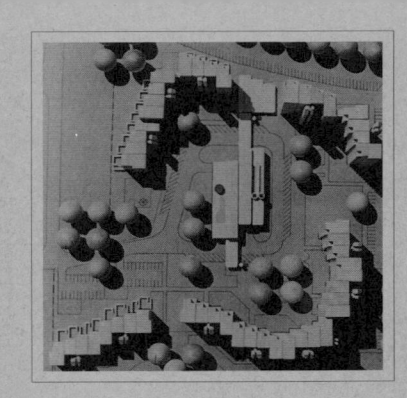

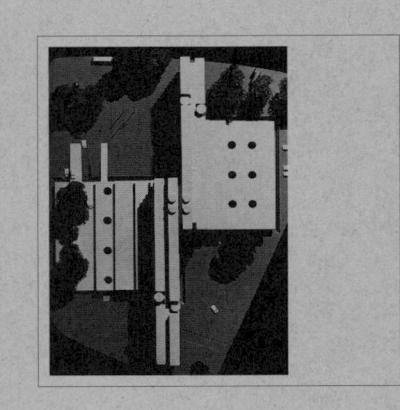

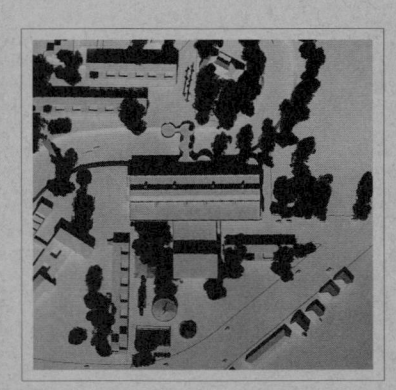

1971 W Wachtberg-Berkum Schule	1971 • W Oer-Erkenschwick St. Josef		1972 W Neuss Wohnen am Oberen Tor
1971 Köln ABC Bank	1972 W Bonn-Godesberg Bauten des Bundes		1972 Köln Küsterhaus St. Mariae Himmelfahrt
1971 G Köln Verwaltung Rhein-Braun	1972 G Köln Eichholz Verwaltung		1972 G Bonn-Tannenbusch Wohnbebauung
1971 W Meckenheim-Merl Schul- + Sportzentrum	1972 Köln AVZ Universität Köln		1973 W Bad Godesberg Frieden Christi
1971 W Köln Kongreßzentrum am Gürzenich	1972 W Bottrop Stadthalle und Theater		1973 W Bad Münstereifel Kurhaus

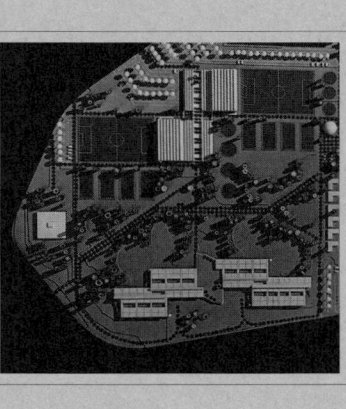

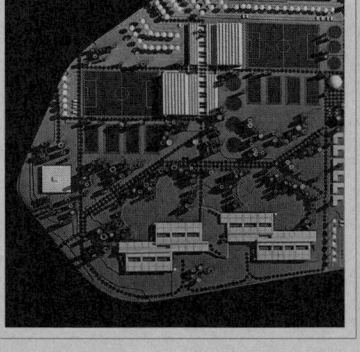

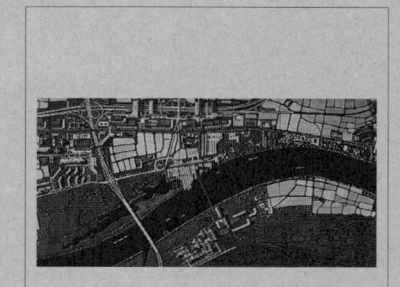

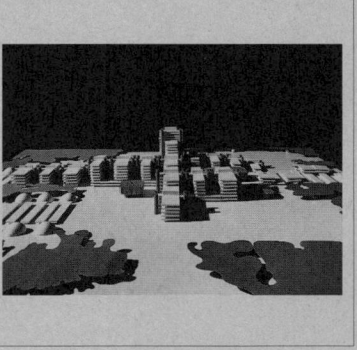

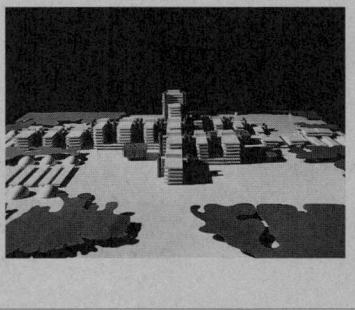

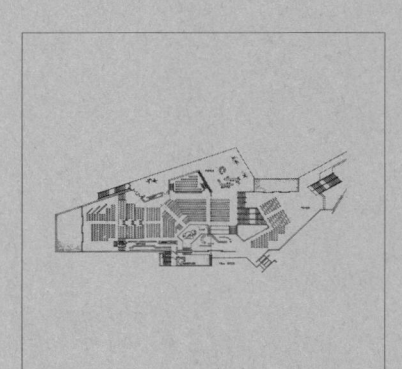

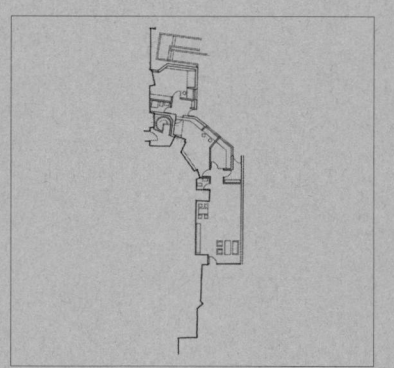

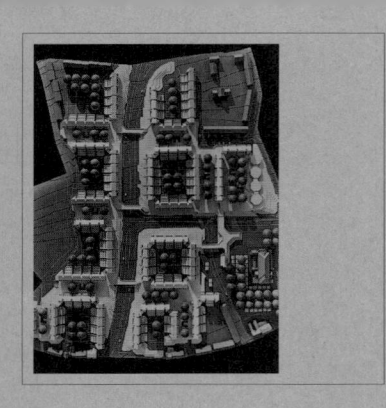

1973 W Viersen Wohnbebauung	1974 W Rietberg Rathaus	1975 Instandsetzung Köln St. Maternus
1973 W Bonn Hardthöhe Verteidigungs- ministerium	1974 G Troisdorf Rathaus	1976 W Bonn-Kreuzberg Heimvolkhochschule
1973 • Köln Regierungspräsidium	1974 W Troisdorf Burg Wissem	1976 W Haan Rathaus
1973 Köln Sporthochschule	1975 W Köln Technisches Rathaus	1976 • W Rheda-Wiedenbrück Bürgerhaus + Kirchplatz
1974 W Bonn Präsidialamt	1975 • W Köln Wallraf-Richartz Museum	1976 W Hamburg Postsparkasse

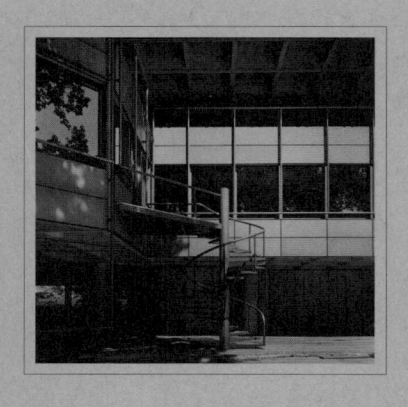

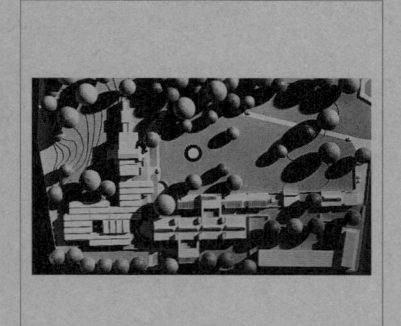

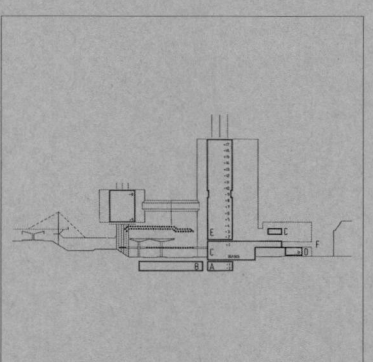

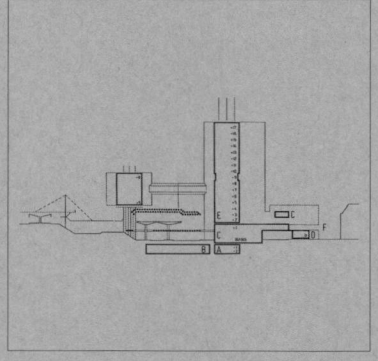

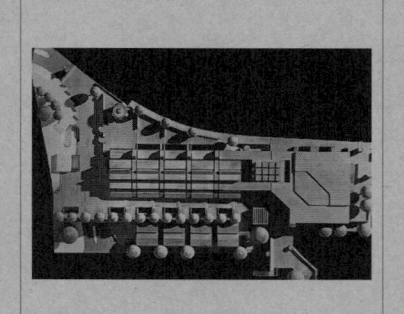

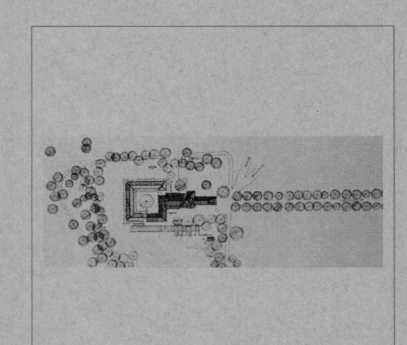

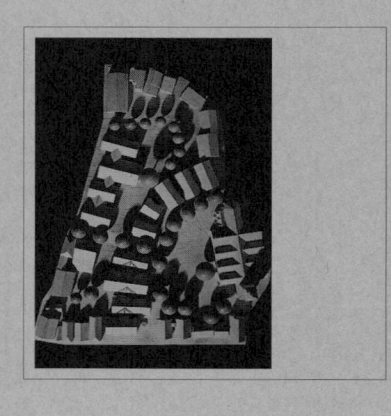

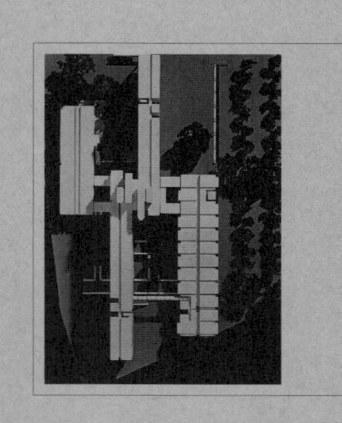

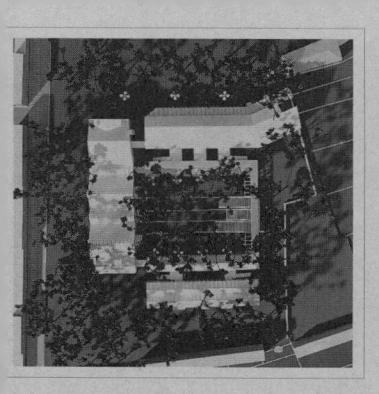

1976
W

Kevelaer
Wallfahrtszentrum

1976
G

Düsseldorf
Victoria
Alte Messe

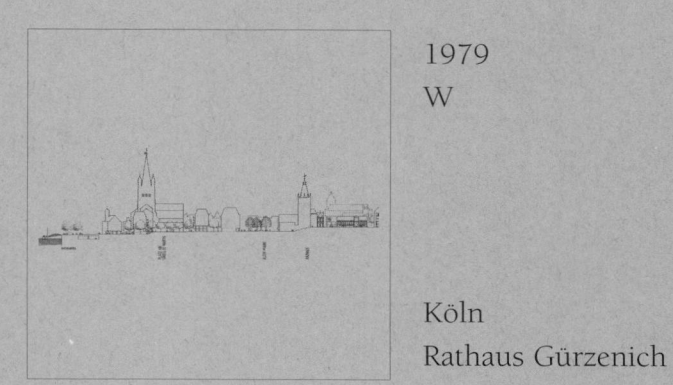

1976 •

Köln
An Groß St. Martin
Straßen + Plätze

1976 •
W

Bad Honnef
Rathaus

1977
W
Instandsetzung

Solingen-Gräfrath
Erweiterung Pfarrkirche

1977
W

Köln
Pressehaus
Dumont-Schauberg

1977 •

Köln
Haus Sieben

1977 •

Köln
Lintgasse 9

1978
W

Unna
Rathaus

1979
W

Aachen
Museum

1979
W

Iserlohn
Altenwohnungen

1979
W

Köln
Rathaus Gürzenich

1980 •
W
mit Jutta und Peter
Schürmann

Heidelberg
Prinz Carl

1980
W

München
Hopfenpost

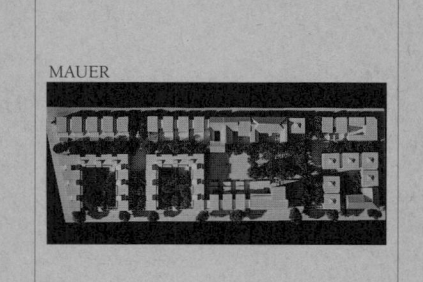

1980
W

Berlin
Südliche Friedrichstadt

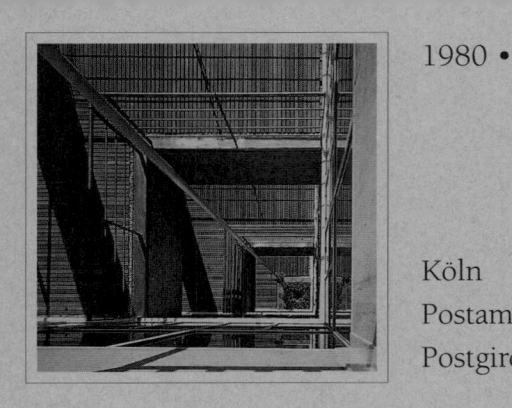

1980 • Köln Postamt 1+3 Postgiroamt	1982 W mit Peter Schürmann Kevelaer St. Antonius	1983 W Köln Haubrichhof
1981 G Köln Hauptstelle der Landeszentralbank	1982 W Frankenthal Bürgersaal	1983 W Saarbrücken Postamt 1
1982 • W Frankfurt Deutsche Bibliothek	1983 W Budapest Deutsche Botschaft	1985 W München Oberfinanzdirektion
1982 W Köln-Mülheim Wohnbebauung	1983 • W Bonn Bundesbauten	1985 Köln Altermarkt
1982 W mit Peter Schürmann Bamberg Konzert- und Kongreßhalle	1983 W Reutlingen Altenpflegeheim	1985 • W mit Ursula Schürmann und Martin Zoll Lüdenscheid Sparkasse

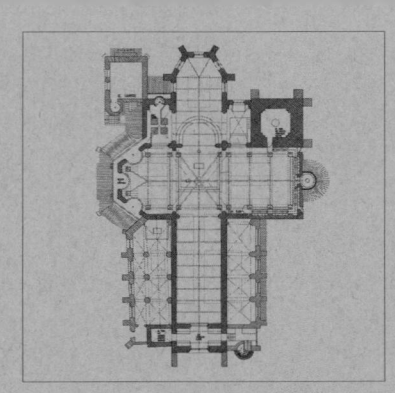

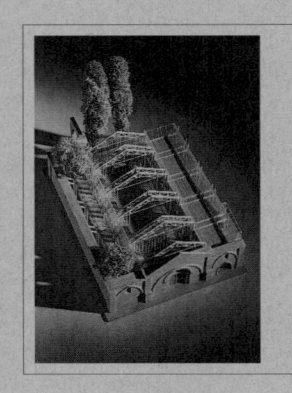

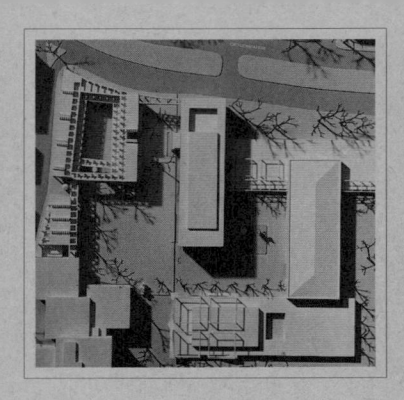

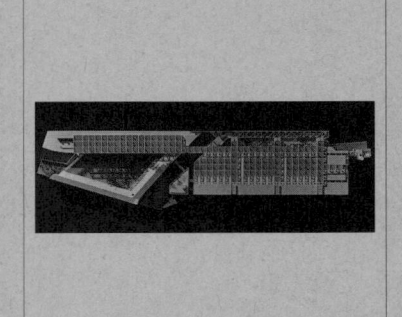

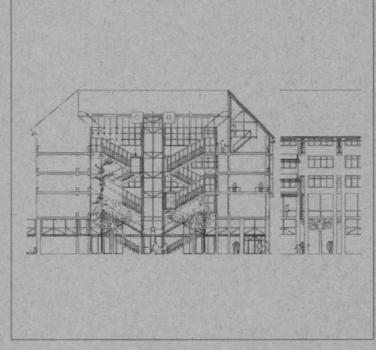

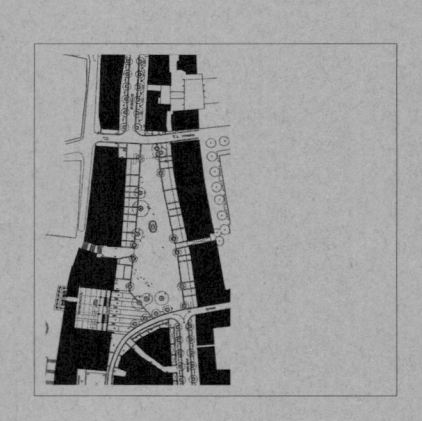

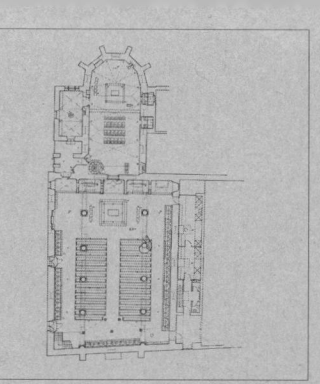

1985 W Rothenburg Franziskanerkirche	1986 W Ulm Münsterplatz	1987 • W Stuttgart Galerie Kleiner Schloßplatz
1985 • Ausbau Köln Groß St. Martin	1986 • W Berlin Gemäldegalerie	1988 W Ulm Universität II
1986 • W Fulda Landesbibliothek	1996 Berlin Zimmerstraße	1990 • W mit Jutta und Peter Schürmann Bremen Domshof
1986 Fulda Heinrich von Bibra Park Eingang Gartenschau	1986 • W Salzburg Bahnhofsplatz	1990 • W Sevilla Expo '92
1986 W Berlin Fassade Technische Hochschule	1987 • W Bonn Friedensplatz	1990 W mit Peter Schürmann Bamberg Bauen in alter Umgebung

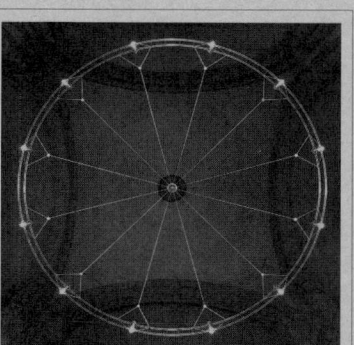

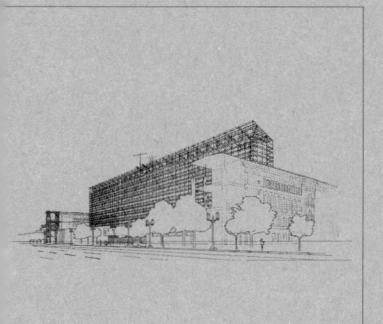

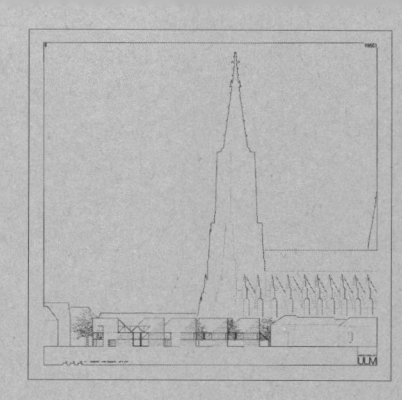

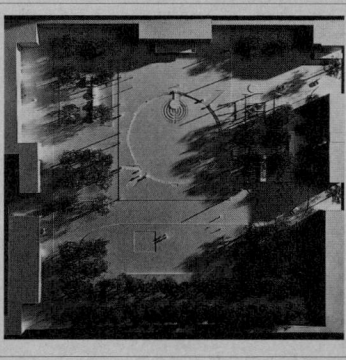

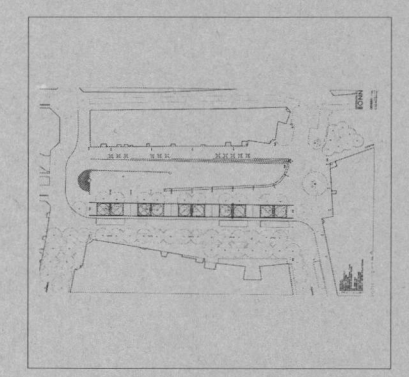

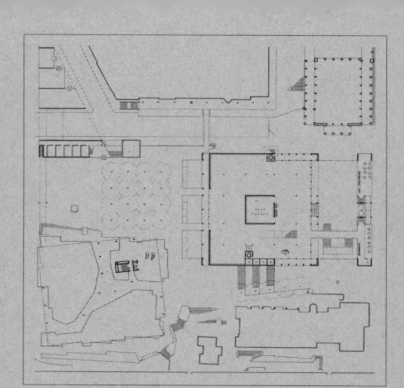

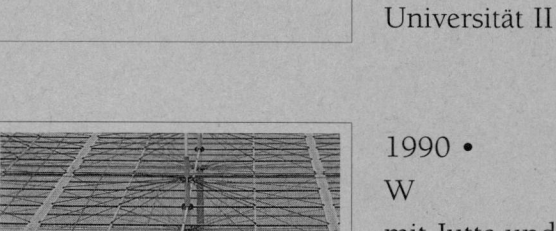

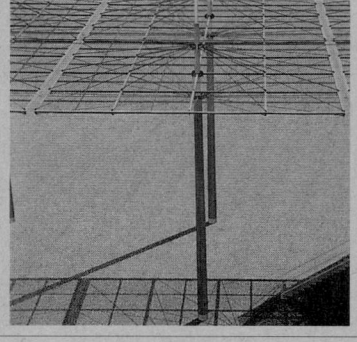

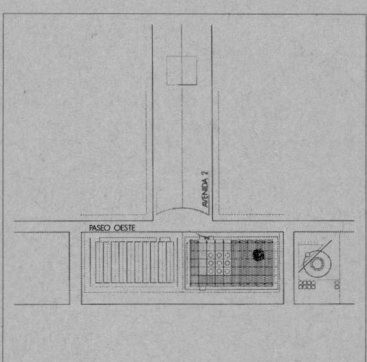

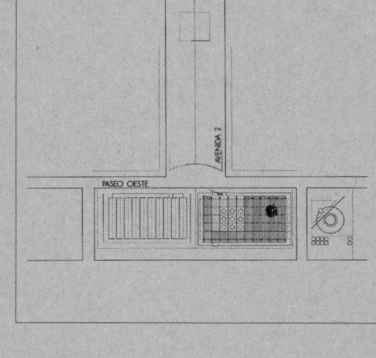

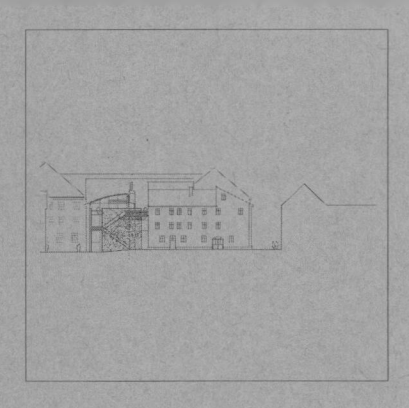

1990
W
mit Felix Schürmann

Regensburg
Bauen in alter
Umgebung

1990 •
W

Aachen
Kaiserbad

1991 •
W

Bremen
Focke-Museum

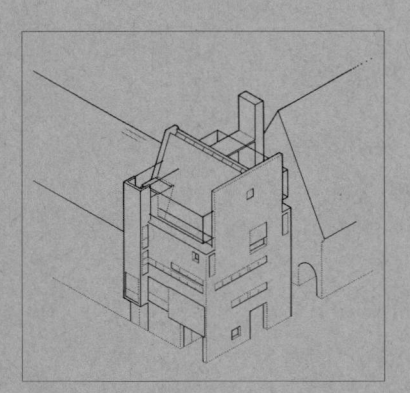

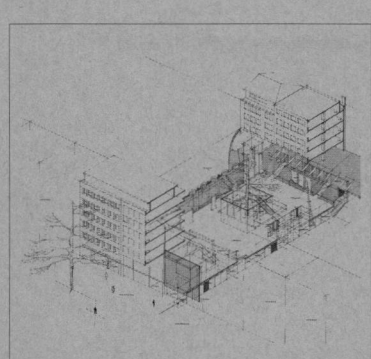

1990 •
W

Lübeck
Bauen in alter
Umgebung

1990
W
mit Peter Schürmann

Heilbronn
Volkshochschule
und Bibliothek

1991 •
W

Dresden
Postplatz

1990
W
mit Peter Schürmann

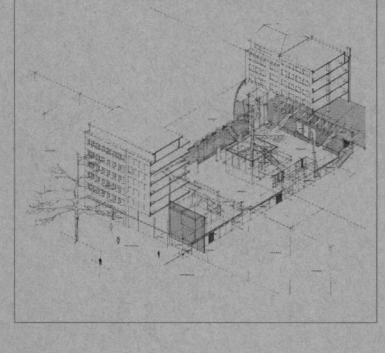

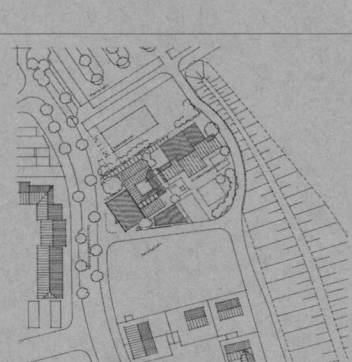

Köln
Einrichtungshaus Pesch

1990
W
mit Felix Schürmann

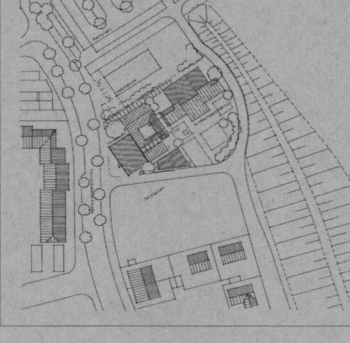

Düsseldorf
St. Norbert

1991 •
mit Felix Schürmann

Salzburg
Steingasse 14

1990
W

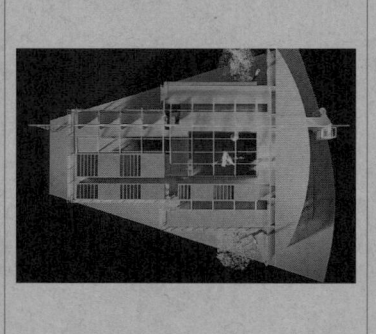

Oberhausen
Bahnhofsplatz

1990 •
W

Köln
Victoria MediaPark

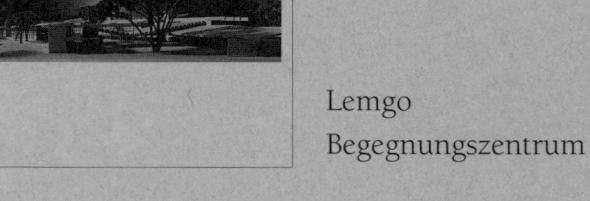

1992
W
mit Felix Schürmann

Lemgo
Begegnungszentrum

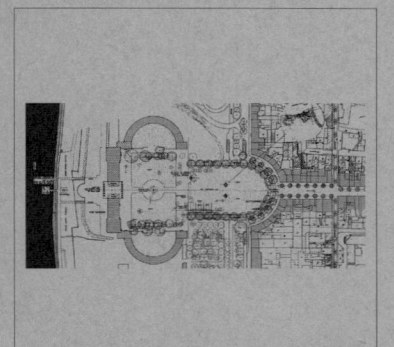

1990
W
mit Peter Schürmann

Koblenz
Schloßstraße

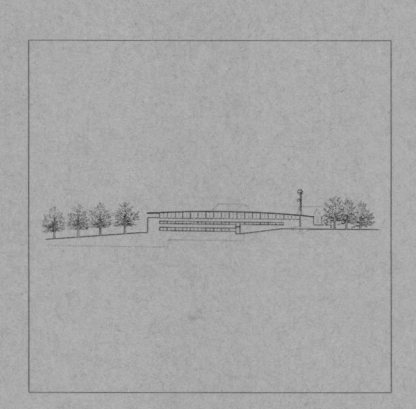

1991
W

Meinerzhagen
Rathaus

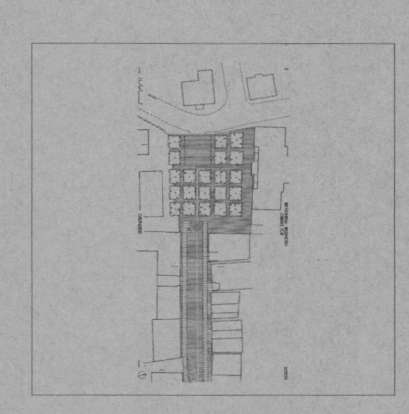

1992 •
W

Bietigheim-Bissingen
Oberes Tor

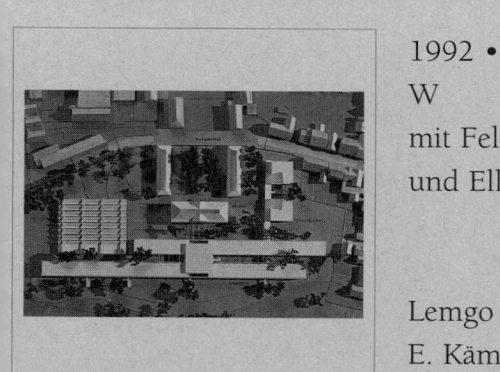

1992 • W mit Felix Schürmann und Ellen Dettinger Lemgo E. Kämpfer Gymnasium	1992 • Salzburg Wiener Städtische	1993 Dresden Dippoldiswalder Kubus
1992 mit Peter Schürmann Rothenburg St. Johannis	1993 W mit Peter Schürmann Erfurt Krämerbrücke	1994 W Regensburg Friedenstraße
1992 W Köln Offenbachplatz	1993 • Köln Haus Lackner früher Haus Gold	1994 • G Berlin Akademie der Künste
1992 W Köln Euroforum	1993 • W Salzburg Gebirgsjägerplatz	1994 • Dresden Hofhäuser
1992 • W Bonn Sporthalle Bundesbauten	1993 • W mit Felix Schürmann Salzburg Busterminal	1994 • W Neuss Allerheiligen

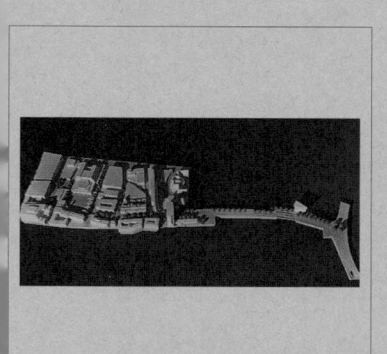

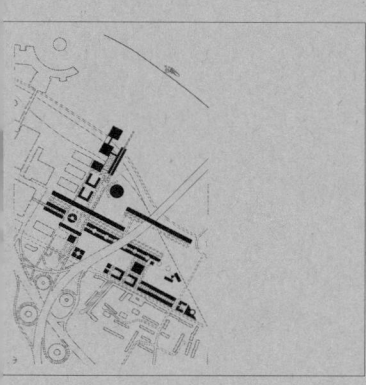

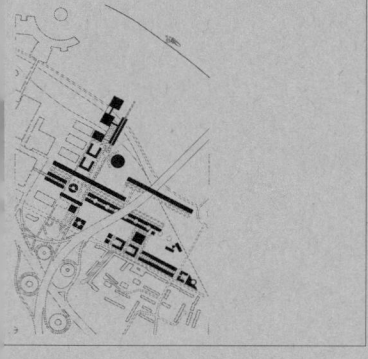

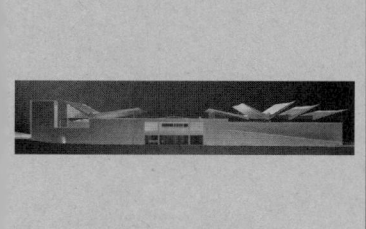

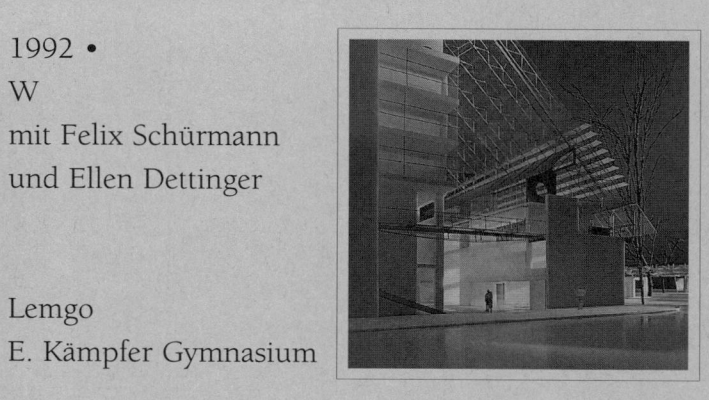

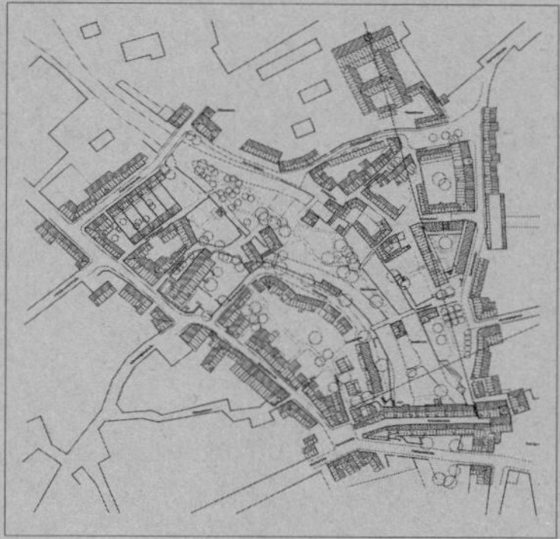

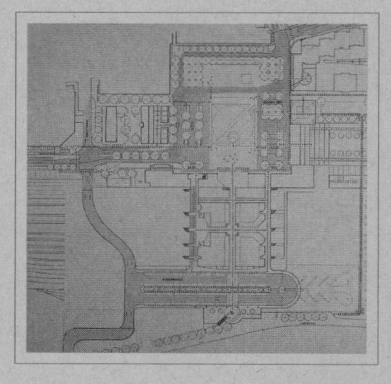

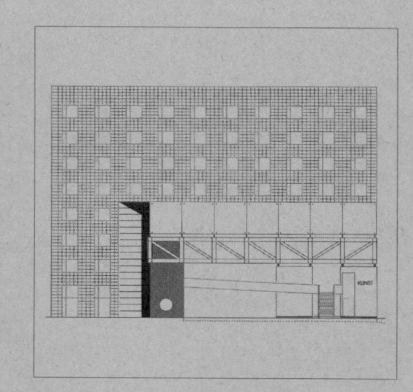

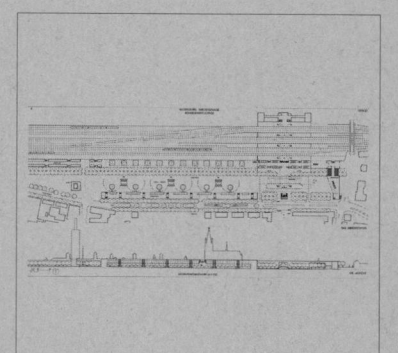

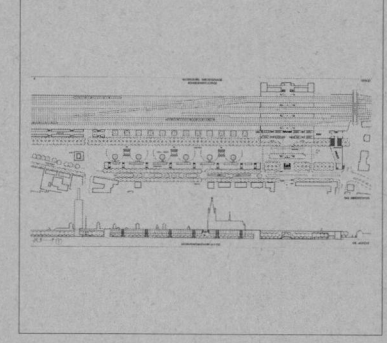

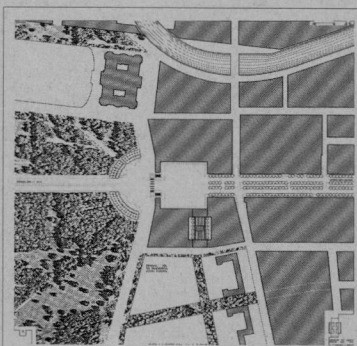

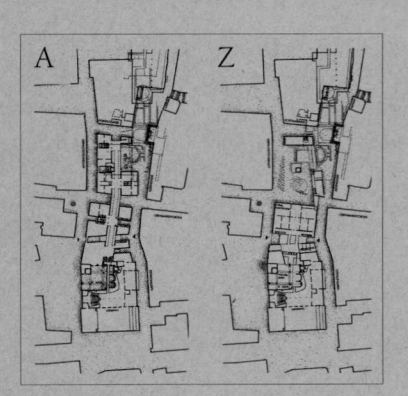

1995 • Workshop Köln Standortuntersuchung Wallraf-Richartz-Museum	1996 • W mit Jutta und Peter Schürmann Stuttgart Burgholzhof	1996 • Salzburg Lokalbahnstation
1995 W Jena Landesbibliothek	1996 • W Dresden Hellerau Erweiterung Gartenstadt	1996 • Dresden Chemnitz Lichtstele
1995 W Salzburg Post	1996 • W Köln Rautenstrauch-Joest-Museum	1997 • W Köln-Vingst St. Theodor
1996 Beleuchtung Lippoldsberg Klosterkirche	1996 W Münster Stadtsparkasse	1997 • Dresden Wilsdruffer Tor
1996 • W Köln Wallraf-Richartz-Museum	1996 • W Oldenburg Oldenburger Stern	1997 • W Köln Kolumba Diözesanmuseum

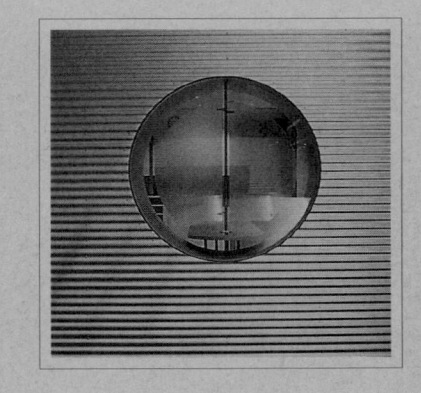

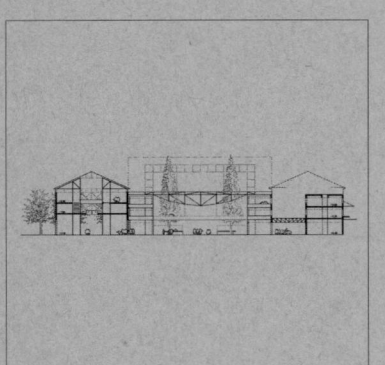

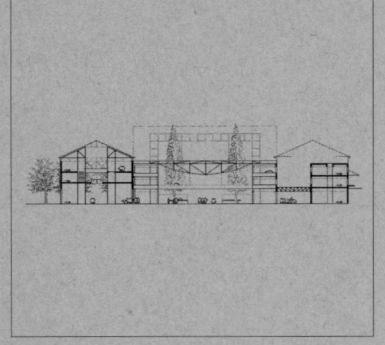

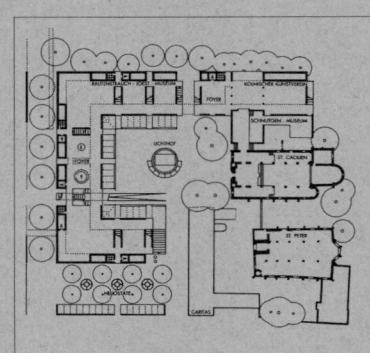

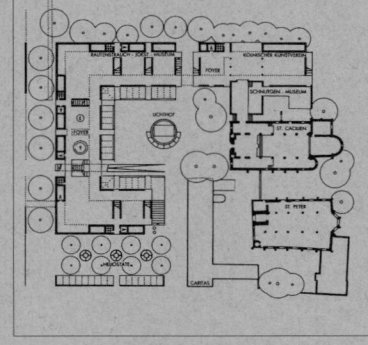

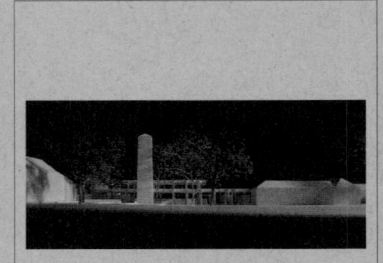

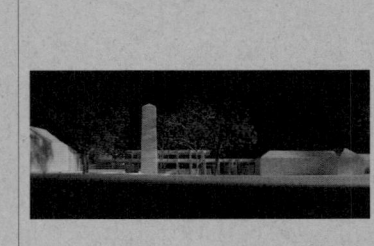

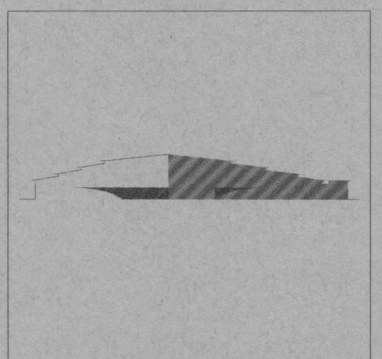

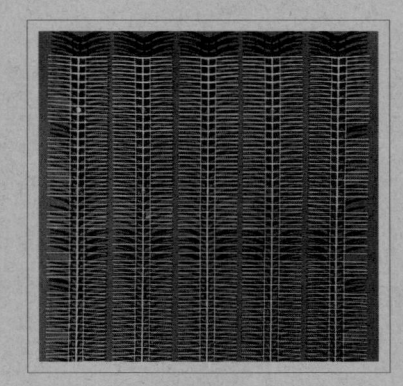

JOACHIM SCHÜRMANN UND MARGOT SCHÜRMANN — PARTNER SEIT 1993 WOLF DITTMANN

Mitarbeiter seit 1956

Stefan Adler
Dieter Ahrweiler
Heinz Alberts
Theodor Alberts
Pia Albertson
Carlos Albuquerque
Axel Altenberend
Michael Aschauer
Dirk Austmann
Ursula Baedorf
Ursula Balduhn
Susanne Bange
Ulrich Bartelt
Miroslaw Bartniczek
Stefan Baumgart
Wolf Rüdiger Becken
Christian Becker
Dieter Becker
Peter Becker
Hannelore Beckmann
Regine Beckmann
Carsten Beine
Anita Benczko
Jonas Berg
Frauke Berger
Rainer Berger
René Berndt
Klaus von Bleichert
Axel Blumberg
Ralf Bode
Karsten Böhm
Stephan Böhm
Klaus Bölkow
Michael Bohm
Susanne Borsum
Jens Bothe

Martin Brämer
Jürgen Bredow
Helmut Brieler
Roland W. Broll
Klaus Brückerhoff
Petra Brühe
Markus Brummack
Manfred Brunner
Heinz Büehr
Hilke Buettner
Stefan Busch
Monika Bussweiler
Nika Cadez
Anthony Catterwell
Cesar Cyriaque
Bing Chen
Claudia Class
Volker Comelli
Heiner Cremer
Claudia Dampf
Ulla Dams
Andreas Decker
Tim Denninger
Jan Deusch
Burkhard Dewey
Stefanie Dick
Paul Dickmann
Verena Dietrich
Ernst Discher
Wolf Dittmann
Richard Dolezal
Henning Drinhausen
Henning Dumrese
Melissa Dymock
Ulrich Eckey
Geoffrey Edwards
Andreas Elz
Charles Emberson
Wilfried Engels
Arne Erichson
Stephanie Ernst

Wilfried Euskirchen
Reiner Falke
Andrey Filipovic
Andrea Findling
Ulrike Flaig
Michael Förster
George Frazzica
Peter Friedeberg
Jörg Friedrich
Gerhard Frings
Günther Frings
Guido Funke-Kaiser
Susanne Gackstatter
Karl-Ulrich Geburzi
Eva Geburzi
Joachim Gehlen
Carsten Gerhards
Julia Gerlach
Volker Gienke
Michael Giese
Helga Glässel
Eduard Godfrey
Felix Goebel
Florian Goebel
Thilo Goerke
Rolf Görres
Kathrein Goetze
Akil Bekir Göncü
Peter Goral
Bernhard Gronauer
Susanne Gross
Hartmut Gruhl
Armand Grüntuch
Levent Gülöz
Friedrich Hachtel
Eva Hagen
Manfred Hagen
El Hadi Hamdani
Walter Hammerschmidt
Raimund Hartmann
Heinz Hauschulz

Udo Heinrich
Raimund Heitmann
Christian Herbert
Bernadette Heiermann
Wolfgang Hermes
Stefan Höher
Hans Joachim Hoehne
Herbert Hoffmann
Marion Hofmann
Herbert Holler
Michael Holler
Florian Huber
Anna Hugues
Simone Hüls
Susanne Illgner
Karl-Heinz Jacobs
Babette Jakoby
Eric Jepsen
Raùl Jimenez Hernandez
Angelika Juppien
Sabine Kabatnik
Joachim Kaiser
Johannes Kalvelage
Jörn Kaniak
Thomas Kantereit
Johannes Kappler
Boris Kazansky
Wolf Rüdiger Kehrer
Marcus Keller
Fooi-Ling Khoo
Ursula Kirchhoff
Klaus Kirchner
Johannes Kister
Rie Kleefeld
Barbara Kleppe
Dietmar Klose
Susanne Klösges
Olaf Kloters
Anne Koch
Ulrich Koenig
Klaus Kolb

Siegfried Kolbe
Kordula Koller
Detlev Korn
Ante Josip von Kostelac
Gero Kreuzinger
Johannes Krober
Tobias Kröll
Christoph Kronhagel
Ursula Kuhn
Erol Kurt
Ilse Kurz
Margaretha Lange
Volker Langenbach
Dieter Lau
Marcus Lauber
Hekyung Lee
Klaus Legner
Ute Lemmer
Thomas Lenzen
Anthusa Löffler
Heike Löhmann
Dietrich Lohmann
Martin Lohmann
Mathias Lohmann
Ulrich Lohmann
Jan Löken
Walter von Lom
Reiner Löncke
Ivo Lovric
Maren Lucht
Hermann Lücke
Hildegard Lücke
Dirk Lüderwaldt
Lothar Lühr
Wolfgang Luft
Bettina Lutz
Dirk Mailänder
Verena Manz
Daniela Markefka
Ina Marie Gräfin Matuschka
von Greiffenclau

Michael Maucher
Brigitte Maurer
Michelle McJunkin
Beate McMullan
Myriel Mechling
Uwe Mehring
Monika Meier
Bettina Menzel
Marc Mer
Hannelore Mettelsiefen
Hubert Meuser
Thomas Meyer-Hermann
Stefan Meyer-Oswald
Barbara Mittmann
Margitta Modelsee
Norbert Möhring
Vera Mostert
Reiner Müller
Lieselotte Münch
Rainer Münch
Winno Muttelsee
Kersten Nabielek
Susanne Neubrand
Julia Neumann
Jutta Neumer
Jutta Neutard
Barbara Newrzella

Thomas Niessen
Irmela von Nordheim
Marc Oberthür
Hiroshi Ohishi
Angelika von Olberg
Michael van Ooyen
Marcin Orawiec
Seyed Mohammad Oreyzi
Jürgen Pahl
Martin Pampas
Leonidas Papadopoulos
Ingeborg Pappi
Ursula Pasch
Annette Paul
Rainer Paul
Pjotr Pawlak
Johannes tho Pesch
Michael Peterek
Ingo Petersen
Dieter Pfannenstiel
Alexander Pier
Elke Pilhatsch
Sybille Pittl
Georg Poensgen
Johannes Porsch
Peter Prellwitz
Gerhard Priebe

Michael Pussert
Elke Pützer-Wilhelm
Ruth Raasch
Wolfgang Raderschall
Thomas Rammin
Fabrizio Raspanti
Georg Rattay
Gert Rausch
Alexander Reichel
Isabel Reimer
Gabriele Reiners
Jutta Reß
Dominik Reutter
Burkhard Richter
Heike Richter
Holger Richter
Kai Richter
Milan Ristic
Martin Rohrbacher
Rudolf Rosenbaum
Joachim Ruoff
Gerard Ryan
Ahmad Saei
Yvonne Salewski
Ulrich Salzmann
Harald Schäfer
Klaus Scheibe
Andreas Scheuring
Hildegard Schiffer
Anja Schmidt
Claudia Schmitz
Stephanus Schmitz
Klaus Schmitz-Gielsdorf
Gudrun Schmitz-Jacobi
Sigrun Schmücker
Joachim Schneider
Boris Schnieders
Manfred Schöll
Sebastian Schöll
Michael Scholz
Felix Schürmann

Gabriele Schürmann
Peter Schürmann
Ursula Schürmann
Anna von Schuschnigg
Heinrich von Schuschnigg
Johanna Seeger
Elmar Siebert
Margitta Sieg
Boris Sieverts
Gottfried Simbriger
Martin Slawik
Gerd Sommer
Kurt Söntgerath
Viviana Spaccavento
Franz Stadler
M.R. Stadtler
Brigitte Stalmann
Günther R. Standke
Jürgen Peter Steffens
Manfred Stein
Karl Steinbach
Roswitha Steinbock
Till Stelling
Wolf-Christian Stottele
Werner Strohmeyer
Roman Suchy
Jörg Sundhoff
Myeong Sun-Sik
Herbert Süselbeck
Stefan Tacke
Hadi Teherani
Christof Teige
Rainer Theurich
Christian Thiel
Dietmar Tholen
Jakob Timpe
Silke Trimborn
Gabriele Turban
Friedrich Vennemann
Josef Verhoff
Martin Vorspel

Johanna Vossen
Otto Vowinckel
Hans Georg Waechter
Jörg Wagner
Rocco Wagner
John Walker
Alfred Wallau
Waldemar Walloschek
Manfred B. Walter
Stefan Weber
Tilman Weber
Wolfgang Weck
Peter Wendling
Barbara Wendorff
Georg Wenzel
Charlotte Wermuth
Barbara Werner
Stephan Werner
Sylvia Werner
Uta Wilhelm
Liane Wilke
Ulrike Wilkesmann
Gabriele Willbold-Lohr
Peter Windling
Dagmar Wirthwein
Wojciech Wojcikowski
Roland Wolf
Martin Wollensack
Darlene Wright-Oberhoff
Tobias Wulf
Eun Young Yi
Janus Zadora
Mechtild Zeich
Eckehard Zielhofer
Wolfgang Zimmer
Martin Zoll
Barbara Zucker
Hanna Zywzok

Bauleitung

Joachim Schürmann, Köln
Günther Ständer, Wuppertal
Kurt Stein, Köln
Wolfgang Stein, Köln
Gerd Vette, Köln
Höhler und Weiss, Aachen
Stadt Rheda-Wiedenbrück
ABE, Bonn
Salzburger Stadtwerke
ÖBB, Salzburg
Wilfried Funke, Detmold
Felix Schürmann, München
Peter Schürmann, Stuttgart

Tragwerkplanung

Varwick, Horz, Ladewig, Köln
Otmar Schwab, Köln
Boll und Partner, Stuttgart
Dieter Kleinjohann, Köln
Schlaich Bergermann &
  Partner, Stuttgart
Raschat & Partner, Lüdenscheid
Rainer Herbrich, Salzburg
Mayr & Ludescher, München

Lichtplanung

Hans T. von Malotki, Köln
Lichtdesign, Köln
L'chtLabor Bartenbach, Innsbruck

Haustechnik

Georg Klöcker, Köln
Günter Schönfeld, Köln
HL-Technik, Düsseldorf
Schmidt Reuter & Partner, Köln
Rentschler & Riedesser,
  Stuttgart
Ebert-Ingenieure, Frankfurt
Reuter Miebach, Bremen
Zibell, Willner & Partner, Köln
HKT, Köln
Freudensprung Engeneering, Wien

Bauphysik/Akustik

Heinz Graner, Bergisch-Gladbach
Christian Fischer,
  Drees & Sommer, Köln
Wolfgang Schäfer, Gießen

Fassadenberater

Gerhard Brecht, Stuttgart
Stephan Schiller, Kornwestheim
Hans Stephan, Lauingen

Brandschutz

Dieter Karlsch, Frechen
Heinz Diekmann, Siegburg
Peter Drinkuth, Köln

Verkehrsplanung

Herbert Schönfuß, Stuttgart
Herbert Staadt, Darmstadt
Harald Schlosser Baucon,
  Zell am See

Freianlagen

Gottfried Kühn, Köln
Jürgen Schubert, Köln
Gottfried Hansjakob, München
Barthel Vesen, Köln

Computersimulation

C.P.S. Planungs GmbH, Stuttgart
in Zusammenarbeit mit der Universität Stuttgart

Modellbau

Herbert Goertz, Meerbusch
Stefan Raupach, Köln
Joachim Schürmann & Partner,
  Köln
Felix Schürmann, München
Jutta und Peter Schürmann,
  Stuttgart

Künstler

Herrmann Gottfried,
  Bergisch-Gladbach
Michael Graves, Dublin
Theo Heiermann, Sürth
Elmar Hillebrand, Sürth
Rudolf Peer, Sürth
Werner Schürmann, Dublin
Hubert Spierling, Krefeld
Paul Weigmann, Köln
Karl Matthäus Winter, Limburg

Fotografen

Bartenbach Lichtlabor,
Peter Bartenbach
Innsbruck
Seite 312 bis 317
Werkverzeichnis: 15.11

Franz Breil, Dorsten
Seite 9 links

Deutsche Bundespost, Köln
Seite 160

Martin Claßen, Köln
Seite 35

Wim Cox, Köln
Seite 9 r., 10, 24 o., 28 l., 29,
33 r.,
Werkverzeichnis: 01.03, 01.04,
01.08, 01.11, 02.08, 03.11,

C.P.S. Planungs GmbH,
Stuttgart
Seite 262, 263
Werkverzeichnis: 11.13

Heinz Engels, Bonn
Seite 194

Rainer Gaertner,
Bergisch-Gladbach
Seite 93, 101

Manfred Hanisch, Essen
Werkverzeichnis: 03.02,

Jörg Hempel, Düsseldorf
Seite 120 oben

Michael Heymann, Kevelaer
Seite 13 links

Dierk Holthausen, Köln
Seite 13

Volker Jahr, Köln
Seite 192

Klaus Kinold, München
Werkverzeichnis: 05.11

Celia Körber-Leupold,
Erftstadt Liblar
Seite 108, 110, 111, 115, 117,
120 unten

Karl Krämer Verlag, Stuttgart
Seite 156

Karen Lück, Bonn
Seite 90 o.l., 149 unten

Hubert Meuser, Langenfeld
Werkverzeichnis: 03.03,

Markus Reischböck, München
Seite 223

Residenzgalerie Salzburg
Seite 229 oben

Christian Richters, Münster
Seite 74

Tomas Riehle, Köln
Seite 1, 24 u., 25, 80, 81, 84 r.,
94, 96 r., 105, 107, 112, 113,
114 l., 114 o., 116, 118, 119,
121 bis 127, 129, 130, 131,
132, 133, 155, 157, 158, 159,
162, 163, 177, 180 bis 183,
187, 188, 189u., 193, 222, 224
bis 229 u., 231, 232, 233, 243,
244, 252, 255, 259, 261, 274,
275, 278, 289, 291, 347
Werkverzeichnis: 03.06, 06.08,
10.01, 11.02, 11.03, 12.04,
12.13, 13.01, 13.05, 13.06,
13.08

Inge von der Ropp, Köln
Seite 26, 31, 32
Werkverzeichnis: 01.10, 02.12,
03.13, 04.03, 04.08, 05.03,

Hugo Schmölz, Köln
Seite 11, 34 l., 47
Werkverzeichnis: 01.12, 02.02,
02.09, 02.11, 03.07, 03.09,
04.04,

Joachim Schürmann, Köln
Seite 13 rechts bis 19, 28r., 52
r., 53 o., 62 u., 68 l., 70, 71,
78, 90 o.r., 90 u., 96 l., 134,
139 l., 140, 141, 150 o., 214o.,
Werkverzeichnis: 05.12, 05.15,

Büro Joachim Schürmann &
Partner, Köln
Seite 100o., 100m, 269
Werkverzeichnis: 04.01, 04.07,
04.10, 04.15, 05.01, 05.04,
12.09

Büro Jutta und Peter
Schürmann, Stuttgart
Seite 264, 265

Henk Snoek, London
Seite 49 bis 51,
Werkverzeichnis: 03.12, 04.05,

Elisabeth Sorge,
Werkverzeichnis: 02.04

Helmut Stahl, Köln
Seite 4 u., 20 bis 23, 27, 34 r.,
36 bis 40, 52 l., 53 u., 53 r., 54
bis 57, 59 bis 62 o., 63 bis 67,
69, 72, 73, 76, 77, 79, 83, 87
bis 89, 91, 92, 95, 98, 99,
100u., 106, 137, 138, 139 r.,
142, 143, 145, 147, 148, 149
o., 150 u., 161, 164, 165, 168,
170, 171, 175, 179, 184, 185,
186, 189o., 190, 195, 197 bis
201, 215, 234, 236, 237, 239,
240, 242, 245 bis 249, 251,
256 bis 258, 267, 270, 272,
276, 279, 281 bis 287, 295,
299 bis 307, 319 bis 345,
Werkverzeichnis: 01.02, 01.05,
01.09, 01.15, 02.01, 02.03,
02.13, 02.14, 03.05, 03.15,

04.11, 05.05, 05.09, 05.10,
05.14, 06.02, 06.04, 06.05,
06.06, 07.02, 07.07, 07.14,
07.15, 08.01 bis 08.10, 08.13
bis 08.15, 09.01 bis 09.10,
09.14, 09.15, 10.03 bis 10.15,
11.07, 11.09, 11.12, 12.12,
12.14, 13.03, 14.02, 14.05 bis
15.10, 15.12 bis 15.15

Till Stelling, Köln
Seite 151

Uitg. Stichting, Amsterdam
Seite 33 links

Wilfried Täubner, Kürten/Köln
Seite 75, 109, 153
Werkverzeichnis: 04.14, 05.06,
05.07, 05.13, 06.01, 06.09 bis
06.15, 07.01, 07.03, 07.04,
07.06, 07.09, 07.13, 08.11,
09.13,

Team Hoffmeister, Lüdenscheid
Seite 169

Friedhelm Thomas, Krefeld
Seite 58
Werkverzeichnis: 01.13, 03.04

Verlag Hans Wagner, W. Nitzler,
Vlotho, Werkverzeichnis: 15.04

N.N.
Seite 40, 84l., 114r.u.,
Werkverzeichnis: 07.11

IMPRESSUM

Gestaltung

Beate McMullan
Darlene Wright-Oberhoff

Texterfassung

Gisela Beyse
Elisabeth Gordon

Typographie

Darlene Wright-Oberhoff

Verlag

© 1997 Ernst Wasmuth Verlag, Tübingen • Berlin

Alle Rechte, insbesondere die des Nachdrucks, der fotomechanischen Wiedergabe sowie der Übersetzung behalten sich Urheber und Verleger vor.

Herstellungsleitung

Rosa Wagner

Herstellungsassistenz

Michaela Glaser
Georgia Maier

Reproduktion

REPROMAYER, Betzingen

Druck und Bindung

Freiburger Graphische Betriebe, Freiburg

ISBN 3 8030 0173 0

Die Deutsche Bibliothek – CIP-Einheitsaufnahme
Schürmann - Entwürfe und Bauten /
[hrsg. von Ingeborg Flagge]. -
Tübingen ; Berlin : Wasmuth, 1997
ISBN 3 8030 0173 0